JN280006

ミクロ経済学入門
Introduction to Microeconomics

坂井吉良 著

税務経理協会

はしがき

　ミクロ経済学は,「ある制約条件下において，人々が最善の選択を行うことを学ぶ学問である」と定義することができる。本書は，このようなミクロ経済学の分析方法をやさしく，かつ，丁寧に説明し，その魅力とともに，それが個人だけでなく，組織や一国経済にとって，いかに重要であるかを，読者に提示しようとするものである。

　しかしながら,「経済学は難しい」とよくいわれる。その理由として，2つのことがあげられる。1つは，経済学が数学を利用していることである。もう1つは，論理的推論自体の難しさである。前者の理由については，大学入学以前の数学の知識や経済学を履修する学生全員が経済数学を履修していないことによるものであり,「経済学は難しい」という学生の印象は，やむを得ないといえる。しかし，後者の理由は，経済学教育者の責任が問われる。良い教科書と優れた教育者がマッチすることによって，このことは大幅に改善可能である。そして，すでに,「解りやすい」と好評を博している教科書もかなり出版されている。しかし,「現代の経済社会のメカニズムや経済現象を解明する現代経済学の分析方法を修得した学生や社会人が社会の構成員となっている」という主張に，絶大な支持が得られるとは思われない。経済学の分析方法を修得させるための教育改善の挑戦は，経済学の挑戦と同様に継続しているのである。

　経済学の論理的推論が難しいという1つの理由は，経済活動を行う主体の目的と彼らが服している制約の2つの内容についての理解が不十分である，ということが考えられる。経済学では，この2つを特定化することを,「経済モデルを構築する」という。たとえば，消費者行動をモデル化するとき，目的が効用の最大化であり，制約が予算（所得）となる。また，企業行動モデルでは，目的が利潤最大化であり，制約は企業の技術や市場である。本書は，経済モデ

ルにおける目的と制約について，多くの紙数を割き説明している。具体的には，第3章には，消費者の目的と制約について，そして，第8章では，企業の目的と制約について丁寧な説明を試みている。このような説明は，抽象的推論の世界であり，それゆえに退屈でもあり，現実経済の理解にとっては，有益ではないという議論もある。しかし，「急がば回れ」ということわざのように，まず，ミクロ経済学の基本的分析概念を周知させ，それを利用して普遍的な経済問題を解く方法を修得することが，現実経済問題や経済現象を解明する最善の方法であると考えられる。

　本書は，以上のような目的意識のもとに，大学1，2年生を読者層として書かれている。現代経済学は，学問分野が細分化され，かつ，その各学問を修得するための教科書は，初級，中級，上級，専門書というように，学習到達度によって明確に区分されている。それゆえに，1年，または，半年で，教科書が葬り去られるという資源の浪費の可能性も拡大してきた。本書は，ミクロ経済学の入門から中級までを意識した教科書である。したがって，学部生活では，本書を利用して経済学を学んでいただきたい。

　また，本書は，部分的に微分の知識が多少求められているが，関数，$y = x^a$の微分が理解できれば，本書を読み進めていくことができる。補論などに使われている数学については，経済数学の参考書を参照していただきたい。数学は，経済学の修得にとっては，また，経済のメカニズムや経済現象を解明するためには，不可欠な分析道具である。その理由は，論理的推論の厳密さを確保するためにも，また，図や言葉による経済問題の解明が困難である場合があり，経済学の対象を限定しないためにも数学が必要である。さらに，本書を読み進めていくと，即座に理解できることであるが，経済学は，追加的概念や相互依存関係に基づく経済現象の解明などが特徴であり，これらのことは数学を利用することによって，経済学の議論がきわめて簡単になるのである。

　本書は，筆者のミクロ経済学の講義を基礎にしている。学生の講義内容の理解度については，学期末のテストで確認してきた。本書は，各章に練習問題が用意されている。読者が各章の重要なポイントを理解できたかどうかは，練習

問題を解くことによって確認することができる。是非，練習問題を利用してもらいたい。また，本書の使い方について，「経済学入門」や「経済原論」の講義を修得した学生は，第3章（予算制約と消費者選好）から，または，第8章（企業の目的と技術的条件）から利用することが提案できる。「経済学」を初めて学ぶ学生は，序章から順次読み進めて，第6章（顕示選好の理論と消費者の厚生変化）と，第7章（スルツキー方程式）は読み飛ばし，第8章に進む，という利用が提案できる。さらに，経済学の基礎をすでに学び，より現実的な経済問題を意識する学生は，序章の次に，第12章（市場均衡と資源配分），第13章（独占と独占的競争），または，第14章（寡占市場）から学びはじめることも良いと思われる。本書における試みが，読者に多少なりとも受け入れられ，経済学を志す諸兄姉にいささかでも役立つことができれば，筆者としてこのうえない喜びである。

　本書が世に出るまでには，先輩，同僚，学生諸君などの多くの方々のご協力を頂いた。特に，本田重美教授（青山学院大学），仙波憲一教授（青山学院大学），楠谷清助教授（日本大学），藪下武司助教授（中部学院大学），新山毅教授（釧路公立大学）には，原稿段階において精読され，不備の指摘だけでなく，多くの貴重な助言をしていただいた。それよって本書が大幅に改善できた。心から感謝申し上げる。また，ゼミ生の坂本直樹君，中川清隆君の両名には，原稿を入念にチェックしていただいた。両君にお礼申し上げる。

　本書の出版にあたって，㈱税務経理協会の峯村英治氏にお世話をしていただいた。特に，紙数については，ご無理をしていただいた。また，杉浦奈穂美さんには，校正および索引作成において，多大のご協力をいただいた。両名に心より深謝申し上げる。

　最後に，日頃，筆者の仕事に協力を惜しまない妻典子に感謝し，本書を私の家族に捧げたい。

2001年2月15日

坂井　吉良

目　　次

はしがき

序章　ミクロ経済学の対象と方法 ……………………………………… 1
第1節　経済学の特徴 ………………………………………………… 1
経済学を学ぶ目的と重要性　1　　限界と平均　3
エンゲル係数：所得と消費　4
第2節　価格と価値の概念 …………………………………………… 5
価格と限界評価　5　　価値の概念：客観的価値と主観的価値　7
希少性と機会費用　9　　絶対価格と相対価格　10
第3節　経済学の対象と分類 ……………………………………………11
ミクロ経済学とマクロ経済学　11　　合成の誤謬と相互依存関係　13
実証経済学と規範経済学　14　　価値判断　14
理想的な資源配分　15　　経済目標　17
第4節　経済分析の方法 ………………………………………………19
科学的分析方法　19　　現実の経済状態と均衡　20　　経済モデル　21
ミクロ経済学の分析方法：制約と目的　22　　経済学命題の導出　23
仮説と経済理論の現実的妥当性　24　　現実経済と経済理論　25
練習問題　27

第2章　市場機構と経済問題 ……………………………………………29
第1節　資源の希少性と基本的経済問題 ………………………………29
人間の欲望　29　希少性と選択問題　30　基本的経済問題　31
第2節　資源制約と社会の生産可能性 ………………………………32
社会の生産可能性と選択問題　32　　機会費用と費用逓増　34
収穫逓減の法則　36

第3節　市場機構と経済問題 …………………………………………37
　　経済体制　37　　市場と経済主体　38　　市場機構　40
　　経済循環と市場機構　41　　市場機構と基本的経済問題　42
　　市場の失敗　44　　市場経済における政府の役割　45　　**練習問題**　48

第3章　予算制約と消費者選好 …………………………………49
第1節　予算制約 ………………………………………………49
　　消費者の制約条件と予算　49　　予算線と消費可能領域　50
　　予算線の変化　53
第2節　消費者の選好基準 ……………………………………55
　　消費者行動の選好順序　55　　効用関数　56
　　選好順序に関する基本的仮定　57
第3節　選好順序と無差別曲線 ………………………………60
　　無差別曲線　60　　無差別曲線の性質　61
　　原点に凸の無差別曲線　64　　希少性と限界代替率　65
　　限界代替率の意味と逓減　67
第4節　いろいろな無差別曲線 ………………………………68
　　飽和点と無差別曲線　68　　非経済財と無差別曲線　69
　　完全代替財と完全補完財　70　　**練習問題**　72

第4章　最適消費選択 ……………………………………………73
第1節　最適選択 ………………………………………………73
　　消費者の最適選択点　73　　最適選択点の経済的意味　75
第2節　消費需要 ………………………………………………77
　　最適選択と接線条件　77　　凹選好と最適選択　79
　　コッブ・ダグラス型効用関数と最適選択　80
　　基数的効用関数と最適選択　81　　**練習問題**　83

第5章　需要関数 … 85

第1節　所得変化と需要量 … 86

所得の変化と最適選択　86　　所得の変化とエンゲル曲線　88

需要の所得弾力性　89　　エンゲル曲線と需要の所得弾力性　90

直線のエンゲル曲線　91　　所得変化の総効果とエンゲル法則　92

第2節　価格変化と最適消費選択 … 93

需要曲線と需要法則　93　　右上がりの需要曲線　95　　需要関数　96

代替財と補完財　96

第3節　市場需要曲線 … 98

個人の需要曲線と市場需要曲線　98

需要の価格反応と需要曲線　99　　需要の価格弾力性　100

直線の需要曲線と価格弾力性　101　　弾力性と家計の支出　103

弾力性一定の需要関数　106　　**練習問題**　107

第6章　顕示選好の理論と消費者の厚生変化 … 109

第1節　顕示選好の理論 … 109

最適選択と選好関係の顕示　109

消費者行動の一貫性と最適行動　111

WARPテストと無差別曲線　112

第2節　指数の経済理論 … 114

数量指数　114　　物価指数　116　　金額指数　117

第3節　厚生変化の貨幣的測度 … 118

効用水準の変化の貨幣的測度　118　　補償変分　119

等価変分　120　　効用不変価格指数　121

補償変分とラスパイレス物価指数　122

等価変分とパーシェ物価指数　124

第4節　消費者余剰 … 125

需要価格と市場価格　125　　需要曲線と基数的効用　127

限界効用一定と厚生変化　129　　　練習問題　130

第7章　スルツキー方程式
第1節　価格変化の効果 ……………………………………………133
代替効果と所得効果　133
第2節　代替効果 ……………………………………………………136
代替効果は負　136　　スルツキーの代替効果　137
顕示選好の理論と代替効果　138
価格変化とヒックスの代替効果　138
第3節　所得効果 ……………………………………………………140
価格変化と実質所得の変化　140　　価格変化の所得効果　141
第4節　価格変化の総効果 …………………………………………142
スルツキー方程式　142　　正常財の価格変化の効果　143
下級財の価格変化の効果　143　　一般的なスルツキー方程式　145
練習問題　147

第8章　企業の目的と技術的条件
第1節　企業の目的 …………………………………………………149
企業の意思決定　149　　企業の行動仮説と利潤の最大化　150
第2節　企業の技術的条件 …………………………………………151
1生産要素と1生産物：生産関数　151　　2生産要素と等量曲線　153
限界生産物と平均生産物　155　　S字型の生産関数と収穫法則　157
第3節　生産規模と技術的条件 ……………………………………159
規模に関する収穫法則　159　　規模に関する収穫法則と等量曲線　161
技術的限界代替逓減と生産領域　161　　練習問題　163

第9章　利潤最大化と企業の最適選択
第1節　利潤の最大化と最適選択 …………………………………165

利潤　165　　等利潤線と短期の利潤最大点　167
　　　利潤最大化の条件　168
　第2節　供給曲線と生産要素の需要曲線 ……………………………171
　　　生産物の供給曲線　171　　生産要素価格と生産要素量　173
　第3節　所得分配と生産関数 ……………………………………………174
　　　長期の利潤最大化と生産要素需要　174　　限界生産物と所得分配　177
　補　論　生産関数と代替の弾力性 ……………………………………179
　　　代替の弾力性　179　　コッブ・ダグラス型生産関数と代替の弾力性　180
　　　CES生産関数と代替の弾力性の計測と所得分配　181
　　練習問題　186

第10章　企業の費用と費用曲線 ……………………………………187
　第1節　費用の最小化原理 ………………………………………………187
　　　費用と機会費用　187　　費用の最小化と最適選択　189
　　　生産要素価格の変化：代替効果と拡張効果　191
　第2節　費用の種類 ………………………………………………………194
　　　費用と生産量との関係：費用関数　194　　短期の費用　195
　　　可変費用　195　　総費用　196　　平均費用　197　　限界費用　198
　　　平均費用と限界費用　200　　平均可変費用と限界費用　201
　　　短期の平均費用曲線と限界費用曲線　201
　第3節　長期費用曲線 ……………………………………………………202
　　　長期費用と短期費用　202　　生産設備と長期総費用曲線　203
　　　長期総費用曲線　205　　長期平均費用曲線と短期平均費用曲線　205
　　　長期限界費用曲線と短期限界費用曲線　206
　　　長期平均費用曲線と長期限界費用曲線　207
　　　規模に関する収穫法則と長期平均費用曲線　207　　**練習問題　208**

第11章　供給曲線 ……………………………………………………………… 209
第1節　利潤の最大化と供給曲線 ……………………………………………… 209
企業の収入構造　209　　利潤最大化と供給量の決定　211
利潤最大化条件と供給量　211　　企業の供給曲線と利潤　213
逆供給曲線と生産者余剰　214

第2節　長期の供給曲線と産業均衡 …………………………………………… 215
企業の長期供給曲線　215　　長期の産業均衡　217

第3節　市場供給曲線と供給の価格弾力性 …………………………………… 218
企業の供給曲線と市場供給曲線　218
供給の価格反応と供給曲線　219　　供給の価格弾力性　220
直線の供給曲線と価格弾力性　222　　**練習問題**　223

第12章　市場均衡と資源配分 ………………………………………………… 225
第1節　市場均衡と価格決定 …………………………………………………… 226
市場需要と市場供給　226　　完全競争市場　226
市場価格の決定　227　　逆需要曲線と逆供給曲線　229

第2節　市場機構の効率性 ……………………………………………………… 230
最適資源配分とパレート最適　230
個人の消費者余剰と消費者全体の消費者余剰　232
各企業の生産者余剰と生産者全体の生産者余剰　234
市場均衡と社会的余剰　235
政府の市場介入政策：食糧管理会計制度　236

第3節　比較静学と間接税 ……………………………………………………… 238
均衡価格の変化と外生変数　238　　間接税　240　　課税の転嫁　242
課税の転嫁と需要曲線および供給曲線の勾配　243
間接税の負担と弾力性　245　　間接税のデッドウェイト・ロス　246

第4節　市場調整と均衡の安定性 ……………………………………………… 247
不均衡の調整と均衡の安定性　247　　ワルラス的調整過程　248

マーシャル的調整過程　250　　蜘蛛の巣調整過程　253

練習問題　256

第13章　独占と独占的競争 …………………………………259
第1節　不完全競争市場と市場構造 ………………………260
不完全競争企業と需要曲線　260　　参入障壁と市場構造　261
第2節　独　　　占 ……………………………………………263
買手独占　263　　売手独占　263

独占企業の需要曲線と限界収入　264　　独占企業の均衡点　267

独占の弊害　268
第3節　価　格　差　別 ………………………………………270
価格差別の種類と成立条件　270　　価格差別と需要構造　271
第4節　独占的競争 ……………………………………………273
製品差別化と需要曲線　273　　独占的競争企業の均衡　274

練習問題　277

第14章　寡占市場 …………………………………………………279
第1節　寡占企業の行動仮説 …………………………………279
寡占市場の特徴と企業行動の相互依存　279　　寡占企業の戦略　280
第2節　逐次戦略 ………………………………………………283
数量先導と追随者　283　　数量追随者の問題　283

数量先導者の問題　286　　数量逐次ゲームの産業均衡　287

価格戦略と価格追随者の問題　289

価格先導者の問題と産業均衡　290
第3節　同　時　戦　略 ………………………………………291
同時数量決定　291　　予想修正と均衡の安定　294

同時価格決定　295
第4節　協調戦略と寡占市場の問題 …………………………297

カルテル形成　297　　カルテル企業の問題　297
寡占市場の価格の硬直性　299　　平均費用価格形成原理　301
練習問題　303

第15章　生産要素市場 …………………………………………305
第1節　労働の供給曲線 ………………………………………305
労働供給と余暇の選択　305　　家計の予算制約式　306
労働の最適選択　307　　スルツキー方程式と労働供給曲線　309
第2節　生産要素の需要曲線 …………………………………313
利潤最大化と生産要素需要　313　　不完全競争市場と搾取　314
供給独占企業の生産要素需要　316　　双方独占　317
第3節　地代の理論 ……………………………………………319
土地の供給と地代　319　　固定的生産要素の報酬　320
生産者余剰とレント　322　　**練習問題**　323

第16章　市場機構と市場の限界 ………………………………325
第1節　経済の相互依存関係と最適資源配分 ………………326
経済の相互依存関係と一般均衡分析　326　　交換経済　327
パレート最適の配分　329　　交換経済と最適資源配分　329
生産の効率性　331　　生産可能性曲線　334
生産と消費のパレート最適と市場均衡　337
厚生経済学の基本定理　338　　効率的資源配分と理想経済　340
第2節　市場機構の限界 ………………………………………341
市場の失敗　341　　費用逓減　341　　公共財　342　　外部効果　345
情報の非対称性　348　　**練習問題**　349

練習問題解答 ……………………………………………………351
索　　引 …………………………………………………………359

序章　ミクロ経済学の対象と方法

第1節　経済学の特徴

経済学を学ぶ目的と重要性

　学問にはそれぞれ独自の対象とそれを解明するための方法，そして，ある理論体系をもっており，この3つが三位一体となっている。経済学を学ぶことはこの3つのことを理解することでもある。

　本章では経済学を学ぶにあたって，経済学の魅力や特徴を提示することから始めることにしたい。この魅力や特徴として，価値の決定，絶対量ではなく追加的概念に基づく分析，直感とは異なる経済の相互依存関係の解明，経済の理想状態の提示と解明，さらに経済分析の方法などをあげることができる。これらは知的興奮を覚える1つとなるであろう。読者は，本書を読み進めていくに従い，経済学の特徴についての理解を深め，経済学の魅力を見い出し，感動するであろう。ここではまず，経済学を学ぶことの重要性について強調する。

　経済学を学ぶ目的の1つとして，その学問の実践性があげられる。役に立つ，あるいは社会的に有用な学問であると表現される場合や，その学問と職業とが対応しているとき，学問を修得する目的はきわめて明確化される。医学と医師，歯学と歯科医，教育学と先生，法学と弁護士などはこの好例である。

　しかしながら，経済学は職業との明確な結びつきは弱く，役に立つ，有用であるという意味は，自己の経済的利益と結びつけられている場合が多い。株や国債・社債の売買や小麦や大豆の商品投機，さらにはビジネスチャンスを得るために経済学の知識が役立つと考えられている。

　しかし，経済学は私的利益のための学問だけではなく，われわれの経済社会

のメカニズムや経済現象を解明し，人々が望む理想的経済社会を実現するための政策を提示することであり，社会改善や経済的進歩に貢献することが期待されているのである。したがって，経済学が役立つという意味や必要性に関しては，個人的観点からではなく，社会的観点から判断すべきことである。

それゆえに，社会的観点において経済学を学ぶ積極的必要性が当然存在するのである。それは，日本や世界がよりよい経済社会を構築するためには，現代社会が抱えている課題やそれに応えるための基本的分析枠組みを理解した，高い知性と教養をもつ人々が社会の構成メンバーとなる必要があるからである。

経済学は，しばしば法学と比較対照されている。その法学の論理は，「結論を正当化するための理由づけである」，といわれたりすることがある。一方，経済学の論理は，「因果法則に従う論理であり，それは事実によって反証可能な実証的な論理である」，ということができる。この法学の論理を駆使して，結論を正当化する集団の1つに，日本の官僚や政治家がしばしば登場する。

たとえば，政府は，景気が悪くなっていても，財政支出を削減するという目的のために，「景気はよい」と主張し，説得のための資料やデータを準備し説明する。ある政策の実行がどのような効果を実現するのかを，事実の論理で明らかにするのでなく，ある利害集団の存在やある目的のために，その政策を正当化するための論理を駆使するという姿勢が，日本の官僚や政治家に目立つのである。このようなことについて，驚きや怒りを覚える人と，冷静に受けとめ，納得する人も数多くいることも予想される。しかし，事実によって否定される論理に基づかない，独断と偏見に満ちた論理を駆使して，国民経済の安定や繁栄を大義名分に官僚や特定集団の利益と結びつくような政策や国家運営を行っているとは，まずは信じがたいことである。事実の因果関係に基づく論理を踏まえて，政策効果の比較分析を行い，その結果に基づいた政策の方針を国民に示す，ということが期待されており，それを忠実に実行するのが行政府の責務である。しかし，現実は大きく乖離している可能性があるということである。

日本の政策決定は，首相や閣僚や政治家よりも，官僚が政策決定権をもっているといわれている。事実の論理に基づかない官僚や政治家の提案を点検する

だけでなく，国民は自己防衛のためにも，そして社会全体の利益のためにも，科学的方法に基づく事実の因果関係である，経済のメカニズムや経済現象を解明し，ある政策がどのような政策効果をもたらすのかを明らかにする，という経済学を修得する必要がある。この意味において，個人的観点だけでなく，社会的観点において経済学を学ぶことが必要であり，きわめて重要である。

　ケインズ（J. M. Keynes, 1883 - 1946）は，『雇用・利子および貨幣の一般理論』（1936）において，官僚や政治家の提案する政策哲学は，「最新のものではない可能性が強い」ことを強調した。また，経済的自由主義の立場からは，われわれの現在と未来を，「政府の知性とモラルに託す」ことの危険性を強調する。このように政府の経済的役割やその政策に対して，疑問や危惧が指摘されている。いつの時代も経済学は国を超えて重要な学問なのである。

限界と平均

　経済学の最も特徴的で魅力ある1つは，経済学が**平均**（average）や総量（total）という，絶対量（absolute quantity）ではなく，**限界**（marginal）で考えるということである。言い換えれば，経済学は総量や平均の尺度で考えるのではなく，物事の付加的ないしは追加的な尺度で考えるということである。入学試験や就職試験において，ある1つの特異な能力や特殊技能のみを評価して選抜を行う場合もあるが，一般的に，被選抜者は総合評価されていることが多い。内申点は高校における学業の平均点であり，数科目の選抜試験の合計得点が学力試験の総合点となり，それらの平均や総合という絶対量の評価尺度が選抜の合否の判定に利用されている。また，プロ野球における1シーズンの打率（ヒット数と総打席数の比）やホームラン数という，平均や総数が個人成績に利用されている。このように入学をはじめとする就職，資格，認定試験だけでなく，スポーツ（競技種目）においても，個人に関する成績や能力を判定する場合，平均や合計という評価指標を利用することが社会的に支持されている。

　しかし，経済学における財・サービスの価値の評価や経済状態の判断基準に利用されているのは，平均や総合というよりはむしろ限界概念の尺度なのであ

る。もちろん，国民1人当たりの国民所得，平均価格（物価水準），総生産量，総雇用量，経済成長率，失業率など，われわれの経済状態やその動向を把握したり，判断するために平均や総合概念の尺度を利用している。このような平均概念の尺度は，一国経済だけでなく個人の生活水準や企業経営の状態や特徴を把握するのに好都合な経済指標である。一方，限界概念は経済状態やその動向を表す尺度でもあるが，それは因果関係を解明するのに有益な尺度である。

エンゲル係数：所得と消費

　限界概念と平均概念の相違について，消費支出に占める食糧費の割合である**エンゲル係数**（Engel coefficient）を利用して説明しよう。このエンゲル係数は，消費支出額1円当たりの食糧支出額という，平均の測度である。**エンゲル**（E. Engel, 1821-96）は，19世紀末のベルギーの家計調査から，「この消費支出と食糧費の比率は，所得が低いほど高い」，という**エンゲル法則**を引き出した。エンゲル係数は，時代，国，地域や所得階層別に計測することによって，家計の生活水準の実態把握ができるとともに，エンゲル法則の経験的妥当性を確認することも可能である。エンゲル係数は，家計の消費者行動を解明する代表的平均測度である。

　この平均測度以上に経済学において消費者行動を解明するのに利用される測度が，**限界消費支出**（marginal consumption expenditure）である。この限界消費支出は，消費支出の増加に対する食糧費の増加の比であり，消費支出1円の増加に占める食糧費の増加の割合を示す測度である。経済学ではこの後者の限界の測度を特に利用して，消費者の行動の特徴や経済の複雑な因果関係の解明に役立てるのである。

　いま，消費支出 x と食糧費 y の関係を，次式のような方程式で示される線形の関数で表されるものとする。

$$y = f(x) = ax + b$$

なお，a と b は正の定数であるものとする。経済学はこのような関数関係を

用いて経済分析が頻繁に行われる。上の関数$y = f(x)$は，食糧費yは消費支出xの水準に依存しているということであり，この食糧費yを**従属変数**，消費支出xを**独立変数**という。そして，この関数の具体的関係を示す方程式，$y = ax + b$は，食糧費が消費支出xの水準とは関係なく決定されるbと，消費支出xの水準に依存して決定されるaxの2つの要因によって決定されることを示している。このような因果関係において食糧費が決定されているとき，平均の測度であるエンゲル係数y/xは，$y/x = a + b/x$，と表される。この定義式から消費支出xの増加とともにエンゲル係数y/xが低下していくことが確かめられる。そして，消費支出xは，所得の増加とともに増加するので，線形関数の消費支出xと食糧費yとの関係式$y = ax + b$は，エンゲル法則を生み出す消費者行動を表しているのである。

一方，この線形の消費支出xと食糧費yとの関係における限界の測度である消費支出xの増加に対する食糧費yの増加の比は，係数aである。このaの値は，xの1単位の変化に対するyの変化の比であり，それは直線の方程式の傾きである。すなわち，限界の測度は直線の傾き（非線形関数の場合，それは曲線の接線の傾き）なのである。この係数aは，消費者が消費支出xの変化に対して食糧費yをどれだけ変化させるかという，消費者の反応の大きさを示しているのである。先の平均の測度であるエンゲル係数y/xは，直線上の点と原点とを結ぶ直線の傾きである。このように限界の測度は，平均の測度とは異なる概念の測度であり，変数と変数の因果関係の測度であり，また，それは関数の係数となっているのである。ただし，上の線形関数の係数bがゼロであるならば，そのときのみ，エンゲル係数はaとなり，限界消費支出と一致する。

第2節　価格と価値の概念

価格と限界評価

「限界概念や経済学が限界で考える」ということを理解するのに最も重要で，かつ，よい具体例は**価格**である。われわれが日常の生活において購入している

様々な財・サービスには，必ず価格が表示されている。お米，本，食パン，パソコンなどの物的財の価格の他に，賃金，航空料金，電気料金，診察料などのサービスの価格もある。これらの価格は全て限界の測度なのである。

価格は，その財の購入に際して支払ってもよいと考える購入者全員の平均価格でも，その財の提供者である企業が販売してもよいと考える全企業の平均価格でもないのである。価格は，現在の価格以上では購入することができないという，消費者が購入している財の価格である。このような消費者を**限界消費者**または限界需要者という。また，価格は，現在の価格以下では市場に供給することができないという，企業の提供している財の価格なのである。このような企業を**限界企業**または限界供給者という。すなわち，限界消費者は現在の価格以上の支払をして財を得ることの犠牲が，その財の消費から得られる享受（便益）を超えてしまうのである。一方，限界企業は目下の価格では正の利潤が確保されてはおらず，総収入と総費用とが等しいのである。換言すれば，単位当たりの収入である平均収入と単位当たりの費用である平均費用とが等しい状態となっている。それゆえに，現在の価格以下では赤字となり，操業継続や事業存続が不可能なのである。

このように限界消費者は選好上において，その財を購入することと，購入しないことが無差別となっているのであり，限界企業は企業経営上，その財を供給することと，その生産を中止したりあるいは事業から撤退することが無差別となっているのである。限界消費者以外の消費者は，目下の価格以上でも購入することができるし，また限界企業以外の企業は，目下の価格以下でも正またはゼロの利潤を確保することができるかぎり，生産を継続し供給し続けることが可能となる。このように価格は，限界購入者が評価する価格であり，かつ，限界企業が提供している財の単位当たりのコストとなっているのである。この意味において，価格は平均概念の尺度ではなく，限界概念の尺度となっているのである。

このように価格が限界概念であるということを理解できるならば，交通サービスに代表されるような公的機関による各種の規制料金の意味および国民経済

に与える影響とともに，被規制主体の既得権益の内容も理解することができるようになる。

価値の概念：客観的価値と主観的価値

お米や洋服のような物的財の価値，また医療や教育などのサービスの価値をはじめとして，経済学は様々な財の価値について議論する。そして，通常取引の対象とはなっていない原子力発電所や治安サービスや環境の価値などの複雑な問題を含んでいる財・サービスの価値も，経済学の研究対象である。

「議員や大臣あるいは役員のポストは多すぎる」，「市民体育館と市民ホールは建設する価値はあるが，博物館とダムを建設する価値はあるのであろうか」，「大学に行く価値はあるのか」，というように経済選択だけでなく，政治，社会選択や人生選択の対象となることについての価値がよく問われたりする。個人や社会には，複雑で困難な問題に明確な回答を用意し，かつ，適切な選択をしなければならない，ということが常に課せられているのである。しかし，このことに応えることは簡単ではなく，人々や社会は選択に際して，多くの時間を割くだけでなく，選択後においても悩まされたり，混乱を生じたりすることも少なくない。その1つの理由は，**価値の概念が多様であることによる。**

価値の概念は古くから様々な哲学的議論が行われている。経済学の代表的価値の理論として，**主観的価値論**（subjective theory of value）と**客観的価値論**（objective theory of value）とがあげられる。前者は，財・サービスから得られる欲望充足の満足の度合いを主観的測度に基づいて測る**効用価値説**（value theory of utility）である。この価値の概念は，財の消費から得られる**総効用**ではなく，財の追加的1単位の消費から得られる効用の増加分である**限界効用**（marginal utility）が財の主観的な有用性の測度であり，それは間接的に価格で測られるものと考える。それは，購入者が価格と1円当たりの限界効用が等しくなるまで財を購入するとき，総効用は最大になるという，**効用最大化原理**（principle of utility maximization）に基づいている。このことから，この主観的価値説を限界効用価値説ともいう。主観的価値論における効用は，少なく

とも測定可能であり、長さや重さなどのように何らかの数量単位で表すことができる、ということが前提となっていなければならない。換言すれば、効用は基数的尺度（cardinal measure）で測ることができなければならない。この要求は、異なる個人の効用水準の和も、また差も計算可能であることを意味するものである。即座に理解可能と考えられるが、各家庭の1日の満足度について数量調査し、所得階層別や国民の生活水準を数量単位で表し、それを前年度の水準や各国と比較することは、説得的とはなりえないであろう。経済学はこの効用を数量化するというテーマに応える挑戦を放棄し、効用の測定可能性に基づかない経済学の構築に向かうことになったのである。そして、現代経済学の価値の概念は、**基数的効用**ではなく、**序数的効用**（ordinal utility）に基づいている。

　後者の客観的価値説は、**マルクス**（K. Marx, 1818–83）による**労働価値説**（labor theory of value）である。この価値の概念は人間労働の絶対量によって財・サービスの価値が測られると考えるものである。この労働量には、生産するために直接的に使用される労働とともに、生産手段である機械や工場に体化された間接的な労働も含まれている。この価値の概念に基づくならば、財の価格がその財を生産する1単位当たりの労働費用を超過しているとき、資本家が**剰余価値**（surplus value）を受け取ることができる。しかし、この資本家の所得は、資本家が労働者を搾取した結果によるものであるということになる。したがって、価格と労働費用との差額の確保をめぐり、資本家と労働者による所得分配の階級闘争が必然的に起こると説明される。この必然性を回避するために政府が命令・強制的に資源配分や所得分配を決定するという方法がとられた。このような経済システムが是認された理由は、労働価値説が異なる労働間の賃金格差や労働以外の生産要素の報酬率の決定を、科学的に説明する根拠に欠けていたからに他ならない。そのために旧社会主義国の実験が示すように、この経済は分配の過度な平等性（公平性ではないと考えられる？）を優先することにより、資源配分の効率性を犠牲にする結果となったのである。

希少性と機会費用

　現代経済学の価値の概念は、われわれが日常生活において、財・サービスを評価している方法を一般化したものである。それは、個人が何らかの難題に直面したとき、最も価値のあるものを選択するという意味において、最適選択に接近するひとつの方法である。それによって価値の概念は、きわめて単純化されるのである。すなわち、経済学は、経済活動の対象となる財・サービスの価値だけでなく、市民としての個人、企業や国や地方自治体あるいは何らかの組織や団体さらには人類の行為の対象となることについても、価値を付与することができる。

　その方法は、ある１つの選択対象の価値は、その選択によって犠牲にされた生産物あるいは犠牲にされた機会で測るというものである。たとえば、財の価値とは、ある人が財のために支払ってもよいと考える支払額であるが、それはある人が財のために犠牲にしてもよいと考えている財の数量ということができる。この定義は重要であり、かつ理解は簡単である。すなわち、

　「私は、x 財 1 単位を獲得するために、y 財 2 単位を手放す用意がある」というように、われわれの評価は、ある事柄を選択することに、どの程度犠牲を支払ってもよいと考えているかによって測っているのである。それは、経済主体がある１つのことを選択するということに対して、必ず他の機会を犠牲にしているという事実が存在しているからである。

　この価値の概念には２つの重要なポイントがある。１つは価値を犠牲量で測っていることである。経済主体が無数の選択機会の中から、ある１つのことを選択するならば、その選択した１つのこと以外は、すべて犠牲にされたのである。この犠牲となった機会から得られる最高の収益または最高の所得のことを**機会費用**（opportunity cost）という。経済学はこの機会費用で価値を測るのである。それは経済主体が最善の選択をするならば、選択されたその価値は、犠牲にされた価値、または失ってしまった価値より大きいか、無差別となっているからである。換言すれば、最善の選択は最も価値のある機会を選択しており、それが最も重要であったことを意味し、**希少性**（scarcity）をもっていた

ことになるのである。このような価値の概念に基づくならば、経済財だけでなく個人や組織が直面する選択対象のすべてについて評価することができるとともに、その選択についての意味づけが与えられるのである。

絶対価格と相対価格

現代経済学の価値の概念のもう1つのポイントは、価値は絶対評価ではなく相対評価であるということである。経済学において利用する価値の評価には、絶対評価と相対評価の2つがある。絶対評価の代表例は貨幣単位で評価される財の価格である。この価格を**絶対価格**（absolute price）という。また、労働者1人当たりの生産量である労働生産性や総生産量なども生産量で表される絶対評価である。

一方、財と財との**価格比率**（交換比率）で表される価格が**相対価格**（relative price）であり、ある財を基準とした相対評価となっている。日常の経済選択において経験しているのは、絶対評価の価格であるが、その際に相対評価を行い、相対価格に基づき意思決定を行っているのである。それは、「私は、x財1単位を獲得するために、y財2単位を手放す用意がある」、という評価が相対評価であるからである。すなわち、彼（彼女）は、x財の価値をy財の2倍と評価しているのである。また、そのことはy財の価値をx財の半分と評価しているのである。このx財とy財との交換比率2（0.5）は、x財（y財）の価格であり、それはy財（x財）で測った相対評価である。このように、われわれは、絶対価格とともに相対評価である相対価格に基づく意思決定を行っているのである。このことを最初に科学的に説明した経済学者は、**リカード**（D. Ricardo, 1772-1823）であろう。

リカードはイギリスとポルトガルとの貿易財が絶対量で測られる労働者1人当たりの生産量（すなわち、絶対価格）ではなく、ある財で測られる相対労働生産量（相対価格）が貿易を成立させることを証明した。いわゆる、ある国の労働生産性がすべての財について、他国よりも優れている場合についても、相対生産量において劣る財と優れている財が存在し、その相対生産量の劣る財を輸

入し,優れている財を輸出することによって,両国はお互いに利益を得ることができるという,**比較優位の理論**(theory of comparative advantage)を示したのである。この理論はある組織の1人が,あらゆることについて抜き出ており,どんな仕事も誰にも負けることがないという場合についても,仕事を分業することが組織にとっては,よい成果を生み出すというものである。この比較優位に基づく分業は世界貿易だけでなく,国内産業,企業組織,学校,家庭においても当然当てはまるのである。その理由は簡単である。超能力者が他人の利用可能な資源をも利用することはできない,という根本的事実の存在である。このように相対評価は,日常生活においても重要性をもっているのである。

第3節　経済学の対象と分類

ミクロ経済学とマクロ経済学

現代経済学は,対象と方法と理論体系が異なるミクロ経済学(microeconomics)とマクロ経済学(macroeconomics)の2つの経済学をもっている。前者のミクロ経済学の対象は,経済主体の行動と市場および市場の相互関係であり,後者のそれは,一国全体の総産出量(GNP)や総雇用量や物価水準や貨幣量,国際収支の決定・変動およびその相互依存関係である。

ミクロ経済学は,消費や生産などの経済活動を行う家計(消費者)や企業の行動および個々の財・サービスの価格決定や市場構造などが分析対象である。特に,ミクロ経済学は,経済が個々の企業や家計という最小単位の**経済主体**から構成されているという前提にたっている。これは古典物理学において,自然界が原子から構成されているという前提に類似している。ミクロ経済学は経済社会を顕微鏡で観察するようなものであり,消費者や農家や独占企業などの経済行動の動機づけを明らかにし,個々の経済主体がどのような経済行動をとるかを解明することにある。そして,お米や野菜やガソリン,さらには独占企業や寡占企業の生産する財や公共財などの様々な財・サービスの価格が,どのように決定されるかを明らかにすることである。また,貿易や税制など経済全体

に関わる問題も考察の対象となる。それは，ミクロ経済学の中心テーマが一国経済の**資源配分**（resource allocation）と，**所得分配**（income distribution）にあり，市場メカニズムを解明するためには，各市場間の相互依存関係を解明する必要があるからである。すなわち，ミクロ経済学は，希少な資源をどのように利用して，どんな財をどれだけ生産するのかという，資源配分に関する問題と，所得を人々にどのように分配するのかという，所得分配に関する問題を研究対象とし，その問題を解く経済システムである，市場メカニズムの特徴や限界を明らかにし，改善のための政策手段を提示することであると定義することができる。

一方，**マクロ経済学**は，その対象が一国経済または世界経済の経済集計量（GDP，国民所得，消費，雇用量，物価，貨幣量，為替レートなど）であり，それらのマクロ経済変数の決定と変動および相互依存関係を解明する。不況と好況の循環，失業とインフレーションのトレードオフとの関係，経済成長，国際収支の安定，金融政策や財政政策の効果などは，代表的なマクロ経済学のテーマである。マクロ経済学の特徴は，経済には1つの財であるGDP（GNP），それを生産するための生産要素である1種類の労働，それらの価格である物価および賃金，そして一種類の資産である貨幣のみが存在するという，きわめて抽象化した経済を想定していることにある。このような抽象化が景気の状況把握や動向，政府の景気政策の効果，為替レートの変化が経済に与える影響などを考察するのにきわめて有効である。

GDPは，個々の経済主体（企業）の生み出した最終生産物の合計であるように，マクロ経済学の経済集計量は，ミクロ経済学の分析結果から引き出された経済主体の消費量や生産量を集計したものである。したがって，一国経済全体の経済量であるマクロ経済変数の決定メカニズムを解明するマクロ経済学は，必然的にミクロ経済学を基礎におくことになるのである。そして，ミクロ変数を集計したものがマクロ変数であるから，ミクロ経済学の結論をマクロ経済現象やマクロ経済メカニズムに単純に適用すればよいという，論理が成り立つと考えられる。しかし，ミクロ経済の単純な集計がマクロ経済やマクロ経済学の

結論とはならないのである。ミクロ経済現象とマクロ経済現象とは，異なった経済現象であり，その異なる現象は，共通な因果関係をもっていないのである。また，複雑な経済社会においては，すべての人が同じように行動したとしても，全員が利益を獲得したり，逆に，全員が損失を被るということは起こらないのである。それゆえに，ミクロ経済学とマクロ経済学の2つの学問が，われわれの経済メカニズムや経済現象を解明するための基礎理論として位置づけられるのである。

合成の誤謬と相互依存関係

ミクロ（個人や部分）について真理であることを，マクロ（一国や全体）についても同様に真理であると考えてしまうことを，「**合成の誤謬**」(fallacy of composition) という。このような誤りにおちいってしまうのは，相互依存関係が存在しているような状況において，何らかの関係を無視していることに起因している。たとえば，ある財の価格が下落すると，人々は生活が楽になると予想するであろう。この結論は，単位当たりの支出額が低下するために，支出額が低下すると考えるからである。また，価格の低下が実質所得を増加させるからである。しかし，この結論はすぐに誤りであることがわかる。それは，価格が下落したために多くの数量を購入するからであり，その総量の増加が支出を増加させる効果が，価格の低下による支出の減少効果よりも大きいならば，価格低下は支出を増加させ，生活苦となってしまうことも起こり得るのである。さらに，価格の変化とともに所得の変化をも踏まえて，生活水準の変化を考えなければならないのである。したがって，価格の低下が生活水準の向上に結びつくという結論を得るために必要なことは，価格が変化しても所得は変化しないという前提である。経済学において，このような議論の展開がよく行われる。それは**他の条件は一定**（ceteris paribus）という前提である。

もう1つの例として，貯蓄のパラドックスをあげておこう。個人が節約に努め，貯蓄を増やすという行動は，確実に個人の貯蓄残高を増加させる。しかし，一国経済において，国民が貯蓄の増加に努め，節約した場合には，一国の貯蓄

は必ずしも増加するとは限らないのである。このことは，貯蓄の増加は消費の節約であるから，一国の生産活動の低下となり，その結果として所得が減少し，貯蓄も減少してしまうという，因果関係が存在しているからである。このように経済には複雑な関係があり，それを解きほぐすのが経済学の使命であり，知的興奮を覚える点でもある。

実証経済学と規範経済学

経済学は，分析対象による分類と分析目的による分類とがある。前者は，マクロ経済やミクロ経済を対象とするマクロ経済学やミクロ経済学であり，または，国際経済や労働経済を対象とする国際経済学や労働経済学などである。

後者の経済学の分析目的の1つは，現実経済のメカニズムや経済現象を解明することであり，事実を解明し説明することにある。これを実証分析あるいは**実証経済学**（positive economics）という。もう1つの経済学の分析目的は，「現実経済はこうあるべきであり」，または，「この経済状態は好ましくなく，改善すべきである」，という主張に明確な科学的根拠を与えることである。換言すれば，経済体制を含め，望ましい経済体制や望ましい経済状態を明らかにすることであり，経済の理想状態を提示することが経済学のもう1つの分析目的である。これを規範的分析あるいは**規範経済学**（normative economics）という。厚生経済学（welfare economics）や公共経済学（public economics）は，代表的な規範的経済学である。

すなわち，経済学は事実を解明する実証的経済学と経済の理想を描き出す規範的経済学とがあるのである。この2つを総合して現代経済学は，経済社会のメカニズムや経済現象を解明し，理想経済・理想経済状態を達成するための最適政策手段を導出する学問と定義することができる。

価値判断

経済学が理想の経済体制や理想経済状態を語る場合，何らかの**価値判断**に基づくことが不可欠となる。それは経済学に限定されることなく，望ましいとか

良い・悪い，というように，あることがらについて判断を下す場合，何らかの価値規準（value criterion）または評価（evaluation）する尺度が設定されていなければならない。経済状態を評価する場合の判断規準には，ある特定の集団の利益と結びつくものであったり，個性豊かな為政者や独裁者さらには天の声を聞くと自称する宗教家の価値規準も含まれる。これらの価値規準は特定の人のみが支持するものであることから，強い価値判断に基づくものであるという。しばしば過去にも，そして現在も，この強い価値判断に基づく経済運営がなされたり，経済政策が実行されたりしている。そのような強い価値判断に基づく政策が実行されるのは，われわれの経済の評価規準や経済目標は，科学的な分析に基づき導出される命題とは異なっており，与件として与えられる価値判断にかかわるものであるからである。しかし，経済学が理想状態について語る場合は，最も弱い価値規準に基づき議論する。すなわち，経済学は，特定の集団が支持する価値判断ではなく，すべての国民が支持し得る価値判断をもって，理想経済や理想経済状態を描きだすのである。換言するならば，その弱い価値判断とは，その国民の大多数が支持する自明の価値判断基準ないしは経済目標であり，その妥当性に関しては，疑問の余地がないものと仮定されている。

　資源配分の効率性（efficiency），経済的自由（Economic freedom），課税や所得分配の公平性（equity），雇用や物価や国際収支の安定性（stability），そして成長（growth）は，国民がその実現を望む経済目標であり，それらが達成されている経済状態を望ましい経済とか理想的経済状態と考えている。この5つのことは，国民の大多数が支持する自明な**経済目標**と考えられる。

　以下で，この5つの経済目標について，順次説明する。

理想的な資源配分

　効率性とは，希少な資源を無駄なく，最も有効に利用することである。最小の費用で最大の生産量を産出することができる効率的な経済組織，経済体制の実現は，自明の経済目標である。効率性が実現している経済状態を最適資源配分という。この最適資源配分に関して，経済学者間の意見の相違はみられない

といってよい。ある資源配分の状態から別の資源配分の状態に代わることによって，社会の構成員の誰一人として厚生状態が悪化することなく，すべて，あるいは一部の社会の構成員の厚生状態が改善されるならば，最初の状態には無駄が生じていることになる。効率的資源配分の状態とは，どのように配分を変更したとしても，社会の構成員の厚生状態を悪化させることなく，いかなる社会の構成員の厚生状態も改善することができない状態のことをいう。換言すれば，社会のある構成員の厚生状態を改善するためには，他の構成員の厚生状態を悪化させなければならない状態は，**最適資源配分**を実現しているのである。このような資源配分の状態を最初に定義した**パレート**（V. Pareto, 1848－1923）の名前をとって，**パレート最適**（Pareto optimum）という。

　この最適資源配分の定義は，経済の理想状態を適切に表現している。すなわち，ある1つの選択を行う場合，何らかの犠牲を必要とするならば，現在の資源配分はベストとなっているのである。それはある生産物を多く生産するためには，他の生産物の生産を犠牲にする必要のある状態であり，現在の資源を利用して生産できる最大生産量を実現していることを意味しているのである。したがって，ある資源制約のもとで，経済が生産可能な最大生産量を実現している資源配分は，まさにベストとなっているのであり，資源を無駄なく効率的に利用しているのである。

　このように経済学は，理想的経済状態を明確に定義しており，経済学者は理想的経済状態を明確に確認しているのである。このことはきわめて重要なことである。経済学は経済の good な状態，言い換えれば，経済の健康な状態を正確に知っているのであり，bad または病気であるということを確認するよりも重要であると考えている。すなわち，パレート最適な状態ではないならば，それは効率的資源配分から乖離していることを意味しており，何らかの改善の余地があり，経済政策（治療）の必要性をわれわれに教えてくれるからである。

　ここで経済学は，2つ目の重要なテーマに挑戦しなければならない。すなわち，所与の社会目標を達成するための最適政策手段を導出するということである。現状分析による診断と健康状態の明確な確認を踏まえて，治療や手術とい

う経済政策がどのような結果をもたらすのか,そしてその変化が望ましい結果と結びつくのかを明らかにしなければならない。したがって,この2つ目のテーマはさらに細分化され,新たに2つの重要なテーマが経済学に課せられることになる。1つは経済が最適資源配分から逸脱した場合に,最適資源配分状態に復帰させるまたは近づける政策手段を導出することであり,政策効果の予測が必要となる。もう1つはその政策手段の効果を測る尺度の必要性があり,手術や治療は望ましい改善を実現しているかどうかを判断する基準を必要とする。様々な政策効果を共通の尺度で測る必要がある。前者は,実証分析のテーマであり,後者は,価値判断に関わる規範的分析のテーマである。

経済目標

経済的自由は,市場参加や脱退の自由,職業選択の自由,消費する自由,私有財産を処分する自由など,経済活動の自由を保証するものであって,市場経済体制にとって欠くことのできない至高の目的である。消費者が自らの意思で所得を獲得し,それをみずからの意思で処分し,消費選択する自由や企業の自由な意思決定によって,ビジネスを起こすことや価格や生産量を自由に決定することが保証された経済社会に異論はないであろう。

市場経済では,経済的自由が政府から保証されるが,経済主体の自己責任の貫徹が基本的精神であり,市場のリスク回避,報償,損失が政府から補償されることはない,ということが市場経済のルールである。したがって,この市場のルール違反である談合,贈収賄,カルテルなどに対する法的罰則やそのための政府の規制以外は,経済的自由が保証されていることが市場経済にとって不可欠である。

第3の**公平性**は,人種や性別に関係なく,経済的機会が人々に等しく与えられているかどうか,所得や資産が公平に分配されているかどうか,課税の公平が維持されているかどうかに関するものであり,これらの公平性の実現については,誰も異論はない。しかし,公平性に関する内容については,個人の能力に応じた所得分配,国民の必要性に応じた分配,平等な分配などの意見があり,

すべての人が合意できる客観的規準を見い出すことは，ほとんど不可能である。ただし，この公平性の議論においては，極端な不公正や機会の喪失を改善するということについては，比較的容易に意見の一致をはかることができる。公平性の具体的内容についての社会的合意は難しいが，公平性の実現は社会にとって欠かすことのできない目標の1つであると考えられる。

第4の**安定性**は，雇用の安定，物価の安定，国際収支の安定の3つのことをいう。景気変動に伴う雇用や生産量の変化は，資源配分や所得分配の観点においても，望ましくなく，誰もが回避したい経済現象である。また，財・サービスの価格が変化することは，実質所得を変化させるだけでなく，取引上の不便や負担が生じたりするために，人々は物価の安定している経済を期待している。さらに，国際収支の不安定は，財・サービスの国際間移動が困難となるだけでなく，資金や人的移動も困難となるために，経済社会に多くの打撃を与える。このような経済状態が好ましくないことについては，完全な意見の一致がみられている。したがって，この安定性は自明な経済目標として受け入れられてきた。

しかし，「雇用の安定（完全雇用の状態）とは」，「物価の安定とは」，という具体的内容に関して，また，「雇用と物価のどちらの安定性が優先するべき目標か」，ということについてはなかなか意見が一致しない。

第5の成長は，GNPや国民所得など経済規模の拡大を意味している。先進国は豊かさを実現し，経済成長は，むしろ環境を悪化させるだけであり，経済目標とすべきではないという意見もある。しかし，肉体的苦痛や精神的苦痛からの解放という，人類の挑戦は継続しており，そのために技術革新が行われている。この技術革新は人々の労働参加を減少させることとなる。この労働力を利用するためにも，経済成長は必要となる。また，経済成長とともに新たなニーズも生じている。さらには，貧困と欠乏に苦しむ多くの発展途上国があり，それらの国々の国民は経済成長を必要としている。したがって，経済的進歩は経済目標から除くことはできない，人類の永遠のテーマということができる。

しかし，以上の経済目標の優先順位やそのウエイト付けについて意見の一致

をみることは困難である。このことが経済学者の意見が一致しない1つの理由である。

第4節　経済分析の方法

科学的分析方法

　経済問題や経済現象を解明するための経済学の分析方法は，他の諸科学と同様，科学的方法によるものである。科学的分析方法とは，**仮説**（hypothesis）から**命題**（proposition）を引き出し，かつ命題をデータによって**検証**（test）するという，手順のことをいう。すなわち，理論の定式化による推論と，データの検討の両者を合わせもつ研究である。自然科学は，この一連の手順において，実験を行い，その実験データを分析することによって，その理論の妥当性を検証する，という方法がとられている。しかし，社会科学である経済学は，研究室で実験を行うことが不可能な学問である。このために理論を検証するためのデータは，研究室からではなく，現実経済から抽出されたものでなければならない。したがって，経済学におけるデータ分析は，命題が現実経済のデータと対応しているかどうかを検証し，その理論の経験的妥当性をチェックすることである。この経済学におけるデータと命題との関係に基づき，その仮説から導出される経済学の理論的命題は，「実際のデータによって**反証可能な命題**（falsifiability proposition）である」，または，「**有意味な定理**（meaningful theorem）である」，という制約を満たさなければならない。

　自然科学とは異なる社会科学に関する命題の判断基準は，「その命題が誤りであることを事実証拠によって明らかにする」，「その命題の真偽はデータによって採択，または棄却される」ということであり，「反証不可能な命題」，「現実データに対応させることができない命題」は，非科学的命題として区別するのである。もし，命題がデータよって検証不可能であるならば，その命題は科学的命題ではなく，宗教的やイデオロギー命題，すなわち，反駁可能性（refutability）の余地のない形而上学命題であるとして，科学的議論から退け

られることになる。

　カール・ポッパー（K. Popper, 1902-94）は，『歴史主義の貧困において』，「歴史的な予測が社会科学の主要な目的であり，またその目的は歴史の進化の基底に横たわるリズムや類型，あるいは傾向を見い出すことである」，という従来の社会科学の歴史的アプローチを批判した。以後，経済学は，このポッパーの**反証主義**（falsificationism）の科学哲学を積極的に取り入れ，社会科学の科学と非科学（イデオロギー）との線引きを行うことによって，分析技術を研磨し，理論の精緻化を進めるとともに豊富な実証研究の蓄積を行ってきた。

　したがって，経済学は，経済現象に関する反証可能な命題，または意味ある定理を導出し，それを実際のデータを利用して検証する学問と定義することができる。

現実の経済状態と均衡

　経済学は複雑かつ多様である経済現象を**均衡分析**（equilibrium analysis）に焦点を絞り，統一的な分析を試みる。その理由は，均衡状態において現実の経済が営まれ，経済主体が行動していると考えるからである。現実的には，不均衡状態が存在し，不均衡状態の分析も必要であり，かつ重要であるが，それは均衡状態の分析に比べてきわめて難しいのである。

　均衡は，釣り合いがとれているという意味で，2つの力のバランスが保たれている，またはその力関係が等しいという意味に使われている。**市場均衡**（market equilibrium）は，市場参加者の力のバランスが維持されている状態であり，購買力と販売力とが等しくなっている市場状態である。すなわち，買手の購入量（需要量）と売手の販売量（供給量）とが一致していることを意味しているのである。

　また，**均衡**とは，経済主体が新たに行動を起こそうとする誘因が存在していない状態である，という定義も適切である。他の経済主体の選択を所与として，各経済主体が最善な選択を行っている状況である。したがって，この均衡状態では，各経済主体は満足しており，経済主体間の利害調整を必要としていない

のである。

　経済学は、この状態が現実の経済状態であると考えている。この均衡状態において、消費者は財・サービスを購入し、企業はそれを生産・販売し、労働者は労働を提供し、所得を得ており、企業は賃金を支払い、労働者を利用していると想定しているのである。さらに、需要量と供給量とが一致している市場均衡状態において、実際の財・サービスの価格が決まるものと考えている。したがって、経済学は、均衡状態における消費量や生産量、そして価格に分析を集中させているのである

　このように経済学者は、現実経済と均衡状態とが一致しているかのように説明する。正確な言い方は、現実経済は均衡の近傍にあり、その均衡が時間を通じて変化していると考えるのである。現実経済は動態的に変化しており、時間概念を無視した経済学の均衡分析は、現実経済のダイナミックな側面をとらえるという観点においては不十分である。しかし、刻一刻と変化している経済状態の1コマをとらえているのが均衡分析であり、それは連続的に変化している経済を連続写真の1コマ、1コマで描写することに似ている。

経済モデル

　経済学は、消費者が消費できる財は無数であるが、消費者は2財のみに予算を配分するものとして消費者行動を説明する。また、一国経済が生産する生産物は無数であるが、それを1つないし、2,3の財のみであると表し、GDPや国民所得決定や変動のメカニズムを説明する。このように経済学は、現実経済のメカニズムや経済主体の行動を説明するために、現実をきわめて単純化する、または**抽象化**（abstract）するのである。このことを**モデル**（model）を使用するという。

　子供のおもちゃとなっている飛行機、スペース・シャトル、恐竜などのプラモデルは、形や動きは実物とよく似ており、かつ小さくし、扱いやすく、実物を理解しやすいようにできている。アメリカ航空宇宙局（NASA）も、より精巧なスペース・シャトルのモデルを製造し、それを利用して実験を行い、観察

をし，機器が正常に機能するかをチェックしたりする。このように子供も科学者も経済学者も，このモデルを利用する目的は共通である。すなわち，モデルを利用して実物（現実）を，実際の機能を，本質的なことを理解することが目的である。経済モデルは，現実を単純化し，かつ小さくしたものであり，それは簡単に扱うことができる数式やグラフなどによって表される。代表的モデルとして，消費理論（ミクロ経済学）の2財による消費者行動モデル，1生産要素と1生産物という企業行動モデルや，お米やパンの価格決定における市場モデル（部分均衡モデル）や，マクロ経済学の消費財と投資財の2財によるGDPの決定モデル，国際経済学の2国間2財の相対価格が各国で異なるならば，貿易により各国は相互利益を受けることができるという，リカードの比較優位のモデルがあげられる。

ミクロ経済学の分析方法：制約と目的

ミクロ経済学は，経済主体の行動分析と市場およびその相互作用を分析するために，まず，経済主体の行動をモデル化するのである。それはいかなる経済主体も何らかの**制約条件**が課せられており，その制約を前提としたうえで，自己の目的を達成するために最善を尽くすという，経済人の存在を仮定する。この仮定は人間行動の一部分を抽出したものであるが，経済活動における本質的側面であると考えられる。言い換えれば，人間や組織の多面的な行動を抽象化し，経済主体は所得，技術，資源存在量，市場などの制約に関する情報を把握し，自己の目的を達成するように行動するという，合理的経済人を仮定するのである。

したがって，市場に参加する消費者や企業の行動をモデル化する作業は，各経済主体の目的と制約を設定し，経済主体の**目的変数**（選択変数）を明確化することである。このことが仮説の設定を意味している。

ミクロ経済学は，市場メカニズムの解明にとって決定的に重要である需要曲線を，家計は自己の予算（所得）制約のもとで，効用を最大化するように消費行動する，という仮説を設定して導出するのである。この定式化における家計

の目的は，効用の最大化であり，制約は予算であり，選択される変数（これが未知数であり，解となる変数）は消費量である。この消費量は消費行動モデルにおいて決定される変数であり，このような変数を**内生変数**（endogenous variable）という。いわゆる，内生変数は経済モデルの目的変数や未知数であり，モデル内において決定される変数である。

一方，家計とともに経済を構成する企業行動モデルは，技術的制約および市場制約の下で，収入と費用の差である利潤を最大化する生産者行動仮説である。このモデルの企業目的は，利潤の最大化であり，制約は技術や費用であり，選択される変数が生産量や生産要素量となる。

このように消費者行動と企業行動のモデル分析は，数学的な定式化となっており，制約条件付き最大問題となっている。したがって，消費者は消費量が，企業は生産量や雇用量がこの問題の解となる。この解は数学的演繹によって導出されるが，解は仮説のパラメーター（効用関数の形を決める媒介変数）や，制約条件である価格や所得などの**外生変数**（exogenous variable）の関数として求められたり，図で解く場合には，目的変数の平面座標によって表されたりする。

経済学命題の導出

経済分析は**均衡点**（equilibrium point）あるいは均衡状態（equilibrium state）を確認する作業である。数学的表現では，条件付き最大（最小）問題の解を解く，または，演繹によって導出された連立方程式の解を求めることである。しかし，これが経済分析のすべてではない。

与件として与えられたパラメーターや外生変数の変化が，均衡点や均衡状態にどのような影響を与えるのかという，質的・量的問題が存在する。言い換えれば，消費者や企業の制約条件付き問題の解である消費量や生産量は，パラメーターや外生変数である価格や所得などと，どのような関係が存在しているのかを解明することが必要である。このような分析から，経済のメカニズムや経済主体の行動に関する普遍的関係を導出することができるのである。すなわ

ち，この因果関係の解明によって，経済現象に関する有意味な諸命題・諸定理を導き出せるのである。具体的には，消費量と価格，消費量と所得，生産量と価格，生産量と賃金などとの因果関係を導出するのである。この価格と消費量との関係から右下がりの需要曲線が導出され，所得と消費量との関係から右上がりのエンゲル曲線が導出される。また，価格と生産量との関係から右上がりの供給曲線を導出することができる。このような因果関係を導出する方法を**比較静学**（comparative statics）という。

　比較静学は，ある均衡状態と別の均衡状態との比較分析であり，内生変数と外生変数との因果関係を解明するものである。ただし，それは外生変数が内生変数に与える因果関係であって，その逆の関係ではない。内生変数が外生変数に与える因果関係は存在しないのである。内生変数はモデル内で決定される未知の変数であるので，その内生変数は外生変数に影響を与えることはできない変数である。たとえば，消費行動モデルの未知数は消費量であり，外生変数は所得や価格である。このようなモデルでは，所得や価格は消費量に影響を与えることはできるが，消費者の消費量は，所得や価格に影響を及ぼすことのできない変数となっている。このような2種類の変数の因果関係を前提として，消費者行動モデルが構築されているのである。したがって，内生変数は連立方程式により同時決定される変数であり，外生変数はその内生変数からは影響を受けることのない変数である。ただし，内生変数と外生変数の区別は，経済モデルに依存して決定され，そのモデルの分析目的によって変更されるものである。

　経済学は，現実経済から重要な諸要因を抽出し，それを内生変数と外生変数の2種類に分類したモデルを構築することによって，外生変数が内生変数にどのような影響を及ぼしているかを解明する学問と定義することもできる。

仮説と経済理論の現実的妥当性

　上で説明したように経済学は消費者行動モデルから，家計の需要量は価格とは負の関係である，所得とは正である，というような数量的因果関係を，すなわち，経済的命題を演繹的操作によって引き出すのである。この手順が先に説

明した科学的分析方法である。そして、これらの命題を実際のデータと対応させることによって、この仮説から始まる理論体系が、経験的妥当性をもっているかどうかをチェック（検証）されるのである。この検証によって命題が否定されるならば、仮説から始まる理論モデルの再構築がなされるのである。

ところで、人々は効用なるものの存在を、感覚的ないしは心理的に確認できても、おそらく具体的には確認することはできないものと考えられる。すなわち、この仮説、**効用最大化仮説**は非現実的ともいえる仮説なのである。

一時期、理論はその仮説を現実と直接比較して、その理論の現実的妥当性が検証できるという認識があり、それゆえに、非現実的仮説から導かれるそのような経済理論は、非現実的であるとの批判を受けてきた。しかし、このような批判は適切なものではなく、経済学はこのような科学的アプローチによる展開を遂げ、実際の経済の仕組みや経済現象を解きほぐしてきたのである。そして、それによって経済学は社会的評価を獲得してきたのである。すなわち、この分析方法において重要なことは、引き出された命題が現実経済（データ）に堪えうるかどうかであって、その仮説ではないのである。

理論の現実的説明力は、仮説の現実的妥当性を意味するものではないが、仮説の現実性を全く問わないということではない。より現実的仮説からより一般的、かつ強力な命題を導出する経済理論が、普遍的でかつ適用範囲が広く、役立つという社会的評価を獲得することができる。しかし、消費の理論に代表されるように、この両者はトレードオフの関係にあるのである。より現実的な仮説を重要視するならば、条件（数式）が多くなり、その諸仮説から命題を導出することが困難になるとともに、そこから引き出される命題は強力な命題ではなく、現実経済や経済現象について明確に述べることはできない、という犠牲を負うことになる。理想的な仮説と命題は、より一般的である弱い仮説から、明確に言明できる普遍的な命題を引き出すことにある。

現実経済と経済理論

経済学は現実経済を解明するための科学であるが、現実経済それ自身を描写

しようとする学問ではない。経済理論は現実経済とは大きな隔たりが存在しているといってよい。このような経済理論の一側面をとらえて,「経済学は現実経済を説明していないので,役に立たない学問である」と酷評にさらされる。実際,「大学で学んだ経済学は,職場や実社会において利用できない」ということをしばしば聞かされる。しかし,経済学の研究者からは,「経済理論は,現実経済とはかけ離れているから,むしろ役立つのである」と答えたい。

というのは,実物大の地図は,われわれが生活している現実の生活空間そのものである。しかし,その実物大の地図が役立たないことはすぐに理解できる。われわれの視界の範囲は別にして,隣町も観光地も隣国もそして地球を理解するのには,その実物大の地図は役立たないのである。むしろ現実と大きな隔たりのある地図が役立つのである。ドライブには道路地図を,観光旅行のためには観光地図を,そして世界や地球を理解するのには,世界地図や地球儀を利用している。これらの地図は現実を大きく歪めたものである。しかし,その現実と異なる地図を利用して,われわれは現実を理解しているのである。

すなわち,地図は現実空間そのものではなく,物理的空間を歪めており,抽象化したものである。地図は目的にそって作成されたものであり,そこにはわれわれにとって必要な情報のみを取り出し,他の情報を意図的に無視し,人々が理解しやすいように工夫されたものである。

経済理論も地図と同じように考えることができる。経済理論は現実経済そのものを描写しているのではなく,現実経済を抽象化したものである。それは,経済現象や経済問題を解明するために,目的に従って最も重要な要因だけを抽出し,それを詳しく調べるために,他のことは無視しているのである。それは,経済学が現実経済を詳細に,あらゆる事柄を描写することが可能であったとしても,それは現実経済を理解したり解明する,ということにとって有益ではないからである。役立つのは現実を歪めた,現実とは大きな隔たりのある抽象化された経済理論や経済モデルなのである。

経済学は複雑な経済社会のメカニズムや多様な行動をとる経済主体の行動を観察することにより,最も重要なかつ普遍的な要因を抽出し,経済主体の行動

や経済のメカニズムの一般化を試みるものである。その理論的推論によって経済の動きや人間の行動をある程度予測することが可能となるのである。したがって，「経済学が役立っていない」ということの正確な解答は，「経済学が役立たないのではなく，そのことを説明する妥当な経済理論や経済モデルが存在していない」ということである。

練習問題

問題1 経済学の定義を列挙し，そのなかで最も知的興味を感じるものはどれか。

問題2 日本の公的規制の代名詞でもある「護送船団方式」の問題点を検討せよ。
ヒント：「護送船団方式」は，弱小金融機関に足並みを揃えて，過度の競争を避け，金融機関全体の存続と利益を実質的に保証する戦後日本の金融行政。貸し出し金利と預金金利や保険料率が限界金融機関の経営状況に基づき認可されていた。

問題3 機会費用の概念を用いて，自己の大学の価値を求めよ。また，松坂大輔が西武球団の提示した契約金と年俸に満足せず，N大学に進学した場合の彼の大学の価値を求めよ。
ヒント：就職した場合の年収，授業料，入学金などの大学への納入額，教科書・参考書代。

問題4 アメリカと日本のX財とY財の1単位の生産に必要な労働者数が示されている。2財とも日本が絶対優位である。X財またはY財でそれぞれの財の価値を測り，日本とアメリカの比較優位財を明らかにせよ。

	日本	アメリカ
X財の必要労働者数	2人	4人
Y財の必要労働者数	4人	10人

問題 5　以下の説明は事実命題か価値判断命題か。

(1) お米の自由化により，日本のお米の生産量は減少する。

(2) 政府は，お米の自由化を行うべきである。

(3) 消費税率の引き上げは，消費量を減少させる。

(4) 価格の上昇は，消費支出額を増加させる。

(5) 学生のアルバイト収入には課税し，主婦のパート収入は，課税対象とすべきではない。

第2章　市場機構と経済問題

第1節　資源の希少性と基本的経済問題

人間の欲望

　豪華な家具や車を持ち，年に1回の海外旅行をし，そして，ジュウタンの敷かれた部屋でテーブルを囲み，ワインとステーキで夕食という生活は，一昔前までは王侯貴族のみの生活であった。しかし，このような生活スタイルは，日本のごく一般的な家庭でも見受けられるようになっている。日本をはじめ先進諸国は豊かさを実現し，各家庭には家電製品や衣類をはじめとして物が満ちあふれている。このような生活水準からは，物質的欲望は満たされ，飽和状態になっていると考えることもできる。

　しかし，高い所得水準の人々は，さらにもっと広い住宅や冷暖房完備の快適な住宅に住みたいという欲求が生じたり，もっと安全性の高い家電製品や車を求めたり，さらには，演奏会や質の高い教育や医療サービスを望むようになっている。このように，所得水準の上昇とともに，人々の欲求が高くなったり，新たな欲求が生まれたりしているのである。

　また，高齢化社会にともなって，介護や健康維持のための財・サービスが新たに生まれてきている。さらには，地球環境というテーマからは，環境保護や環境改善と結びつく財・サービスの生産や消費の必要性が強調されている。このように，人間の欲求は豊かさや時代背景とともに変化したり，新たに生まれてくるという性格をもっている。このことは人間の**欲望**には限りがなく，無限であることを意味している。

希少性と選択問題

経済学は多様な選択機会のなかから，最善なものを選択することを学ぶ学問である，と定義することができる。われわれの経済社会に存在する，**労働**（labor），**土地**（land），**資本**（capital）という**資源**（resources），ないしは**生産要素**（factor of production）は，有限であり，**希少性**（scarcity）が存在している。それゆえに，経済社会がそれらの資源を利用して生産できる財・サービス（goods and service）にも上限があり，希少性が存在しているのである。人々の必要とする財・サービスが有限であるという，この根本的事実は，人々がそれらを利用したり獲得することができるのは，何らかの制約条件下であるということを意味している。たとえば，市場条件によって設定される価格という対価を支払うことによって財を獲得するか，または，対価を支払う必要のない場合でも，配給される一定の数量しか享受できないという制約，さらには一般道路や公園のように個人が占有することは許されず，国民の同時消費・同時利用という制約などがある。

このように，現在のわれわれの技術的知識と資源制約の下では，ユートピアのような社会はもちろんのこと，**マルクス**が予言した「1日4時間の労働で，消費は自由」という社会が近い将来実現可能であると予想することはできない。それゆえに，あらゆる社会が，教育サービスを拡大すべきなのか，あるいは老人福祉を拡大すべきなのかという選択や，原子力あるいは地熱や風力による電力供給のいずれを選択するべきか，機械化による大量生産方法か，あるいは手作業による少量生産方法を選択すべきなのか，さらには，貧富の差を解消し，国民すべてが等しく財・サービスの恩恵を受けるべきか，または個々の国民の社会貢献に応じた財・サービスの享受を行うべきなのか，などの選択の問題に直面することになるのである。

このように，希少性の存在は，社会や個人に何らかの制約条件の下で，最善の選択をさせることを課しているのである。事実，われわれは，時間内で，一定の労働量で，あるいは，所与の機械設備と土地面積の下で，というような制約条件を常日頃経験しているのである。すなわち，このような制約条件を認識

し行動している事実は，われわれの社会には，人々が自由に利用できるだけの十分な資源が存在しないという，希少性の事実が存在するからに他ならない。このように希少性と選択問題とは表裏一体の関係にあるのである。

したがって，希少性を持たない財は経済学の研究対象とはならない。たとえ，それが人々にとって重要なものであっても，人々が望むだけ得られるのであるならば，社会や個人の選択問題とはならないのである。それは，無駄が生じても問題にする必要はなく，また，場所，時間，状況に関係なく，社会やその構成員の欲求が満たされているからである。

基本的経済問題

このような経済社会に課せられている資源の希少性という根本的な制約は，どのような財を，どれだけ生産するのか，また，どのような資源を，どれくらい利用して生産するのか，さらには，生産した生産物は，誰が最終的に享受するのか，という選択を同時にわれわれの社会に課すことになるのである。換言するならば，財・サービスの種類と数量の選択，生産方法の選択，そして分配方法の選択という，3つの選択が存在しているのである。

また，この3つの問題は,「なにをどれだけ」(what),「どのように」(how),「誰のために」(for whom) 生産するのか，として要約することができる。この3つの選択のうちの最初の2つは，希少な生産要素を生産物の間にどのように配分するかであり，**資源配分** (resource allocation) に関する選択である。そして，3つ目の選択は，所得は誰がどれだけ受け取るのかであり，**所得分配** (income distribution) に関する選択といえる。したがって，経済学は希少な資源をどのように利用して，どんな財をどれだけ生産するのかという，資源配分に関する問題と，所得を人々にどのように分配するのかという，所得分配に関する問題を研究対象とする学問，と定義することもできる。

結局，資源の希少性と人々の欲望の非飽和性は，どのような経済体制を選択するかに関係なく，あらゆる経済社会が人々の必要としている諸々の財・サービスの種類と数量を決定し，かつ，その生産のために利用する労働や土地や機

械設備の組合せや数量を決定し，生産を行わなければならないのである。さらには，その生産した生産物を社会の構成員に分配するという，所得分配の決定を行わなければならないということである。したがって，経済学には，この根本的問題を解いている経済メカニズムの解明とともに，資源配分や所得分配のあり方を改善するための政策手段を提示する，という使命が課せられているのである。

第2節　資源制約と社会の生産可能性

社会の生産可能性と選択問題

　資源の希少性という根本的事実が，あらゆる社会に選択問題を課すということについて，より具体的に明らかにしてみることにする。
　いま，お米と車の2財のみを生産している経済を仮定する。この2財は農産物と工業製品，民間財と公共財，あるいは民需品と軍需品でもよい。この経済は資源のすべてを利用して，お米だけを生産するという選択もできるし，逆に，車だけを生産するという選択も可能である。この両極端の選択をはじめとして，2財の数量の組合せは無数に考えられる。
　表2-1は，労働，土地，資本の現存している資源と，現時点の技術的知識の下で，この経済が生産することができる2財の組合せを示したものである。
　Aの組合せは，この経済がお米の生産を全くせず，すべての資源を利用して車を15百万台生産したお米と車の2財の組合せである。一方，Fの組合せは，車の生産を全くせず，お米のみを5百万トン生産した場合である。このような極端な組合せの選択を含めて6つの組合せが示されている。
　また，図2-1の曲線は，横軸にお米の生産量を，縦軸に車の生産量を測り，表2-1の6つの組合せをとり，それを結んで描いたものである。この曲線を**生産可能性曲線**（production possibility frontier）という。この曲線上の点は，この経済が現存の資源と技術的知識のもとで生産できる2財の組合せのすべてを示している。言い換えれば，資源制約の下でこの経済が実現できる2財の最

表2-1 お米と車の生産可能な組合せ

可能な組合せ	A	B	C	D	E	F
お米（百万トン）	0	1	2	3	4	5
車（百万台）	15	14	12	9	5	0

大生産量の組合せである。そして，曲線の外側は，この経済にとっては実現不可能な領域である。したがって，この曲線は資源の希少性が原因となって，われわれの必要としている生産物の生産の上限が存在し，希少性をもつということを明らかにしている。

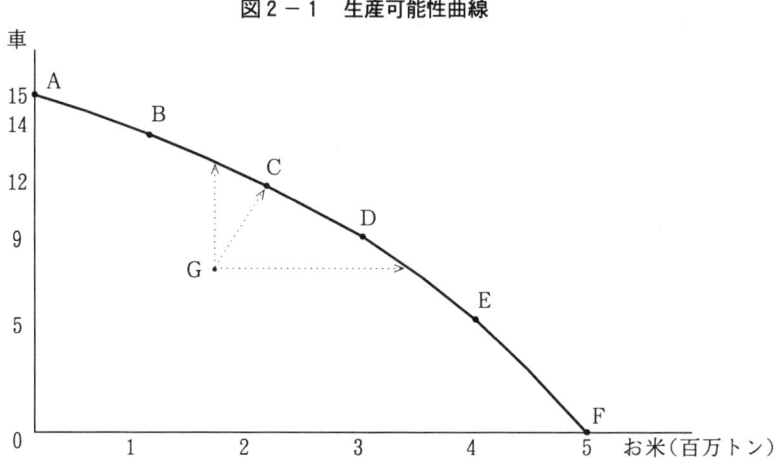

図2-1 生産可能性曲線

また，あらゆる経済社会が何らかの経済活動を営むかぎりにおいて，この曲線上のある1点の組合せを選択していることを意味している。したがって，この曲線は，希少性という事実がいかなる社会にも，「何を，どれだけ」生産するのか，という選択の問題を課していることを明らかにしているのである。われわれが食料品を多く得たいならば，衣料品の生産量を減少させなければならない。また，政府が公共財のために資源を多く利用するならば，民間財のための資源利用は制限されるし，消費財を多く生産するならば，資本財の生産は少

なくなるというように、生産可能性曲線の制約の下で選択をすることになる。このように、この曲線は、希少性の事実と社会が選択しなければならない生産物の種類と数量のメニューを示しているのである。

いま、この経済が生産可能性曲線上のC点からD点の生産量の組合せに変更させるという選択を行ったものとする。するとこの経済は、お米を2百万トンから3百万トンに増加させるためには、車の生産量を12百万台から9百万台に減少させなければならない。すなわち、C点からD点への経済選択の変更は、この経済がお米の生産を増加させることを選択し、そのためには車の生産量を犠牲にしなければならないのである。このように、ある生産物を増加させるために、他の生産物を犠牲にしなければならない状態のことを、**完全雇用**（full employment）または**パレート最適**（Pareto optimum）、あるいは効率（efficiency）を実現しているという。したがって、この生産可能性曲線上のすべての点は、パレート最適であり、資源を有効に利用している効率的状態となっている。

一方、生産可能性曲線の内側のG点は、不効率な状態であり、資源利用に無駄が存在している。この経済がG点からC点の方向に移動した場合、お米の生産を犠牲にすることなく、車の生産量を増加させることができる。また、G点からE点の方向に移動した場合には、車の生産を犠牲にすることなく、お米の生産量を増加させることができる。このように、G点から右上方向への移動は、他の生産物を犠牲にすることなく、生産量を拡大することができるのである。このことは、G点における資源配分には無駄が生じていたのであり、改善の余地が存在していることになるのである。すなわち、曲線の内側の領域は、パレート最適ではなく、失業者が存在しているような、資源配分が不効率となっている状態である。

機会費用と費用逓増

経済学における価値や費用は、その経済社会あるいは経済主体がある選択によって犠牲にされた生産物や収益で測られている。この費用の概念を用いて、

表2−1のお米や車を生産するための費用を明らかにし，生産量と費用との関係について説明する。

まず，お米の生産量をゼロから百万トンに増加させたとき，この経済は車を15百万台から14百万台に減少させなければならない。すなわち，お米，百万トン生産するために，車を百万台犠牲にしたのである。この犠牲となった百万台の車がお米を百万トン生産するための費用である。このように経済学の費用は，ある選択によって失った生産物で測られるのである。同様に，お米の生産を百万トンから2百万トンに増加させたとき，この経済は車を14百万台から12百万台に減少させなければならない。お米，百万トン生産するために，車を2百万台犠牲にしたのである。この生産をあきらめた2百万台の車が，新たにお米を百万トン生産するために必要となる費用である。このように生産物を1単位多く生産するために必要となる費用を**限界費用**（marginal cost）という。この限界費用は，お米の生産量が3百万トンのときは，車3百万台となり，お米の生産量が増加していくに従って，増加していることがわかる。このことを**費用逓増の法則**（law of increasing of cost）という。また，この費用法則は，図2−1の生産可能性曲線からも確認することができる。すなわち，この曲線の接線の勾配が限界費用であり，その曲線の勾配は，右に移動するほど大きくなっている。原点に対して生産可能性曲線が凹となるのは，お米の生産費用が逓増しているからである。

表2−2　お米の費用（車で測る機会費用）

お米の生産量　（百万トン）	0	1	2	3	4	5
限界費用　　（車百万台）	0	1	2	3	4	5
総費用　　　（車百万台）	0	1	3	6	10	15

また，お米の総費用は，お米を生産するために失った車の総生産量であるが，それは車の限界費用の和となっているのである。たとえば，お米3百万トンを生産するために，車の生産を6百万台減少させる必要がある。この車6百万台がお米3百万トンの総費用である。この総費用は，米3百万トンまでの限界費

用の和（1＋2＋3＝6）の6百万トンと一致している。総費用が限界費用の和となっていることが，表2－2に示されている。

　お米を生産する費用が車で測られたように，車を生産する費用は，お米で測ることができる。その車の費用が，表2－1のお米と車の組合せから求められている。

　まず，車5百万台生産するのに，お米百万トンを犠牲にしており，このお米百万トンが，車を生産する費用である。そして，お米と同様に，車の総費用も生産量の増加とともに増加している。このように，われわれの必要とする財・サービスを社会の構成員に提供するために負担しなければならない費用は，生産量とともに増加するという関係にあるのである。この生産物を生産する費用が逓増するという制約によって，「どのように生産するか」という選択は，最小費用となる生産方法を社会に選択させることになるのである。

収穫逓減の法則

　このように費用が次第に増加していくという事実は，資源の希少性によるものである。というのは，それは資源制約から，生産量の増加とともに肥沃の土地は次第に少なくなったり，能力の高い労働者の確保が次第に困難となるからである。それゆえに，生産のために投入される土地や労働力の追加1単位当たりの生産物ないし収穫は次第に小さくなるのである。このような投入物と生産物の技術的関係を**生産関数**といい，他の生産要素を所与として，ある生産要素の追加1単位当たりの生産物（これを限界生産物という）が次第に小さくなることを，**収穫逓減の法則**（law of diminishing of return）という。

　表2－3は，土地面積や機械設備などが一定の下で，労働投入量とお米の生産量との組合せを示したものである。労働投入量の増加とともに，総生産量が増加している。しかし，その総生産量の増加である限界生産物は，労働投入量の増加とともに小さくなっていることが示されている。このような投入物と産出量との関係は，他の生産要素が固定された状態において観察できる技術的関係であって，他の生産要素も同時に増加するときの技術的関係とは異なってい

表2-3 生産関数と収穫逓減

(単位:万人,万トン)

労働投入量	0	1	2	3	4	5
総生産量	0	200	350	425	475	500
限界生産物	0	200	150	75	50	25

る。このように,費用逓増と収穫逓減は異なる経済現象であるが,その関係は密接不可分の関係にあり,費用逓増という費用法則は,資源の希少性による収穫逓減という,投入物と生産物の技術的関係に基づいている。したがって,生産可能性曲線が原点に対して凹となるのは,お米や車の限界費用が逓増しているからであるが,結局は,お米や車の生産が収穫逓減の法則に従うという,技術的制約が存在しているからである。

第3節　市場機構と経済問題

経済体制

　現代社会は,この資源配分と所得分配に関する根本的選択の問題を解決するために,**市場経済**(market economy)というシステムを利用している。もちろん,市場経済システムは,この根本的問題を解決するための唯一絶対的という,万能の経済システムではない。世界には昔から決まった生産物を,昔ながらの生産方法で生産し,それを昔ながらの方法で分配するという,伝統的ないし慣習(custom)による方法を利用し,経済問題を解決するという国もある。また,中央集権による国家(行政府)の命令・強制的な資源配分と所得分配方法を選択している国もある。旧社会主義国家,戦時下の日本や軍事国家などは,この命令・強制的な経済システムを利用した経済選択を行ってきたのであり,現在も利用され続けている。このように根本的問題を解決する方法は1つではないが,世界の大部分の国々は,市場に参加する自由を個人や企業に認めて,かつその市場で財・サービスを売買するためには,市場参加者相互の競争に勝たねばならないという,市場経済システムを利用して資源配分と所得分配の選

択の問題を解決している。

　現在，どの経済社会（国）の経済システムも，純粋な慣習，命令，市場のシステムとはなっていない。この3つが混合されたものである。日本も昔から文化や慣習を重んじた伝統行事が数多く残されており，その行事のために必要不可欠な財を生産かつ利用し，国民や地域住民の福祉の充実に貢献しているのである。また，市場システムでは供給できない治安・消防・一般国道などの公共財は，政府が命令・強制的に配分している。このように各国は，一部の伝統的部分を残し，「経済的自由を認めながら，政府が課税等を通じて，所得の不平等や国民が必要とする財の供給不足に陥ってしまうという市場経済の欠陥を補う」という**混合経済**（mixed economy）という，経済体制を採用し，資源配分に関する選択と所得分配に関する選択の問題を解決しているのである。

市場と経済主体

　市場は，ある財の買手と売手とが遭遇する抽象的な場である。魚，野菜，米，外国為替，金，原油など様々な財・サービスの取引量と価格が，個々の市場において決定される。一般的に，生鮮食料の取引をする築地市場，株式の取引を行う東京株式市場，シカゴの穀物市場など，市場は特定の場所をイメージさせるものであるが，市場は特定の場所をさしているのではない。金，原油のように，世界各国を対象として開かれている国際市場もあれば，株式やお米のように，日本国内に限られている市場もある。また，中古品のように個人と個人の2人という市場も形成されている。

　経済活動をする主体を，または，経済の構成員を**経済主体**（economic subject）という。この経済主体が市場を形成し，財・サービスの取引がなされ，資源配分や所得分配がなされるのである。その代表的経済主体が**家計**（household）であり，**企業**（firm）である。経済学は，この2つの経済主体が経済を構成する最小構成単位であると仮定し，経済現象や市場経済のメカニズムを解明するのである。

　家計は，企業が生産した生産物を購入するという，**消費者**（consumer）で

あるとともに，自己の保有する資源である労働や土地，さらには資本を企業に提供し，その経済活動をとおして所得を獲得するという，経済主体である。したがって，家計は，消費者とともに生産要素の提供者であり，家族や個人とは明確には一致していない。換言すれば，家計は，生産要素の提供から得られる所得に基づき，日々の生活に必要な消費財や人生をエンジョイするためのサービスを企業から購入している経済主体である。

　一方，企業は家計から生産要素を購入し，その生産要素を利用して，財・サービスを生産し，それを家計や他の企業に供給・販売するという経済主体である。企業のこのような市場参加は，利潤目的にある。すなわち，企業は，販売収入から総費用を引いた**利潤**（profit）を得るために，生産要素利用の対価を家計に支払って，生産要素を利用して生産物を生産し，かつ，それを家計に販売するという経済活動をしているのである。したがって，企業は生産要素の買手であるとともに，生産物の売手となっているのである。

　このように，家計は企業が生産する財・サービスを取引する市場では，需要者（買手）であり，労働，土地，資本の生産要素を取引する市場では，供給者（売手）として行動する。一方，企業は生産物を取引する市場では，供給者（売手）であり，生産要素を取引する市場では需要者（買手）となっている。

　この家計が需要者で，企業が供給者となって市場に参加し，企業の提供する財・サービスを交換する市場を財，または**生産物市場**（product market）という。そして，企業が需要者で，家計が供給者となって市場に参加し，生産要素を交換する市場を**生産要素市場**（factor market）という。したがって，市場機構はこの代表的な2つの市場から構成されており，さらにこの2つの市場は，様々な財・サービスを取引する市場から形成されているのである。

　なお，市場は，お米，車，労働，金融サービスのように売買の対象となる財・サービスや取引する場所の名称がつけられることがある。特に，売買の対象による区別では，消費財が対象となる消費財市場，生産物が対象となる生産物市場，**資本財**すなわち，生産された生産手段である機械設備，輸送用機器，工場，建物等が売買の対象となる市場を資本財市場という。この資本財市場は，

資本という生産要素を取引する資本市場とは区別される。前者は資本財それ自身の売買，交換である。一方，後者は資本財のサービスを売買，交換する市場であり，それは資本財を一定期間利用する市場である。この後者が資本所得を形成する市場であり，それは労働，土地の生産要素を取引する生産要素市場に含まれている。

市場機構

市場機構は，無数の市場を形成し，その相互作用により資源配分や所得分配の問題を解く経済体制である。このシステムの特徴は，市場への参加の自由を経済主体に認め，競争を通して財・サービスの配分と所得分配を解決していることにある。そして，この市場に参加する意思決定の目安や行動の指針となるのが価格であり，価格の高低が市場参加者の参入・脱退，または勝者・敗者を決定する。さらに，市場参加者の利害は異なっているがゆえに，価格は売買を成立させるための調整という役割も果たしているのである。たとえば，市場参加者が売買しようとする価格と数量とが一致せず，取引が成立しないことがある。このような場合，価格が変化し，市場参加者が売買しようとする価格と数量に収れんするような価格調整が作用するのである。このような市場機構における価格の役割から，市場機構を**価格機構**（price mechanism）ともいう。

この経済参加者の行動の指針や市場調整機能を果たすという，価格の役割を最初に指摘したのは，アダム・スミス（Smith, Adam）であった。彼は，経済主体の利己心に基づく合理的行動が，管理や命令による場合よりも望ましい経済状態を実現するという，命題を2世紀前に導き出したのである。この命題の強調すべきことは，「国家のために」，「国民のために」という大義名分のもとに，諸政策を行う為政者や役人の国家運営よりも，「国家の利益や国民全体の福祉を意識することなく，国民各自の利害のみに基づいて行動することが最善である」ということを明らかにしたことである。このような経済運営や経済思想を**自由放任主義**（laissez-faire）という。このような自由放任主義が支持されるのは，価格が先の役割を果たしているからであり，市場参加者が経済全体のこ

とを意識することなく，市場の秩序が保たれ，かつ，市場参加者がともに満足する市場取引を実現するからである。このような価格の役割をスミスは，**神の見えざる手**（invisible hand）と呼んだのである。

経済循環と市場機構

図2－2はわれわれの経済体制である市場機構を描いた鳥瞰図である。家計と企業の経済主体から経済が構成され，家計は財市場の需要者と生産要素市場の供給者として，また，企業は財市場では供給者，生産要素市場では需要者であることが示されている。すなわち，図の上半分が生産物市場であり，本やパソコンや旅行サービスなどの財・サービスを売買する財（生産物）市場である。そして，図の下半分には，労働，土地，資本の生産要素を売買する生産要素市場が示されている。

このように家計は，企業に労働や土地や生産要素などを提供し，その対価として賃金や地代や利潤や配当などの所得を得て，その所得の制約のもとで，日々の生活に必要な財・サービスを企業から購入していることが理解できる。また，企業は家計から労働や土地や資本などの生産要素などを購入し，それを利用して家計が必要としている財・サービスを販売するという経済活動を行っているのである。

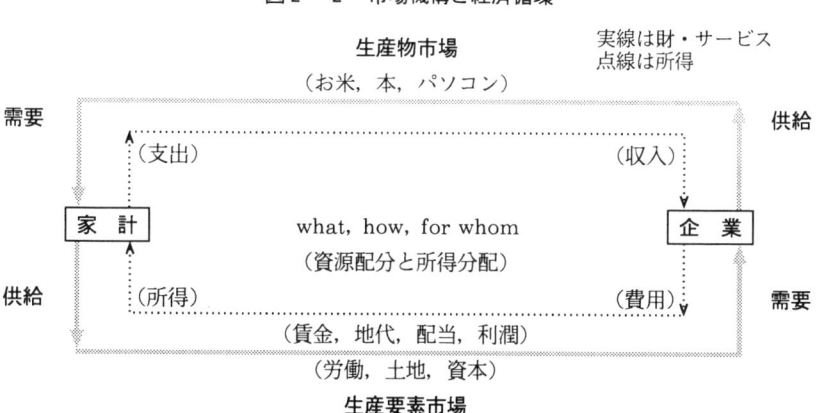

図2－2　市場機構と経済循環

```
                    生産物市場          実線は財・サービス
               （お米，本，パソコン）      点線は所得
  需要    ┌─────────────────────┐   供給
          │  ↑（支出）      （収入）↓│
        ┌─┴─┐                    ┌─┴─┐
        │家 計│  what, how, for whom │企 業│
        └─┬─┘  （資源配分と所得分配） └─┬─┘
          │↓（所得）       （費用）↑│
  供給    └─────────────────────┘   需要
              （賃金，地代，配当，利潤）
                 （労働，土地，資本）
                    生産要素市場
```

この家計と企業の経済主体の行動が，生産要素利用の報酬としての賃金，地代や利潤などの所得の支払いを通して，企業から家計に所得を移動させている。そして，その所得は家計の財・サービスの購入を通して，家計から企業に支払われている。このように，お金が企業から家計に，家計から企業に，また企業から家計にというように，所得（お金）が経済主体間を，時計の針と同じ方向に循環しているのである。したがって，このお金の移動とは反対方向に，財・サービスが家計から企業，企業から家計へと循環しているのである。このように，お金や所得や財・サービスが経済主体間を循環していることを**経済循環**（economic circular）という。

　血液循環は人体の構造を理解するのに，生物循環はいろいろな生物との結びつきを理解するのに，また，大気の循環は地球の構造や地球環境を把握するために不可欠な循環メカニズムとなっている。同様に，この経済循環は経済のメカニズムを理解するためには不可欠なものである。

　そして，血液循環の解明は，人体のメカニズムを解明することであり，その解明によって病気や健康障害の原因が究明されているのである。さらに，その究明によって病気の治療や健康管理・回復のための処方や対策がとられているのである。同様に，この経済循環も経済現象や経済メカニズムを解明し，それに基づく経済政策を立案するための基本的枠組みを提供するものなのである。図2-2をしばらくの間凝視し，理解することをおすすめする。

市場機構と基本的経済問題

　市場機構の概略を理解した段階において，基本的経済問題をこの市場機構がどのように解決しているのかを概観しよう。

　まず，資源配分における，「何をどれくらい」という，生産物と種類の選択の問題は，企業が消費者の好み・嗜好に関する情報に基づき決定している。企業の生産する財の種類と数量は，企業の意思決定によるものではあるが，消費者が最終的な意思決定者であるということができる。なぜならば，消費者の意見を無視した企業の独断と偏見による財の提供は，消費者のニーズを反映した

ものではなく，そのような財の需要は皆無か限られたものだったりする。このような企業行動の結果は，市場メカニズムがこの企業を市場から排除することになる。それゆえに，消費者の好み・嗜好に関する情報を無視した財の種類や数量の意思決定は，企業の利益に合致していないのである。このことから市場経済では，消費者主権が財の種類と数量の選択に関する決定を行っているといえるのである。

次に，第2の選択問題である，「どのように」という，労働，土地，資本の生産要素の組合せを選択する生産方法の決定は，それら生産要素の価格に依存している。生産要素価格は，生産要素利用の数量とともに生産コストに影響を与える重要な要因である。企業は，最も費用が低い生産方法を選択することが合理的であり，一定量の生産物を生産する場合，最小費用となる生産方法を選択するであろう。たとえば，労働が豊富で賃金が低いならば，労働を多く利用した労働集約的な農業生産を，土地が豊富で安く利用できるならば，土地を多く利用した土地集約的な農業生産の方法を選択するであろう。

このような選択を行わないならば，企業利益の減少という犠牲だけでなく，企業間との競争において不利な立場に置かれ，市場から排除されることになる。したがって，どのように生産するかという技術選択の問題は，企業間の競争が最も費用の小さくなる生産要素の組合せを選択することになる。言い換えれば，最小費用の最大生産という，最も効率的生産方法を企業に選択させることになるのである。

そして，第3の「誰のために」という，所得分配の選択問題は，生産要素市場の価格決定を通して決定される。この分配システムは，生産要素市場に労働や土地および資本サービスを提供する経済主体と，そのサービスを購入・利用しようとする経済主体の売買の成立によって所得が形成されるというものである。そして生産要素の売買の成立は，生産要素の価格である賃金率，地代，利子率が生産要素市場の需要と供給とによって決定されるメカニズムをとおしてなされている。この生産要素市場における価格決定のメカニズムは，財市場の価格決定と同様である。ただし，その価格は生産要素を一定期間利用すること

に対する報酬あるいは対価である。すなわち，この生産要素の価格は，労働者や土地や資本財が経済主体間を移動するという取引の価格ではなく，生産要素のサービスを一定期間利用する対価としての価格である。

市場の失敗

　市場機構は完璧な経済システムではない。先に説明したアダム・スミスの命題は，市場が完璧に機能した場合に成り立つものである。市場が完璧であるということを経済学では，**完全競争**（perfect competition）が成立しているという。この完全競争は，価格を所与として行動する経済主体が市場を形成していることをいう。この意味は，いかなる経済主体も価格への影響力はもたず，ある経済主体が消費量や生産量を変更したとしても，そのことが価格に影響を与えることはないということである。それは経済主体がコントロールできる数量は，市場全体の数量からみるとごく微量であり，その数量の変化は，市場価格に与えるような変化ではないと考えられるからである。

　しかし，自動車，カラーフィルム，アルミ産業などは，数社で市場シェアの大部分を占めており，これらの産業の企業は価格決定に大きな影響力をもっている。このような企業を不完全競争（imperfect competition）企業という。いわゆる価格支配力を有する企業が存在し，その価格が市場によって決定されるのではなく，企業の生産費用や生産量に基づき決定されてしまうことにある。特に問題となるのは，不完全競争企業が価格を費用以上に設定し，利潤を確保するという戦略が，資源を効率よく利用する状態よりも生産量を少なくしてしまうことにある。すなわち，市場が不完全であるならば，価格は完全競争の場合よりも高くなるために，需要量が少なくなるのである。

　したがって，このような状態では，価格は経済主体の行動の指針となる信号の機能や市場調整という機能を喪失してしまうことになる。このことが，アダム・スミスの命題を成立させない理由となる。

　また，市場経済機構は，社会の構成メンバーが必要とする財・サービスのすべてを供給するような万能な経済システムではない。さらに，市場経済は，市

場に参加することによって，財・サービスや所得を得ることが可能となるが，参加できない国民にとっては，財も所得も得られないという，非情なシステムなのである。このように市場経済には欠陥があり，国民のすべてを満足させるシステムではないのである。このことを**市場の失敗**（market failure）とか，市場の限界が存在するという。

このような市場機構の欠陥を補う必要性から，政府による命令的・強制的性格をもつ資源配分や所得分配を部分的かつ補完的に行うという，混合経済体制が支持されている。したがって，資本主義国と呼ばれている国であっても，多くの経済活動が私企業によって営まれているとともに，政府によっても行われているのである。

市場経済における政府の役割

政府は，経済規制，課税または補助金，さらには政府支出を通して，私企業や家計の行動を変えている。それは，政府に経済的役割が課せられているからであり，その基本的役割として，以下のことがあげられる。

その第1は，競争の不完全性に基づく，資源配分の不効率を改善するための政府の役割である。特に，完全競争が成立しない自然独占は，代表的な市場の失敗の1つである。資本設備の規模や市場規模から，市場に1社のみしか存在することができない産業は，競争によって1社を経済が選択するという方法よりも，最初から1社にその権利を与えることが社会的には浪費が少ないのである。電力，鉄道や水道は，この理由によって地域独占が政府や地方自治体から認められている産業および公益事業である。

第2は，市場経済においては，ある経済主体が特定の財を占有・利用し，他の経済主体の権利を排除することができる。しかし，財の不可分性（indivisibility）によって，同時消費・同時利用という**公共財**（public goods）は，この**排除原則**（exclusion principle）が成立しない。排除原則の成立しない公共財は，市場経済では供給不可能ないし，供給不足となる。なぜならば，治安，消防，公園，一般国道のように，国民が同時消費・同時利用するようなサービス

は，それを供給するための費用負担，またはその便益に対する対価の支払いを，回避したいという誘因を国民の誰もがいだくのである。いわゆる，「あわよくばただ乗りしたい」という誘惑にかられるのである。そのために費用回収が困難となり，公共財は国民が必要とする水準よりも常に不足してしまうのである。したがって，公共財は政府が強制的・命令的に配分し，そのための費用は対価を意味しない税金によってまかなうのである。

第3は，市場経済において利益を確保したり，満足を得るためには，まず，第1に市場に参加しなければならない。しかし，この市場参加が不可能な構成員が，どの社会にも存在している。事故に遭遇した人，病気の人，さらには身体障害者は，市場に参加することが不可能な場合がある。特に，生産要素市場で自己の労働力を提供すること自体不可能である人々がいる。したがって，このような人たちは所得が得られず，きわめて所得分配の不平等な状態をもたらすことになる。このような所得分配の不平等は社会的観点から好ましくなく，これを政府が是正することが社会的に支持されている。

また，市場経済には，市場に参加できるか否かだけでなく，能力，初期保有資産，景気変動など，所得の不平等を引き起こす様々な原因が存在している。これらは市場の自己調整力により解決することが困難である。それゆえに，このような不公平性を緩和するための所得の再分配政策が政府に託されているのである。

第4は，ある経済主体の活動が他の経済主体に，不利益または利益を与えるという，**外部効果**（external effect）の存在における政府の役割がある。市場経済では，自己の経済活動のすべてが，市場の相互依存関係をとおして行われており，それによって資源配分や所得分配を実現しているのである。換言すれば，価格変化という市場条件の変化をとおして，他の経済主体の消費量や生産量に影響を与えているということが，市場メカニズムである。しかし，現実経済では，市場を経由しない経済主体間の関係が存在している。

たとえば，公害，タバコの煙，道路混雑，地球環境などは，経済主体の行動が他の経済主体にとって不利益となる影響を与えている。このような因果関係

のことを**外部不経済**（external diseconomy）という。逆に，ある経済主体の活動が他の経済主体の利益と結びつく関係を，**外部経済**（external economy）という。

　この外部効果が問題であるのは，経済活動が市場を経由しないために，生産や消費の費用負担が不明確となり，資源利用が不効率となることである。たとえば，企業が生産活動において排出する副産物が，地域住民の生活環境や健康に悪影響をもたらしている場合がある。この環境維持費用や健康維持費用を企業が一切負担しないならば，企業はその費用を負担する場合よりも多くの生産量を生産し，かつ副産物も排出することになる。このように，経済が本来負担すべき費用を負担しないならば，資源は過剰利用，過剰消費されるということが起こるのである。このような外部不経済が生じている場合，政府がこれを是正するという必要がある。地球環境は，現在人類が抱えている緊急を要する，そして最重要な外部不経済のテーマであると考えられている。

　第5は，市場経済は過去において，幾度となく景気変動を繰り返してきた。その結果，多くの失業者が発生したり，機械設備や土地などが放置され，それらの資源が長期間利用されないという，無駄な資源利用を体験してきた。このような資源の利用は，経済的損失を生み出しているだけでなく，所得分配の不平等をも引き起こすとともに，それが原因となって犯罪や離婚などの社会問題も誘引する結果となっている。

　また，われわれの経済は，しばしば激しい**インフレーション**も経験してきた。物価の上昇は実質所得を低下させるだけでなく，所得分配の不平等を生じたり，資源利用を損なうのである。さらに，インフレーションは貨幣価値の低下から，貨幣さらには政府への信頼が低下し，市場経済それ自体が機能しなくなる，という状況に陥ってしまう危険すらある。したがって，インフレーションは深刻な経済的・社会的打撃を人々や社会に与えるのである。それゆえに，物価の安定を図ることも政府の重要な使命である。

　このような経済変動を緩和し，雇用の安定や物価の安定を実現するために，政府の適切な経済政策が求められているのである。

練 習 問 題

問題 1　市場経済体制と命令経済体制とを比較検討せよ。

第3章　予算制約と消費者選好

　本章は，家計（個人）の消費行動について説明する。家計は，生産要素である労働や資本や土地などを企業に提供し，その反対給付として賃金，配当（利子），地代などの所得を得て，その所得の制約の下で，財・サービスを購入するという経済主体である。家計の生産要素の供給，すなわち，所得をどのようにして得るのかということについては，後に考察することとして，本章および次章では，家計が与えられた所得の下で，財・サービスを購入するという消費行動を説明する。

　本章のテーマは，所得制約または予算制約が消費の選択機会を定義するということと，その制約された選択機会のなかから消費者が1つの最善な組合せを選択するための，選好基準（判断基準）に関する諸仮定について考察することである。換言すれば，家計は，所得（予算）制約の下で，効用（満足）を最大化するように消費量を選択するという仮説における，個々の消費者がもっている所得と選好基準の2つの内容を正確に理解することである。この消費者行動モデルの考察によって，消費理論の詳細かつ厳密な研究が可能となるのである。

第1節　予　算　制　約

消費者の制約条件と予算

　消費選択の対象となる財を購入しようとする場合，消費者は，自己の予算（所得）と市場条件である価格の制約条件下におかれていることを認識している。そこでまず，**予算制約**（budget constraint）について説明する。いま，消費者が第1財をx_1消費し，第2財をx_2消費しているとき，この2つの財の消費量の組合せを(x_1, x_2)と表す。そして，2財の価格の組合せを(p_1, p_2)

と表す。そして，消費者がこの2財に支出しようとしている予算（計画的支出額）をmと表す。

以上から，この消費者が2財を購入するための予算制約は次のように表せる。

$$p_1 x_1 + p_2 x_2 \leq m \quad \cdots\cdots\cdots\cdots\cdots\cdots\cdots\cdots\cdots\cdots\cdots (3.1)$$

この予算制約式は，消費者が第1財の支出額$p_1 x_1$と第2財の支出額$p_2 x_2$の2財に支出できる合計金額が，予算mを超過することはできない，ということを示している。

この2財モデルの予算制約式は，より一般的な予算制約として利用可能である。第1財は特定な財であるお米として，第2財はお米以外の消費財とする。このような財を合成財という。そして，**合成財**の価格p_2を1として，第1財の分析を行うことができる。

$$p_1 x_1 + x_2 \leq m \quad \cdots\cdots\cdots\cdots\cdots\cdots\cdots\cdots\cdots\cdots\cdots (3.2)$$

この予算制約式のx_2は，お米以外の支出総額となり，予算mは家計の所得といえる。したがって，予算制約は所得制約と考えてよい。また，より一般的な予算制約式は，消費対象である財の価格と数量の積の総和が，予算を超えないというものである。このように消費者は，予算の範囲内で消費選択を行わなければならないという経済主体である。この予算制約が消費者行動モデルの制約条件である。

予算線と消費可能領域

図3－1は，横軸に第1財の数量，縦軸に第2財の数量を測り，予算制約式(3.1)式を図示したものである。横軸の切片は，予算m円で購入できる第1財の最大購入量であり，縦軸の切片は，予算m円で購入できる第2財の最大購入量である。したがって，それぞれの値は，m/p_1とm/p_2である。そして，この2点を結んだ直線を予算線（budget line）という。

この予算線の傾きは，両軸の切片から，$-(m/p_2) \div (m/p_1) = -(p_1/$

図3-1　予算線と消費可能領域

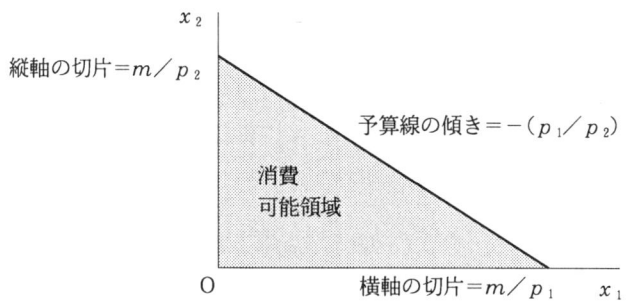

縦軸の切片＝m/p_2
予算線の傾き＝$-(p_1/p_2)$
消費可能領域
横軸の切片＝m/p_1

p_2) である。すなわち，2財の価格比率が予算線の勾配となっている。また，(3.1) 式の予算制約式を第2財の数量 x_2 について解くと次式となる。

$$x_2 = -\frac{p_1}{p_2}x_1 + \frac{m}{p_2} \quad \cdots\cdots\cdots\cdots (3.3)$$

　この式から予算線の傾きと切片を容易に確認することができる。予算線の意味する重要なことは，この予算線の外側は消費不可能な領域であり，予算線上と内側の領域が消費者が選択できる**消費可能領域**である。もし，消費者が予算線上の消費の組合せ選択するならば，予算のすべてを2財に支出したことを意味する。

　また，予算線の傾きである価格比率は，市場で2財が交換できる比率であり，消費者はこの交換比率に従って2財を代替することができる。いま，予算が一定のもとにおいて，第1財の数量を Δx_1 だけ増加させた場合を考察しよう（記号，Δ はデルタと読む。変数の変化を表している）。予算が一定である予算線上にとどまるためには，消費者は第2財の数量を減少させる必要がある。その変化量を Δx_2 で表すことにする。

　予算は一定であるから，2財の数量の変化は，次式を満たしていなければならない。

$$p_1(x_1 + \Delta x_1) + p_2(x_2 + \Delta x_2) = m \quad \cdots\cdots\cdots\cdots (3.4)$$

この式から，等号の成立している (3.1) 式を引くと次式が導出される。

$$p_1 \Delta x_1 + p_2 \Delta x_2 = 0 \quad \cdots\cdots\cdots\cdots\cdots\cdots\cdots\cdots\cdots\cdots\cdots\cdots\cdots (3.5)$$

この式は，消費者が予算線上を移動するとき，ある財を獲得するために支出する金額，たとえば，第1財を多くするならば，$p_1 \Delta x_1$ の支出額は，第2財をあきらめることによる支出の減少額，$p_2 \Delta x_2$ とが一致していなければならないことを示している。そして，第1財と第2財の代替比率は，

$$\frac{\Delta x_2}{\Delta x_1} = -\frac{p_1}{p_2} \quad \cdots\cdots\cdots\cdots\cdots\cdots\cdots\cdots\cdots\cdots\cdots\cdots\cdots (3.6)$$

という条件を満たさなければならない。すなわち，消費者は市場交換比率である2財の価格比率に従って，2財を代替させなければならない。第1財を Δx_1 単位多く利用するためには，第2財の数量を Δx_2 単位犠牲にしなければならない。その犠牲量が2財の価格比率ということになる。換言すると，この犠牲によって第1財の Δx_1 単位を獲得することができることになる。したがって，第1財1単位当たりの犠牲量（$\Delta x_2 / \Delta x_1$）が，第1財を得るための**機会費用**（opportunity cost）であり，第1財の価格となる。

この価格は市場評価と一致していなければならない。第1財の**市場価格**は p_1 であり，貨幣単位で表される**絶対価格**（absolute price）である。その市場価格を第2財の価格 p_2 を1として評価したのが，価格比率（p_1 / p_2）である。（p_1 / p_2）は第2財の価格を基準として表した第1財の価格であり，**相対価格**（relative price）なのである。

このように，ある財の価格を1に設定することを「基準化する」といい，その基準財を**ニュメレール**（numeraire）という。ある1つの財をニュメレールとして，他の財の価格や所得を表すことは，価格が1つ少なくなるのである。したがって，(3.6) 式の左辺の（$\Delta x_2 / \Delta x_1$）は，第2財の数量で表した第1財の価格であり，右辺の（p_1 / p_2）は，第2財をニュメレールとする第1財の市場価格である。

いま，1000円の予算で1個100円のリンゴと1個50円のミカンを購入しよう

としているとき，リンゴ1個多く購入するためには，ミカン2個を犠牲にする必要がある。この値2は，ミカンの数量で測ったリンゴの価格である。そして，ミカンの価格50円を1としてリンゴの価格を表すならば，リンゴの市場価格100円は2となる。この値2がミカンをニュメレールとするリンゴの相対価格である。このように，第1財をリンゴ，第2財をミカンとする予算線の傾きの絶対値は2であり，この値2は，第1財の相対価格である。それは第2財の数量で表した価格と第2財の市場価格を基準として表した価格である。

予算線の変化

所得や価格が変化するならば，予算線の位置や傾きが変わり，消費可能領域が変化する。これらの外生的要因の変化が消費者の予算制約をどのように変更させるかを考察しよう。

所得（予算）mの増加は，予算線の横軸と縦軸の切片が大きくなるが，予算線の傾きは変化しない。このことは，予算制約式（3.3）式から容易に理解できる。したがって，所得の増加は予算線を外側に平行移動させ，その低下は予算線を内側の方向に平行移動させる。

また，価格の変化は予算線の傾きを変化させる。第1財の価格p_1が下落し，第2財の価格が変化しないとき，第1財の最大購入可能量，m/p_1は大きくなるので，横軸の切片が右に移動し，縦軸の切片は変化しないので，予算線の傾きは小さくなる（絶対値）。逆に，第1財の価格が不変で，第2財の価格p_2が下落したとき，第2財の最大購入可能量，m/p_2は大きくなるので，縦軸の切片が上に移動し，横の切片は変化しないので，予算線の傾きは大きくなる（絶対値）。このように，価格の変化は予算線の勾配（p_1/p_2）を変化させ，第1財の価格の下落（上昇）は予算線の勾配を小さく（大きく）し，第2財の価格の下落（上昇）は予算線の勾配を大きく（小さく）する。

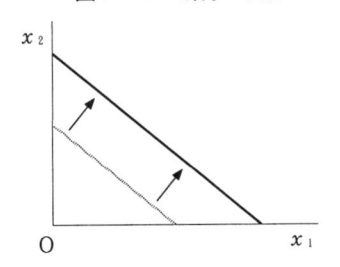

図3-2　所得の増加　　　　図3-3　x_1財の価格の下落

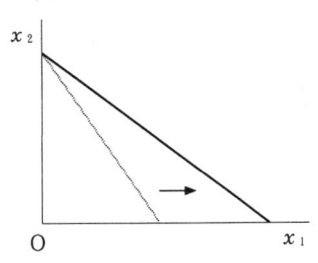

また，第1財と第2財が同時に変化するならば，予算線の傾きは変化しない。しかし，同時に両財の価格が上昇すると，予算線の縦軸と横軸の両切片が小さくなるために，予算線は内側に平行移動する。逆に，同時に価格が下落すると，縦軸と横軸の両切片が大きくなるので，予算線は外側に平行移動する。すなわち，価格が同時に変化することは，所得の変化と同じ効果を消費者の予算制約に与えるのである。

このことは，予算制約式を使うことによって容易に理解することができる。いま，両財の価格がt倍になったとき，予算制約式は次式となる。

$$tp_1x_1+tp_2x_2=m \quad\cdots\cdots\cdots(3.7)$$

この式は次式と同じである。

$$p_1x_1+p_2x_2=\frac{m}{t} \quad\cdots\cdots\cdots(3.8)$$

すなわち，価格の同一比率の変化は，所得をその比率の逆数倍，変化させることを意味している。したがって，価格も所得もすべて同じ比率で変化した場合には，予算線は変化せず，予算制約への影響は全くないことになる。

第2節　消費者の選好基準

消費者行動の選好順序

　前節で消費者の所得には上限があり，その所得制約による消費可能領域が存在していることを明らかにした。いかなる消費者の選択対象も消費可能領域に制限されたのである。この制約によって，消費者の選択機会が明確にされたのである。

　この消費選択の問題に直面する消費者は，自己の順序づけに基づき，最も優先順位が高い消費量の組合せを選択するという，行動をとるものと考えられる。この結果，消費者には与えられた選択機会のなかから，最善な消費量の組合せを選択するという，消費選択の問題を定式化することができる。これが消費者行動モデルの制約条件付き最適選択問題の定式化である。

　消費者が最善な消費量の組合せを選択するということは，消費者が消費可能領域を順序づける選好基準をもっていることを意味している。言い換えれば，消費者は，消費の対象となっている無数の組合せについて，好みや嗜好に基づいた，選好に関する一定の順序関係を与えているということである。消費者が選択対象の消費可能領域を順序づける選好基準を**選好順序**（preference order）または**選好関係**（preference relation）という。

　いま，第1財と第2財の1つの消費量の組合せ (x_1^0, x_2^0) を X^0 とし，同様に，(x_1^1, x_2^1) を X^1 と表すことにする。この2つの消費量の組合せについて消費者は，X^1 が X^0 より望ましいという優先順位をつけるならば，X^1 は X^0 より選好されるという。すなわち，消費者が X^1 が X^0 より選好するのは，X^1 が X^0 より望ましいという，判断を下しているからに他ならない。もちろん，この逆の選好関係も存在する。また，X^0 と X^1 が選好上無差別であるならば，X^0 と X^1 は同程度望ましいという順序づけを行っていることになる。

　以下においては，X^1 が X^0 より選好され，かつ X^0 が X^1 より選好されることはないとき，X^1 が X^0 より強い意味で選好される（strictly preferred）といい，そ

のとき，記号≺を使い，$X^0 \prec X^1$と表すことにする。また，X^1がX^0より選好されるか**無差別**であるとき，X^1がX^0より弱い意味で選好される（weakly preferred）といい，$X^0 \preceq X^1$と表すことにする。さらに，X^1とX^0とが選好上無差別であるならば，そのとき記号〜を使い，$X^0 \sim X^1$と表すことにする。

このようなある消費の組合せが他の組合せより選好するという消費者の意思表明は，消費者が無数の選択機会のなかから，ある組合せを他と区別して，より選好するものを見つけだすという消費者行動の反映であるとみなすことができる。したがって，この選好関係は消費者行動の基礎となるものである。

ところで，望ましいという判断は，消費者の主観的判断によるものである。それは消費量の組合せから得られる満足が，他の消費量の組合せから得られる満足を超えている，という主観的判断に基づくものである。この消費から得られる満足のことを**効用**（utility）という。したがって，選好関係は消費量から得られる効用という主観的判断から構築されるものであり，各消費者は消費量に依存する**効用関数**（utility function）をもっていることになるのである。

効用関数

効用関数は第1財の消費量x_1と，第2財の消費量x_2の関数として，またその2つの財の消費量の組合せ，$X=(x_1,x_2)$の関数で次式のように表す。

$$u = u(X) = u(x_1, x_2) \quad \cdots\cdots\cdots\cdots\cdots\cdots\cdots\cdots\cdots\cdots\cdots\cdots (3.9)$$

消費者の選好順序は，X^1をX^0より選好するのは，X^1がX^0より望ましいと判断するからであり，それはX^1から得られる効用$u(X^1)$が，X^0から得られる効用$u(X^0)$がより大きいからに他ならない。すなわち，効用と選好関係とは，次の関係にあることを意味している。

$$u(X^0) < u(X^1) \Rightarrow X^0 \prec X^1 \text{（強い意味で選好）} \cdots\cdots (3.10)$$

$$u(X^0) \leq u(X^1) \Rightarrow X^0 \preceq X^1 \text{（弱い意味で選好）} \cdots\cdots (3.11)$$

$$u(X^0) = u(X^1) \Rightarrow X^0 \sim X^1 \text{ (無差別)} \quad \cdots\cdots\cdots\cdots\cdots\cdots (3.12)$$

消費者が X^1 を X^0 より強い意味で選好するのは，X^1 が X^0 より効用が大きい，$u(X^1) > u(X^0)$，のときであり，効用の差に不等号が成立している。また，X^1 を X^0 より弱い意味で選好するのは，X^1 が X^0 より効用が大きいかまたは等しい，$u(X^1) \geq (X^0)$，のときである。このとき消費者は，X^1 を X^0 より選好するか無差別となっている。そして，X^0 と X^1 が無差別であるのは，$u(X^0) = u(X^1)$ のときである。

以上の選好関係の成立は，財の組合せ X^0 と X^1 から得られる効用 $u(X^0)$ と $u(X^1)$ との比較による大小関係の条件を満たさなければならない。しかし，その効用の大小関係の程度は全く問題ではない。効用が大きい小さい，または高い低いという比較が可能であれば，選好関係が記述できるのである。このような効用は**序数的効用**（ordinal utility）と呼ばれている。

一方，基数的尺度を要求する効用理論は，**基数的効用**（cardinal utility）理論という。この理論は効用の大きさを絶対的尺度で測るものであり，効用の差は高低だけでなく，数値による大小が意味をもっている。

経済学は，効用を基数的尺度で表する可能性に期待をこめて消費者行動の分析を展開した。個人の幸福を数量化し，幸福指標が最大となる消費理論や経済理論の構築に期待した。しかし，効用の数量化は困難であり，現代経済学は効用という福祉指標や幸福指標という，数量的尺度を用いることなく消費の理論を展開している。効用理論は効用水準の順序，それだけが問題であり，その大きさは問題ではないのである。そこで，選好の順序を効用によって表すために必要な基本的仮定について説明する。

選好順序に関する基本的仮定

効用に基づく選好順序は，消費者がある１つの最適な組合せを選択することのできるものでなければならない。いわゆる，消費者が選択不可能となるような選好基準であってはならないのである。消費者の順序づけの考え方は，合理

的かつ矛盾のない整合性があり，異なる状況下においても利用可能でなければならないのである．

そこで選好関係について諸仮定を設定する必要がある．それは消費者が最適な消費選択を実現するための基本的仮定である．以下の選好関係の3つの仮定は，消費者行動に関する様々な命題を導くためには基本的なものである．それゆえに，これらの仮定は消費者行動に関する「**公理**」(axioms) と呼ばれる．

1．比較可能性の仮定

第1財と第2財の消費量の組合せの1つ (x_1^0, x_2^0) を X^0 とし，同様に，(x_1^1, x_2^1) を X^1 と表すことにする．この2つの消費量の組合せについて消費者は選好上，次のような比較を行っているものと仮定する．

(1) X^0 は X^1 よりも弱い意味で選好される（$X^0 \succeq X^1$）．

(2) X^1 は X^0 よりも弱い意味で選好される（$X^1 \succeq X^0$）．

(3) X^1 と X^0 は無差別である（$X^1 \sim X^0$）．

最後は，(1)と(2)が同時に成立しており，X^1 と X^0 は選好上，**無差別** (indifference) であることを意味している．この「**比較可能性**」(comparability) の仮定は，「**完全性**」(completeness) の仮定ともいう．いわゆる，消費可能領域のすべてについて，選好関係の完全な順序づけを記述しているのである．

2．反射性の仮定

いかなる X^0 の組合せについても，X^0 は X^0 と同じように望ましい．言い換えれば，X^0 が X^0 より望ましいということはない．この「**反射性**」(reflexivity) の仮定は自明であり，現実的妥当性をもっている．

3．推移性の仮定

$X^0 \prec X^1$ であり，かつ，$X^1 \prec X^2$ であるとき，$X^0 \prec X^2$ が成立する．また，$X^0 \sim X^1$ であり，かつ，$X^1 \sim X^2$ であるとき，$X^0 \sim X^2$ が成立する．換言すると，X^0 が X^1 より選好されており，X^1 が X^2 より選好されているとき，X^0 は X^2 より選好されているものとする．また，X^0 と X^1 が無差別であり，X^1 と X^2 が無差別であるならば，X^0 と X^2 は無差別であると仮定する．この「**推移性**」(transitivity) の仮定は，消費者の選好関係が整合的であることを要求している．こ

の仮定を満たす消費者が，最も望ましい消費量の組合せを選択することができる。しかし，現実的に，この仮定を満たさないような行動をとる消費者を観察することは困難ではない。

　以上の3つの仮定は，消費者行動分析において欠くことのできないものである。この3つに加えて，さらに連続性や単調性や凸性などの仮定が設定されることがある。

　「**連続性**」(continuity) の仮定は，財の分割可能性の仮定ともいい，非分割財を排除するものである。消費単位が整数である財の選好関係を排除するものである。この仮定によって，消費可能領域や選好関係の記述が簡単になる。

　「**単調性**」(monotonicity) の仮定は，「**優越性**」(dominance) の仮定ともいい，数量が多い財の組合せほど好ましいと考えるものである。消費者は，消費量が多いほど満足が大きい，少ない数量より多い数量を選好する，ということを意味している。この仮定は，「**不飽和**」の仮定ともいう。いわゆる，数量が増加したとき，効用がさらに増加するならば，不飽和の仮定を満たしている。飽和状態は数量が増加すると，効用が低下するような状況である。「見るのも苦痛」，「聞くのも苦痛」というのは飽和状態である。

　この仮定は，飽和状態に達している消費の対象を排除するものである。この排除によって消費選択の説明は容易になるが，この優越性の仮定を満たしていない飽和状態を含めて消費者行動を分析することができる。

　したがって，単調性の仮定を満たす効用関数は消費量の増加関数である。飽和状態の存在は，効用関数が消費量の減少関数となることを意味している。

　最後の「**凸性**」(convexity) の仮定は，最適消費の組合せが複数になる可能性を排除するものである。明確にある1つの消費量を確定するための仮定といってもよい。しかし，ある価格の下での最善な消費量が一定の範囲をとることも予想されるし，嗜好によっては，全く異なる2つの消費量の組合せが選好上無差別ということも予想されるのである。特に，強い凸性の仮定は，消費者行動の分析を簡単化するが，多様な消費者行動の分析を犠牲にする。この選好に関する凸性の仮定は，後の無差別曲線において再度説明する。

第3節　選好順序と無差別曲線

無差別曲線

　選好順序は効用を反映しており，選好順序が消費選択を解明するための基本的分析手段である。この選好順序を記述したものが**無差別曲線**（indifference curve）である。個人の効用から選好順序である無差別曲線が引き出されていることから，この無差別曲線に2つの意味が与えられる。すなわち，1つは，効用水準に差のない（効用が一定の）消費量の組合せを記述したものである。もう1つは，選好上の優先順位がつけられない無差別である選好関係にある消費量の組合せを記述したものである。

　図3－4は，消費者の第1財と第2財の消費量が横軸と縦軸に測られている。A点の座標（x_1^0, x_2^0）を通る曲線は，このA点の消費量の組合せ（x_1^0, x_2^0）と選好上無差別な組合せの軌跡であり，これを無差別曲線という。この無差別曲線上の消費量の組合せは，消費者にとってすべて同程度に望ましく，同じ効用（満足）水準を与えているのである。無差別曲線は消費可能領域の平面上における効用の等高線である。それは，標高や海抜や水深を示す地図の等高線や天気図の気圧を示す等高線に対応するものである。したがって，ある任意の消費量の組合せを選んでも，その点を通る無差別曲線を描くことができる。

　図3－4の無差別曲線は右下がりの曲線で，かつ，右に移動するほど勾配の

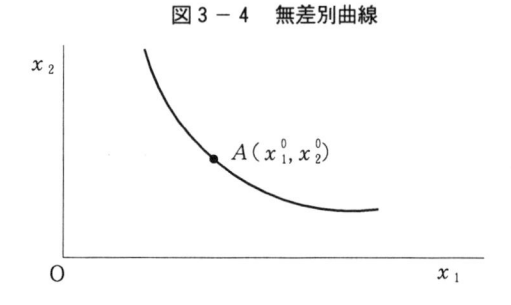

図3－4　無差別曲線

絶対値が小さくなるという曲線である。このような形をしている曲線を,「原点に対して凸形」の曲線という。無差別曲線の形状は, 先の選好関係に関する基本的仮定, すなわち, 消費者の選好関係に依存するものである。したがって, 無差別曲線の形状は様々である。しかし, 消費の最適選択を見つけだすという, 消費者行動の解明には, まず, 一般的な選好関係に焦点を絞ることが賢明な方法である。以下で詳しく説明するように, 原点に対して凸型である無差別曲線は, 一般的選好関係をもつ消費者の無差別曲線である。このような無差別曲線は, 正常な (well behaved) 無差別曲線と呼ばれている。

無差別曲線の性質

消費者の選好関係に関する仮定と無差別曲線との関連について考察しよう。選好に関する基本的仮定は, 比較可能性, 反射性, 推移性の3つであった。この3つの仮定に, 単調性（優越性）, 連続性, 凸性の3つの仮定を追加し, 無差別曲線の性質を明らかにしよう。

(1) **無差別曲線の傾きは負**

まず, 3つの基本的仮定と単調性の仮定から, 無差別曲線は右下がりとなる。単調性の仮定は, 次式の関係を満たすことをいう。

$$x_1^0 < x_1^1 \Rightarrow u(x_1^0) < u(x_1^1) \quad \cdots\cdots\cdots\cdots\cdots\cdots (3.13)$$

すなわち, 多い数量の消費から得られる効用が, 少ない数量の消費から得られる効用よりも大きいということである。また, 複数の財が消費対象のとき, (x_1^1, x_2^1) と (x_1^0, x_2^0) の消費量の組合せにおいて, (x_1^1, x_2^1) は, 両財とも (x_1^0, x_2^0) より少ないことはなく, かつ1つの財について数量が多いならば, $(x_1^1, x_2^0) \succ (x_1^0, x_2^0)$ となる関係が成立する。いわゆる, 消費者は飽和状態ではなく, 財は望ましいものと考えているのである。

単調性の仮定は, 財の数量が多いほど効用が大きくなることから, ある財の数量を増加させた場合, 同じ無差別曲線にとどまるためには, 他方の財を減少させなければならないからである。

図3-5 無差別曲線は右下がり

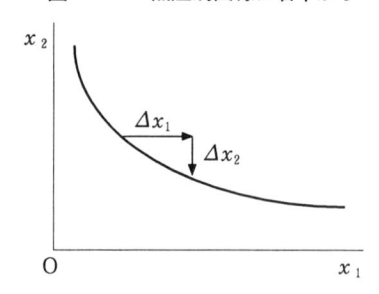

図3-6 より選好される無差別曲線

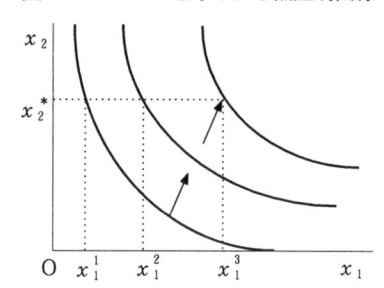

　いま，図3-5のように，第1財をΔx_1増加させたとき，単調性の仮定から必ず効用は増加する。したがって，消費者はより選好する望ましい状態に移動している。その効用の増加分をΔuとする。以前の選好関係と無差別である，同じ効用水準の無差別曲線に移動するためには，この増加した効用Δuに等しい効用Δuを，第2財の数量の減少によって，低下させることが必要となる。単調性の仮定から，第2財の数量Δx_2を減少させることによって，効用を低下させることができる。すなわち，第1財の増加は第2財の減少という代替によって，無差別な消費量の組合せに移動可能となる。したがって，無差別曲線の傾きは負であり，右下がりとなるのである。

(2) 右上に位置する無差別曲線は高い効用水準を示す

　無差別曲線は消費可能領域に無数に描くことができる。右上に位置する無差別曲線ほど効用の大きい無差別曲線である。これも単調性の仮定から導かれる性質である。数量が多いほど満足が大きくなるので，右上に位置する無差別曲線は，数量の多い組合せの軌跡となっているのである。

　図3-6には，第2財の数量がx_2^*であり，第1財の数量がx_1^1, x_1^2, x_1^3である，3点を通る3本の無差曲線が描かれている。第1財の3つの数量は，$x_1^1 < x_1^2 < x_1^3$という関係になっているので，(x_1^3, x_2^*)の点を通る無差別曲線が最も高い効用の無差別曲線である。したがって，原点から離れた無差別曲線ほど，より選好するという優先順位の高い組合せを示しているのである。このように，無差別曲線が消費可能領域のをすべてを順序づけているのである。

(3) 無差別曲線は交差しない

推移性の仮定から無差別曲線は交差しない。これは海抜を示す地図の等高線が交差しない理由と同様である。

図 3 - 7 には，交差する 2 本の無差別曲線が描かれている。この図の A 点は C 点より選好される組合せとなっている。すなわち，$A \succ C$ であるものと仮定する。そして，B 点は 2 つの無差別曲線の交点である。無差別曲線の定義から 2 つの無差別曲線は，異なる満足水準を示す無差別曲線である。

A 点と B 点は同じ無差別曲線上の点であるから無差別であり，$A \sim B$ である。また，B 点と C 点は同じ無差別曲線上の点であるから無差別であり，$B \sim C$ である。したがって，推移性の仮定から，$A \sim C$ となり，A 点と C 点は無差別な組合せとなる。しかし，A 点と C 点の選好関係は $A \succ C$ という，A 点は C 点より選好される組合せであり，最初の仮定と矛盾する。すなわち，この矛盾から，異なる効用水準を表す無差別曲線は，交差することはないのである。

無差別曲線が交わらないという選好順序は，消費者の選好関係が整合的であることを要求している。ただし，時間や場所が異なる場合には，これを満たさないことも起こり得る。もちろん，異なる個人の無差別曲線が交差することは十分予想されることである。

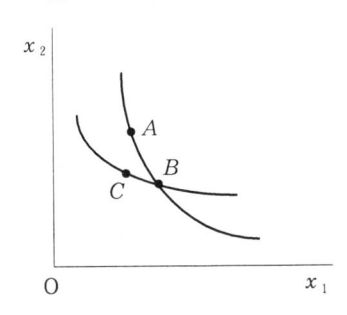

図 3 - 7　無差別曲線の交差

原点に凸の無差別曲線

原点に対して凸型の無差別曲線は，選好関係に関する凸性の仮定に基づいている。選好関係が凸である，または，凸選好であるということを定義しよう。

いま，図3－8のような同じ無差別曲線上の異なる2点，(x_1^1, x_2^1) と (x_1^2, x_2^2) を結んだ直線上の1点 (x_1^0, x_2^0) がある。その点は中点でも，また，2点を加重平均した任意の点でもよい。この直線上の点 (x_1^0, x_2^0) が次の関係を満たすとき，凸選好であるという。

$$(x_1^1, x_2^1) \sim (x_1^2, x_2^2) \precsim (x_1^0, x_2^0) \quad \cdots\cdots\cdots\cdots (3.14)$$

すなわち，無差別である2点を結んだ任意の点が，2点よりも選好されるか無差別である（弱い意味で選好される）とき，選好は凸選好であるという。もし，このとき，任意の点 (x_1^0, x_2^0) が (x_1^1, x_2^1) より強い意味で選好されるならば，強い意味で，凸選好であるという。この強い意味での凸選好の場合は，図3－8のように原点に対して凸型の無差別曲線となる。

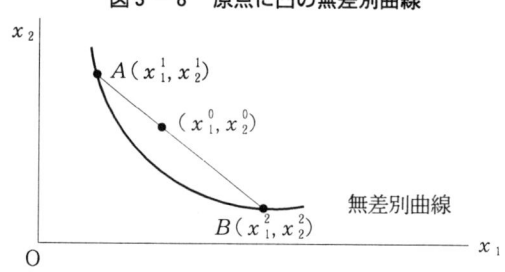

図3－8　原点に凸の無差別曲線

選好が凸選好であるとき，無差別な2点，(x_1^1, x_2^1) と (x_1^2, x_2^2) を結ぶ直線上の任意の点 (x_1^0, x_2^0) は，その2点と無差別となることがある。このようなときの無差別曲線は直線となる。したがって，凸選好の仮定は無差別曲線が直線であることを排除しないが，強い凸選好の仮定の無差別曲線は，直線ではなく，原点に対して凸型の曲線となる。

強い凸選好の仮定は，消費者の選好関係を制限するものであるが，このよう

な選好関係を満たす原点に対して凸型の無差別曲線が，普遍的に消費者行動を解明することができるのである。

希少性と限界代替率

無差別曲線は消費者の選好関係を記述したものであるから，その曲線の形は選好関係の背景にある消費者の主観的評価と密接不可分の関係にあるのである。そこで，原点に凸型となる無差別曲線の経済学的意味について説明しよう。

強い凸選好の仮定，または，無差別曲線が原点に対して凸型であるという仮定は，消費者の選好関係を制限するものであるが，最も一般的な選好関係と考えられる。その理由は，原点に凸の無差別曲線が経験的妥当性をもっているからである。

無差別曲線が原点に対して凸であるとき，無差別曲線の絶対値の勾配は，無差別曲線上を右に移動するに従って小さくなる。図3－8の左上のA点と右下のB点では，必ず，B点の勾配がA点よりも小さくなっている。無差別曲線の傾きは，消費者が同じ効用水準に移動するための第1財と第2財の代替比率である。この第1財をΔx_1増加させるために，第2財をΔx_2減少させなければならない比率$\Delta x_2 / \Delta x_1$を，第1財の第2財に対する**限界代替率**（marginal rate of substitution）という。

$$限界代替率 = 無差別曲線の傾き = \Delta x_2 / \Delta x_1 \quad \cdots\cdots\cdots\cdots (3.15)$$

限界代替率は消費者が同じ効用水準にとどまるために，2財を進んで代替しようとする交換比率であり，**主観的交換比率**，または心理的交換比率である。第1財を増加させたとき，効用を一定に保つためには，単調性の仮定から必ず，第2財を減少させなければならないという関係にあるので，限界代替率は負である。限界代替率が負であることは，無差別曲線が右下がりであることからも理解できるが，符号を無視して限界代替率は絶対値で表現することが多い。また，この交換比率は**市場交換比率**である価格比率とは必ずしも一致してはいない。

無差別曲線が原点に対して凸の右下がりの曲線であることは，消費者の限界代替率が，第1財の数量の増加にともなって，小さくなることを意味しているのである。すなわち，第1財の増加とともに主観的交換比率が小さくなるのである。このことは，消費者が第1財の増加とともに，第1財の希少性が低下し，逆に，第2財の減少とともに，第2財の希少性が増加するために，第1財の1単位を増加させるための，第2財の犠牲量が，次第に小さくなるという，経験的事実が存在するからに他ならない。換言すれば，消費者は第1財が多くなるに従って，第1財を犠牲にすることの負担感は少なくなるために，その犠牲量を第2財で補う必要量は少なくなるということである。このように，限界代替率は消費者の主観的交換比率であるから，財の希少性あるいは重要性の程度に依存して変化するのである。

　したがって，図3－8の無差別曲線の左上のA点の位置においては，第1財の数量が少なく，第2財の数量が多いので，第1財の希少性が高く，第2財の希少性は低く，2財の限界代替率は大きくなる。そして，同じ無差別曲線の右下のB点の位置においては，第1財の数量が多くなり，第2財の数量が少なくなるので，第1財の希少性が低下し，第2財の希少性は高くなるために，2財の限界代替率は小さくなるということができる。

　このように第1財が増加するに従って，第1財の第2財に対する限界代替率が減少することを，**限界代替率逓減の法則**（law of diminishing of marginal rate of substitution）という。消費者が消費対象の財について希少性を感じており，飽和状態にないならば，この限界代替率逓減の法則は，経験的妥当性をもっているのである。したがって，すべての消費者は原点に対して凸型の無差別曲線をもっているということができる。結局，原点に対して凸型の無差別曲線は，個人の主観的交換比率である限界代替率が逓減するからであるが，それは財が希少性をもっているという，経済の根本的事実に基づくものである。

　以上から，無差別曲線の形は消費者の2財の主観的交換比率に依存しており，2財の希少性の程度から原点に対して，凸型の無差別曲線となるのである。限界代替率は消費者の主観的交換比率そのものであるから，消費者がその財をど

のように評価しているかに依存している。言い換えれば，好き嫌いという嗜好や重要性ないし希少性ということが，限界代替率の大きさや無差別曲線の形を決めているのである。したがって，第1財（横軸）が第2財（縦軸）よりも相対的に好きである，または重要であると考えている消費者の無差別曲線は，図3－9のように急勾配の無差別曲線となる。また，逆の嗜好や評価をしている個人の無差別曲線は，緩やかな勾配の無差別曲線となるのである。

図3－9　第1財が重要な無差別曲線

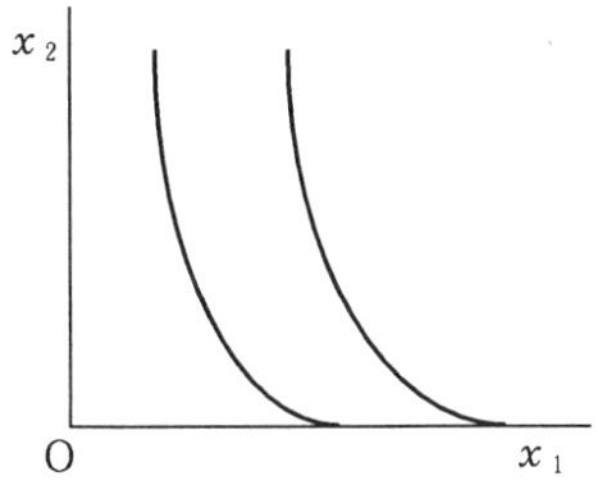

限界代替率の意味と逓減

　無差別曲線上における財の希少性あるいは重要性は，消費者個人の主観的な評価であり，市場で評価されている客観的評価ではない。この限界代替率は，消費者が第1財Δx_1を得るために犠牲にしてもよいと考えている第2財の数量Δx_2との比であるから，この限界代替率は，消費者が第1財Δx_1に対して支払ってもよいと考える価格，と考えることができる。すなわち，この消費者は第1財Δx_1のために，第2財Δx_2を支払うことを意思表示しているのであり，限界代替率$\Delta x_2 / \Delta x_1$は，第1財の1単位当たりの価格を第2財の数量Δx_2で測った，消費者の主観的相対価格である。この価格は消費者が支払ってもよいと考える価格であるから，市場価格とは異なっている。この価格はまさに消費者自身が第2財で評価した第1財の価値額であり，**需要相対価格**とよばれるものである。このことから限界代替率は，消費者の自発的な**限界支出**（marginal willingness to expenditure）を示していると解釈することができる。

　この自発的な限界支出が財の数量の増加とともに低下するのは，数量の増加

に伴う財の希少性の低下が，消費者の主観的評価を低くするからである。

第4節　いろいろな無差別曲線

飽和点と無差別曲線

　選好関係の単調性の仮定は消費者の飽和状態を排除した。この仮定によって無差別曲線が右下がりであることと，位置の異なる無差別曲線に順序づけを与えることができた。

　消費者は最適量以上の数量を消費しようとはしないものと考えられる。理由は，適切量以上の消費は効用を低下させるからである。したがって，消費の対象を飽和点以下に制限し，単調性の仮定を設定することは，消費者行動を解明するうえにおいて，合理的根拠があるのである。それゆえに，消費行動分析の焦点が当てられねばならないのは，飽和点以下なのである。

　しかし，食べ過ぎ飲み過ぎなど，過剰に消費していることもしばしば観察される。そこで，このような消費態度について，無差別曲線を利用して明らかにしてみよう。

　消費者の消費対象領域における最善の消費の組合せは，最も望ましい組合せであり，効用が最も大きい組合せである。この点を**飽和点**または**至福**（bliss）**点**という。この点が（$\bar{x}_1, \bar{x}_2$）であるとき，消費者はこの点から離れるほど効用は低下するのである。図3－10における最善の消費点が（$\bar{x}_1, \bar{x}_2$）であり，この至福点から離れた点を通る楕円の無差別曲線は，より低い効用水準を示しており，選好上劣っている。

　両財とも飽和点以下のとき，無差別曲線は右下がりとなり，右上に位置する無差別曲線は，より高い効用水準に対応している。どちらか一方の財が飽和点を超え，過剰であるとき，無差別曲線は右上がりとなる。もし，第1財が過剰であるならば，第1財の数量の減少が効用を増加させることから，左上に位置する無差別曲線がより選好される。逆に，もし，第2財が過剰であるならば，右下に位置する無差別曲線がより選好される。そして，両財とも飽和点以上の

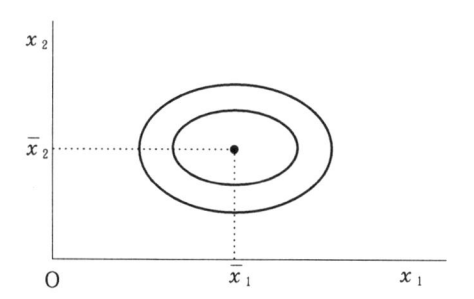

図 3-10　至福点と無差別曲線

とき，無差別曲線は右下がりであるが，右上の無差別曲線がより低い効用水準である。このような場合，両財を減少させることによって，最善の消費点に接近することができる。

非経済財と無差別曲線

　消費者の嗜好は様々であり，お酒の好きな人もいれば，嫌いな人もいる。肉が好きな人もいれば，嫌いな人もいる。このように消費者が望ましいと考える財と望ましくないと考える財がある。後者の財を**非経済財**（bads）という。
　バッズ財は，消費量が飽和点を超えて消費した財のように，財の数量の増加が効用を低下させ，数量の減少が効用を増加させるが，飽和点に関係なく効用が数量の減少関数となるのである。もし，一方の財がバッズ財であるならば，財の数量に関係なく，無差別曲線は常に右上がりとなる。
　第1財がバッズ財であるときは，無差別曲線が左上に位置するほど効用は大きく，第2財がバッズ財であるときは，無差別曲線が右下に位置するほど効用は大きくなる。なぜならば，バッズ財の数量を不変に保ち，他の財を増加させるならば，消費者の効用が増加するからである。このことは図3-10から容易に確認することができる。

完全代替財と完全補完財

消費者がある財と他の財を常に一定比率で代替させるとき，この2財を完全代替財という。**完全代替財**（perfect substitutes）の最も身近な例は，1対1の交換比率で2財を代替させる場合である。

たとえば，近接する2つのガソリンスタンドで販売しているA店のガソリンと，B店のガソリンの限界代替率は常に1である。サービスなどに無関心であるドライバーは，A店の10リットルのガソリンと，B店の10リットルのガソリンも，また，A店とB店の各5リットル合計10リットルも同じ無差別曲線上にあるのである。このような無差別曲線は，傾きが－1の直線である。

代替率が1対2の例としては，1000円札と500円硬貨との交換比率をあげることができる。貨幣の収集家をのぞき，この2の交換比率で，1000円と500円を代替している。

このように，完全代替財の無差別曲線は直線であり，限界代替率は一定である。したがって，主観的交換比率は財の数量が増加しても逓減しない。このことは原点に対して厳密の凸型の無差別曲線ではない。換言すれば，強い凸選好ではないのである。しかし，消費対象財には2財が完全代替財であり，無差別曲線が消費可能領域全域において直線となることも，また無差別曲線の一部が直線となることもある。選好関係に関する凸選好の仮定は，消費者の多様な選択対象財をも拡大させているのである。

強い凸選好を満たさないもう1つの興味ある無差別曲線が存在する。それは，一方の財の数量が変化しても，他の財の数量が変化しないかぎり，効用水準が変化しない財である。消費者がある財にはまったく無関心であり，好きでも嫌いでもない財を**中立財**（neutral goods）という。このような無差別曲線は一方の軸に平行な直線となる。このような2財をあげることは簡単である。

最後に，常に一定の固定比率で消費したり，利用する財も強い凸選好を満たさない。すなわち，同時利用，同時消費となる2財の無差別曲線は，2財の利用比率以外の組合せでは，効用水準は変化しないのである。このような財を**完全補完財**（perfect complements）という。

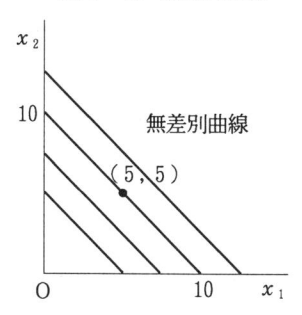

図3-11 完全代替財　　　図3-12 第2財が中立財

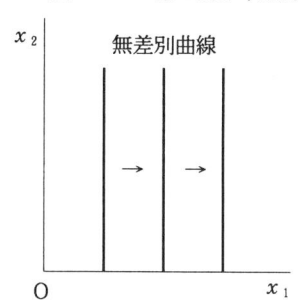

たとえば，一足として利用する右足の靴のみが増加しても，左足の靴が増加しないかぎり，靴として利用する価値はない。したがって，このような関係にある2財の無差別曲線は，利用比率または消費比率を満たす消費の組合せの点を頂点とするL字型となる。靴や手袋のように1対1の固定比率で消費する財は，横軸と縦軸の座標が等しい点を頂点とするL字型の無差別曲線となる。また，イヤリングとネックレスをセットとするファッションにこだわる人は，この2財の利用比率は，2対1の固定比率となる。この消費者の無差別曲線は，$(2,1)$，$(4,2)$の座標を頂点とするL字型となる。

なお，無差別曲線が垂直または水平部分をもつとき，強い単調性の仮定を満たしていない。すなわち，数量の増加が効用を増加させない無差別曲線である。

図3-13 完全補完財（1対1）　　　図3-14 完全補完財（2対1）

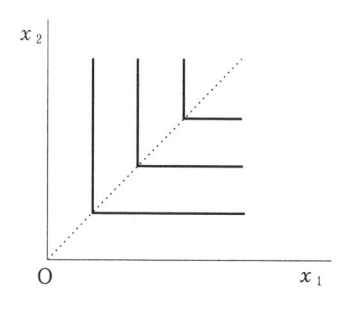

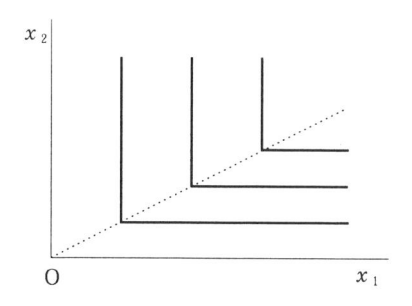

練習問題

問題1 政府が第1財に数量1単位当たり，t 円の間接税を課税する租税制度とその間接税額と等しい所得税を課税する場合があるとしよう。課税前，間接税課税後，所得税課税後の各予算線を示し，それらを図示せよ。

問題2 以下の無差別曲線を描きなさい。前者の財は横軸，後者の財は縦軸。
(1) 100円硬貨と50円硬貨
(2) メガネのフレームと一対のレンズ
(3) ビールさえあれば，つまみには全く無頓着

問題3 無差別曲線に関する以下の記述において正しいものを1つ選択せよ。横軸が和菓子，縦軸がケーキとする。
(1) 私は，ケーキより和菓子が好きであるという無差別曲線は，直線となる。
(2) 私は，和菓子よりケーキが好きであるという無差別曲線は，緩やかな曲線となる。
(3) 私は和菓子を食べるとアレルギー症状がでる。しかしケーキは全く平気で好きであるという無差別曲線は右上がりで，かつ右下の無差別曲線の効用が高い。
(4) A氏とB氏の和菓子とケーキの無差別曲線は，絶対に交差することはない。
(5) A氏は，和菓子とケーキを全く同じように好きである。このA氏の無差別曲線は，原点に対して凹となる。

問題4 単調性の仮定を満たし，かつ限界代替率が逓増する無差別曲線の存在可能性について考えよ。

第4章　最適消費選択

　第3章において，所得制約または予算制約という，消費者の選択機会とその制約された選択機会のなかから，消費者が1つの最善な組合せを選択するための選好順序（判断基準）を明確化した。これによって，家計は所得（予算）制約の下で，効用（満足）を最大化するように消費量を選択するという仮説における，個々の消費者が持っている所得と選好基準の2つの内容を正確に理解することができたのである。

　本章では，所得制約と選好順序を一緒にして，消費者の最も優先順位の高い消費量の組合せを明らかにする。すなわち，消費者行動モデルの制約条件付き最適選択問題の解を求めることにある。

第1節　最適選択

消費者の最適選択点

　予算制約式と無差別曲線を使い，消費者の最適選択点を明らかにしよう。図4-1には，第1財と第2財の数量x_1，x_2を横軸，縦軸に測り，予算線と原点に対して，凸の無差別曲線が描かれている。

　消費者は予算制約の中から最も選好順序の高い，すなわち，最も効用が大きい消費量の組合せを選択することから，予算線と無差別曲線との接点，E点が**最適消費選択**（optimal choice consumption）となる。

　図にⅠ，Ⅱ，Ⅲの3つの無差別曲線が描かれている。Ⅲの無差別曲線は最も右上に位置し，選好順序は高いが，予算制約から実現可能な消費可能領域に位置していない。したがって，消費者はこの無差別曲線上の消費量の組合せを選択することはできない。また，Ⅰの無差別曲線は予算線上のP点とQ点の2点

図4－1　最適消費選択

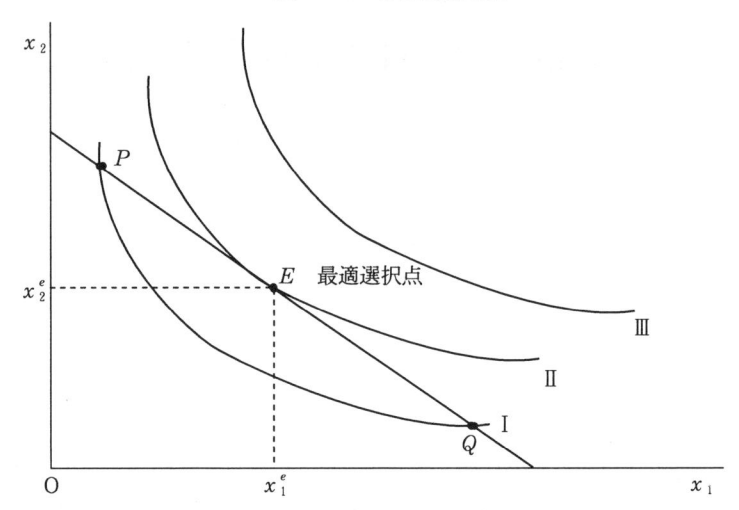

で交わっている。この2点は消費可能点であるが，消費者はこの2点よりも優先順位の高い右上に位置する無差別曲線に移動可能である。それゆえに，この2点のように，無差別曲線が予算線と交差する消費量の組合せは，効用最大点ではない。結局，効用が最大となる最適消費点は，無差別曲線と予算線が接するE点となる。消費者はこのE点に対応する第1財x_1^eと第2財x_2^eの消費量の組合せを選択する。

予算線と無差別曲線の接点E点では，予算線と無差別曲線の傾きとが一致していることを意味している。予算線の傾きは，第1財と第2財の**市場交換比率**である**価格比率**p_1/p_2であり，また，無差別曲線の傾きは，2財との**限界代替率**$\Delta x_2/\Delta x_1$であるから，最適選択は価格比率と限界代替率とが等しいという，次の条件を満たしていなければならない。

$$-\frac{p_1}{p_2} = \frac{\Delta x_2}{\Delta x_1} \quad (価格比率＝限界代替率) \quad \cdots\cdots\cdots\cdots\cdots (4.1)$$

この最適条件は，価格比率と限界代替率の経済的意味から，次のように表すことができる。

市場交換比率＝主観的交換比率 ……………………………… (4.2)

第1財の市場相対価格＝第1財の需要相対価格 ……………… (4.3)

　この2つの条件の前者は，この2財が市場において実際に交換している比率と，消費者がこの2財を交換しようと考える比率とが一致しているとき，効用最大を実現していることを意味している。また，後者の条件は，第2財の価格で評価した第1財の市場相対価格と，消費者が第2財の数量で評価した第1財の**需要相対価格**とが一致しているとき，効用が最大となっていることを意味している。この2つの最適消費選択条件の意味は，実際の消費選択における態度を説明しているものと考えられる。そこで最適消費選択の経済的意味について，検討してみることにする。

最適選択点の経済的意味

　幾何学的には，最適選択点は予算線と無差別曲線の接点E点である。すなわち，予算線の傾きと無差別曲線の傾きとが一致してるとき，消費者は消費量の組合せを選択していることを意味している。いま，最適選択の条件を満たしていない，P点における消費者の態度とその行動について考えてみよう。P点では価格比率が限界代替率よりも小さく，次の関係が成立している。

$$\frac{p_1}{p_2} < -\frac{\Delta x_2}{\Delta x_1} \text{（価格比率＜限界代替率）} \cdots\cdots\cdots\cdots\cdots\cdots (4.4)$$

これは，(4.3)式の条件から次式のように表すことができる。

第1財の市場相対価格＜第1財の需要相対価格 ……………… (4.5)

　また，相対価格の関係から，(4.5)式は，第2財の市場相対価格が第2財の需要相対価格よりも大きい，という関係が成立していることを示している。このP点における消費者は，第1財を市場が評価している以上の評価を与えているが，第2財については，市場以下の評価しか与えていないことを意味している。

消費者は第1財を市場価格以上に評価しているので，第1財を得るために犠牲にして（支払って）もよいと考えている価格以下で第1財を手に入れることができる。それゆえに，第1財を進んで市場価格で手に入れようとする行動をとるであろう。また，第2財を市場価格以下に評価しているので，第2財を犠牲にして（手放して）もよいと考えている価格以上で第2財を手放すことができる。すなわち，第2財の犠牲量は少なくすませることができるのである。それゆえに，第2財を進んで市場価格で手放すという行動をとるのであろう。したがって，P点では，消費者は第1財を多くし，第2財を少なくするという，2財を代替させようとする誘因が存在しているのである。この代替によって消費者は，右上に位置する無差別曲線に移動することができる。

　このように，第1財の消費者評価が市場評価を超え，第2財の消費者評価が市場評価を下回るとき，第2財を手放し第1財を手に入れるという代替は，消費者の合理的行動であり，日常の消費活動を説明している。

　たとえば，第1財のリンゴの価格が1個100円であり，第2財のミカンの価格が1個50円であるとき，2財の価格比率は$p_1/p_2=2$である。いま，消費者のP点の限界代替率が，$\Delta x_2/\Delta x_1=3$であるとしよう。このとき，消費者はリンゴ1個をミカン3個と評価しているのであり，リンゴ1個につき，ミカン3個を犠牲にする（手放す）用意がある。しかし，市場ではミカン2個の犠牲で，リンゴ1個を獲得することができるのである。合理的消費者はミカン2個とリンゴ1個を進んで交換する。すなわち，リンゴを多くし，ミカンを少なくするという代替を行う。それは，リンゴ1個を得るために，ミカン3個を犠牲にすることによって，効用を一定に保つ代替関係が，ミカン1個少ない犠牲によって，すなわち，2個の犠牲により，消費者の効用が増加するからである。したがって，価格比率と限界代替率が乖離している場合には，消費者の効用は増加する余地があり，消費者は2財を代替させるという，誘因が存在しているのである。

　一方，Q点では，(4.5)式とは逆の不等号が成立している。すなわち，消費者は第1財を市場以下に評価しており，第2財を市場以上に評価している。し

たがって，第2財を得るために犠牲にして（支払って）もよいと考えている価格以下で第2財を手に入れることができるとともに，第1財を犠牲にして（手放して）もよいと考えている価格以上で第1財を手放すことができるのである。このように，Q点では，消費者は第1財を少なくし，第2財を多くするという，2財を代替する誘因が存在しているのである。この代替によって消費者は，右上に位置する無差別曲線に移動することができる。

P点のように，市場交換比率（価格比率）が主観的交換比率（限界代替率）よりも小さいならば，消費者は第1財の増加と第2財の減少という代替が，また，Q点のように，市場交換比率が主観的交換比率よりも大きいならば，消費者は第1財の減少と第2財の増加という代替を行うことによって，自己の効用を増加させることができる。そして，この両者が一致しているとき，効用が最大となる最善な消費量の組合せとなる。すなわち，消費者は新たに2財の数量を調整する必要がなく，この状態に満足しているのである。このような状態を**消費者均衡**（consumer's equilibrium）という。

言い換えれば，消費者の主観的評価である限界代替率が，市場評価である価格比率より大きい場合には，その財の消費量を増加させ，その逆の関係にあるならば，消費量を減少させることが合理的消費行動となる。そして，消費者の主観的評価が市場評価と一致しているとき，消費者の選択は最適選択となっているのである。このことが，予算線と無差別曲線の接点が最適選択である消費均衡点の経済的意味である。

第2節　消　費　需　要

最適選択と接線条件

最適選択点では，無差別曲線と予算線とが接していることが必要であり，両者が交差してはならない。これを最適選択の**接線条件**という。しかし，交わらないが，接線をもたない最適選択点が考えられる。そのいくつかの例をあげてみよう。

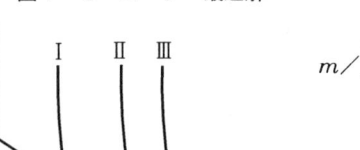

図4-2　コーナー最適解　　　図4-3　完全代替財

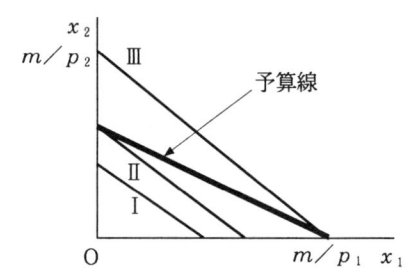

　最初の例は，第1財が第2財に対してきわめて重要であり，図4-2のように無差別曲線が急勾配となっている場合である。このとき，最適選択点は横軸上となり，無差別曲線の傾きと予算線の傾きは異なっている。また，第2財の希少性が高い場合には，無差別曲線が緩やかとなるため，最適選択点は，縦軸上となることがある。このように，最適選択点が横軸上や縦軸上となることを**境界最適**（boundary optimum），またはコーナー均衡（corner equilibrium）という。

　また，完全代替財の場合が，図4-3に示されている。この場合は3つの可能なケースが考えられる。もし，$p_1 < p_2$ならば，図のように横軸上のm/p_1が最適点となる。もちろん，価格比率と限界代替率は異なる。もし，$p_1 > p_2$ならば，縦軸上のm/p_2が最適点となる。この結果は，日常の消費態度と矛盾していない。2財が完全代替財ならば，消費者は価格の低い財だけを購入する。また，もし両財の価格が等しく，$p_1 = p_2$であるならば，予算線と無差別曲線が一致し，予算線上のすべてが最適点である。したがって，消費者はどちらの財を購入するかは無関心である。

　靴のような完全補完財の場合が，図4-4に示されている。最適選択は，価格がいかなる水準でも常に45度線上となる。消費者は価格とは独立に第1財（右足靴）と第2財（左足靴）を同量ずつ購入する。したがって，完全補完財の購入量は次式から得られる。

図4-4　完全補完財（靴）

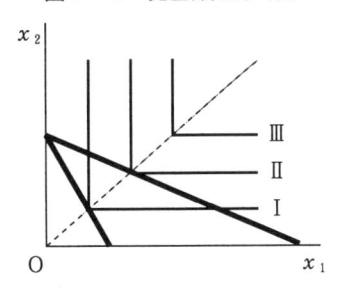

$$x_1 = x_2 = \frac{m}{p_1 + p_2} \quad \cdots\cdots\cdots\cdots\cdots\cdots\cdots\cdots\cdots\cdots\cdots\cdots (4.6)$$

完全補完財は常に同時消費であるので，消費者は，価格が $p_1 + p_2$ である1つの財を購入することに等しい。

また，第2財が中立財であるならば，横軸上が最適選択点であり，第1財が中立財であるならば，縦軸上が最適選択点となる。

凹選好と最適選択

凸選好ではない興味あるケースを考察しよう。図4-5には，原点に対して凸でない，凹となっている無差別曲線が描かれている。この無差別曲線と予算線の接点の F 点は，最適条件を満たしている。しかし，凸選好ではない F 点は，最適選択ではない。この F 点は予算制約の下での効用最大点ではなく，効用最

図4-5　凹選好

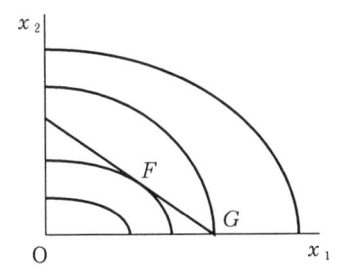

小点となっている。あきらかに右上に位置する無差別曲線の効用が大きく，消費者は，F点を通る無差別曲線より右上に位置する無差別曲線を選好する。したがって，最適選択点は図のように横軸上のG点となる。このように，凹選好の最適選択はコーナー解となる。

消費者が非凸の**凹選好**をもつことも観察される。第1財と第2財ともに不飽和であり，単調性の仮定を満たしているが，限界代替率が逓増するならば，無差別曲線は原点に対して凹となる。消費者が2財とも好きであるが，同時に消費することを好まないと考えているならば，消費者は一方の財のみを選択するであろう。

このような関係にある2財の無差別曲線は原点に対して凹となる。たとえば，ビールもお酒も好きであるが，チャンポンはしない，という人の限界代替率は逓増する。ビールを多く飲んだ時点では，さらにビールを飲み続けたいために，酒との限界代替率は大きくなるのである。ビールの消費が多く，酒の消費が少なくなっても，ビールの重要性が低下せず，むしろ，その重要性が増加するからである。予算規模のもとで，2つの財を半々ずつ消費する組合せより，一方のみを選択したい，または，1つだけを選択し続けたいと思うならば，その人は凹選好である。ある時間帯や1日の選択には，しばしば観察されることである。

コッブ・ダグラス型効用関数と最適選択

具体的な効用関数が，$u(x_1, x_2) = x_1^a x_2^b$であるとしよう。なお，$a, b$は正の定数である。この効用関数は双曲線となる無差別曲線を形成する。いま，効用水準Aの無差別曲線は，$x_2 = A^{1/b} / x_1^{a/b}$となる。そして，$a, b$がともに1であるとき，$x_2 = A / x_1$という，簡単な無差別曲線となる。

この効用関数が予算制約，$p_1 x_1 + p_2 x_2 = m$のもとで，最大となる最適選択のx_1^eとx_2^eは，それぞれ以下のようになる。

$$x_1^e = \frac{a}{a+b} \frac{m}{p_1}, \qquad x_2^e = \frac{b}{a+b} \frac{m}{p_2} \quad \cdots\cdots\cdots\cdots\cdots\cdots (4.7)$$

これが x_1 財と x_2 財の**需要関数**（demand function）である。これは，簡単な制約条件付き最大化問題である。読者自身で確かめていただきたい。効用関数のパラメーター，$a=0.6$, $b=0.4$, リンゴとミカンの価格をそれぞれ，$p_1=100$, $p_2=50$, そして，所得 $m=1000$ 円であるとき，リンゴ6個，ミカン8個が最適消費選択となる。

また，パラメーター a, b は，x_1 財と x_2 財への支出割合である。x_1 財への総支出は，$p_1 x_1$ であり，総所得の $p_1 x_1 / m$ が，第1財の支出割合となる。x_1 に需要関数を代入すると，第1財の支出割合は，

$$\frac{p_1 x_1}{m} = \frac{p_1}{m} \frac{a}{a+b} \frac{m}{p_1} = \frac{a}{a+b} \quad \cdots\cdots (4.8)$$

となる。同様に，x_2 財への支出割合は，$b/(a+b)$ である。

基数的効用関数と最適選択

いままで，効用は序数的であり，効用の可測性を前提にすることなく，消費者行動を説明してきた。ここでは，**基数的効用理論**に基づく最適消費選択について説明する。

ある財の数量の増加に対する効用の増加の比を**限界効用**（marginal utility）という。すなわち，数量の追加1単位の増加から得られる効用の増加分である。第1財の限界効用は，$\Delta u / \Delta x_1 = MU_1$，第2財のそれは，$\Delta u / \Delta x_2 = MU_2$ と定義される。この限界効用が基数的効用理論の基本的概念である。

効用は数量の増加関数であり，限界効用は正となる。しかし，この限界効用は数量の増加とともに逓減する性質をもっている。飽和点に達するまでは，限界効用は正であり，飽和点での消費量から得られる**総効用**は最大となる。しかし，この時点の限界効用はゼロとなり，飽和点を超える限界効用は負となるのである。このように消費財の限界効用は一般的に逓減する。ただし，切手の収集，お酒などのように，限界効用が逓増する場合も考えられる。

図4－6は，効用関数 $u(x_1, x_2)$ の第2財の数量 x_2 を一定として，第1財の数量と総効用の関係を図示したものである。縦軸の高さが第1財の数量から

図4－6　総効用曲線

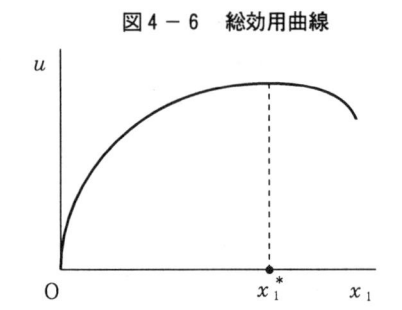

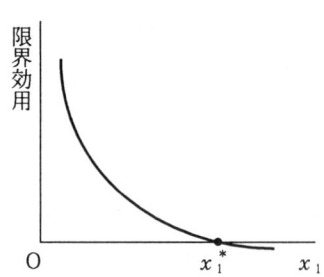

図4－7　限界効用曲線

得られる総効用である。第1財の数量と総効用とが正の関係であることから，右上がりの曲線によって示されている。効用が数量の増加とともに増加するという，単調性を満たす効用関数である。しかし，その単調性は，第1財の数量が x_1^* を超える領域では満たされていない。すなわち，総効用は数量が x_1^* を超えると低下する。このことは x_1^* を超える領域では，数量1単位の増加から得られる効用の増加分である限界効用が負であることを意味する。図4－6の効用関数は限界効用逓減している。そして，図4－6の総効用に基づき，図4－7には限界効用が右下がり曲線となることが示されている。

　基数効用の場合，無差別曲線の限界代替率は，効用を一定に維持するための2財の代替率であることから，それを2財の限界効用の比として表すことができる。第1財の増加 Δx_1 による効用の増加 Δu_1 の比が，第1財の限界効用 MU_1 であり，第2財の増加 Δx_2 による効用の増加 Δu_2 の比が，第2財の限界効用 MU_2 である。限界代替率の定義から，$\Delta u_1 = -\Delta u_2$ である。この2財の限界効用の比は次式となる。

$$-\frac{\Delta u_1 / \Delta x_1}{\Delta u_2 / \Delta x_2} = -\frac{MU_1}{MU_2} = \frac{\Delta x_2}{\Delta x_1} \quad \cdots\cdots\cdots\cdots\cdots\cdots\cdots\cdots\cdots (4.9)$$

　このように，無差別曲線の傾きは，2財の限界効用の比率に等しいのである。かつ，2財の限界効用の比率と2財の限界代替率とが等しい。したがって，基数的効用関数であるならば，最適選択の条件は，価格比率と限界効用の比が等しいという，次のように表すことができる。

$$\frac{p_1}{p_2} = \frac{MU_1}{MU_2} \quad \cdots \cdots \cdots \cdots \cdots \cdots \cdots \cdots \cdots \cdots \cdots \cdots \cdots \cdots \cdots \cdots \cdots \cdots (4.10)$$

また，この最適条件は，次式のように表すことができる。

$$\frac{MU_1}{p_1} = \frac{MU_2}{p_2} \quad \cdots \cdots \cdots \cdots \cdots \cdots \cdots \cdots \cdots \cdots \cdots \cdots \cdots \cdots \cdots \cdots \cdots (4.11)$$

すなわち，第1財と第2財の1円当たりの限界効用が等しいとき，消費者の効用が最大となっており，その状態の消費者は，最適選択を行っていることになるのである。この最適条件は**限界効用均等の法則**と呼ばれている。また，この条件は限界効用を価格で割っていることから，貨幣1単位当たりの限界効用均等の法則とも呼ばれる。

基数効用に基づく限界効用の最適条件と，序数効用に基づく限界代替率の最適条件との現実的妥当性を比較することは意味がある。2つの効用理論は，実際の各財に支出する1円当たりの限界効用を，等しくするように行動する消費者と，各財に支出してもよいと考える消費者自身の評価額と市場の評価額とを，等しくするように行動する消費者の2人の異なるタイプの消費者が，存在していることを予想している。いずれのタイプの消費者が，実際の消費生活おいて観察できるかは明白である。それは，消費者が各財から得られる満足を絶対量で測る，という効用関数を持っていないからである。このように，序数効用に基づく消費理論は，人々の消費生活を説明する妥当性を有しているのである。

練 習 問 題

問題1 政府が第1財に数量1単位当たり，t 円の間接税を課税する租税制度とその間接税額と等しい所得税を課税する場合があるとしよう。消費者は間接税，所得税のいずれの税を選択するか考察せよ（第3章問題1参照）。

問題2 効用関数が $u(x_1, x_2, x_3) = x_1^a x_1^b x_1^c$，$a, b, c$ は正，かつ $a+b+c=1$ で

ある。予算制約が，$p_1x_1+p_2x_2+p_3x_3=m$である。x_1とx_2とx_3の最適消費量を求めよ。

問題3 効用関数が$u(x_1, x_2) = x_1^2 + 2x_1x_2$であり，各財の価格が$p_1=30$, $p_2=10$, そして，所得$m=1,000$円であるとき，各財の需要量と貨幣の限界効用を求めよ。

第5章 需要関数

　前章において，予算制約のもとで効用を最大化するという，消費者の行動モデルの最適選択を明らかにした。消費者の最適選択は，自分の嗜好や所得，さらに，市場条件である価格に依存していることが確認できた。消費者の主体的均衡点である予算線と無差別曲線の接点の各財の需要量は，嗜好や所得や価格の関数であり，この関数を需要関数という。

　本章では，この需要関数について説明する。前章で基本的な消費者の行動仮説から，消費者の均衡点，あるいは，均衡状態を確認することができた。いわゆる，消費者の条件付き最大問題を解いたのである。または，演繹によって導出された連立方程式の解を求めたのである。

　そして，次の重要なテーマは，条件の変化が均衡点をどのように変化させるかである。すなわち，所得や価格が変化したとき，予算線と無差別曲線の接点は，どのように変化するかである。経済環境の変化に対して，消費者の最適選択がどのように変わるかを明らかにする必要がある。この分析は，均衡点（最適選択）と均衡点（最適選択）との比較であり，**比較静学**（comparative statics）という。

　比較静学による分析は，与件として与えられたパラメーターや外生変数の変化が，均衡点や均衡状態にどのような影響を与えるのかという質的・量的問題を明らかにすることができる。言い換えれば，価格や所得が変化するとき，消費者が需要量をどのように反応させるかを解明することができ，所得と需要量，価格と需要量との関係が明確になるのである。この分析によって消費者行動に関する普遍的関係を導出することが可能となる。

第1節 所得変化と需要量

所得の変化と最適選択

所得変化に対して、消費者がどのように反応するかの先駆的な統計的実証研究は、エンゲル係数やエンゲル法則で知られている19世紀のベルギーの経済学者エンゲル（Engel, E.）によってはじめられた。ここでは、先の予算線と無差別曲線を利用して、所得変化が需要量に与える効果を考察し、所得と需要量の関係を明らかにする。

第3章において、予算や所得の変化が予算線や所得制約線を平行に移動させることを確認している。予算の増加（減少）は、第1財および第2財の最大購入可能量を増加（減少）させることになる。それゆえに、予算の増加（減少）は、予算線が外側（内側）に平行移動する。

この予算線の変化のもとで、消費者が最適選択するならば、その移動した予算線のもとで、効用が最も大きくなる財の組合せを選択する。すなわち、移動した予算線と無差別曲線の接点が、所得変化後の消費選択点である。図5－1

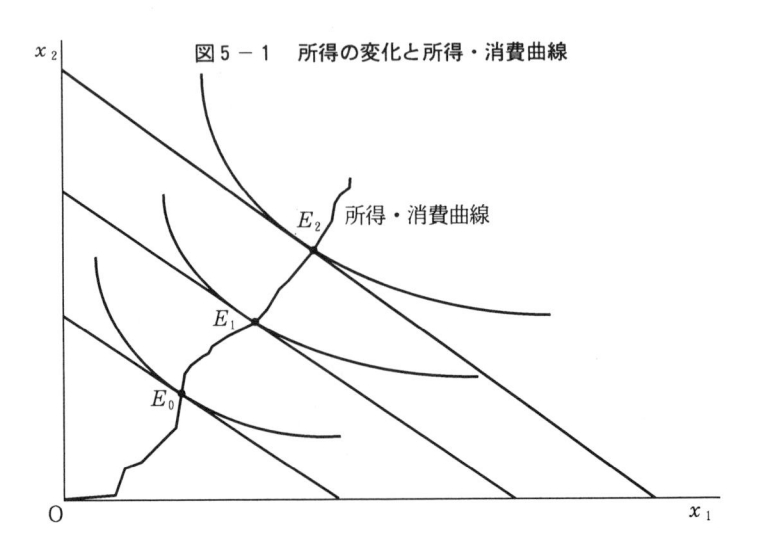

図5－1 所得の変化と所得・消費曲線

には，第1財と第2財の価格を一定として，所得がm_0から，m_1, m_2に増加したときの最適選択点が，E_0から，E_1, E_2へと変化していることが示されている。

この点の軌跡が，所得の変化と需要量の変化の対応関係を示している。この軌跡は所得の変化と最適消費量の変化を示していることから，**所得・消費曲線**（income-consumption curve），または，所得拡張経路という。この所得・消費曲線は，図のように右上がりの曲線となることが予想される。というのは，所得の増加が購入可能領域を拡大させ，その結果として，需要量が増加すると考えられるからである。所得・消費曲線が右上がりであるならば，所得と需要量の関係は正となる。すなわち，所得の増加にともなって，第1財と第2財の消費量はともに増加する。このように所得と需要量とが正の関係にある財を**正常財**（normal goods）という。

また，所得と需要量とが負の関係にある財を**下級財**，または**劣等財**（inferior goods）という。下級財は所得水準の上昇とともに需要が減少する財である。代表的例としては，お米（銘柄を除く）や2級酒などがあげられる。所得・消費曲線が右下がりとなる場合，2財のうちの1財は下級財である。たとえば，図5-2(a)の所得・消費曲線は，所得水準の高い領域では，第2財が下級財である。また，図5-2(b)の所得・消費曲線は，所得水準の高い領域では第1財が下級財となる。このように，所得水準の変化と需要量の変化は，常に同じ方

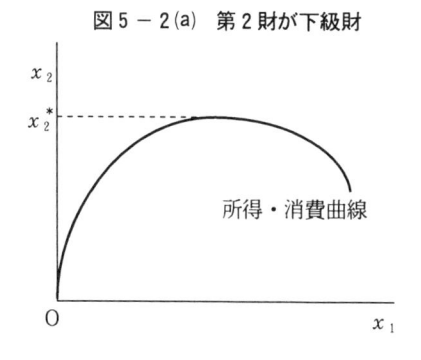

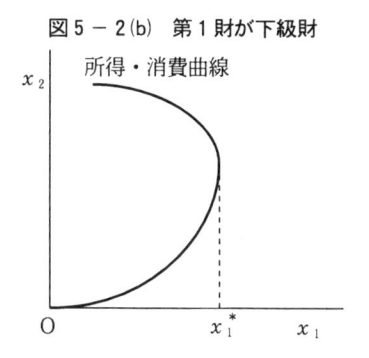

図5-2(a) 第2財が下級財

図5-2(b) 第1財が下級財

向に変化するとは限らない。

所得の変化とエンゲル曲線

所得の変化と需要量の変化が様々であるのは,財に対する人々の必要性や重要性が,所得水準とともに変化するからに他ならない。そこで,所得・消費曲線から,所得と需要量の関係を導出し,消費者の所得変化に対する需要量の反応を詳細に検討しよう。価格が一定であるときの,所得と需要量との関係を**エンゲル曲線**(Engel curve)という。また,所得と財の消費支出額との関係を消費関数,またはエンゲル支出関数という。

図5-3には,3つの図が描かれている。図5-3(a)は,所得が変化したときの最適選択点の軌跡である所得・消費曲線が描かれている。横軸が所得で,縦軸が第2財の数量である図5-3(b)には,所得・消費曲線上の所得と,第2財の数量の組合せの軌跡が描かれている。この曲線が第2財のエンゲル曲線である。このエンゲル曲線はm_1の所得までは右上がりであり,m_1の所得を超え

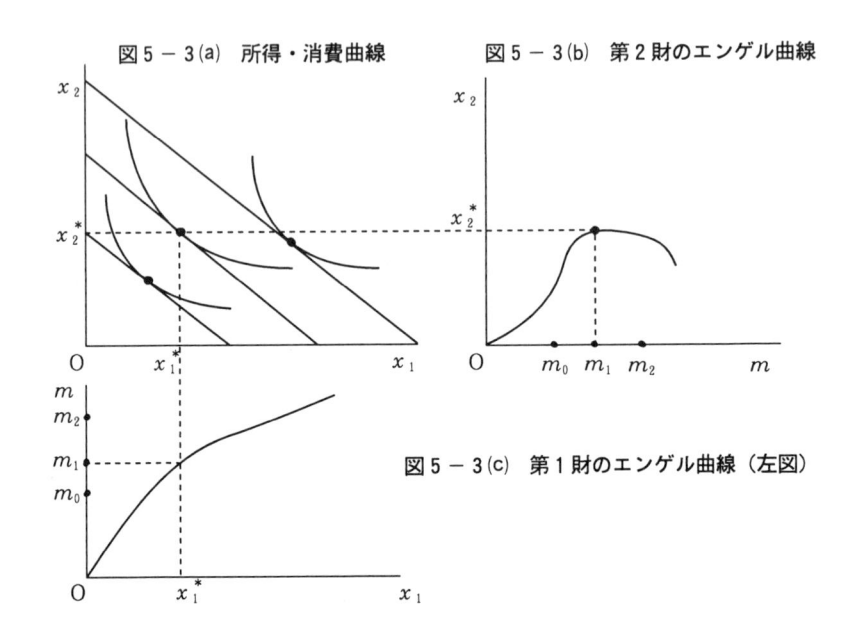

図5-3(a) 所得・消費曲線

図5-3(b) 第2財のエンゲル曲線

図5-3(c) 第1財のエンゲル曲線(左図)

ると右下がりとなっている。したがって、m_1の所得までは正常財であり、m_1の所得以上では下級財である。また、縦軸が所得で、縦軸が第1財の数量である図5-3(c)には、所得・消費曲線から導出された、第1財のエンゲル曲線が描かれている。このエンゲル曲線は常に右上がりであり、いかなる所得水準においても正常財である。なお、エンゲル曲線は通常、図5-3(c)のように縦軸に所得が測られる。本書では、所得が横軸に測られた、図5-3(b)のエンゲル曲線に基づいて説明を行っている。

第1財のエンゲル曲線は、m_1の所得までは、所得の増加に対する需要の増加は小さく、m_1の所得を超えると、その需要の増加が大きくなっている。これは、所得変化に対する需要量の変化が一定ではないことを示している。需要が所得の増加する以上の速さで増加する財を特に、**奢侈品**(luxury goods)、または上級財と呼び、需要の増加が所得の増加よりも小さい財を**必需品**(necessary goods)と呼ぶ。エンゲルが明らかにした、「低所得の家計の食糧費の支出割合が高い」という命題は、食料という財の需要増加が、所得の増加よりも小さい財であることを家計データから明らかにしたものであり、食料(中でも主食)は、もっとも代表的な必需品である。

需要の所得弾力性

エンゲル曲線の形から、所得変化に対する需要量の反応の大きさを予想することができる。横軸(縦軸)に所得を測ったエンゲル曲線が急勾配(緩やか)ならば、所得変化に対する需要量の反応が大きく、逆ならば、小さいということができる。しかし、貨幣単位や消費量の単位は様々であるので、消費者の所得変化に対する需要量の反応を正確に記述するためには、エンゲル曲線の形や勾配とは異なる分析が必要となる。

消費者の行動をより一般的に解明するためには、貨幣単位や数量の単位に影響されることのない、所得と需要量の関係を表す尺度が必要となる。需要の所得弾力性は、数量や貨幣単位とは独立に、所得と需要量との関係を明らかにする尺度である。**需要の所得弾力性**E_m^dは、所得変化率に対する需要量の変化率

の比として定義され，次式によって表される。

E_m^d＝需要の変化率÷所得の変化率

$$= \frac{\Delta x / x}{\Delta m / m} = \frac{\Delta x}{\Delta m} \frac{m}{x} = \frac{\Delta x}{\Delta m} \div \frac{x}{m} \quad \cdots\cdots\cdots\cdots\cdots\cdots\cdots (5.1)$$

すなわち，需要の所得弾力性は，所得の増加率1％当たりの需要量の増加率である。財が正常財であるならば，所得と需要量との関係は正であるから，所得弾力性は正となる。もし，需要の増加率が所得の増加率よりも大きいならば，需要の所得弾力性は1以上となる。また，需要の増加率が所得の増加率よりも小さいならば，需要の所得弾力性は，ゼロ以上1以下となる。そして，所得の増加率が正であるとき，需要の増加率が負であるならば，需要の所得弾力性は負となる。

この所得弾力性の定義から，需要の所得弾力性が1以上の財を奢侈品と呼び，需要の所得弾力性が，ゼロ以上，1以下の財を必需品と呼び，そして，需要の所得弾力性が負である財を下級財（劣等財）と呼ぶ。表5－1は，以上の需要の所得弾力性の大きさと，財の種類を要約したものである。

表5－1　需要の所得弾力性と財の種類

需要の所得弾力性	財
$1 < E_m^d$	奢侈品
$0 < E_m^d \leq 1$	必需品
$E_m^d \leq 0$	劣等財（下級財）

エンゲル曲線と需要の所得弾力性

需要の所得弾力性の定義における，$\Delta x / \Delta m$は，エンゲル曲線の傾きであり，この比は微係数であることから，**限界関数**という。また，x/mは所得に対する需要量の比であり，所得1円当たりの需要量であることから，**平均関数**という。したがって，需要の所得弾力性は限界関数$\Delta x / \Delta m$と平均関数x/mの比，または，エンゲル曲線の傾きと原点とを結んだ直線の傾きの比として表すことができる。すなわち，需要の所得弾力性は次のように表すことができ

る。

$$需要の所得弾力性 = \frac{\Delta x / \Delta m}{x / m} = \frac{限界関数}{平均関数} \cdots\cdots\cdots\cdots (5.2)$$

この所得弾力性を利用して先のエンゲル曲線の所得弾力性を求めてみよう。この所得弾力性は，限界関数$\Delta x / \Delta m$と平均関数x/mの比であるので，エンゲル曲線上の接線が，横軸，または原点，縦軸を横切るかによって，弾力性1以下，弾力性1，弾力性1以上となる。すなわち，もし，接線が原点を通るならば，限界関数$\Delta x / \Delta m$と平均関数x/mは等しくなり，所得弾力性は1となる。また，接線が縦軸を通るならば，限界関数$\Delta x / \Delta m$が，平均関数x/mよりも小さいので，所得弾力性は1以下となる。逆に，接線が横軸を通るならば，限界関数$\Delta x / \Delta m$が，平均関数x/mよりも大きくなるので，所得弾力性は1以上となる。

たとえば，図5−4のエンゲル曲線上のE点の接線が，縦軸を横切っている。この点の所得弾力性は1以下である。なお，所得が縦軸のエンゲル曲線では，接線が縦軸を通るならば，所得弾力性は1以上であり，逆に，接線が横軸を通るならば，所得弾力性は1以下となる。

図5−4 エンゲル曲線と所得弾力性

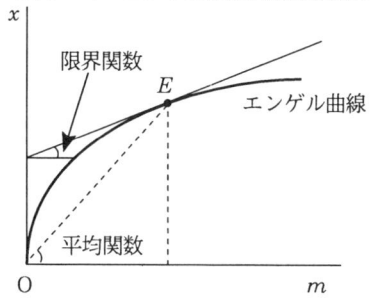

図5−5 直線のエンゲル曲線

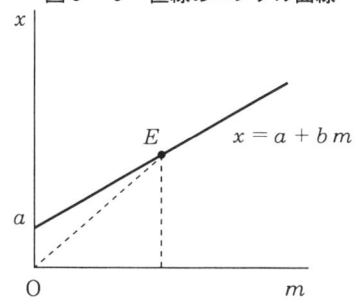

直線のエンゲル曲線

消費量xが，所得mのみに依存しているという，次式の直線のエンゲル曲線

について考察しよう。

$$x = a + bm \quad \cdots\cdots\cdots\cdots\cdots\cdots\cdots\cdots\cdots\cdots\cdots\cdots\cdots \quad (5.3)$$

なお，a，b は正の定数である。このエンゲル曲線の切片 a は，正であるので，エンゲル曲線の傾き $\Delta x / \Delta m$ は，所得1円当たりの需要量 x/m より小さい。すなわち，限界関数 $\Delta x / \Delta m$ は，平均関数 x/m よりも小さい。したがって，直線のエンゲル曲線の所得弾力性は，常に1以下である。また，このエンゲル関数の限界関数 $\Delta x / \Delta m$ は，常に一定の b であり，かつ所得水準の上昇とともに平均関数 x/m が低下するので，所得弾力性は所得水準の上昇とともに増加するのである。消費支出が，国民所得と線形関係である消費関数を，**ケインズ**の**絶対所得仮説**に基づく消費関数という。このケインズ型の消費関数は，図5－5の直線のエンゲル曲線と同じ特徴を持っている。

所得変化の総効果とエンゲル法則

予算制約式から所得の需要に与える効果の合計は，1であることが確認できる。いま，予算制約 $p_1 x_1 + p_2 x_2 = m$ において，価格が一定で，所得が Δm 変化したときの需要量に与える総効果を求めてみよう。予算制約から所得が Δm 変化するならば，次式が成立する。

$$p_1 \frac{\Delta x_1}{\Delta m} + p_2 \frac{\Delta x_2}{\Delta m} = 1 \quad \cdots\cdots\cdots\cdots\cdots\cdots\cdots\cdots\cdots\cdots \quad (5.4)$$

そして，上の式の第1項に $\dfrac{x_1 m}{x_1 m}$，第2項に $\dfrac{x_2 m}{x_2 m}$ を掛け，整理すると次式が得られる。

$$\frac{p_1 x_1}{m} \frac{\Delta x_1}{\Delta m} \frac{m}{x_1} + \frac{p_2 x_2}{m} \frac{\Delta x_2}{\Delta m} \frac{m}{x_2} = \frac{p_1 x_1}{m} E_m^1 + \frac{p_2 x_2}{m} E_m^2 = 1 \quad \cdots\cdots \quad (5.5)$$

すなわち，所得に占める支出比率をウエイトとする所得弾力性の合計は，1となる。この関係によって，ある財の所得弾力性が1以下であるならば，必ず，他の1つの財の所得弾力性は，1以上ということができる。また，所得水準が上昇するとき，それ以上に支出が急増する弾力性1以上の奢侈品は，その支出

比率も増加しているのである。逆に，弾力性が1以下の必需品は，所得の増加とともに支出比率が低下しているのである。したがって，所得水準の高い人ほど，必需品の支出比率は低く，奢侈品の支出比率は高く，逆に，所得水準の低い人は，必需品や下級財の支出比率が高くなっているのである。この (5.5) 式から，**エンゲル法則**が成立していることを確認することができる。

第2節　価格変化と最適消費選択

需要曲線と需要法則

本節では，価格変化が生じたとき，消費者はどのように需要量を変化させるかについて説明する。この価格と需要量との関係から，消費者の価格変化に対する反応を解明することができるのである。

第2財の価格と所得が一定であり，第1財の価格が変化したとき，予算線と無差別曲線の接点の最適消費選択の軌跡を見てみよう。図5－6には，第1財の価格が低下し，予算線が右方向にシフトしていることが示されている。この価格変化によって消費者は，最適選択点を最初のE_0から，E_1，E_2へと変化させていることが示されている。この最適選択点の軌跡が，価格の変化と需要量の変化の対応関係を示している。この軌跡は価格の変化と最適消費量の変化を示すことから，**価格・消費曲線**（price-consumption curve）という。

図5－6の価格・消費曲線から，第1財の価格の低下とともに，第1財の需要量が，増加していることが確認できる。また，第2財の需要量は，減少していることが確認できる。第1財の価格と第1財の需要量は，負の関係にあり，第1財の価格と第2財の需要量は，正の関係となっている。

この価格・消費曲線上の第1財の価格と第1財の消費量との組合せが，消費者の各価格水準に対応する最適選択の組合せであり，第1財の需要曲線となる。

図5－7は，縦軸に第1財の価格を，横軸に第1財の数量を測った平面に，価格・消費曲線上の第1財の価格と消費量の組合せをとり，需要曲線を導出したものである。このように，**需要曲線**（demand curve）は，その価格のもとで，

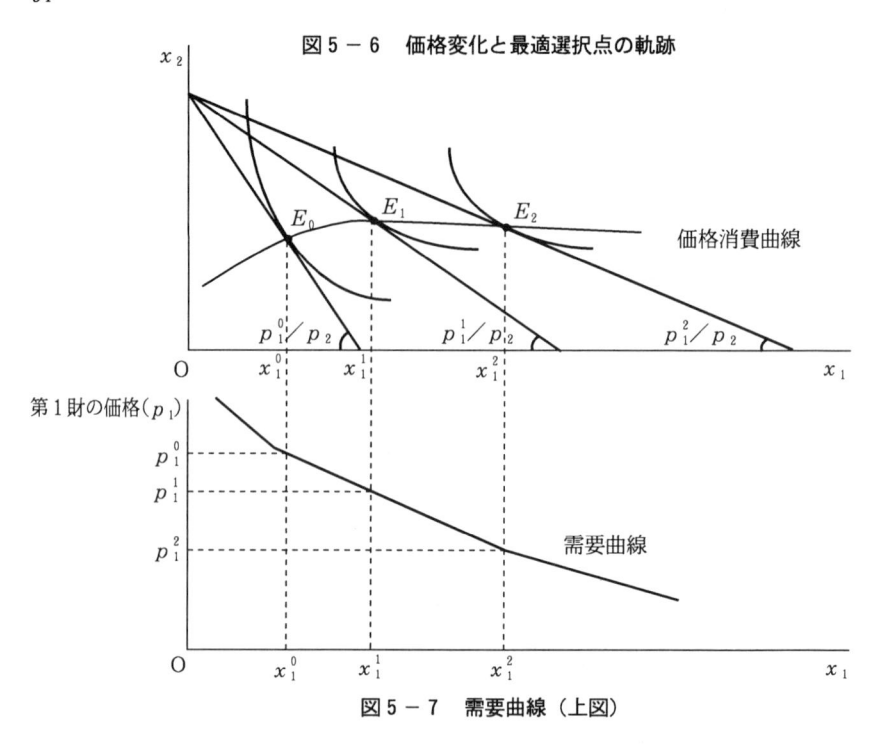

図5－6 価格変化と最適選択点の軌跡

図5－7 需要曲線（上図）

　消費者の効用（満足）を最大にしている消費量（需要量）の組合せの軌跡であり，所得や他の財の価格が与えられた状態において，消費者が所与の価格の下で，進んで購入しようとする需要計画量を示しているのである。この需要計画量が需要量であり，需要曲線は買手の需要計画表を示している。

　図5－7のように需要曲線は右下がりとなり，消費者は，価格変化の方向とは逆に消費量を変化させる。このように，価格と需要量は負の関係にあり，需要曲線が右下がりとなることを**需要法則**という。いわゆる，消費者は，価格が上昇（下落）すると購入量を減少（増加）させる，という行動をとるのである。この法則（命題）は一般的な経験的妥当性を有している。

右上がりの需要曲線

ところで，需要法則はすべての財に成立するというわけではない。価格と需要量が正の関係となる財も存在する。また，一時的には，需要量が価格には反応せず，価格と独立となる場合もある。前者の財は，発見者の名前をとって，**ギッフェン財**（Giffen goods）と呼ばれている。

図5－8(b)には，図5－8(a)の価格・消費曲線から，価格と需要量が正の関係にある，右上がりの需要曲線が導かれている。また，図5－9(b)には，図5－9(a)の価格消費曲線から，需要量が価格とは独立である，垂直な需要曲線が導かれている。このように，需要曲線の形状が様々であるのは，価格変化に対する消費者の反応が，財によって様々であることに依存している。それは，消費者の無差別曲線の形状が異なっているからに他ならない。この点に関する詳細な説明は第7章で行う。

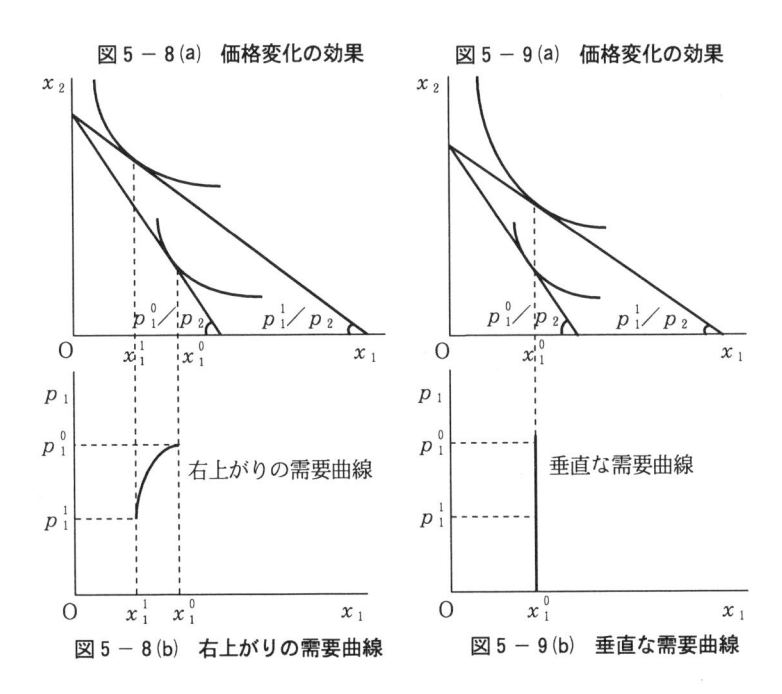

図5－8(a) 価格変化の効果

図5－9(a) 価格変化の効果

図5－8(b) 右上がりの需要曲線

図5－9(b) 垂直な需要曲線

需要関数

前章で最適消費選択の条件を説明し，そして本章では，最適選択点を比較するという比較静学による分析から，消費者の需要量が所得や価格の変化に対して，どのように反応するかが明らかにされたのである。すなわち，消費者の最適選択が所得と価格に依存しているという，消費者の需要関数の符号が明確にされたのである。

前章の最適選択の説明から，第1財の需要量 x_1 や第2財の需要量 x_2 は，所得 m，第1財の価格 p_1 と第2財の価格 p_2 に依存していることが明らかにされ，第1財と第2財の**需要関数**（demand function）は，次のように表される。

$$x_1 = x_1(p_1, p_2, m)$$
$$x_2 = x_2(p_1, p_2, m)$$

この需要関数は，消費者の需要量 x_1 や x_2 が，所得 m と価格 p_1，p_2，の3つの変数に依存して，決定されることを表している。そして，本章の所得・消費曲線と価格・消費曲線から，需要量 x_1 や x_2 が，所得 m と価格 p_1，p_2 の変化とともに，変化することが明らかにされたのである。すなわち，第1財の需要量 x_1 と第1財の価格 p_1 とは負，第2財の価格 p_2 とは正，そして，正常財のとき，所得 m とは正，下級財のとき，所得 m とは負という関係が，また，第2財の需要量 x_2 と第2財の価格 p_2 とは負，第1財の価格 p_1 とは正，そして，正常財のとき，所得 m とは正，下級財のとき，所得 m とは負という関係が成立していることを明らかにしたのである。

代替財と補完財

前章で，代替財と補完財の無差別曲線について説明を行っているが，ここでは代替財と補完財の明確な定義を与えることにしよう。2財が全く無差別である完全代替財と，2財を同時に利用する完全補完財については，前章において説明しているので，ここでは不完全な代替財と不完全な補完財について説明する。

まず，代替財について考察しよう。消費者は，夕食やランチをとるとき，肉料理や魚料理に代表されるように，様々な代替的なメニューを考えつくであろう。このような選択対象は，お互いに代替可能な関係にある代替財である。代替財はある財の価格が上昇すると，その上昇した財に代えて，他の財を利用するという関係にある。言い換えれば，ある財の価格が下落すると，他の財に代えて，その下落した財を利用するという関係にある。すなわち，第2財の価格が上昇したとき，第1財の需要量が増加するならば，第1財は第2財の**代替財**（substitutes）であるという。したがって，需要関数から，次の関係を満たしているとき，第1財は第2財の代替財と定義する。

$$\frac{\Delta x_1}{\Delta p_2} > 0$$

また，常に同時に消費はしないが，一緒に消費したり，利用したりするという，お互いに補完する関係にある補完財は，一方の財の価格が上昇すると，他方の需要量が減少するという関係にある。すなわち，第2財の価格が上昇したとき，第1財の需要量が減少するならば，第1財は第2財の**補完財**（complement）であるという。したがって，需要関数から，次の関係を満たしているとき，第1財は第2財の補完財と定義する。

$$\frac{\Delta x_1}{\Delta p_2} < 0$$

代替財と補完財の定義は現実的ではあるが，実際の消費生活においては厳密な関係とはなっていない。財が2財以上の場合，第1財は第3財の代替財で，第3財は第1財の補完財であるということも起こり得るのである。たとえば，航空料金の値上げは，ＪＲ需要を増加させるという代替関係が，ＪＲ料金の値上げは，航空需要を減少させるという補完関係の存在が考えられる。

第3節 市場需要曲線

個人の需要曲線と市場需要曲線

各消費者の需要曲線は,消費者の最適化行動の帰結として導出されたものである。本節では,個々の需要曲線を集計した市場需要曲線について説明する。

ある財の市場全体の**市場需要**(market demand)は,個々の消費者ないし買手の需要のすべてを集計したものである。いま,n人の消費者がいるとき,消費者iの個別需要x^iを価格pの関数として,$x^i(p)$とするならば,それを集計した市場需要Xは,次式である。

$$X = \sum_{i=1}^{n} x^i(p)$$

また,市場需要曲線は,個々の消費者の需要曲線を横に加えることによって得られる。したがって,消費者の需要曲線が右下がりであるならば,市場需要曲線も右下がりとなる。図5-10は,2人の消費者AとBの需要曲線を集計し,市場需要曲線を導出したものである。

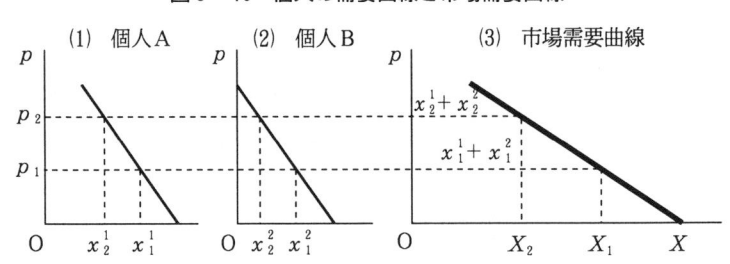

図5-10　個人の需要曲線と市場需要曲線

価格がp_1のとき,消費者AとBの需要量は,それぞれx_1^1とx_1^2であり,そして,その和の市場需要$x_1^1 + x_1^2 = X_1$が,図5-10(3)に示されている。同様に,価格p_2のときの消費者AとBの需要量は,それぞれ,x_2^1とx_2^2であり,そして,その和の市場需要$x_2^1 + x_2^2 = X_2$が,示されている。そして,価格がp_1とp_2の

ときの市場需要，X_1とX_2の組合せ，(X_1, p_1)と(X_2, p_2)の2点を結んで得られる曲線が市場需要曲線となる。

需要の価格反応と需要曲線

消費者が価格変化に対して，需要量をどのように変化させるかについては，需要曲線の形によって予想できる。価格変化Δpが需要量の変化Δxの比である$\Delta x / \Delta p$は，1つの価格反応の尺度である。この比は需要曲線の勾配の逆数である。したがって，消費者の価格反応が大きいとき，需要曲線は緩やかであり，逆に消費者の価格反応が小さいとき，需要曲線は急勾配となる。このように需要曲線の形状から消費者の価格反応を把握することができる。

消費者の価格反応が大きい財を弾力的であるという。逆に，価格反応の小さい財を非弾力的であるという。このように，財の特徴を需要曲線の形状から判断することができる。しかし，貨幣単位の相違があり，また財の購入単位には，キログラム，個数，メートルなど，様々であるために，価格変化の反応を需要曲線の形状から議論することには，自ずと限界があるのである。そこで，貨幣単位や数量単位とは独立に，消費者の価格変化や所得変化に対する反応の尺度が必要となる。その尺度が，需要の価格弾力性や需要の所得弾力性である。需要の所得弾力性はすでに説明しているので，ここでは，需要の価格弾力性について説明する。

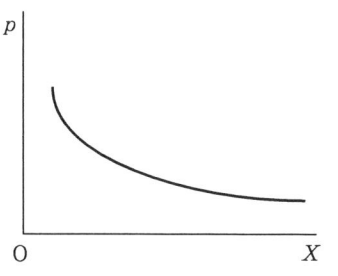

図5-11 価格反応が大きい需要曲線　　図5-12 価格反応が小さい需要曲線

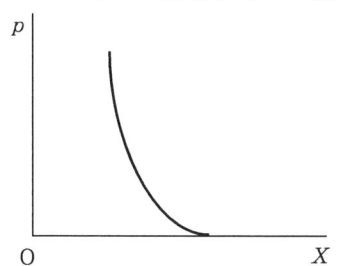

需要の価格弾力性

この**需要の価格弾力性**E_p^d（price elasticity of demand）は，価格変化に対する買手の反応を測る尺度であり，貨幣単位や財の数量の単位とは独立であり，次式のように定義される。

$$E_p^d = -\text{需要の変化率} \div \text{価格変化率}$$

$$= -\frac{\Delta x / x}{\Delta p / p} = -\frac{\Delta x}{\Delta p}\frac{p}{x} = -\frac{\Delta x / \Delta p}{x / p} \quad \cdots\cdots\cdots\cdots (5.6)$$

マイナスの符号をつけるのは，需要曲線が右下がりであることから，需要の変化率と価格変化率との比が負となるからである。マイナスを付与することによって，符号条件に関係なく，E_p^d弾力性が1，あるいは弾力性が1より大きい，弾力性が1より小さいという（または，弾力性の大きさを絶対値で測る）。したがって，この需要の価格弾力性は，ゼロと正の無限大との間の値をとる。

弾力性がゼロというのは，価格変化に対して，需要が全く変化しないので，図5-13のように，需要曲線は垂直となる。このような需要曲線の例としては，塩があげられる。塩は，健康を維持するために一定量を確保する必要がある。しかし，また，必要以上に摂取すると生命の危機をまねくことになるために，その需要は価格に大きく影響されることなく，きわめて非弾力的となる。

また，需要が無限大というのは，需要曲線が水平となる。すなわち，その価格ではいくらでも需要するという，図5-14のように需要に限りがない需要曲線である。人々の欲望は無限であることから，ある価格水準で需要が無限大と

図5-13 弾力性ゼロの需要曲線   図5-14 弾力性無限大の需要曲線

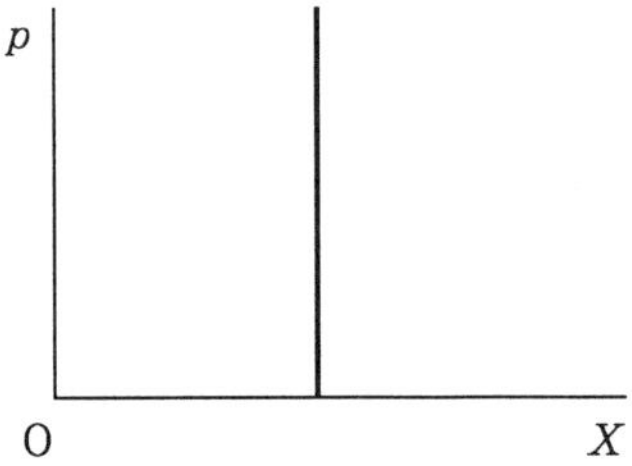

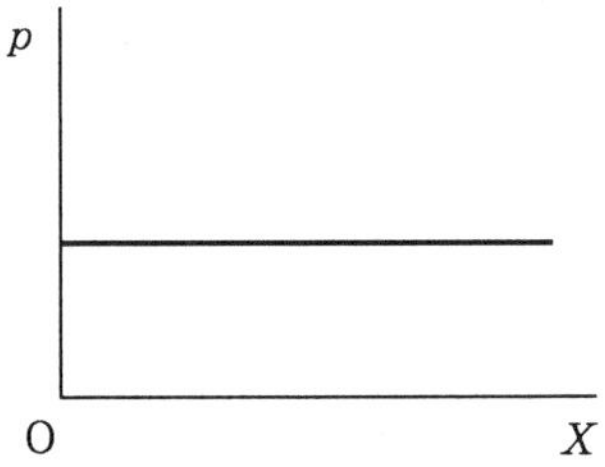

いうことも考えられるが，消費には飽和状態が考えられるので，市場規模が大きい場合でも，財・サービスの需要曲線が水平であるとは考えにくい。ただし，個々の企業が直面している需要曲線は，水平であると考えてよい。すなわち，市場規模が大きいとき，個々の企業が供給する量はきわめて小さいことから，企業は現在の価格で，いくらでも販売することができる，という需要曲線に直面しているのである。すなわち，このような企業には，需要曲線が水平に見えているのである。

　需要の価格弾力性がゼロと無限大は，きわめて特殊なケースである。弾力性が1以上の場合，需要は弾力的であるという。すなわち，価格変化に対する需要の変化が大きく，需要曲線は緩やかな勾配をもつ。需要が弾力的となるのは，その財に対する代替財が存在するからであり，特に密接な代替財が存在する場合には，弾力性は大きくなるのである。この意味において，競争関係にある財は，需要の価格弾力性が大きくなる。このことから，弾力性の大きい財を競争財ともいう。

　また，弾力性が1以下の場合，需要は非弾力的であるという。すなわち，価格変化に対する需要の変化が小さく，需要曲線は急な勾配をもつ。このような財は，価格が変化しても購入数量をあまり変更しないことから，必需品的性質を持っている。価格が上昇しても，購入量をあまり少なくすることはできず，また，価格が下落したときも，それほど購入量や利用を増やす必要性のない財は，生活必需品となる。必需品は，価格変化に対する数量の変化が小さいのである。

直線の需要曲線と価格弾力性

　弾力性は価格変化率と数量の変化率の比であるが，価格の変化に対する数量の変化の比$-\Delta x / \Delta p$を，価格と数量の比x/pで除したものでもある。この表現を利用すると，弾力性は，**限界関数**と**平均関数**の比として理解することができる。すなわち，所得弾力性と同様に，需要の価格弾力性を次式で表すことができる。

$$\text{需要の価格弾力性} = -\frac{\Delta x/\Delta p}{x/p} = -\frac{\text{限界関数}}{\text{平均関数}} \quad \cdots\cdots\cdots (5.7)$$

この弾力性の定義を利用して，図5－15のような直線の需要曲線を考えよう。

この需要曲線の勾配は，常に一定であるので，価格の変化に対する数量の変化の比である$-\Delta x/\Delta p$の値は，価格とは独立で一定である。したがって，このような直線の需要曲線の価格弾力性は，価格の水準と数量の水準に依存しているのである。すなわち，価格弾力性は，数量と価格の比だけに依存しているのである。

もし，価格が高い場合には，需要量は少ないので，x/pの値は小さくなることから，需要の価格弾力性は大きくなる。逆に，価格が低い場合には，需要量は多くなるので，x/pの値は大きくなり，需要の価格弾力性は大きくなる。また，縦軸の切片は，需要量がゼロであるから，x/pの値はゼロとなり，需要の価格弾力性は無限大となる。また，横軸の切片は，価格がゼロであるから，x/pの値は無限大となり，需要の価格弾力性はゼロとなる。

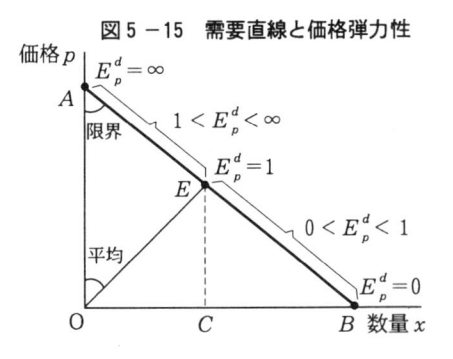

図5－15 需要直線と価格弾力性

さらに，この需要直線の中点では，直線の勾配の逆数$-\Delta x/\Delta p$は，中点の価格と数量の比x/pに等しいことから，中点の需要の価格弾力性$(-\Delta x/\Delta p)\div(x/p)$は1となる。したがって，需要曲線の中点より上方の領域では，$(-\Delta x/\Delta p)>x/p$，という関係が成立しているので，弾力性は1より大きく，中点より下方の領域では，$(-\Delta x/\Delta p)<(x/p)$，という関係にあることから，弾力性は1以下ということができる。表5－2は，以上の需要曲線の弾力性について，要約したものである。

表5-2 直線上の需要の価格弾力性

直線上の点の位置	$-\Delta x / \Delta p$ と x/p の大小関係	弾力性
縦軸上	$-\Delta x / \Delta p > x/p = 0$	無限大
中点以上	$-\Delta x / \Delta p > x/p$	$1 < E_p^d < \infty$
中点	$-\Delta x / \Delta p = x/p$	$E_p^d = 1$
中点以下	$-\Delta x / \Delta p < x/p$	$0 < E_p^d < 1$
横軸上	$-\Delta x / \Delta p < x/p = \infty$	ゼロ

なお，経済学は弾力性という尺度を利用して，需要構造だけでなく，供給，生産さらには，輸出入などの様々な分析に利用する。この弾力性は変数の変化率の比となっているので，対数表示で理解しておくと好都合である。特に生産要素の代替弾力性は多少複雑であるが，弾力性の定義はすべて同じである。すなわち，2変数の変化率の比となっている。そこで，以下の対数関数による需要の価格弾力性の定義を示しておくことにしよう。

$$E_p^d = -\frac{\Delta x / x}{\Delta p / p} = -\frac{d \log x}{d \log p}$$

弾力性と家計の支出

弾力性は価格変化率と数量の変化率の比であるから，この弾力性は，価格変化と家計の支出額の変化，また，企業の収入の変化と密接な関係にある。いま，弾力性が1であるとき，価格変化率と数量の変化率とが等しい。したがって，価格が低下（上昇）した効果と，数量の増加（減少）させる効果が等しくなる。すなわち，価格が低下（上昇）した効果による家計の支払額を引き下げる（上げる）効果と，その価格低下（上昇）による数量の増加（減少）が家計の支払額を引き上げる（下げる）効果とが，等しくなっているのである。したがって，弾力性が1であるならば，価格が上がっても下がっても，家計の支出額には影響を及ぼさないことになる。また，このような需要曲線に直面している企業は，価格を変更しても，企業の収入は影響を受けないことを意味している。

一方，弾力性が1以上であるならば，数量の変化率が価格の変化率よりも大

きいために，価格変化効果よりも，数量の変化効果が大きい。すなわち，価格が低下（上昇）した効果による家計の支払額を引き下げる（上げる）効果よりも，その価格低下（上昇）による数量の増加（減少）が家計の支払額を引き上げる（下げる）効果が，大きくなっているのである。したがって，弾力性が1以上であるならば，価格が上がると家計の支出額は減少し，価格が低下する場合には，家計の支出額を増加させるのである。また，企業が弾力性1以上の需要曲線に直面しているならば，価格引き下げは，企業の収入の増加や経営改善に結びつくが，価格を引き上げると企業の収入は減少し，経営状態の悪化を招くことになる。

逆に，弾力性が1以下である場合には，数量の変化率が価格の変化率よりも小さいために，価格変化効果より数量の変化効果が小さくなる。したがって，弾力性が1以下であるならば，価格が上がると家計の支出額は増加し，価格が低下する場合には，家計の支出額を減少させるのである。

家計の支出額の変化 ΔR は，価格の変化による支出額の変化と数量の変化による支出額の変化の積となっているので，次のように表すことができる。

$$\Delta R = (p + \Delta p)(x + \Delta x) - px = p\Delta x + x\Delta p + \Delta p \Delta x$$

この式の最後の項，$\Delta p \Delta x$ は，価格変化が小さいならば，数量の変化も小さいことから，近似的にゼロとなるので，無視することができる。$\Delta p \Delta x$ を除くと，支出額の変化は，価格と数量の変化の積 $p\Delta x$ と，数量と価格の変化の積 $x\Delta p$ との和として表すことができる。すなわち，

$$\Delta R = p\Delta x + x\Delta p \quad \cdots\cdots\cdots\cdots\cdots\cdots\cdots\cdots\cdots\cdots\cdots\cdots (5.8)$$

となる。この式は，価格の変化が支出額に与える効果を2つに分割できることを明確に示している。そして，この関係を図にしたものが図5-16である。

最初の支出額 px は，価格 p ×数量 x で示される。価格が上昇したときの支払い額の増加額は，最初の支出額の上の領域の面積，$x\Delta p$ で示される。それは，$\Delta p \Delta x$ の部分と相殺されるからである。また，価格の上昇による数量の

減少がもたらす支払額の減少額は、最初の支出額の右の領域の面積, $p\Delta x$ で示される。この2つの領域の大きさの差が価格変化によって、支出額が増加するか、または減少するかを決定しているのである。

先に説明したように、価格変化が支出の変化 ΔR をプラスにするか、マイナスにするかは、需要の価格弾力性に依存しているのである。そこで、先の式を価格変化に対する支出の変化を見るために、(5-8)式の両辺を価格変化 Δp で割り、整理すると次式が得られる。

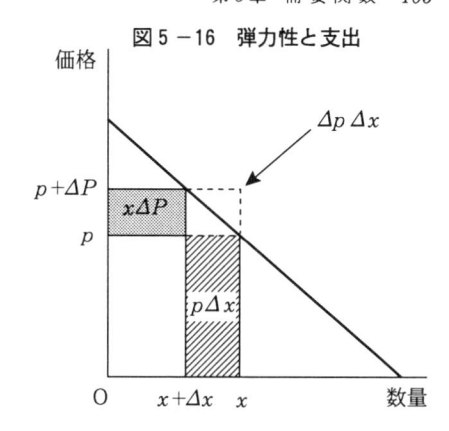

$$\frac{\Delta R}{\Delta p} = p\frac{\Delta x}{\Delta p} + x = x\left(1 + \frac{\Delta x}{\Delta p}\frac{p}{x}\right) = x(1 - E_p^d) \quad \cdots\cdots (5.9)$$

この式は、価格の変化の支出額に与える効果が、需要の価格弾力性 E_p^d の大きさに依存していることを明確に示している。価格が変化したとき、$E_p^d = 1$ ならば、$\Delta R / \Delta p$ はゼロとなるので、支出は変化しない。$E_p^d < 1$ ならば、$\Delta R / \Delta p$ は、プラスとなるので、価格が上昇したとき、支出額は増加し、価格が低下したとき、支出額は減少する。また、$E_p^d > 1$ ならば、$\Delta R / \Delta p$ は、マイナスとなるので、価格が上昇したとき、支出額は減少し、価格が低下したとき、支出額は増加する。

表 5-3 弾力性と家計の支出額

弾力性	価格の上昇	価格の下落
1以上	家計の支出減少	家計の支出増加
1	家計の支出不変	家計の支出不変
1以下	家計の支出増加	家計の支出減少

弾力性一定の需要関数

需要曲線が直線である場合，その需要曲線上の価格弾力性はすべて異なっている。また，いかなる価格水準においても，価格弾力性が一定である需要関数が考えられる。弾力性が１という需要関数は，価格と数量の積が定数となる需要関数である。すなわち，

$$x = a / p$$

は，弾力性が１である。この需要関数の支出額は価格と数量に関係なく，常に a であることから，弾力性が１であることを容易に確認することができる。このような需要関数は，価格に変動が生じても支出額が一定という，弾力性１の需要構造となっている。

そして，$x = b / p^a$ は，弾力性が，a である需要関数である。a が１以上であるならば，弾力的な需要関数であり，価格の上昇（下落）が支出額を低下（増加）させる。逆に，a が１以下であるならば，弾力性が１以下の非弾力性的な需要関数である。これらの需要関数の弾力性の計測は，対数変換することによって容易に求めることができる。すなわち，上の需要関数は以下のように対数変換される。

$$\text{Log}\, x = \log b - a \log p$$

図５-17は，弾力性が一定の需要関数を図示したものである。弾力性0.5，１，２の３つの需要曲線は，価格の変化に対する消費者の反応が異なることを示している。価格が200円のとき，３つの財に対する需要量は，同じ５単位である。したがって，３つの財の支出総額は，同額の1000円である。

価格が100円に下落したとき，弾力性１の需要曲線の需要量は，10単位に増加するが，支出総額は1000円であり，価格が100円のときと同額である。一方，弾力性0.5の需要量は，７単位に増加しているが，支出総額は700円に低下している。また，弾力性２の需要量は，20単位に増加し，支出総額は2000円に増加している。

図5-17 弾力性一定の需要関数

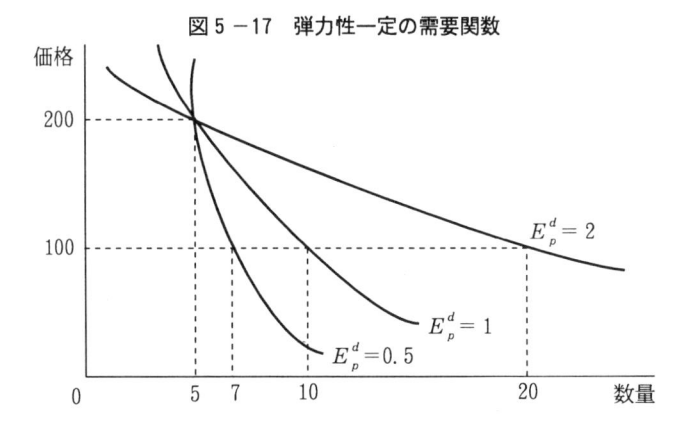

このように，需要の価格弾力性の相違によって，価格変化が家計の支出に与える影響は異なっているのである。

練 習 問 題

問題1 エンゲル曲線が原点を通る直線となる無差別曲線を調べなさい。

問題2 家計調査年報のデータから，平成10年を100とする，平成11年の各財支出指数は，次のとおりであった。また，平成10年を100とする，平成11年の所得指数は，103であった。各財について奢侈品，必需品，下級財かを区別せよ。
(1) 104　　(2) 102　　(3) 105　　(4) 98

問題3 以下の弾力性一定の需要関数の価格と数量の組合せから，需要の価格弾力性が弾力性1, 弾力性1以上，弾力性1以下かを区別せよ（単位：円，個）。

(1) p	x	(2) p	x	(3) p	x	(4) p	x
6	6	8	3	50	25	50	30
8	4	6	4	75	20	40	40

問題4 3つの需要曲線，A：$x=100-3p$，B：$x=p^{-1}=1/p$，C：$x=p^{-2}=1/p^2$，の説明で誤っているものを1つ選択せよ。

(1) Aは，価格の低下とともに需要の価格弾力性も低下する。
(2) Aは，価格の低下とともに支出額も低下する。
(3) Bは，価格が低下しても上昇しても弾力性は一定である。
(4) Cは，価格が低下しても上昇しても弾力性は一定である。
(5) Cは，価格の上昇とともに支出額は低下する。

問題5 図の直線は需要曲線（$x=50-p$）を示している。各点の需要の価格弾力性を求めよ。

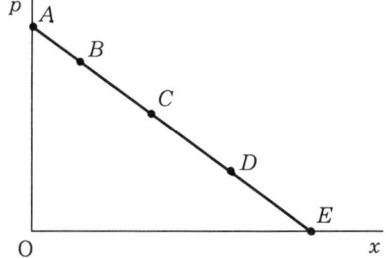

(1) A（0，50）点＝
(2) B（10，40）点＝
(3) C（25，25）点＝
(4) D（30，20）点＝
(5) E（50，0）点＝

第6章　顕示選好の理論と消費者の厚生変化

　第4章，第5章は，消費者の財・サービスの消費選択について，予算制約と無差別曲線（選好関係）という情報を利用して説明をしてきた。ここでは，この関係を逆転させて，消費者の選択結果である財・サービスの需要量の組合せから，消費者の選好関係に関する情報を得る方法について説明する。この顕示選好の消費理論は，消費者の選好関係を表す無差別曲線を前提にするのではなく，消費選択の観察結果から無差別曲線を導出しようとするものである。

　消費者の行動を観察することから，その個人の選好関係を推定するためには，その観察期間中は，消費者の選好関係が，変化しないということが前提となる。この選好関係が不変であるという仮定は，短期的には是認されるものと考えられる。選好関係が変化しない状況の下では，消費者の各最適選択の状態（消費者均衡）から得られる厚生（効用）水準の比較が可能となる。そこで本章では，経済環境の変化に伴う，消費者の厚生水準の変化について説明する。

第1節　顕示選好の理論

最適選択と選好関係の顕示

　消費者の需要がその消費者の選好を顕していると考えられることから，顕示選好と呼ばれている。消費者の消費選択の結果は，市場条件や消費者の選好に基づいた，最適選択を行った結果が顕れたものであるとするならば，市場情報である価格や予算が与えられた場合，消費者の選択結果から選好関係を推測することが可能となる。

　顕示選好（revealed preference）とは，消費者が予算制約のもとで，購入可能であった財集合のなかから，ある1つの消費選択をしたならば，その選択し

た財の組合せは，他の財の組合せよりも好ましいものと考える。換言すれば，購入可能であったにもかかわらず，購入しなかった財の組合せは，購入された財の組合せよりも劣っている。したがって，購入した予算線の1点以外の購入可能な予算集合はすべて，劣っている組合せとなる。その理由は，予算制約のもとで，購入できたのに購入しなかったからである。

図6-1のような予算制約に直面している消費者が，最適化行動から予算線上の(x_1, y_1)を選択しているものとする。この消費者は予算線の下方の領域の(x_0, y_0)の組合せも選択することができる。しかし，(x_0, y_0)は購入可能であったが，選択した(x_1, y_1)より劣る組合せである。それは，選択された(x_1, y_1)が最適な組合せ

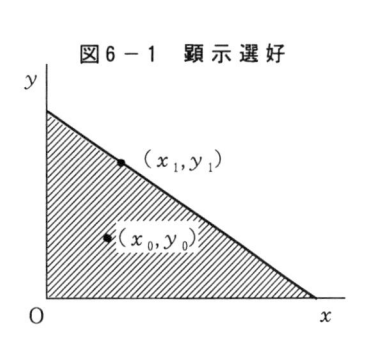

図6-1 顕示選好

であるからである。したがって，購入可能であったが購入されなかった(x_0, y_0)は，(x_1, y_1)より選好上劣った組合せであり，(x_1, y_1)は，購入可能などんな財の組合せより選好上優れているといえる。この消費者の選択結果は，図の斜線の領域の組合せが，選択された(x_1, y_1)よりも，劣った組合せであることが顕示されたことになったといえる。

以上の説明を数式を利用して説明しよう。いま，消費者の予算と価格体系$p_1 = (p_1^x, p_1^y)$のもとで，(x_0, y_0)を購入可能であったにもかかわらず，(x_1, y_1)の組合せを選択したならば，消費者は，(x_1, y_1)を(x_0, y_0)よりも顕示選好しているという。言い換えれば，消費者は価格p_1のとき，購入できる組合せ(x_0, y_0)とは異なる組合せを購入しているのである。この(x_0, y_0)を購入するための総費用は，価格p_1のときには，(x_1, y_1)を購入するための総費用を超えることはないので，次式の不等式が成立している。

$$p_1^x x_1 + p_1^y y_1 \geq p_1^x x_0 + p_1^y y_0 \quad \cdots\cdots\cdots\cdots\cdots\cdots\cdots\cdots\cdots\cdots (6.1)$$

(x_1, y_1)は，少なくとも(x_0, y_0)の財の組合せと同じだけの費用がかかり，

しかも消費者は，(x_0, y_0) の組合せを選択しなかったのであるから，(x_1, y_1) は，(x_0, y_0) よりも選好されることが明確にされた (revealed) ことになるのである。

このように，価格 p_1 のもとにおいて，消費者が (6.1) 式の不等式を満たす (x_1, y_1) を選択しているとき，(x_1, y_1) が，(x_0, y_0) より直接的に顕示選好されている (directly revealed preferred) という。

この顕示選好の理論は，消費者が購入可能であったが，購入しなかったという，消費者の選択結果の観察事実から，その消費者の行動の背景にある選好に関する情報を得たということを明らかにしているのである。言い換えれば，消費者が自己の選好関係に基づいて，最適化行動をとっている，という消費選択結果を前提にすることによって，消費者の無差別曲線を予想するのである。

消費者行動の一貫性と最適行動

消費者の選好関係に変化がないとき，消費者は自己の好みを反映した最適消費選択をしているので，消費者行動は一貫性をもっていると考えることができる。そこで，どのようなことが消費者の選択から観察されるならば，消費者が最適行動をとっているものと肯定できるのかを考えてみることにしよう。

その解答は，消費者が購入可能な組合せの中から最適な組合せを選択しているならば，選択された組合せは，他の組合せより選好されているということである。言い換えれば，選択されなかった財の組合せは，実際に選択された財の組合せより劣っている，ということが観察されることである。この選好の基本原理は極めて妥当なものであり，これは，**顕示選好の弱公準** (weak axiom of revealed preference＝ＷＡＲＰ) と呼ばれている。

顕示選好の弱公準は，消費者の選択が一般的に以下のようなものであると仮定される。

「$p_1 = (p_1^x, p_1^y)$ の価格の下において，(x_1, y_1) が，(x_0, y_0) より顕示選好されているとき，$p_0 = (p_0^x, p_0^y)$ の価格の下においては，(x_0, y_0) が，(x_1, y_1) より顕示選好されることはない」。

すなわち，(6.1)式の$p_1^x x_1 + p_1^y y_1 \geq p_1^x x_0 + p_1^y y_0$が成立しているとき，次式が成立することはあり得ないということである。

$$p_0^x x_0 + p_0^y y_0 \geq p_0^x x_1 + p_0^y y_1 \cdots\cdots\cdots\cdots\cdots\cdots\cdots\cdots (6.2)$$

換言すれば，(6.2)式が成立していないときには，次式が成立しているということである。

$$p_0^x x_0 + p_0^y y_0 < p_0^x x_1 + p_0^y y_1 \cdots\cdots\cdots\cdots\cdots\cdots\cdots\cdots (6.3)$$

さらに，このことを言葉で表現するならば，p_1の価格のもとにおいて，(x_0, y_0)が購入可能なとき，(x_1, y_1)が購入されている場合，p_0の価格のもとで，(x_0, y_0)が購入されているならば，p_0の価格のもとでの(x_1, y_1)は購入不可能である，ということである。

このようなWARPを満たす財の組合せは，効用最大化の消費者行動モデルによって導出される最適選択と矛盾せず，消費者の観察された行動を理論的に根拠づける効用関数が存在する。すなわち，消費選択の組合せ（データ）を顕すことになった無差別曲線が存在するのである。

WARPテストと無差別曲線

消費選択点が最適化行動にあったものであるかどうかを，WARPに基づきテストしてみよう。

図6-2には，2つの予算線と各予算線上に消費選択点が示されている。この2つの選択点が最適化行動を行う消費者の選択点であるかどうかである。顕示選好のWARPから，(x_1, y_1)が，(x_0, y_0)よりも顕示選好されている。すなわち，(6.1)式が満たされている。このとき，(x_0, y_0)が，(x_1, y_1)よりも顕示選好されることはない，というのがWARPの要求することである。しかし，(x_0, y_0)は，(x_1, y_1)よりも顕示選好されている。したがって，図6-2の消費者は，WARPを満たしていない。すなわち，この消費者は最適化行動をとっていないか，嗜好の変化があったということができる。

図6-2　WARPに矛盾する選択　　図6-3　WARPを満たす選択

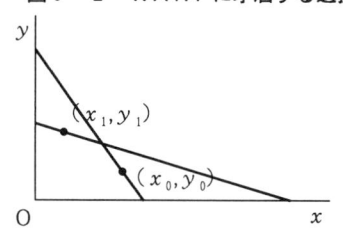

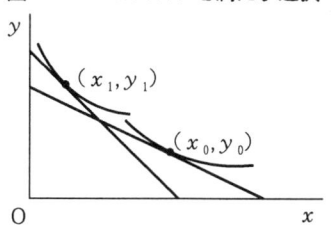

　図6-3のケースでは，(x_1, y_1) が，選択されているとき，(x_0, y_0) は，購入不可能であり，また，(x_0, y_0) が，選択されているとき，(x_1, y_1) は，購入不可能である。すなわち，(6.1) 式の条件が成り立っていないのである。WARPテストは (6.1) 式の成立を前提にしているので，(6.1) 式が成立しないとき，(6.3) 式の成立・不成立は問わない。それゆえに，図6-3の消費者はWARPを満たしている。したがって，この消費者の行動が最適消費選択を実現する無差別曲線を推定することが可能となる。図6-3には予想される無差別曲線が描かれている。

　また，図6-4の消費選択はWARPを満たしていない。(x_1, y_1) は，(x_0, y_0) より顕示選好されており，(6.1) 式が成立している。しかし，(x_0, y_0) が，選択されているとき，(x_1, y_1) は，購入不可能な組合せではない。すなわち，(6.3) 式が成立していない。したがって，図6-4の消費者はWARPのテストを満たしていない。

　一方，図6-5の消費者はWARPのテストを満たしている。(x_1, y_1) は，

図6-4　WARPに矛盾する選択　　図6-5　WARPを満たす選択

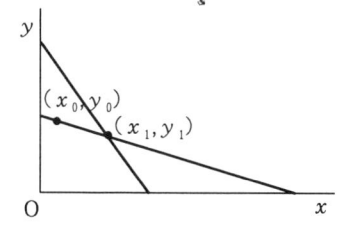

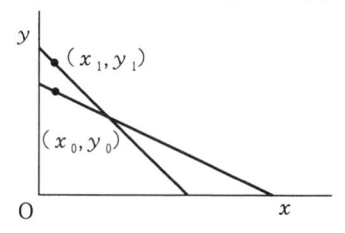

(x_0, y_0) より顕示選好されており，(6.1) 式が成立している。かつ，(x_0, y_0) が選択されているとき，(x_1, y_1) は，購入不可能な組合せである。すなわち，(6.3) 式が成立している。したがって，図6－5の消費者は最適選択を行っているのである。

第2節　指数の経済理論

数量指数

異なる時点における消費者の選択を比較し，消費者の厚生（welfare）状態について考察してみよう。なお，基準時点の添字0，比較時点の添字 t で表すことにする。

第1財と第2財の比較時点の t 期の価格は（p_{1t}, p_{2t}），数量は（x_{1t}, x_{2t}）と表し，基準時点の0期の価格と数量が（p_{10}, p_{20}）と（x_{10}, x_{20}）であるとき，この2時点間で，どれだけ消費が変化しているといえるのかを考察するのが**指数**（index number）の経済理論である。

基準時点の数量 x_{i0} と比較時点の数量 x_{it} との比，x_{it}/x_{i0} が**数量指数**であり，この比のウエイトによって，いろいろな数量指数が定義できる。その最も代表的な数量指数が，基準時点の価格で評価した支出（生産）比率をウエイトとする**ラスパイレス数量指数**（Laspeyres quantity index）＝ Q_L であり，次のように定義される。

$$Q_L = \frac{p_{10} x_{1t} + p_{20} x_{2t}}{p_{10} x_{10} + p_{20} x_{20}} = \frac{1}{p_{10} x_{10} + p_{20} x_{20}} p_{10} x_{10} \frac{x_{1t}}{x_{10}}$$

$$+ \frac{1}{p_{10} x_{10} + p_{20} x_{20}} p_{20} x_{20} \frac{x_{2t}}{x_{20}} \quad \cdots\cdots\cdots\cdots (6.4)$$

また，比較時点の価格で評価した支出（生産）比率をウエイトとする**パーシェ数量指数**（Paasche quantity index）＝ Q_P は，次のように定義される。

$$Q_P = \frac{p_{1t} x_{1t} + p_{2t} x_{2t}}{p_{1t} x_{10} + p_{2t} x_{20}} \quad \cdots\cdots\cdots\cdots\cdots\cdots\cdots\cdots\cdots\cdots (6.5)$$

このように，2つの数量指数は，支出額を2財の相対的重要性の尺度とするものである。両者の相違は基準時点の価格評価による支出額と，比較時点の価格評価による支出額である。前者がラスパイレス数量指数であり，後者がパーシェ数量指数である。

ラスパイレス数量指数とパーシェ数量指数の値は，消費者の厚生に関して意味ある情報を提供している。いま，ラスパイレス数量指数が1以下であるとしよう。すなわち，

$$Q_L = \frac{p_{10}x_{1t} + p_{20}x_{2t}}{p_{10}x_{10} + p_{20}x_{20}} < 1 \quad \cdots\cdots\cdots\cdots\cdots\cdots\cdots (6.6)$$

であるとき，基準時点から比較時点において，この消費者の厚生はどのように変化したのであろうか。顕示選好の理論から，次のように述べることができる。上の不等式は，次式のように表すことができる。

$$p_{10}x_{1t} + p_{20}x_{2t} < p_{10}x_{10} + p_{20}x_{20} \quad \cdots\cdots\cdots\cdots\cdots\cdots\cdots (6.7)$$

したがって，この基準時点の消費の組合せは，比較時点のそれよりも顕示選好されていることを示しており，消費者の基準時点の厚生は，比較時点のそれよりも高いということができる。すなわち，比較時点の厚生は基準時点よりも悪化したのである。

また，ラスパイレス数量指数が1以上であるならば，次式の不等式が成立する。

$$p_{10}x_{1t} + p_{20}x_{2t} > p_{10}x_{10} + p_{20}x_{20} \quad \cdots\cdots\cdots\cdots\cdots\cdots\cdots (6.8)$$

この不等式は，基準時点の消費の組合せが選択されているとき，比較時点の消費の組合せは購入不可能となっている。すなわち，高額であるがために購入できないという事実は明らかであるが，比較時点がより選好されているかどうかは明らかではない。したがって，顕示選好の理論からは何も述べることができない。

次に，パーシェ数量指数が1以上であるとしよう。すなわち，

$$Q_P = \frac{p_{1t}x_{1t} + p_{2t}x_{2t}}{p_{1t}x_{10} + p_{2t}x_{20}} > 1 \quad \cdots\cdots\cdots\cdots\cdots\cdots\cdots\cdots\cdots\cdots\cdots\cdots (6.9)$$

であるとき，ラスパイレス数量指数と同様に，次のように述べることができる。上の不等式は，次式のように表すことができる。

$$p_{1t}x_{1t} + p_{2t}x_{2t} > p_{1t}x_{10} + p_{2t}x_{20} \quad \cdots\cdots\cdots\cdots\cdots\cdots\cdots\cdots\cdots\cdots (6.10)$$

したがって，比較時点の消費の組合せは，基準時点のそれよりも顕示選好されていることを示しており，消費者の比較時点の厚生は基準時点それよりも改善されているのである。

また，パーシェ数量指数が1以下であるならば，次式の不等式が成立する。

$$p_{1t}x_{1t} + p_{2t}x_{2t} < p_{1t}x_{10} + p_{2t}x_{20} \quad \cdots\cdots\cdots\cdots\cdots\cdots\cdots\cdots\cdots\cdots (6.11)$$

この不等式は，比較時点の消費の組合せが選択されているとき，基準時点の消費の組合せは購入不可能となっている。したがって，顕示選好からは何も述べることができない。

物価指数

数量指数と同様に基準時点の価格 p_{i0} と比較時点の価格 p_{it} の比，p_{it}/p_{i0} が**物価指数**であり，この比のウエイトによって，いろいろな物価指数が定義できる。基準時点の数量で評価した支出（生産）比率をウエイトとする物価指数が，**ラスパイレス物価指数**（Laspeyres price index）$= P_L$ であり，次のように定義される。

$$P_L = \frac{p_{1t}x_{10} + p_{2t}x_{20}}{p_{10}x_{10} + p_{20}x_{20}} \quad \cdots\cdots\cdots\cdots\cdots\cdots\cdots\cdots\cdots\cdots\cdots\cdots (6.12)$$

また，比較時点の数量で評価した支出（生産）比率をウエイトとする**パーシェ物価指数**（Paasche price index）$= P_P$ は，次のように定義される。

$$P_P = \frac{p_{1t}x_{1t} + p_{2t}x_{2t}}{p_{10}x_{1t} + p_{20}x_{2t}} \quad \cdots\cdots\cdots\cdots\cdots\cdots\cdots\cdots\cdots\cdots\cdots\cdots (6.13)$$

さて，この2つの物価指数が1以上のとき，または1以下のとき，消費者の厚生に関して，どのように述べることができるであろうか。残念ながら何も語ることはできない。その理由は，物価指数の定義の分母と分子には，異なる価格がとられているからである。したがって，物価指数の変化による厚生の変化に関して，顕示選好の理論は有益な示唆を与えてはくれない。

金額指数

基準時点の支出額（生産額）$p_{i0}x_{i0}$と比較時点の支出額（生産額）$p_{it}x_{it}$との比を**金額指数**Mといい，次のように定義される。

$$M = \frac{p_{1t}x_{1t} + p_{2t}x_{2t}}{p_{10}x_{10} + p_{20}x_{20}} \quad \cdots\cdots (6.14)$$

金額指数がパーシェ物価指数より小さいとしよう。すなわち，次式の関係が成立している。

$$\frac{p_{1t}x_{1t} + p_{2t}x_{2t}}{p_{10}x_{10} + p_{20}x_{20}} < \frac{p_{1t}x_{1t} + p_{2t}x_{2t}}{p_{10}x_{1t} + p_{20}x_{2t}} = P_P \quad \cdots (6.15)$$

両辺の分子を消去し，逆数をとると，次式を得る。

$$p_{10}x_{10} + p_{20}x_{20} > p_{1t}x_{10} + p_{2t}x_{20} \quad \cdots\cdots (6.16)$$

したがって，顕示選好から基準時点の組合せは，比較時点のそれよりも選好されており，基準時点の厚生水準は比較時点よりも改善されている。このことは，0期からt期において，物価の上昇が，金額の上昇よりも大きいならば，0期の厚生水準はt期よりも大きいと考えられる。この結論はわれわれの直感と一致している。

もし，金額指数がパーシェ物価指数よりも大きいときには，

$$p_{10}x_{10} + p_{20}x_{20} > p_{1t}x_{10} + p_{2t}x_{20}$$

となり，t期に選択されている組合せは，0期には購入不可能な組合せであり，顕示選好からは何も語ることはできない。

また，金額指数がラスパイレス物価指数よりも大きいとしよう。

$$\frac{p_{1t}x_{1t}+p_{2t}x_{2t}}{p_{10}x_{10}+p_{20}x_{20}} > \frac{p_{1t}x_{10}+p_{2t}x_{20}}{p_{10}x_{10}+p_{20}x_{20}} = P_L \quad \cdots\cdots\cdots (6.17)$$

分母をとると，次式が成立する。

$$p_{1t}x_{1t}+p_{2t}x_{2t} > p_{1t}x_{10}+p_{2t}x_{20} \quad \cdots\cdots\cdots (6.18)$$

したがって，t 期は 0 期よりも顕示選好される。t 期には 0 期よりも厚生水準は高いということができる。物価の上昇が金額の上昇よりも小さいならば，消費生活が豊かになったことを消費者は認識することができるのである。

また，金額指数がラスパイレス物価指数よりも小さい場合には，

$$p_{1t}x_{1t}+p_{2t}x_{2t} < p_{1t}x_{10}+p_{2t}x_{20} \quad \cdots\cdots\cdots (6.19)$$

となり，顕示選好からは何も語ることはできない。

以上から物価指数の場合，その値が 1 より大きいか，小さいかが問題であるのではなく，金額（支出額）の指数より大きいか，小さいかが問題なのである。言い換えれば，物価上昇が問題ではなく，物価上昇が支出額の上昇より大きいか，小さいかが問題となる。

第 3 節　厚生変化の貨幣的測度

効用水準の変化の貨幣的測度

　価格変化は消費者の最適選択点を変更させるとともに，消費者の効用水準を変化させる。すなわち，消費者の厚生状態を変化させるのである。この厚生変化を主観的測度である効用ではなく，客観的測度である貨幣的測度で測るならば，個人間の厚生変化が比較可能となるだけでなく，集計も可能となる。したがって，市場全体の厚生の損失や利益が計測可能となるだけでなく，経済政策のための客観的指標として利用できる。この厚生変化の貨幣的測度として最も重要な概念が，補償変分と等価変分および消費者余剰である。

第6章 顕示選好の理論と消費者の厚生変化   119

　ここではまず，効用の変化を貨幣単位で測るきわめて有効な方法である補償変分と等価変分について説明する。この方法は，消費者の経済状態が変化したとき，効用の変化を計測し，その効用の変化を相殺するための貨幣額を計算するというものである。この貨幣額はどの時点の価格で測るかによって異なる。すなわち，数量指数と同様に，変化前の価格，あるいは変化後の価格を基準に測るという，異なる方法が考えられるのである。

補償変分

　所得の**補償変分**CV（Compensating variation）とは，価格変化が生じたとき，消費者を価格変化前と同一の状態にするためには，価格変化後にいくらの所得が必要であるかを計測するものである。すなわち，価格変化後に価格変化に対する補償を消費者にするような，所得の変化額を問題にしているのである。この所得を消費者に補償することによって，効用の変化を補うことができることから補償変分という。

　この補償変分は予算線の移動距離に対応するものである。価格が変化した新予算線上の均衡点から，価格変化前の旧均衡点を通る無差別曲線に復帰するためには，新予算線をどれだけ平行移動させなければならないかを問題にしている。

　図6-6には，第1財と第2財の変化前と変化後の価格が，それぞれ (p_1^0, p_2^0) と (p_1^1, p_2^1) のとき，均衡点 (x_1^0, x_2^0) と (x_1^1, x_2^1) が，無差別曲線 u_0 上と u_1 上であることが示されている。このとき，価格変化後に価格変化前の効用 u_0 を実現するためには，価格変化後の予算線を無差別曲線 u_0 に接する (x_1^c, x_2^c) 点まで平行移動させることである。この予算線の平行移動が補償変分である。すなわち，予算線の切片 A と A' との距離が補償変分である。したがって，その所得の変化額を変化後の価格で測るのが補償変分である。この所得変化を**補償所得**という。いわゆる，補償所得CVは，2つの均衡点 (x_1^1, x_2^1) と (x_1^c, x_2^c) における支出額の差である。

図6－6　補償変分と等価変分

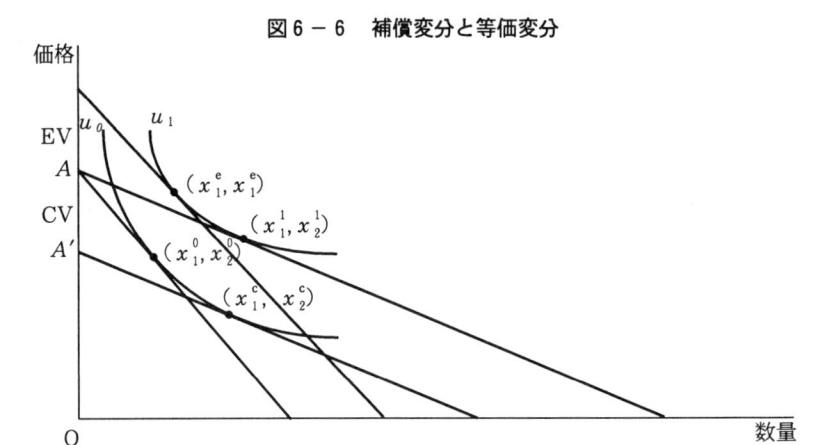

$$CV = p_1^1 x_1^1 + p_2^1 x_2^1 - p_1^1 x_1^c + p_2^1 x_2^c \quad \cdots\cdots\cdots\cdots\cdots\cdots (6.20)$$

もし，$p_1^1 x_1^1 + p_2^1 x_2^1 > p_1^1 x_1^c + p_2^1 x_2^c$ であるならば，(x_1^1, x_2^1) は (x_1^c, x_2^c) より顕示選好されている。すなわち，補償変分が正であり，消費者の厚生は改善しているのである。また，この2つの均衡点の支出額の比は，価格変化後の価格で測る支出額の比であり，比較時点の価格をウエイトとするパーシェの数量指数である。なお，$p_1^1 x_1^c + p_2^1 x_2^c < p_1^1 x_1^0 + p_2^1 x_2^0$ という関係が成立しているので，2つの均衡点 (x_1^1, x_2^1) と (x_1^c, x_2^c) から導出されるパーシェの数量指数は，実際に観察される需要量の (x_1^1, x_2^1) と (x_1^0, x_2^0) から得られるパーシェの数量指数よりも大きくなる。

等価変分

価格が変化したとき，消費者を価格変化後と同一の状態にするためには，いくらの所得を価格変化前に消費者から取りあげるべきか，または与えるべきかを問うことができる。この所得を**等価変分**EV（equivalent variation）という。すなわち，価格の変化による新しい状態の効用水準と等しい効用水準を実現するための所得の変化分が，いくらであるかを問題にしているのである。この金

額は効用の変化で表した価格変化と同等な所得の変化の大きさであることから，価格変化による所得の等価変分という。

この等価変分も予算線の移動距離を問題にしている。価格変化前の最初の予算線上の均衡点から，価格変化後の新均衡点を通る無差別曲線に移動するためには，最初の予算線をどれだけ平行移動させなければならないかを問題にしているのである。図6－6において，価格変化前に価格変化後の効用 u^1 を実現するためには，価格変化前の予算線を新しい均衡点を通る無差別曲線 u^1 に接する (x_1^e, x_2^e) 点まで平行移動させることである。この予算線の平行移動距離が等価変分である。すなわち，等価変分EVは，価格変化前の価格で評価した2つの均衡点 (x_1^0, x_2^0) と (x_1^e, x_2^e) の支出額の差である。したがって，その所得の変化額を変化前の価格で測るのが等価変分である。

$$\text{EV} = p_1^0 x_1^e + p_2^0 x_2^e - p_1^0 x_1^0 + p_2^0 x_2^0 \quad \cdots\cdots\cdots\cdots\cdots\cdots (6.21)$$

もし，$p_1^0 x_1^e + p_2^0 x_2^e < p_1^0 x_1^0 + p_2^0 x_2^0$ ならば，顕示選好の理論から価格変化前の厚生状態がよい。この2つの支出額の比は価格変化前の価格で測る支出額の比であり，基準時点の価格をウエイトとするラスパイレスの数量指数である。

また，$p_1^0 x_1^e + p_2^0 x_2^e < p_1^0 x_1^1 + p_2^0 x_2^1$ であるので，この理論的ラスパイレスの数量指数は，観察される (x_1^0, x_2^0) と (x_1^1, x_2^1) のデータから得られるラスパイレスの数量指数よりも小さくなる。

このように価格変化をまぬがれるために消費者が支払ってもよいと考える金額が等価変分である。また，価格変化を補償するために支払ってほしいと考える金額が補償変分（補償所得）である。

効用不変価格指数

価格変化は貨幣の購買力の変化を意味しており，物価指数は貨幣の購買力を測るものである。したがって，物価指数は異なる時点において，同一の効用水準，または同一の消費生活水準を維持するために支払わねばならない貨幣支払い額の比と考えることができる。このような物価指数を**効用不変価格指数**

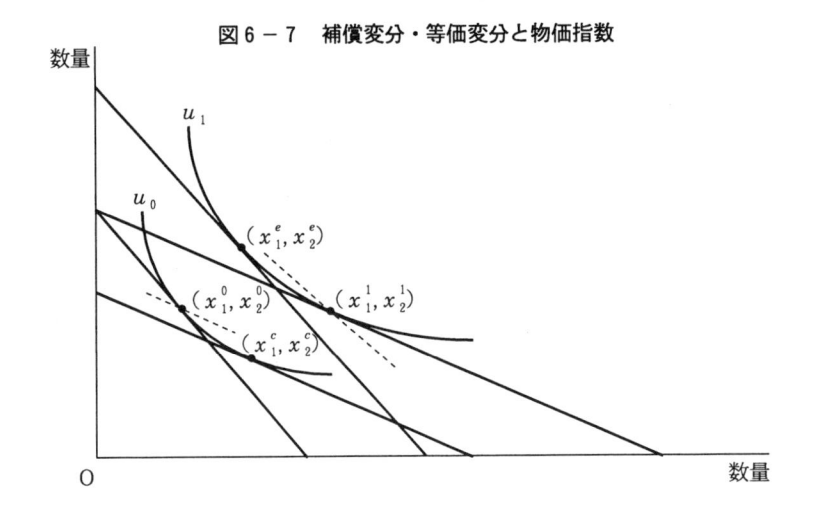

図6-7 補償変分・等価変分と物価指数

(constant utility price index) という。

図6-7は，第1財と第2財の基準時点と比較時点の価格，(p_1^0, p_2^0)と(p_1^1, p_2^1)のときの均衡点，(x_1^0, x_2^0)と(x_1^1, x_2^1)が，無差別曲線u_0とu_1上に示されている。そして，(x_1^c, x_2^c)は，価格変化が生じたとき，補償変分がなされた需要量であり，u_0の無差別曲線と新しい予算線に平行な予算線との接点における消費量である。また，(x_1^e, x_2^e)は，価格変化前に価格変化後と同一の状態にするためには，所得の等価変分がなされた状態における需要量であり，u_1の無差別曲線と価格変化前の予算線に平行な予算線との接点における消費量である。

したがって，価格変化が生じたとき，生活水準あるいは効用水準を一定に保つための購買力の変化を計測する2つの物価指数が定義できる。すなわち，生活水準を一定に保つという定義は，補償変分がなされた無差別曲線u_0上と，等価変分がなされた無差別曲線u_1上の2つが考えられる。

補償変分とラスパイレス物価指数

まず，基準時点の効用水準u_0上における需要量の支出額の比で表される物

価指数について説明しよう。この物価指数は，価格が (p_1^0, p_2^0) から (p_1^1, p_2^1) に変化したとき，消費者が価格変化後に基準時の満足 u_0 を得るために必要な最小支出額 $E_L(u_0) = p_1^1 x_1^c + p_2^1 x_2^c$ と，基準時の支出額 $p_1^0 x_1^0 + p_2^0 x_2^0$ の比である。すなわち，価格が変化したとき，効用を一定に保つように所得が補償された状態における補償所得効果（ヒックスの代替効果）を表す2つの需要量，(x_1^0, x_2^0) と (x_1^c, x_2^c) の支出額の比であり，それは，効用 u_0 を実現する需要量をウエイトする物価指数と考えることができる。

ところで，実際に観察される需要量は，(x_1^0, x_2^0) や (x_1^1, x_2^1) であり，(x_1^c, x_2^c) や (x_1^c, x_2^c) を観察することができないために，効用不変の物価指数を得ることは困難である。しかし，効用不変の物価指数と，ラスパイレス物価指数やパーシェ物価指数との関係について述べることができる。そこで次に，効用不変の物価指数の大きさについて考察してみよう。

効用水準 u_0 上の (x_1^0, x_2^0) と (x_1^c, x_2^c) の需要量の比較時点の価格で測る支出額は異なる。前者は後者よりも必ず多い。なぜならば，(x_1^c, x_2^c) は比較時点の価格のもとでの最小支出額を実現する需要量となっているからである。図 6-7 の (x_1^0, x_2^0) を通る点線は，価格 (p_1^1, p_2^1) で測る予算線である。したがって，次の不等式が成立する。

$$p_1^1 x_1^c + p_2^1 x_2^c < p_1^1 x_1^0 + p_2^1 x_2^0 \quad \cdots\cdots\cdots\cdots\cdots\cdots\cdots (6.22)$$

この不等式の両辺を $p_1^0 x_1^0 + p_2^0 x_2^0$ で割ると，価格変化前の効用を維持する物価指数とラスパイレス物価指数との関係が明らかになる。すなわち，両者には次式の関係が成立している。

$$\frac{p_1^1 x_1^c + p_2^1 x_2^c}{p_1^0 x_1^0 + p_2^0 x_2^0} < \frac{p_1^1 x_1^0 + p_2^1 x_2^0}{p_1^0 x_1^0 + p_2^0 x_2^0} = P_L \quad \cdots\cdots\cdots\cdots\cdots (6.23)$$

左辺は効用不変の物価指数，右辺はラスパイレスの物価指数であるので，効用水準を維持する貨幣の購買力を測る物価指数は，ラスパイレスの物価指数以下となる。すなわち，ラスパイレスの物価指数は，消費者の意識する物価よりも過大に推定されることになる。

等価変分とパーシェ物価指数

次に，比較時点の効用水準 u_1 上における需要量の支出額の比で表される物価指数について説明しよう。この物価指数は，価格が (p_1^0, p_2^0) から (p_1^1, p_2^1) に変化したとき，消費者が価格変化後の効用 u_1 を基準時において得るために必要な最小支出額 $E_0(u_1) = p_1^0 x_1^e + p_2^0 x_2^e$ と，価格変化後の支出額 $p_1^1 x_1^1 + p_2^1 x_2^1$ との比で表される物価指数である。この支出額の比は，価格変化によって引き起こされた効用の変化に等しい所得を与える等価変分が行われた状態における支出額と価格変化後の支出額との比であり，それは，効用 u_1 を実現する需要量をウエイトとする物価指数である。すなわち，価格変化後の均衡点を通る無差別曲線上の移動（代替効果）を示す2つの需要量，(x_1^1, x_2^1) と (x_1^e, x_2^e) の支出額の比である。

また，無差別曲線 u_1 上の需要量の (x_1^1, x_2^1) は観察可能であるが，(x_1^e, x_2^e) は観察することはできないが，両者の基準時点の価格で測る支出額は比較可能である。前者は後者よりも必ず多い。なぜならば，(x_1^e, x_2^e) は価格変化後の価格のもとでの最小支出額を実現する需要量となっているからである。図6－7の (x_1^1, x_2^1) を通る点線は，価格 (p_1^0, p_2^0) で測る予算線である。したがって，次の不等式が成立する。

$$p_1^0 x_1^e + p_2^0 x_2^e < p_1^0 x_1^1 + p_2^0 x_2^1 \quad \cdots\cdots\cdots\cdots\cdots\cdots (6.24)$$

この不等式の両辺を $p_1^1 x_1^1 + p_2^1 x_2^1$ で割り，逆数をとると，価格変化前の効用を維持する物価指数と**パーシェ物価指数**との関係が明らかになる。すなわち，両者には次式の関係が成立している。

$$\frac{p_1^1 x_1^1 + p_2^1 x_2^1}{p_1^0 x_1^e + p_2^0 x_2^e} > \frac{p_1^1 x_1^1 + p_2^1 x_2^1}{p_1^0 x_1^1 + p_2^0 x_2^1} = P_P \quad \cdots\cdots\cdots\cdots (6.25)$$

左辺は効用不変の物価指数，右辺はパーシェの物価指数であるので，効用水準を維持する貨幣の購買力を測る物価指数は，パーシェ物価指数以上となる。すなわち，パーシェの物価指数は，真の指数よりも過小評価されることになる。消費者が意識する物価上昇率は，パーシェの物価指数で計測される物価指数よ

りも高いということになる。

　以上から，消費者が同じ効用水準を維持するために必要な貨幣額は，ラスパイレスの物価指数よりも低く，パーシェの物価指数よりも高いことになる。換言すれば，消費者が貨幣の購買力の変化を実感する指数は，ラスパイレスの物価指数が上限で，パーシェ物価指数を下限とする，その中間に位置しているといえる。

第4節　消費者余剰

需要価格と市場価格

　本節では，需要曲線から効用を金額で測る方法を説明する。この方法は，前節の補償変分や等価変分との比較では，理論的には一般性を欠いている。しかし，実際の厚生変化を計測するということに関して，消費者余剰は補償変分や等価変分よりも実用性が高く，国民の経済厚生（福祉）の代表的指標として利用され，経済政策のための判断指標にも使われている。

　需要曲線は，第5章で説明したように，買手が所与の数量に対して支払ってもよいと考える最高の価格の軌跡である。この需要曲線上で財・サービスを購入している消費者の中には，購入することと購入しないことが無差別であり，現在の価格以上では購入を断念するという限界需要者（消費者）が存在している。また，財を購入している消費者のなかには，現在の市場価格を超える価格でも財を購入する消費者も存在する。

　消費者余剰（consumer's surplus）とは，消費者がある財に対して支払ってもよいと考えている金額と，消費者がある財に対して実際に支払った金額との差である。換言すれば，需要価格と市場価格との差が消費者余剰である。

　競売の対象となっている絵画があるとしよう。A氏は，この絵画が2億円以下ならば購入する意思で競売に参加している。A氏が1億円の提示を行ったとき，それ以上の価格提示がない場合，この絵画は1億円でA氏に落札される。この結果，A氏はこの絵画に2億円支払う用意があったが，実際に支払ったの

は1億円である。この2億円と1億円の差がA氏の消費者余剰となる。

図6-8は，B氏のリンゴに対する需要曲線を示したものである。B氏はリンゴの価格が，250円以上300円以下のとき，1個のリンゴを購入する。また，200円以上250円以下のとき，2個購入する。そして，150円以上200円以下のときは3個，…となっている。この需要曲線は通常の連続の曲線ではなく，棒グラフで示されている。もし，リンゴが整数単位の販売ではなく，分割できるならば需要曲線は滑らかな曲線となる。

この需要曲線は，所与のリンゴの数量に対してB氏が支払ってもよいと考える最高の価格の棒グラフである。すなわち，B氏は1個のリンゴには，300円まで支払う用意があり，2個のリンゴには250円支払う用意があるということを示している。言い換えれば，リンゴの各数量に対するB氏の価値評価である。B氏は2個のリンゴにはいくらの価値を与えていることになるのであろうか。それは，1個のリンゴに300円の価値を与えているのであり，そして，さらに1個追加した2個目のリンゴには250円の価値評価をしているのである。したがって，合計2個のリンゴの総価値は300+250=550円となる。3個のリンゴの総価値は，2個から1個追加したときに支払う用意のある200円の金額に，2個までの総価値額の550円を加えた750円となる。このように，B氏がリンゴの数量に対して支払う用意のある貨幣額は，図の棒グラフの面積となる。たとえば，4個のリンゴに支払う用意のある貨幣額は，300+250+200+150=900円である。このように，B氏のリンゴ4個の総価値額は，1個追加するごとの評価（限界効用）の合計である900円となる。リンゴの価格が150円のとき，4個のリンゴを購入するならば，支払い総額は600円となる。この4個の総価値額900円と支払い総額600円との差額の300円が，消費者余剰となる。

また，リンゴの価格が100円のとき，

図6-8 リンゴの総価値と消費者余剰

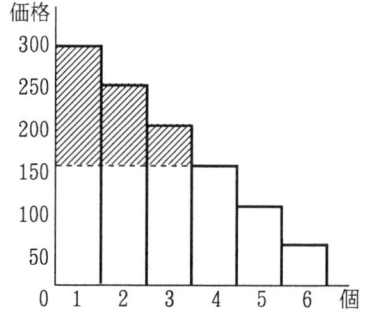

5個購入するならば，1000－500＝500円が消費者余剰である。そして，価格の低下が消費者の負担額を減少させることによって生じる余剰の増加と，価格低下が需要量を増加させることによる余剰の増加とが消費者余剰を変化させているのである。150円から100円に価格が低下したとき，前者の増加が150円であり，後者の増加分が50円であり，合計200円の消費者余剰が増加している。

需要曲線と基数的効用

需要曲線は，図6－9のような消費財である第1財と，第2財が合成財である貨幣（所得）の無差別曲線と考えることができる。この無差別曲線は縦軸の貨幣量に応じて描かれており，それは各貨幣量に対応する需要曲線となっているのである。

貨幣の価格は1であるから，第1財と第2財の価格比率と，消費者の主観的交換比率である限界代替率で表される消費者の最適選択の条件は次式となる。

$$p_1 = -\frac{\Delta x_2}{\Delta x_1} \quad \cdots\cdots\cdots (6.26)$$

上の最適条件の2財の限界代替率－（$\Delta x_2 / \Delta x_1$）は，消費者が第1財を1単位増加させるために支払ってもよいと考える貨幣額であり，その貨幣額が第1財を1単位多く消費するために，実際に支払う貨幣額である価格 p_1 と一致していることを示している。

図6－9の予算制約式は，初期の貨幣量を $\overline{m}$ とするならば次式となる。

$$x_1 p_1 + m = \overline{m} \quad \cdots\cdots\cdots (6.27)$$

この予算線の傾きは，－p_1 であり，この傾きと限界代替率（$\Delta x_2 / \Delta x_1$）とが，一致している E 点が最適選択点であり，需要量は x_1^1 である。

このように，需要曲線の縦軸の高さは，消費者の主観的評価を表しているのである。したがって，第1財をゼロ単位から1単位増加することによって，消費者が支払ってよいと考える貨幣額が変化し，その1単位増加するごとの貨幣額の合計が，消費者の支払ってもよいと考える総額となる。すなわち，需要曲

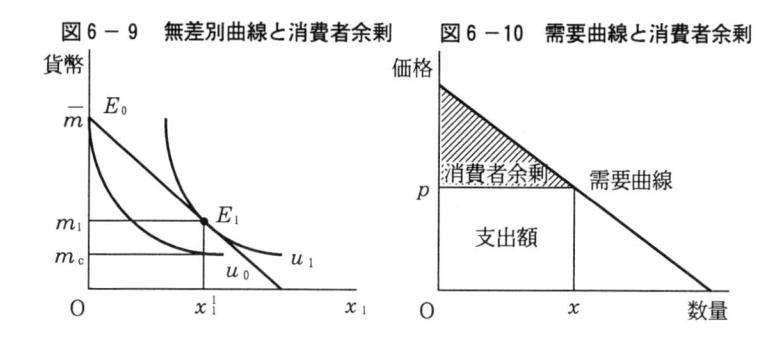

図6－9　無差別曲線と消費者余剰　　図6－10　需要曲線と消費者余剰

線の下の領域は，消費者が評価するこの財の総価値額である。この総額と実際に支払った貨幣額との差が消費者余剰である。

図6－10において，市場価格がpであるとき，需要量はxに決定される。このときの消費者の支払い総額は，pxである。この需要量から消費者は，需要曲線と価格pの水準で，水平に引かれた価格線とに囲まれた領域の消費者余剰を獲得することができる。

このように，消費者余剰は，消費者の財から得られる主観的評価を，金額で表したものである。この主観的評価を金額で表すためには，貨幣が主観的評価の尺度となっていなければならない。すなわち，その主観的評価を効用とするならば，貨幣が効用の尺度であることが必要となる。そのためには貨幣量や財の数量に関係なく，**貨幣の限界効用**は一定であるという，尺度の不変性の仮定が必要となる。

限界代替率による主観的評価から，限界効用の値に意味を与える主観的評価に基づく消費者行動の分析は，序数効用ではなく，基数効用に基づく分析となる。そこで，基数効用を仮定し，貨幣の限界効用が，一定のλであるときの最適条件は次式となる。

$$p_1 = \frac{MU_1}{\lambda} = -\frac{\Delta x_2}{\Delta x_1} \qquad \cdots\cdots (6.28)$$

この最適条件は，消費者が貨幣の限界効用で評価した第1財の限界効用と価

格とが等しくなるように，第1財を購入することを示している。また，限界効用の逓減から，第1財の増加とともに限界効用が低下し，消費者が第1財を得るために犠牲にしてもよいと考える貨幣額が，次第に低下することがわかる。さらに，この2財の限界代替率は第2財の数量とは独立であり，第1財が変化しないとき，第2財の数量に関係なく一定であるという特徴をもっている。なぜならば，無差別曲線の勾配である限界代替率は，第1財の限界効用と貨幣の限界効用の比であるから，貨幣の限界効用一定の仮定のもとでは，貨幣量が変化しても，変化しないからである。図6－9の第1財の数量がx_1^1であるとき，限界代替率は貨幣量とは独立で，常に同じ値となる。

限界効用一定と厚生変化

限界代替率が第2財の数量と独立である効用関数について説明しよう。限界代替率が第2財の数量に関係なく一定であるならば，所得効果はなく，所得の変化が需要量に影響を与えることはないという効用関数である。所得が変化し，予算線が平行移動しても，価格比率が変化せず，その価格比率と一致する限界代替率は，所得変化前の需要量において実現されているからである。このような効用関数は，補償変分と等価変分および消費者余剰が常に同じとなる。

図6－9において，消費者の最適選択点E_1と，この選択以前において，貨幣量を保有していた初期の均衡点E_0との厚生状態を比較してみよう。

消費者が初期の貨幣保有量$\bar{m}$を保有している最適選択点は，縦軸上のE_0である。そして，この貨幣保有量から得られる効用水準は，E_0点を端点とする無差別曲線u_0で示されている。ここで，消費者が初期の選択点E_0から，第1財の価格p_1が与えられることにより，無差別曲線u_1上の選択点E_1に移動したものとする。このとき消費者の厚生はどのように変化したのであろうか。

まず，消費者は選択点E_0からE_1に移動することにより，効用水準はu_0からu_1へ増加している。この効用の増加分は，2つの無差別曲線の垂直距離であり，それは縦軸の貨幣量で測られる。消費者はこの選択によって，(m_1-m_c)の便益，すなわち，消費者余剰が発生しているのである。消費者は，第1財の

数量x_1^1を獲得するために，$(\bar{m}-m_1)$の貨幣を犠牲にしている．この犠牲量は，x_1^1を得るために犠牲にしてもよいと考えている，$(\bar{m}-m_c)$の貨幣量よりも少ない．この消費者は，貨幣量$\bar{m}$から得られる効用と，貨幣量m_cと需要量x_1^1との組合せから得られる効用が等しい．すなわち，この消費者は，需要量x_1^1の価値を貨幣量$(\bar{m}-m_c)$と評価しているのである．需要量x_1^1を得るために犠牲にしてもよい貨幣量$(\bar{m}-m_c)$よりも，実際に支払った貨幣量$(\bar{m}-m_1)$が(m_1-m_c)だけ少ない．この金額が消費者余剰である．

さて，最適点選択点E_1から，初期の効用水準u_0を実現するためには，この消費者にいくらの所得補償をすべきであろうか．いわゆる，補償変分は予算線を平行移動させ，効用水準u_0に接するまでの移動距離であり，それは(m_1-m_c)である．したがって，補償変分は消費者余剰と一致する．また，逆に，最適選択する前に，初期のE_0点から得られる効用水準u_1に等しい効用を実現するためには，この消費者にいくらの所得を与えるべきであろうか．すなわち，等価変分も(m_1-m_c)である．

このように，消費者余剰は，基数効用を前提にしており，かつ，貨幣の限界効用が一定であるという条件下において，消費者の厚生を計測しているのである．この意味おいて，消費者余剰は補償変分と等価変分よりも厚生変化の一般的な尺度ではないのである．

練習問題

問題1 ある消費者の効用が第1財の数量xと第2財の数量yの関数であり，効用関数が$u = xy$である．この消費者の予算が120円，第1財の価格が2円，第2財の価格が6円である．いま，第1財の価格が8円に上昇したとき，補償変分はいくらか．

問題 2 次の消費選択はWARPテストを満たしているかどうかを調べなさい。

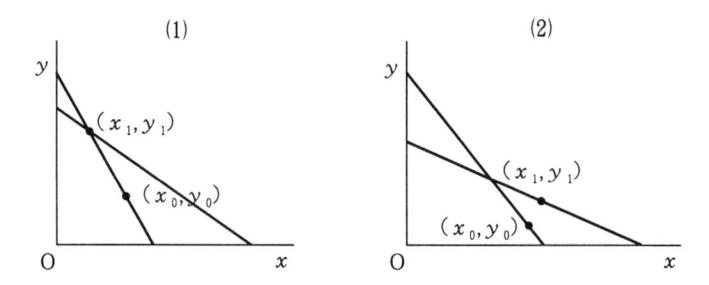

(1) [グラフ: y 軸と x 軸、点 (x_1, y_1) と (x_0, y_0) を通る2本の予算線]

(2) [グラフ: y 軸と x 軸、点 (x_1, y_1) と (x_0, y_0) を通る2本の予算線]

問題 3 2つの財が正常財であり、第1財の価格が下落したときの、補償変分と等価変分および消費者余剰の3つの厚生変化の大小関係を比較せよ。

第7章 スルツキー方程式

　第5章において，第2財の価格と所得を一定とし，第1財の価格を変化させることによって，無差別曲線と予算線の接点である消費者の最適選択点の軌跡から需要曲線を導き出した。この需要曲線は，所得が一定であるという仮定の下に導出されたものであるが，価格変化は貨幣の購買力を変化させることから，消費者の価格変化に対する反応は，価格比率の変化だけでなく，実質所得の変化による効果も含まれているのである。すなわち，価格変化は実質所得の変化を伴っており，その所得変化が需要量を変化させるという，所得効果が存在していることを意味している。したがって，消費者の価格変化に対する反応を正確に記述するためには，価格変化による所得効果と，価格変化によって引き起こされる相対価格の変化が，需要量に与える効果の2つの経済活動の内容を明らかにしなければならない。後者の効果は代替効果と呼ばれている。

　そこで，本章では，価格変化が需要量に与える所得効果と代替効果について説明し，需要曲線について厳密な説明を試みる。その基本的分析方法は，価格変化の総効果を所得効果と代替効果の和として表したスルツキーの先駆的研究に基づき，価格変化の所得効果と代替効果2つの効果を明確に峻別し，価格変化の効果をスルツキー方程式を用いて表すことである。

第1節　価格変化の効果

代替効果と所得効果

　所得が一定の下における価格の変化が需要量に与える効果は，価格変化による実質所得の変化が補償されている場合の効果と，補償が取り除かれる場合の効果の2つに分割することができる。前者の効果が**代替効果**（substitution effect) であり，後者が**所得効果**（income effect）である。

代替効果は，価格変化に伴う所得変化を補うように，所得が補償されている状況下で，価格変化が需要量に与える効果であるから，所得の補償された効果，または**補償所得効果**という。いわゆる，価格が変化すると実質所得も変化するが，この実質所得を一定に保つようにした状態における相対価格（価格比率）の変化が，需要量に与える効果を代替効果という。後者の所得効果は，価格変化によって生じる実質所得（購買力）の変化が需要量に与える効果である。

日常の我々の消費活動において，いろいろな財・サービスの価格変化を経験するとき，即座に確認できるのは，代替効果より所得効果であると考えられる。というのは，価格が上昇した場合，いままでの予算では，以前と同じ数量を購入することができないということが，容易に確認されたり，認識することができるからである。特に，物価が上昇している場合，物価上昇が購買力（実質所得）の低下と結びつき，生活苦となることは周知の事実であり，人々もそのことについて十分に認識している。このような経験から人々は，財の価格と需要量とが負の関係にあることを理解している。しかし，価格変化の所得効果は，財の予算に占める支出割合が高い場合を除いて，それほど大きくはないのである。むしろ，消費者はある財の価格の上昇，または下落という変化によって，その財に替えて，他の代替財を多く利用しようとしたり，また，他の財に替えて，価格の下落した財を多く購入したり，多く利用するような消費選択を行うという，代替効果の方が大きいのである。このような代替効果が大きくなるのは，ある財には代替可能な代替財が常に存在しているからである。

図7-1は，第1財の価格が下落したときの，2つの効果を分類したものである。価格変化前の予算線の初期の均衡点がE_0であり，第1財の価格が下落し，消費者は価格変化後の予算線の最適選択点E_1に移動していることが示されている。この価格変化によって，消費者は第1財の需要量をx_1^0からx_1^1へと変化させている。この需要量の変化が価格変化による総効果であり，代替効果と所得効果の和となっているのである。まず，価格が変化し，その価格変化による購買力を不変に維持できるように所得が補償されたものとする。いわゆる，

図7-1 代替効果と所得効果

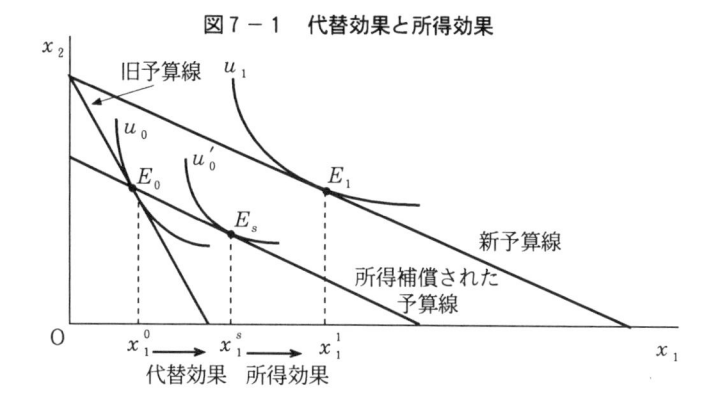

[図: 横軸 x_1、縦軸 x_2。旧予算線と新予算線、所得補償された予算線。均衡点 E_0（無差別曲線 u_0 上）、E_s（無差別曲線 u_0' 上）、E_1（無差別曲線 u_1 上）。横軸上に x_1^0、x_1^s、x_1^1。x_1^0 から x_1^s が代替効果、x_1^s から x_1^1 が所得効果。]

価格変化後も以前の需要量を購入できるように所得が変化するものとする。そして，次に，相対価格を一定にして，所得を調整するという手順で説明しよう。

消費者が価格変化後も，価格変化前の均衡点，E_0の需要量を購入できるように所得が補償されたならば，その所得補償された予算線は，均衡点E_0を通り，かつ，新予算線に平行となる。この予算線は価格変化後も，E_0の需要量が購入できるという意味において，実質所得を一定に維持した状態を実現している。この予算線と無差別曲線の接点E_sが，所得補償された場合の最適選択点となる。したがって，選択点E_0からE_sへの移動は，価格比率の変化によって引き起こされる最適選択の変化であり，その選択点に対応する需要量x_1^0からx_1^sへの変化が，代替効果による需要量の変化となる。このように，第1財の価格が下落したとき，第1財の需要量を増加させるという代替効果が生じる。この価格と需要量が負の関係であるという，代替効果は消費者に普遍的に妥当する。

消費者が価格変化後も，価格変化前の需要量を購入しつづけるならば，予算が残る（不足する）ことになる。この予算の残額（不足額）が実質所得の増加（減少）であり，それは新予算線と所得補償された予算線との距離で測られる。したがって，価格の下落による実質所得の増加は，所得補償された予算線を新予算線まで平行移動させることになる。この予算線の平行移動は価格比率が一

定であることから，所得変化と最適選択点との関係が明らかになる。図の最適選択点E_sからE_1への移動は所得変化によるものであり，その点に対応する需要量x_1^sからx_1^1の変化が所得効果による需要量の変化である。

以上から，価格変化は価格比率の変化効果の代替効果と，実質所得変化の所得効果の2つの効果を生じさせ，第1財の価格の下落による需要量の増加（$x_1^1 - x_1^0$）は，代替効果による増加（$x_1^s - x_1^0$）と，所得効果による増加（$x_1^1 - x^s$）の2つの効果の和になっていることが理解できる。

第2節　代 替 効 果

代替効果は負

価格比率（相対価格）の変化効果である**代替効果**は，実質所得を一定に維持した状態における価格効果である。この代替効果の定義における実質所得一定，または，**補償所得**を与えるということについて，2つの考え方がある。

1つは，価格変化前と同じ需要量を購入できるように，所得が補償された状態を，実質所得一定と定義するものである。すなわち，価格変化後も同じ需要量を購入できるように，必要な所得が与えられたという意味において，補償がなされた状態である。もう1つは，価格変化前と同じ効用（厚生）水準を維持できるように，所得が補償された状態を，実質所得一定と定義するものである。この定義は，価格変化後も価格変化前の無差別曲線上にとどまることができるように，必要な所得が与えられたという意味において，補償がなされた状態である。前者の定義は，**スルツキー**（E. Slutsky, 1880-1948）によるものであり，図7-1はスルツキーの定義に基づく代替効果である。そして，後者は**ヒックス**（J. R. Hicks, 1904-）によるものである。

スルツキーまたはヒックスの定義に関係なく，この代替効果は，いかなる場合についても負（非正）である。いわゆる，実質所得を一定に保つようにしたとき，価格の変化と数量の変化は，反対方向に変化するのであり，**補償需要関数**は，価格の負の関数であり，右下がりの需要曲線となるのである。

スルツキーの代替効果

　最初に，スルツキーの補償所得の定義に基づき，スルツキーの代替効果について説明する。スルツキーの代替効果は，価格が上昇（下落）したとき，価格変化前の購入量を購入できるように，所得が補償された（取りあげられた）場合の需要量に与える効果である。このことを図示したのが図7－2である。まず，最初の予算線がABであるとき，この消費者にとっての消費可能領域は三角形OABである。そして，彼は予算線上のE点を選択しているものとする。

　いま，第1財の価格が上昇し，価格変化後も同じ需要量を購入できるように所得が補償されるものとする。したがって，価格変化後の新しい予算線$A'B'$は，価格変化前の消費選択点E点を通り，以前の予算線より急勾配となる。この新予算線上における消費者の選択は，旧均衡点の右上の領域である$B'E$上とならなけれ

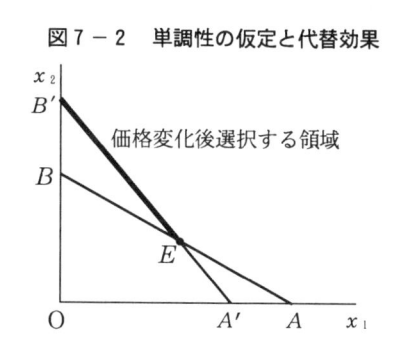

図7－2　単調性の仮定と代替効果

ばならない。その理由は，単調性（不飽和）の仮定から新均衡点は，旧均衡点の右下の領域である，$A'E$上を選択することはあり得ないからである。三角形$EA'A$の領域は，$A'E$上を除き消費費不可能領域であり，かつ，$A'E$上は，旧予算線よりも下方に位置しており，財の数量が多いほど選好するという単調性の仮定から，旧均衡点よりも選好上劣るか，同程度である組合せとなっているからである。

　また，新しい消費可能領域の三角形EBB'のうち，$B'E$上以外の組合せは，単調性の仮定から，すべて$B'E$上よりも劣っている組合せである。したがって，彼が合理的選択をするならば，この三角形EBB'の内側の領域の組合せを選択することはあり得なく，新均衡点は，旧均衡点の左上の$B'E$上の領域になるはずである。彼が選択する旧均衡点の左上の新予算線上の組合せは，旧予算線上の組合せよりも好ましいか，無差別となっているのである。このように，消費

者は，実質所得一定のもとでの価格の変化に対して，数量を同方向に変化させることはなく，価格変化に対する補償所得効果である代替効果は，非正となるのである。

顕示選好の理論と代替効果

顕示選好の理論から，代替効果が負となることを証明することができる。顕示選好理論は，消費者が最適な消費選択をするならば，予算制約のもとで購入可能であった財の組合せのうち，選択しなかった組合せは，選択された組合せより劣っている組合せであることを明らかにする。したがって，所得の補償された下で，価格比率が変化したとき，顕示選好理論は，消費者が価格変化後の新予算線上のうち，旧予算線より下方に位置している領域を選択することはあり得ないものと予想するのである。

先の図7－2において，旧予算ABのときの消費者の均衡点がEであり，そして，第1財の価格が上昇し，新予算線が$A'B'$に変化した場合を示している。このとき消費者は，以前より選好上劣る$A'E$上の組合せを選択することはなく，$B'E$上を選択することになるのである。すなわち，価格変化前のEは，$A'E$上より顕示選好されている。そして，新しい価格のもとで，$A'E$上を選択しているとき，E点は購入不可能な点ではない。したがって，$A'E$上は顕示選好の弱公準を満たさず，$B'E$上は弱公準に反していない。

もし，顕示選好の弱公準を満たす消費者は，第1財の価格が上昇（下落）したならば，消費者の選択は旧均衡点の左上（右下）の新予算線上の点を選択するのである。このように第1財の価格が上昇（下落）したならば，消費者は第1財の消費量を減少（増加）させるという行動をとるのである。すなわち，代替効果は負となるのである。

価格変化とヒックスの代替効果

ヒックスの定義による代替効果は，価格が上昇（下落）したとき，価格変化前の無差別曲線上（厚生水準）にとどまるように，所得が補償された（取りあげ

られた）場合の価格効果であり，その需要量も価格変化と反対方向に変化する。なぜならば，価格上昇（下落）は，予算線の勾配を急（緩やか）なものとするために，需要者の最適行動の結果から，同じ無差別曲線上の限界代替比率を大きく（小さく）する必要があるからである。

いま，需要者の選好関係が凸，すなわち，無差別曲線が原点に対して凸であるならば，第1財の価格が上昇（下落）した場合，限界代替率を大きく（小さく）する必要があり，それは第1財の需要量を減少（増加）させることによってのみ実現できるのである。代替効果が負であるのは，消費者の無差別曲線が原点に対して凸，すなわち，限界代替率逓減の法則から導出される命題である。

図7-3は，ヒックスの代替効果に基づいて，価格変化の効果を示したものである。図の初期の均衡点E_0と第1財の価格下落による新予算線上の均衡点E_1は，図7-1と同じである。消費者が価格変化によって，第1財の需要量をx_1^0からx_1^1へと変化させる。この需要量の変化の一部は代替効果によるものであり，価格変化後に価格変化前の効用水準を維持する需要量を購入できるように補償された状態が，ヒックスの実質所得一定の状態である。その補償された予算線は，新予算線に平行で，かつ，以前の均衡点を通る無差別曲線に接する直線となる。この2つの予算線の距離が補償所得である。すなわち，価格変

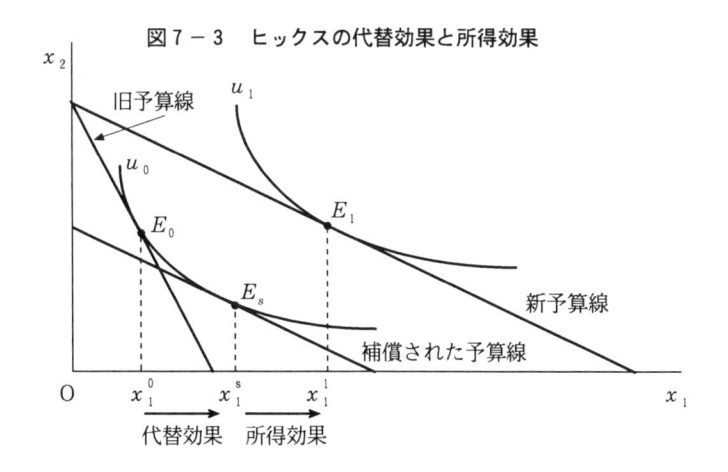

図7-3 ヒックスの代替効果と所得効果

化による実質所得の変化分であり，補償変分である。

　価格比率の変化によって最適選択は，初期の均衡点E_0からヒックスの補償された予算線上の点E_cに移動する。その選択点に対応する需要量x_1^0からx_1^cへの変化が代替効果による需要効果である。

　そして，所得効果は価格低下による実質所得の増加によって，補償された予算線が新予算線へと平行移動する。この所得変化が最適選択点をE_cからE_1へと移動させ，それに対応して，需要量がx_1^cからx_1^1に変化するという，所得効果による需要量の変化を引き起こすことになる。

第3節　所得効果

価格変化と実質所得の変化

　価格が変化したとき，他の財との価格比率が変化するとともに，実質所得（購買力）も変化する。したがって，価格変化が需要量に与える所得効果（$\Delta x / \Delta p$）を把握するためには，価格変化Δpによる実質所得の変化Δmの大きさと，その実質所得の変化が需要量Δxに与える1円当たりの効果（$\Delta x / \Delta m$）の2つを把握する必要がある。この2つの効果の積が価格変化による**所得効果**となる。

　まず，価格変化による実質所得の変化額は，価格変化額と以前購入していた数量との積である。いま，ある財を10単位消費しており，その価格が10円上昇した場合，10単位を購入するためには，10円×10単位＝100円の金額が不足する。この金額が実質購買力の変化，すなわち，実質所得の変化を意味している。それゆえに，価格が上昇すると以前の消費水準を維持するためには，所得は増加しなければならない。この以前の消費水準をちょうど補償するという意味における**補償所得**が増加しなければならない。この補償所得の変化と価格変化は，常に同じ方向に変化するのである。言い換えると，この実質所得の変化は，価格変化とは常に反対方向に変化するのである。価格が上昇した場合，実質所得（購買力）は低下し，価格が下落した場合，実質所得（購買力）は増加する。

以上のように，価格変化による実質所得の変化額Δmは，価格変化Δpと購入数量xに，マイナスの符号をつけた積となるので，それは，$\Delta m = \Delta p \times -x$と表される。したがって，価格変化$\Delta p$の1円当たりの実質所得の変化は，購入数量$x$にマイナスをつけた$-x$，ということになる。すなわち，需要量$x$が価格1円の変化による実質所得の変化となっているのである。

価格変化の所得効果

価格の変化Δpが実質所得mを変化させ，その実質所得1円の変化が，需要量に与える効果の大きさについて調べてみよう。この実質所得1円当たりの変化の需要量に与える効果，すなわち，$\Delta x / \Delta m$は，通常の所得の変化が需要量に与える所得効果である。この所得効果は，財の特徴によって分類される。それは，正常財の場合が正，下級財の場合が負である。前者はさらに，需要の所得弾力性が1以上である，上級財（奢侈品 Luxury）と需要の所得弾力性が1以下，ゼロ以上である，必需品とに分類される。

以上から，価格変化の所得効果の大きさは，価格変化による実質所得の変化$\Delta m = \Delta p \times -x$と，1円当たりの所得効果$\Delta x / \Delta m$の積となっていることが理解できる。したがって，所得効果は次式のように表すことができる。

　　　価格変化の所得効果＝実質所得変化×所得効果
$$= \Delta p \times -x \cdot \Delta x / \Delta m \quad \cdots\cdots\cdots (7.1)$$

そして，価格1円当たりの所得効果は，上の式を価格変化Δpで割ったものであり，次式となる。または，$\Delta p = -\Delta m / x$から，$\Delta x / \Delta p$は，次式となる。

　　　価格変化の所得効果$= \Delta x / \Delta p = -x \cdot \Delta x / \Delta m \quad \cdots\cdots (7.2)$

この式の右辺の$-x$が価格変化1円当たりの実質所得の変化額であり，補償所得を意味している。すなわち，補償所得は需要量それ自身である。そして，$\Delta x / \Delta m$が，通常の所得1単位当たりの変化が需要量に与える効果となって

いるのである。したがって、価格変化による所得効果の大きさは、現在の消費量xと通常の所得効果の大きさに依存しており、それは、上級財ほど大きく、必需品は小さく、下級財はマイナスとなるのである。

第4節　価格変化の総効果

スルツキー方程式

以上の代替効果と所得効果の説明から、価格変化による相対価格の変化効果である代替効果と、価格変化が実質所得を変化させ、その実質所得の需要量に与える効果の2つの効果は、次のように表すことができる。

価格変化の効果＝代替効果＋所得効果
　　　　　　　＝代替効果＋実質所得変化・所得効果 ……(7.3)

これを数式で表すならば、次のように表すことができる。

$$\frac{\Delta x_i}{\Delta p_{i\,(\overline{m})}} = \frac{\Delta x_i}{\Delta p_{i\,(\overline{u})}} + \left(-x_i \frac{\Delta x_i}{\Delta m_{(\overline{p})}}\right) \quad \cdots\cdots\cdots\cdots (7.4)$$

この式の左辺は、名目所得一定のもとでの価格変化効果を表している。そして右辺の第1項が、実質所得一定のもとでの代替効果である。そして、第2項が価格一定のもとでの所得効果を示しているが、価格変化に伴う所得効果である。最初の$-x_i$は、価格変化によって引き起こされる実質所得変化額である。その符号がマイナスとなるのは、価格変化と実質所得の変化は反対方向に変化するからである。第2項の$\Delta x_i / \Delta m_i$は、所得1円当たりの変化が需要量に与える効果を示す所得効果である。このように、上の式は、価格変化の総効果が代替効果と所得効果の和であることを示している。この式を**スルツキー方程式**（Slutsky equation）という。価格変化が需要量に与える効果の大きさを検討する場合、この方程式はきわめて有効である。このスルツキー方程式を利用すると、価格の変化が需要量に与える効果を明確に把握することができる。

正常財の価格変化の効果

スルツキー方程式の第1項の代替効果は，先に証明したように，いかなる財についても，その符号は負（マイナス）である。そして，第2項の所得効果の実質所得変化も，いかなる場合についても負である。そして，所得効果は正常財の場合が正，下級財の場合が負となる。そこで最初に，スルツキー方程式に基づき，正常財の価格変化の効果を考察しよう。正常財のスルツキー方程式の符号条件は次のようになる。

正常財の価格変化の効果＝代替効果＋実質所得変化・所得効果
$$-（負）=-（負）+(-（負）・+（正）) \quad \cdots\cdots (7.5)$$

したがって，正常財であるならば，価格変化の需要量に与える効果は，確実に負であり，代替効果と所得効果が重なり，価格変化は需要量を価格の変化とは逆方向に，大きく変化させることになる。もし，実質所得を一定に保つような価格変化の効果である補償需要は，所得効果を取り除かれることによって，その需要量の変化は小さくなる。換言すると，所得効果を含めた価格と需要量の関係を示す需要曲線は，その所得効果を除去した**補償需要曲線**よりも緩やかな曲線となるのである。

下級財の価格変化の効果

下級財の所得効果は負となるので，スルツキー方程式の符号条件は，次のようになる。

下級財の価格変化の効果＝代替効果＋実質所得変化・所得効果
$$? \quad (?) \quad =-（負）+(-（負）・-（負）) \quad \cdots\cdots (7.6)$$

このように，右辺の第2項は，負の実質所得変化と負の所得効果によりプラスとなるのである。したがって，下級財の価格変化が需要量に与える効果は，負のときも，正のときもあり，符号条件は簡単には確定できない。いま，価格が下落したとき，代替効果によって需要量は増加するが，所得効果は負である

ために，実質所得の増加が需要量を減少させることになる。それゆえに，代替効果の需要増加効果を，所得効果の需要減少効果が相殺するために，価格変化の効果は，代替効果と所得効果の大きさに依存しているのである。もし，代替効果が所得効果よりも大きい場合には，価格変化と需要量の変化は反対方向となる。この関係は正常財のケースと同じであるが，価格変化による負の代替効果が負の所得効果によって相殺されるので，価格変化に対する需要量の変化は小さく，需要曲線は急勾配となる。

図7－4は，下級財の価格変化の代替効果と所得効果を示したものである。第1財の価格の下落が，代替効果により需要量x_1^0がx_1^sからに増加し，そして所得効果により需要量は，x_1^sからx_1^1に減少している。下級財の場合，この負の所得効果により，価格が下落しても需要量の増加が小さくなることが理解できる。

また，代替効果が所得効果と同じ効果を伴うならば，その需要量は変化しない。すなわち，図7－4の所得効果が，$x_1^0 = x_1^1$の需要量まで減少させるならば，価格変化後の需要量は初期の需要量x_1^0と一致する。

一方，代替効果が所得効果よりも小さいならば，価格変化と需要量の変化は

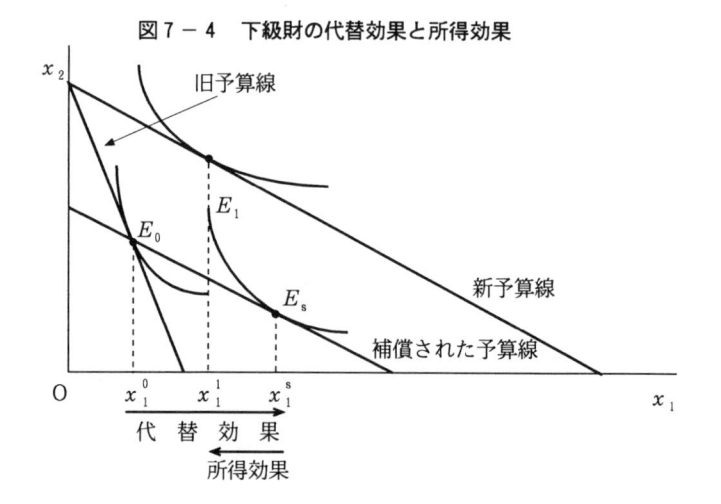

図7－4　下級財の代替効果と所得効果

同じ方向となり，需要曲線が右上がりになることも予想されるのである。右上がりの需要曲線がギッフェンによって確認されていることから，下級財で，かつ所得効果が代替効果よりも大きい財を**ギッフェン財**（Giffen's goods）という。ギッフェンはイギリスの家庭において，ジャガイモの価格の低下が需要を減少させていることを確認している。もし，代替財が存在しない下級財で，かつ，その下級財の家計の予算に占める比率が高い場合には，所得効果が代替効果を圧倒することが予想されるので，右上がりの需要曲線が観察されることになる。しかし，代替財が存在せず，家計の支出比率が高い財の代表例は，主食と特別の嗜好（選好）を持つために，その支出比率が極端に高くなるという特殊な財以外には考えられない。それゆえに，右上がりの需要曲線はきわめてまれにしか観察されなく，ほとんどの財の需要曲線は，右下がりであるといってよい。

　表7-1は，上で説明した価格変化の効果について，価格が下落したときの需要量に与える効果を，正常財と下級財とギッフェン財について要約したものである。

表7-1　代替効果と所得効果の要約（価格が下落した場合）

財の種類	代替効果	所得効果	価格変化の効果	需要曲線
正　常　財	負（増加）	正（増加）	負（増加）	右下がり
下　級　財	負（増加）	負（減少）	負（増加）	右下がり（急勾配）
ギッフェン財	負（増加）	負（減少）	正（減少）	右上がり

一般的なスルツキー方程式

　価格変化は，価格の変化した財の需要量に影響を与えるだけでなく，他の財の需要量にも影響を与える。第1財の価格変化が第2財の需要に与える交差効果を，実質所得一定のもとでの，代替効果と実質所得変化の所得効果の和として表すことができる。この価格変化の交差効果の総効果は，次式の一般的なスルツキー方程式によって表すことができる。

$$\frac{\Delta x_i}{\Delta p_{j\,(\overline{m})}} = \frac{\Delta x_i}{\Delta p_{j\,(\overline{u})}} + \left(-x_j \frac{\Delta x_i}{\Delta m_{(\overline{p})}}\right) \quad \cdots\cdots\cdots\cdots\cdots\cdots (7.7)$$

この式は，(7.4)式のスルツキー方程式とは，分母と分子の添え字が異なっている。(7.7)式の右辺の第1項が，所得が補償された実質所得一定の**交差代替効果**であり，第2項の $-x_j$ は，(7.4)式と同様に，第 j 財の価格変化によって引き起こされる実質所得変化額であり，いかなる財についても，その符号は負である。そして，$\Delta x_i / \Delta m$ は所得効果であり，正常財は正，下級財は負である。

価格変化の交差効果の総効果が正となる財を**粗代替財**といい，負であるならば**粗補完財**であるという。そして，実質所得一定のもとでの，価格効果である交差代替効果の第1項が正であるとき，代替財といい，それが負であるとき，補完財という。第5章において，$(\Delta x_1 / \Delta p_2)$ が正であるとき，第1財は第2財の代替財といい，負であるとき，補完財と定義した。この定義は正確さを欠いたものであり，上の粗代替財，粗補完財が正しい定義である。

また，一般的なスルツキー方程式は弾力性を用いて表すことができる。(7.7)式の両辺に，p_j / x_i を乗じ，右辺の第2項に m/m を乗じると，次式となる。

$$\frac{\Delta x_i}{\Delta p_j} \frac{p_j}{x_{i\,(\overline{m})}} = \frac{\Delta x_i}{\Delta p_j} \frac{p_j}{x_{i\,(\overline{u})}} + \left(\frac{p_j x_j}{m} \frac{\Delta x_i}{\Delta m} \frac{m}{x_{i\,(\overline{p})}}\right) \quad \cdots\cdots (7.8)$$

すなわち，第 i 財の第 j 財の交差弾力性で表すならば，次式となる。

$$E_{ij\,(\overline{m})} = E_{ij\,(\overline{u})} - v_j m_{im} \quad \cdots\cdots\cdots\cdots\cdots\cdots\cdots\cdots\cdots (7.9)$$

交差価格弾力性 $E_{ij\,(\overline{m})}$ は，無差別曲線上で定義される補償された交差価格弾力性から，価格変化した第 j 財の支出比率 v_j と第 i 財の所得弾力性 m_{im} との積を引いた値に等しい。なお，(7.4)式のスルツキー方程式を弾力性で表すと次式となる。

$$E_{ii\,(\overline{m})} = E_{ii\,(\overline{u})} - v_i m_{im} \quad \cdots\cdots\cdots\cdots\cdots\cdots\cdots\cdots\cdots (7.10)$$

所得弾力性が，−1の下級財であるとき，(7.10)式の需要の価格弾力性が負となるためには，補償された需要曲線の価格弾力性が支出比率より小さいときである。すなわち，このとき需要曲線は右上がりである。

注　顕示選好の理論と代替効果

顕示選好の理論に基づき，代替効果が負であることを数式を利用して証明しよう。

消費者の予算と価格体系 $p_0=(p_0^x, p_0^y)$ のもとで，(x_0, y_0) が購入され，価格体系 $p_1=(p_1^x, p_1^y)$ のもとで (x_1, y_1) が購入されているものとする。このとき，(x_0, y_0) と (x_1, y_1) の消費量における所得は無差別となるようなものである。すなわち，実質所得一定の状態における (x_0, y_0) と (x_1, y_1) は，無差別であるから，一方が他方よりも顕示選好されることはない。したがって，

$p_0^x x_0 + p_0^y y_0 > p_0^x x_1 + p_0^y y_1$

$p_1^x x_1 + p_1^y y_1 > p_1^x x_0 + p_1^y y_0$

という不等式は成立していない。成立しているのは，次の2式である。

$p_0^x x_0 + p_0^y y_0 \leq p_0^x x_1 + p_0^y y_1$

$p_1^x x_1 + p_1^y y_1 \leq p_1^x x_0 + p_1^y y_0$

この2式を合計し，整理すると，次式を得る。

$p_0^x(x_0 - x_1) + p_0^y(y_0 - y_1) \leq 0$

$p_1^x(x_1 - x_0) + p_1^y(y_1 - y_0) \leq 0$

$(p_0^x - p_1^x)(x_0 - x_1) + (p_0^y - p_1^y)(y_0 - y_1) \leq 0$

いま，x 財の価格のみが変化した場合には，

$(p_0^x - p_1^x)(x_0 - x_1) \leq 0$，

となるので，価格変化と需要量の変化は反対方向に変化する。このように代替効果は負となる。

練 習 問 題

問題1 代替効果と所得効果に関する記述について，妥当なものを以下から1つ選択せよ。

(1) 所得効果が正であるとき，その所得効果を除いた需要曲線は緩やかな勾配となる。

(2) 所得効果が正で，その所得効果と代替効果とが同じ大きさの場合には，需要曲線は水平となる。
(3) 代替効果が負となるのは，消費者の無差別曲線が原点に対して凹となるからである。
(4) 価格変化後も同じ効用水準を維持するように，所得が補償された場合の価格変化の効果を所得効果という。
(5) 所得効果が負で，その所得効果が代替効果よりも大きい場合には，需要曲線は右上がりとなる。

問題2 図は第1財の価格が下落し，予算線が AB から AC に変化したことを示している。代替効果と所得効果の正しい組合せを選択せよ。

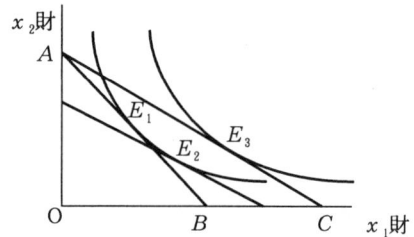

(1) 代替効果は E_1 から E_2，所得効果は E_1 から E_3 への変化
(2) 代替効果は E_1 から E_3，所得効果は E_2 から E_3 への変化
(3) 代替効果は E_1 から E_3，所得効果は E_1 から E_2 への変化
(4) 代替効果は E_1 から E_2，所得効果は E_2 から E_3 への変化
(5) 代替効果は E_2 から E_3，所得効果は E_1 から E_2 への変化

問題3 ある財の所得弾力性が2であり，その財の支出比率が0.2であり，需要の価格弾力性が1.5のとき，補償された需要の価格弾力性を求めよ。

問題4 第1財の価格が下落し，第2財と第3財が代替財と補完財である場合，各財の需要量に与える総効果を一般的スルツキー方程式を用いて説明せよ。また，代替財が粗補完財に，補完財が粗代替財となる場合があるかを確認せよ。

第8章　企業の目的と技術的条件

第1節　企業の目的

企業の意思決定

　前章までは，財・サービスを購入する家計の行動を説明してきた。本章から第11章までは，財・サービスを生産し，供給する企業の行動について説明する。

　われわれの経済の生産活動の担い手は，主に私企業によって行われている。企業は有限な資源である労働，土地，資本を生産要素として利用し，様々な財・サービスを生産し，それらを家計や他の企業に販売するという経済活動を行っている。このような経済活動を行っているいかなる企業も，以下の4つの意思決定を行わなければならない。

　まず，何を生産するのか，どのような事業（ビジネス）を始めるかである。言い換えれば，どのような産業に参入するかの意思決定を行わなければならない。これを財の種類（製品）に関する意思決定という。第2は，その財の価格をいくらにするかの価格設定を行う必要がある。第3に，その財をどれだけ生産するかの数量に関する意思決定を行わなければならない。そして，第4に，その財を生産するために必要な生産要素量の決定を行わなければならない。すなわち，労働や土地や資本の組合せを選択するという，技術選択に関する意思決定が必要となる。この意思決定は雇用量や資本の需要量の決定となる。

　企業が最初に行わなければならない意思決定は，産業への参入・脱退の問題であるが，この問題は第11章で説明する。第2の価格設定の問題は，重要な企業戦略の1つである。しかし，この企業戦略を行使できる企業と，行使できない企業とが存在する。価格設定を行うことができる企業を価格支配力があると

いい，価格設定ができない企業を価格支配力を有しない企業という。前者の企業を**不完全競争企業**（imperfect competition firm），後者の企業を**完全競争企業**（perfect competition firm）という。完全競争企業は市場価格を所与として行動する企業であり，市場価格ではいくらでも，財を販売することができる。このような企業は，価格の引き下げや販売努力を行うことなく，現在販売している数量以上の数量を販売することができる。なぜならば，企業の市場シェアはきわめて小さく，この企業の生産量が増加しても，市場価格に影響を与えることがないからである。したがって，このような企業は市場で決定される市場価格を受動的に受け止めるだけであり，市場価格を操作することはできない。このように，完全競争企業の意思決定には，価格設定は含まれず，生産数量や販売数量をいくらにするかの数量に関する意思決定のみである。

一方，不完全競争企業は，現在販売している数量よりも多く売るためには，価格の引き下げや広告，宣伝などの販売努力を必要とする企業である。このような企業は市場シェアが大きく，右下がりの需要曲線に直面しているために，価格引き下げやマーケティングによる販売努力によって，多くの数量が販売可能となる。このように，不完全競争企業は価格と数量の両者に関する意思決定を行っている。この不完全競争企業の意思決定については，第13章や第14章で行う。完全競争企業の生産量（供給量）の決定については，次章および第11章，生産要素需要量の決定については，次章と第15章で説明する。

企業の行動仮説と利潤の最大化

経済学は，企業の生産活動における生産物の供給量の決定や生産要素の需要量の決定を説明する場合，企業は自己の保有している**技術的制約**（生産可能性）や生産物の価格や生産要素の価格などの市場の制約条件のもとで，**利潤を最大化するように行動する**という，企業の行動仮説を設定する。この仮定は，消費者の理論における効用最大化仮説よりは，経験的妥当性を持っているものと考えられる。

しかし，実際の企業は様々な目的をもっている。売上高の最大化，市場シェ

アの拡大，自己資本比率の上昇，株主のキャピタルゲインの最大化，新製品・新事業の拡大，従業員の福祉，雇用確保，地域社会への貢献，国際化への対応，環境への配慮など，企業目的には多くの項目があげられる（経済企画庁『経済白書』(1992)）。そして，複数の企業目的を掲げている企業も存在する。これらの企業目的（経営理念）は，利潤目的よりも現実的であるという印象を与える。このような実際の企業目的の観察から，経済学における**利潤最大化仮説**は非現実的あり，その仮説から導かれる企業行動の分析も非現実的であるとの批判を受けてきたのである。

しかしながら，これらの企業目的も利潤とは独立ではなく，企業が利潤を無視した行動をとるならば，企業の存続は不可能となる。すなわち，市場経済では，長期的に不効率企業である赤字企業は，市場から排除されるメカニズムが内包されているのである。したがって，実際の企業経営において，利潤目的を表明していない企業であっても，利潤の確保は避けられない企業目的の1つとなっているといってよい。この意味において，企業の利潤最大化仮説は，消費者の効用最大化仮説より現実的である。また，効用を観察し把握することは困難であるが，利潤は観察可能であり，かつ，容易に把握可能であることも，企業の利潤最大化仮説は経験的妥当性を持っているといえる。また，最近の企業理論では，企業目的として，経営者の効用最大化，付加価値の最大化，労働者管理企業論における従業員1人当たりの所得の最大化，さらには，動学モデルにおける企業の現在価値の最大化などがある。このように，企業の行動仮説は，企業行動の分析目的に応じて変更されるものである。利潤最大化仮説は，企業の本質を理解ないし，解明するための最も基本的行動仮説といえる。

第2節　企業の技術的条件

1生産要素と1生産物：生産関数

与えられた労働投入量，原材料投入量や土地面積の下では，企業はある範囲の生産量しか生産できない。いわゆる，企業は様々な投入量の組合せから生産

物を生産しているが，企業の保有している技術的知識に基づく生産量には上限が存在するのである。このことは，企業が技術的な制約条件の下に，生産活動を行わなければならないことを意味している。

　企業が生産のために利用する労働サービスや原材料や機械設備・土地サービスを**投入物**（input），または，**生産要素**（factor of production）という。いま，1種類の生産物の生産量qと投入物の投入量xとの関係について考察してみよう。このような1投入物，1生産物の生産関係は，現実経済において観察することはきわめて少ない。荷役サービスや植物採取などはこの好例である。ここでの1投入物，1生産物の生産関係は，考察の対象である1投入物と1生産物以外にも，他の投入物や生産物が存在するが，それらの他の生産要素量や生産物は変化せず，所与としている技術的関係を表しているのである。

　この最も簡単化した生産関係において，技術的に生産可能な生産量qと投入量xとの間に無数の組合せが存在する。この投入量xと生産可能な生産量qのすべての組合せ（x, q）の集合を，**生産可能性集合**（production possibility set）と呼んでいる。ある点（x^*, q^*）が，この生産可能性集合に属しているならば，生産量qを生産することが技術的に可能であることを示している。

　生産要素投入の費用負担を前提にするならば，企業は与えられた生産要素投入量のもとで，生産量を最大化しようとすることが考えられる。換言すれば，企業の関心は，生産集合の組合せのすべてではなく，むしろ，ある一定の生産要素投入量xから得られる最大生産量qの組合せ（x, q）である。この組合せを**生産関数**（production function）といい，次のように表す。

$$q = f(x) \quad \cdots\cdots\cdots\cdots\cdots\cdots\cdots\cdots\cdots\cdots\cdots\cdots\cdots\cdots\cdots\cdots\cdots (8.1)$$

　すなわち，この生産関数は，投入量xと生産量qの生産可能集合の上限である境界線となっている。

　図8-1は，1投入物，1生産物の生産関数と生産可能集合を示したものである。シャドウされた領域が技術的に生産可能なxとqの生産可能集合であり，その集合の上限の境界である実線が生産関数である。投入量と生産可能な生産

第8章 企業の目的と技術的条件   153

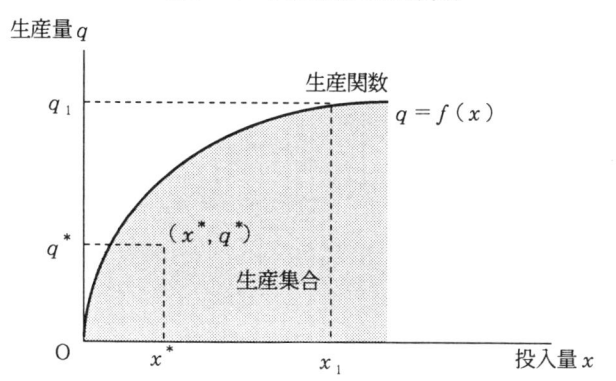

図8－1　生産集合と生産関数

量の組合せの生産集合と，生産不可能な領域との境界が生産関数である。

図の (x^*, q^*) は生産集合に含まれている組合せであり，点 (x_1, q_1) は生産関数上の組合せである。この組合せ (x_1, q_1) が，投入量 x_1 を利用して生産できる最大生産可能量 q_1 であることを示している。企業の関心は，この生産関数上の投入量と生産量の組合せの技術的関係である。

生産関数は，投入物が複数ある場合にも同様に定義できる。第1生産要素量を x_1，第2生産要素量を x_2 の2つの生産要素を投入したときに得られる最大生産量 q との関係を示す生産関数は次式となる。

$$q = f(x_1, x_2) \quad \cdots\cdots\cdots\cdots\cdots\cdots\cdots\cdots\cdots\cdots\cdots\cdots (8.2)$$

図8－2は，(8.2)式の生産関数を図示したものである。また，図8－1の生産関数は，このような2つの生産要素と生産量との技術的関係を，第2生産要素量 x_2 を $\bar{x}_2$ に固定した生産関数，$q = f(x_1, \bar{x}_2)$ の第1生産要素量 x_1 と最大生産量 q との組合せを図示したものである。

2 生産要素と等量曲線

2つの生産要素の技術的関係は，等産出量曲線を利用して表すことができる。同じ生産量を実現する2つの生産要素 (x_1, x_2) の組合せの軌跡を**等量曲線**

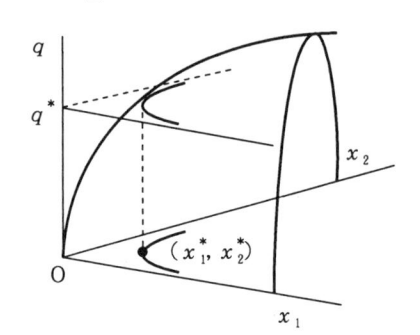

図8-2 生産関数　　　　図8-3 等量曲線

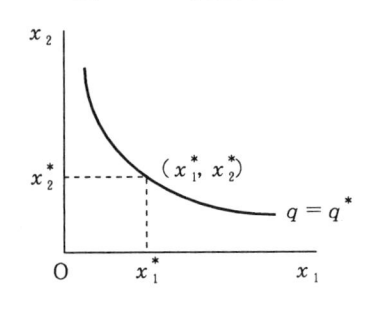

(isoquant)，または，等産出量曲線という。この等量曲線は，消費者の同じ効用水準を実現する2財の消費量の組合せを示す無差別曲線に対応している。しかし，等量曲線の水準には，生産量の数値が与えられているが，無差別曲線には，効用の数値は与えられてはいない，という重要な違いがある。

図8-3の等量曲線は，図8-2の生産関数における生産量q^*の水準から導出されたものである。すなわち，等量曲線は生産曲面を生産量q^*の水準で生産要素の平面と平行に切った切り口を，上から見下ろしたときに見える等高線である。

無差別曲線と同様，等量曲線は右下がりであり，右上に位置するほど生産量は大きく，かつ交差することはない。また，等量曲線の傾きは，第1生産要素の増加分Δx_1に対する第2生産要素の減少分Δx_2との比である。すなわち，2つの生産要素の限界代替率である。

無差別曲線と同様に，等量曲線の傾き$\Delta x_2 / \Delta x_1$を**技術的限界代替率**(marginal rate of technical substitution)という。この技術的限界代替率は，第1生産要素を増加させたとき，第2生産要素をいくら節約できるかを示す技術的関係を表している。言い換えれば，第1生産要素を1単位節約するためには，第2生産要素をいくら投入しなければならないかを示す技術的関係である。

また，等量曲線は原点に対して凸の曲線と仮定される。技術的限界代替率は，第1要素が増加するとともに低下するという，2つの生産要素間の技術的関係

図8－4　固定的技術の等量曲線　　図8－5　完全代替技術の等量曲線

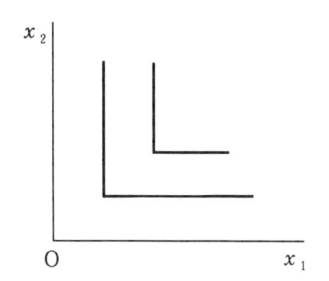

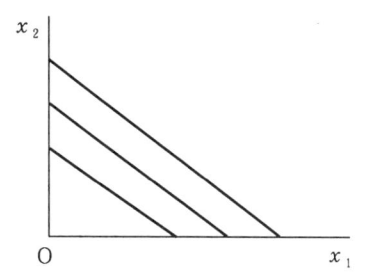

が存在する。このことは技術的限界代替率逓減の法則と呼ばれる。しかし，この法則が成立しない技術関係も存在している。無差別曲線と同様に，等量曲線がどのような形になるかを容易に観察することができる。

　トラクター1台に労働者1人というように，生産要素の利用比率が固定されている場合，一方の生産要素が増加しても生産量を増加させることはできない。このように，技術関係が固定されている生産関数は，生産要素量の小さい方に制約されている。すなわち，生産関数は，$q = f(x_1, x_2) = \min\{x_1, x_2\}$ と書くことができる。生産要素を代替させることができない等量曲線は，図8－4のように，無差別曲線の完全補完財と同様なL字型となる。

　また，2つの生産要素が完全に代替可能であり，生産要素の組合せに関係なく生産が可能であるならば，等量曲線は，図8－5のように直線となる。この等量曲線は，消費財が完全代替財である無差別曲線のケースにあたる。

限界生産物と平均生産物

　生産要素1単位の追加に対する生産物の増加の比，$\Delta q / \Delta x$ を**限界生産物**（marginal products），または，**限界生産力**（marginal productivity）という。これをMPで表すことにする。この限界生産物は，生産関数の傾きである。すなわち，図8－6の生産関数の曲線上における接線の傾きが，限界生産物である。また，2つの生産要素が存在している場合，MPは他の生産要素量を所与

として定義される。第1と第2生産要素の限界生産物を，それぞれ，MP_1, MP_2と表す。また，第1生産要素の限界生産物は，第1生産要素の変化分Δx_1当たりの生産量の変化分Δqであるから，それは次式のように定義される。

$$MP_1 = \frac{\Delta q}{\Delta x_1} = \frac{f(x_1+\Delta x_1, x_2) - f(x_1, x_2)}{\Delta x_1} \quad \cdots\cdots (8.3)$$

この限界生産物と密接な関係にあり，限界生産物より馴染みやすい生産性の概念が，**平均生産物**（average products），ないしは，平均生産性（average productivity）である。この平均生産物APは，生産要素投入量1単位当たりの生産物であり，q/xと定義される。この平均生産物は，1人当たりの生産量とか，土地1㎡当たりの収穫量やトラック1台当たりの輸送量などとして表わされる生産性の尺度である。また，生産関数上の点と原点とを結んだ線分の勾配が平均生産物であり，生産関数上の点の接線の勾配である限界生産物とは異なる。

図8－6の生産関数におけるA点の接線の傾きは，A点と原点とを結んだ直線の勾配よりも小さい。すなわち，A点のAPは，MPよりも大きい。図8－7には，図8－6の生産関数から各生産要素量のAPとMPが示されており，生産要素量の増加とともに，MPとAPがともに低下している関係が示されている。

このMPが生産要素の増加ととも低下することを，**限界生産物逓減の法則**

図8－6　生産関数と限界生産物　　　　図8－7　平均生産物と限界生産物

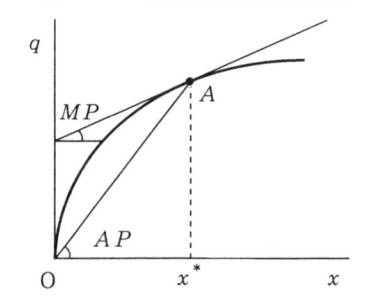

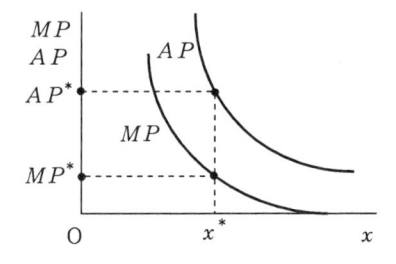

(law of diminishing of marginal product)，または**収穫逓減の法則**（law of diminishing of return）という。図8－6のように横軸に対して凹となる生産関数は，生産関数上を右に移動するほど接線の勾配が小さくなり，生産要素の追加1単位当たりの生産量が生産要素の増加とともに低下するという，技術的関係が成立している。このような技術的制約条件は，他の生産要素を所与とする限り経験的に妥当な技術的関係である。すなわち，限界生産物逓減の法則は，他のすべての生産要素を固定し，ある生産要素のみを追加していくときに，生産量の増加分が次第に低下するという，技術的関係を記述したものである。

この限界生産物と平均生産物との間には密接な関係が存在している。いま，MPとAPとの関係が，$MP>AP$という関係にあるとき，生産要素投入量を増加させた場合，平均生産物APは，必ず増加する。すなわち，$MP>AP$という関係にある場合には，平均生産性は上昇するのである。

逆に，MPとAPとの関係が，$MP<AP$という関係にあるとき，生産要素投入量を増加させた場合，平均生産物APは，必ず減少する。すなわち，$MP<AP$という関係ある場合には，平均生産性は低下するのである。

したがって，図8－9に示されているように，平均生産物が最大となるとき，平均生産物と限界生産物が一致し，限界生産物曲線は平均生産物曲線の頂点を左上から右下に横切ることになる。このAP曲線とMP曲線の関係は，いかなる技術的条件（生産関数）においても成立する。

S字型の生産関数と収穫法則

生産関数が，図8－8のようなS字型を示すことが仮定されている。それは，生産量および生産要素投入量が少ない段階での技術的関係と，生産量および生産要素投入量が多い段階での技術的関係が異なるのである。

植物採取や荷役サービスなどを除き，生産要素が唯一，労働のみとか，原材料のみを利用して生産するというような技術的関係を実際に見い出すことは困難である。しかし，このような特殊ケースにおいても，生産関数がS字型となることが説明できる。

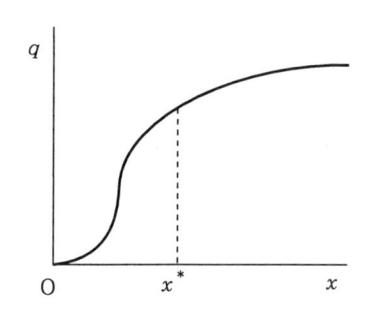

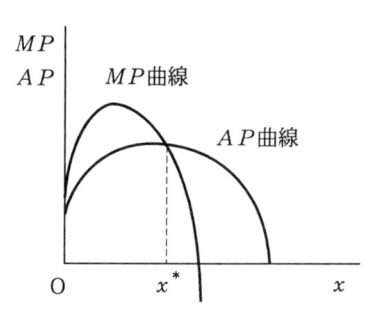

図8-8　S字型の生産関数　　　　　図8-9　MP曲線とAP曲線

そこで，1日の労働時間の提供と生産量（収穫量）の技術的関係を想定しよう。まず，労働投入量が少ない段階では，作業に慣れていないことから生産性が劣ることが予想される。そして，労働投入量の増加とともに作業にも慣れることにより生産性が上昇するが，さらに一層の労働投入量の増加は，肉体的疲労となって生産性は低下するであろう。このように，1生産要素と生産量との関係においても，S字型の生産関数が観察される。

複数の生産要素を利用して生産している技術的関係において，1つを除き他の生産要素をすべて固定されている状況においても，ある1つの生産要素と生産量の関係がS字型となることが観察されるし，容易に理解される。

生産量が少ない段階では，その生産要素1単位当たりの生産量である平均生産物APが低くなる。その理由は，生産量が少ない段階では，生産設備に余裕が生じており，その生産設備の能力を十分に利用することができず，生産性が劣るからである。このような生産量が少ない段階では，限界生産物MPが増加し，その平均生産性を高くする余地が存在する。したがって，このような段階では，生産量が多くなるにともない，その生産要素の平均生産性が高くなる。しかし，生産量がその生産設備の能力を超えるならば，生産要素の増加に対する生産物の増加の比である限界生産物が低下するようになる。したがって，生産量が一定水準を超えて多くなると，平均生産物も限界生産物も低下するのである。このように，平均生産物も限界生産物も，ともに低下してしまうという

ことを，経済学では，限界生産物が逓減するからであるという。すなわち，企業の技術は，限界生産物逓減の法則が作用しているという。

以上から他の生産要素をすべて所与として，ある1つの生産要素を追加投入していく場合，限界生産物が増加する領域を収穫逓増，限界生産物が低下する領域を収穫逓減が作用するという。実際の企業が保有する生産関数は，生産量が少ない段階では，収穫逓増が観察される場合もあるが，企業が実際に生産活動を行っている領域では，収穫逓減が作用しているという関係にある。この意味において，生産関数は収穫逓減の法則が作用しているという。このような法則が作用するのは，工場や機械設備や土地面積などの生産規模を変更せずに，1つの生産要素のみを増加させたとしても，一定の生産規模における生産量には限界があるからである。特に，このように収穫逓減が起こるのは，資源の隘路が存在するからである。たとえば，労働力は豊富であるが，土地が少ないとか，土地には余裕があるが機械設備が不足している，というように，ある生産要素に対して他の生産要素が不足している状況が考えられる。このような状況下では，ある生産要素のみを追加投入してもやがては，限界生産性も平均生産性も低下してしまうのである。

第3節 生産規模と技術的条件

規模に関する収穫法則

上において説明した収穫法則は，他の生産要素をすべて所与として，ある1つの生産要素を追加投入していく場合における，生産要素と生産量の技術的関係を示すものである。したがって，ある生産要素だけを変化させるのではなく，すべての生産要素が同時に変化した場合における技術的関係が存在する。この技術的関係は，生産規模が変化したときにおける生産要素投入量と生産量との関係である。すなわち，第1生産要素投入量 x_1 を2倍にし，同時に，第2生産要素投入量 x_2 を2倍にした場合の生産量の変化である。具体的には，同じ規模の工場や店舗を次々に増加していく場合における，生産規模と生産量や取

引量との関係である。先の収穫逓減の法則と，この規模に関する収穫法則とは異なる。そして，規模に関する収穫法則は3つに分類することができる。

　「**規模に関して収穫一定**（constant return to scale）」は，すべての投入量を同時に，α倍したとき（$\alpha > 0$），生産量も同じα倍となるような技術的関係である。すなわち，すべての投入量を2倍，3倍と増加させた場合，その生産量の増加分は常に一定である。この増加分が一定であることから，規模に関して収穫一定という。

　「**規模に関して収穫逓減**（diminishing return to scale）」は，すべての投入量を同時に，α倍したとき，生産量はα倍以下の増加にとどまるような技術的関係である。すなわち，すべての投入量を2倍，3倍と増加させた場合，その生産量の増加分は次第に小さくなることから，規模に関して収穫逓減という。

　「**規模に関して収穫逓増**（increasing return to scale）」は，すべての投入量を同時に，α倍したとき，生産量はα倍以上に増加するような技術的関係である。すなわち，すべての投入量を2倍，3倍と増加させた場合，その生産量の増加分は次第に増加するという技術的関係となっている。それゆえに，規模に関して収穫逓増であるという。

　これを先の生産関数，$q = f(x_1, x_2)$を用いて表すと以下のようになる。

　$f(\alpha x_1, \alpha x_2) = \alpha f(x_1, x_2)$であるならば，規模に関して収穫一定

　$f(\alpha x_1, \alpha x_2) < \alpha f(x_1, x_2)$であるならば，規模に関して収穫逓減

　$f(\alpha x_1, \alpha x_2) > \alpha f(x_1, x_2)$であるならば，規模に関して収穫逓増

　また，$q = f(x_1, x_2)$の生産関数において，任意の$\alpha > 0$と，適当な値kについて，次式の関係が成立するものとする。

$$f(\alpha x_1, \alpha x_2) = \alpha^k f(x_1, x_2) \quad \cdots\cdots\cdots\cdots\cdots\cdots\cdots\cdots (8.4)$$

　このような関数をk次の**同次関数**という。そして，$k = 1$のとき，規模に関して収穫一定，$k < 1$のとき，規模に関して収穫逓減，$k > 1$のとき，規模に

関して収穫逓増となる。

規模に関する収穫法則と等量曲線

図8-10は，生産量を2倍，3倍に増加させたときに必要な生産要素の投入量を示したものである。各等量曲線は，生産量q_0の定数倍となっている。(a)が規模に関して収穫一定の場合であり，生産量がq_0の2倍，3倍となるに従って，投入量も2倍，3倍となるので，等量曲線の間隔は一定となる。(b)は規模に関して収穫逓減の場合であり，生産量の定数倍以上の投入量を必要とするので，等量曲線の間隔は規模の拡大とともに拡大する。また，(c)は規模に関して収穫逓増の場合であり，定数倍以下の投入量をもって定数倍の生産量を実現することができるので，等量曲線の間隔は規模の拡大とともに縮小する。

また，生産関数が規模に関してS字型であるならば，生産量の規模が小さい段階での等量曲線の間隔は，生産規模の拡大とともに狭くなり，生産量の規模が大きい段階での等量曲線の間隔は，生産規模の拡大とともに広くなる。

図8-10 規模に関する収穫法則と等量曲線

(a) 規模に関して一定　　(b) 規模に関して逓減　　(c) 規模に関して逓増

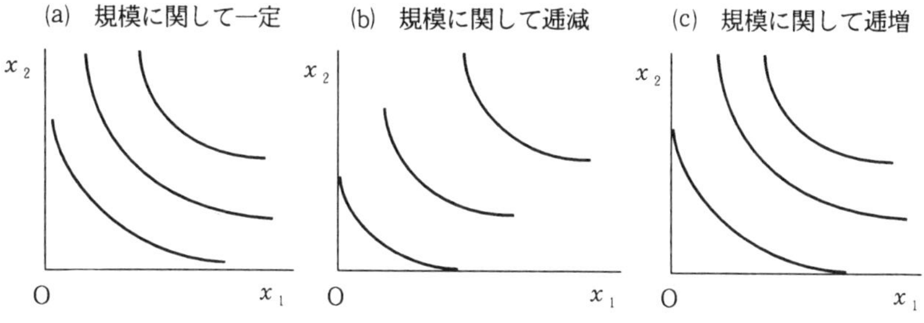

技術的限界代替逓減と生産領域

等量曲線が原点に対して凸であるとき，技術的限界代替率 $\Delta x_2 / \Delta x_1$は，第1生産要素の増加とともに逓減する。この性質は，無差別曲線が原点に対して凸であるということと共通である。等量曲線の勾配の絶対値は，第1生産要

素が増加するにつれて小さくなるのである。このことは，第1生産要素を増加させ，同じ産出量を実現するように，第2生産要素を減少させる量が，第1生産要素の増加とともに小さくなることを意味している。このような技術的関係が成立するのは，生産要素の限界生産物が逓減するからに他ならない。

　技術的限界代替逓減と限界生産物逓減は，異なる技術的関係を説明しているが，両者は密接な関係にあるのである。第1生産要素を増加Δx_1を増加させたとき，同じ等量曲線にとどまるために，第2生産要素の減少分Δx_2との比である限界代替率$\Delta x_2/\Delta x_1$は，第1生産要素の限界生産物$\Delta q/\Delta x_1$と第2生産要素の限界生産物$\Delta q/\Delta x_2$の比となっている。というのは，等量曲線の定義から，第1生産要素の増加による生産量の増加Δqは，第2生産要素の減少によって，相殺されねばならないからである。すなわち，等量曲線上の点では，次式の関係が成立している。

$$\frac{\Delta x_2}{\Delta x_1} = -\frac{\Delta q/\Delta x_1}{\Delta q/\Delta x_2} = -\frac{MP_1}{MP_2} \quad \cdots\cdots\cdots\cdots\cdots\cdots (8.5)$$

　このように，等量曲線の勾配である技術的限界代替率は，2生産要素の限界生産物の比と等しいのである。そして，限界生産物の逓減という技術的関係が，等量曲線を原点に対して凸型の曲線とするのである。もし，限界生産物が負である領域においては，技術的限界代替率は逓増する。企業が合理的に行動するならば，限界生産物が負となる生産要素を利用することはあり得ない。したがって，企業の生産活動を行う領域は，等量曲線が原点に対して凸の領域に限られているのである。

練 習 問 題

問題 1 生産関数に関する以下の記述において誤っているものを 1 つ選択せよ。
(1) 生産関数は，所与の投入量のもとで，企業が生産可能な生産量の最大の組合せを示したものである。
(2) 生産物の増加とともに平均生産物が増加しているとき，限界生産物は平均生産物よりも大きい。
(3) 生産物の増加とともに限界生産物が増加しているとき，限界生産物は平均生産物よりも大きい。
(4) 限界生産物と平均生産物とが等しいとき，平均生産物の最大値となっている。
(5) 生産関数は，企業のもつ技術的制約が存在していることを意味しており，資源を利用して生産できる生産量の上限が存在している。

問題 2 収穫法則および限界生産物に関する説明において正しいものを 1 つ選択せよ。
(1) 規模に関して収穫一定ならば，収穫逓減の法則は作用しない。
(2) 限界生産物が逓減しているとき，等量曲線は原点に対して凹の曲線となる。
(3) すべての生産要素投入量を 2 倍にしたとき，その生産量も 2 倍になる生産関数は，規模に関して収穫逓増である。
(4) 規模に関して収穫一定である生産関数の等量曲線は，原点に対して凸の曲線とはならない。
(5) 生産関数が，$y = f(x_1, x_2)$ であり，$f(\alpha x_1, \alpha x_2) = \alpha^k f(x_1, x_2)$ が成立するとき，$k < 1$ ならば，この生産関数は規模に関して収穫逓減である。

問題 3 等量曲線が原点に対して凹となる技術を利用して生産活動する企業の存在可能性について調べよ。

第9章　利潤最大化と企業の最適選択

　前章では企業の生産に関する制約条件となっている技術について説明した。いかなる企業も技術的制約条件下にあり，その技術の内容がどのようなものであるかについて説明した。本章では企業の保有する技術的制約条件の下で，企業が選択する生産量と生産要素量について説明する。

　第4章で説明した消費選択を行う消費者の行動モデルは，目的が効用最大化であり，その選択する変数は消費量であり，その制約条件は消費者の予算であった。本章における生産量や生産要素量の選択を行う企業の行動モデルは，目的が利潤最大化であり，その選択する変数が生産量と生産要素量であり，その制約条件は企業の技術的条件（生産関数）である。すなわち，本章では企業の制約条件付き最適選択問題の解を求めることにある。本章における企業は，市場価格を所与として行動する完全競争企業であり，企業自身が生産する財も企業が利用する生産要素である労働者の賃金も所与であると仮定する。そして，この市場価格が変化したとき，企業は生産量や生産要素量をどのように変更させるかを明らかにする。換言すると，異なる市場価格における企業の最適選択点を比較するという，比較静学から生産物の供給曲線と生産要素の需要曲線を導出することが本章のもう1つの重要なテーマである。

第1節　利潤の最大化と最適選択

利　　潤

　企業は，自己の生産物を販売することによって得られる収入とその生産物を生産するために，あるいは，消費者に財を提供するために負担した費用との差である**利潤**（profit）を最大化するように行動する。

企業が2種類の生産要素の投入量, x_1, x_2 を利用し, 1つの生産物 q を生産しているものとしよう。生産物価格 p, 生産要素価格を w_1, w_2 とするならば, 利潤 π は次式で表される。

$$\pi = pq - w_1 x_1 - w_2 x_2 \quad \cdots\cdots\cdots\cdots\cdots\cdots\cdots\cdots\cdots\cdots\cdots (9.1)$$

右辺の第1項が収入であり, 第2項と第3項は2つの生産要素の総費用である。企業が利用する生産要素は, すべて費用に含まれており, 収入がその費用の合計を超過している貨幣額が利潤となる。

この総費用は, ある個人が自分自身で経営する企業において働いているとき, 自分自身の労働が投入物であり, 費用の一部を形成している。この場合, 自分自身の賃金は市場価格で測られる。彼は労働市場において決定される賃金で働き, その賃金の報酬を得ているものとする。また, 農家が自分の所有する土地を利用して農業生産をしている場合, 土地を利用する費用も総費用に含まれている。その土地利用の費用は, 土地市場の市場価格で評価されたものである。さらに, 株式会社の社長や役員の役員報酬も総費用に含まれている。彼らの労働投入も市場評価され, 総費用に計上されなければならない。したがって, 企業の費用とは, 企業が生産活動のために投入しているすべての生産要素を利用するために負担している費用の合計であり, その生産要素価格は市場価格で評価されたものである。この意味において, 利潤は正常利潤を超過する**超過利潤**と呼ぶのが適切である。すなわち, 企業会計において使用している利潤とは異なる概念であり, 経済学の定義する利潤は, 企業が代替的な利潤獲得機会を喪失することによって, 犠牲となった収益や所得を費用に計上し, それらの費用の合計を超過する収入である。

また, 生産要素の価格は, 生産要素を一定期間利用することに対する1単位時間当たりの価格である。これは, 生産要素が**フローターム**(flow-term)で測られているからである。労働や土地や資本設備は**ストックターム**(stock-term)でも測られている。ある時点における経済量はストックタームの経済量である。一方, 一定期間, 労働者や土地や資本設備を利用するとき, それはフローター

ムで測られている経済量である。1時間，1日，1年間というように，生産要素を一定期間利用することの単位時間当たりの価格が生産要素価格である。したがって，生産要素価格は，土地や資本設備それ自身が取引される場合のストックの取引価格とは異なっている。このことから生産要素価格は，労働には**賃金率**，土地には**地代**（レント），資本には**利子率**，または**レンタルプライス**というように，時間当たりの価格の名称で表されている。土地のストック価格の地価や，資本設備のストック価格の機械設備の価格と，それらの生産要素を利用して生産物を産出するための，時間当たりの価格とは異なっている。

等利潤線と短期の利潤最大点

生産規模が一定である短期の利潤最大化問題を考察しよう。すなわち，利潤最大を目的とする企業の選択がいかなるものであるかについて説明する。第2の生産要素を$\bar{x}_2$に固定した企業の生産関数を$q = f(x_1, \bar{x}_2)$とし，この技術的制約条件下で，企業の利潤が最大となる産出量q^*と第1生産要素量x_1^*を導出する。

企業の生産する生産物の価格と2つの生産要素価格がp，w_1，w_2であり，生産関数の技術的制約に直面している企業の利潤最大化問題は，次式によって定義される利潤が最大となる生産量q^*と第1生産要素量x_1^*を見い出すことにある。

$$\pi = pf(x_1, \bar{x}_2) - w_1 x_1 - w_2 \bar{x}_2 \quad \cdots\cdots (9.2)$$

この利潤が最大となるためには，いかなる条件が必要であるかについて，**等利潤線**（isoprofit line）と生産関数を利用して明らかにしよう。

等利潤線は，同じ利潤を実現する生産量qと生産要素量x_1のすべての組合せを示したものである。(9.2)式をqについて解き，x_1の関数として表したのが，次式の等利潤線である。

$$q = \frac{\pi}{p} + \frac{w_2}{p}\bar{x}_2 + \frac{w_1}{p}x_1 \quad \cdots\cdots (9.3)$$

図9−1 利潤最大化と最適選択

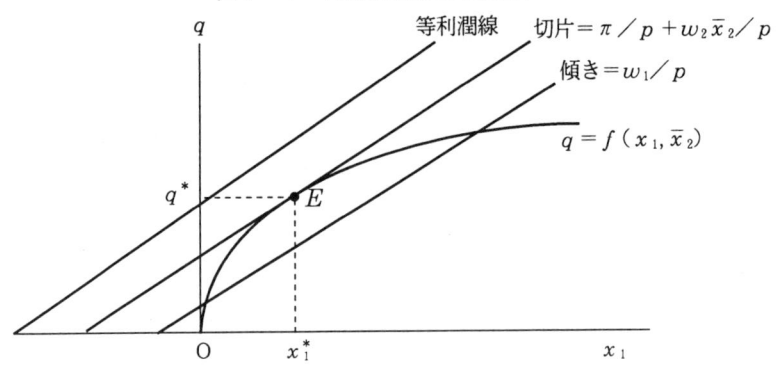

等利潤線　切片＝$\pi/p + w_2 \bar{x}_2/p$
傾き＝w_1/p
$q = f(x_1, \bar{x}_2)$

この式は，図9−1に描かれているように，傾きがw_1/pで，縦軸の切片が$\pi/p + w_2\bar{x}_2/p$の直線であり，利潤の変化に対応して平行にシフトする。縦軸の切片は利潤と固定費用の合計となっているので，生産設備が固定されている場合には，利潤の水準の増加が等利潤線を上方に，利潤の低下が等利潤線を下方に移動させる。したがって，高い利潤ほど等利潤線は高い位置にある。

企業の目的は技術的制約条件下での利潤最大化であるので，企業は，企業の保有する技術条件である生産関数が決定する生産可能な範囲における最も高い位置にある等利潤線で，かつ，生産関数上の生産量と生産要素量の組合せを選択する。それは，図9−1の生産関数と等利潤線の接点Eにおいて実現される。その組合せ（x_1^*, q^*）が利潤の最大となる企業の最適選択となる。

利潤最大化の条件

消費者の予算線と無差別曲線の接点が消費者の最適選択であったように，企業の最適選択は，生産関数と等利潤線の接点において実現される。言い換えると，**接線条件**である生産関数と等利潤線の勾配が等しいとき，利潤は最大となるのである。この企業の利潤最大の接線条件の経済的意味について考えてみることにしよう。

生産関数の勾配は第1生産要素の限界生産物MP_1である。そして，等利潤

線の勾配は生産物価格と第1生産要素価格との比w_1/pである。したがって，利潤最大点では，第1生産要素の限界生産物MP_1と生産物価格と第1生産要素価格との比w_1/pが等しくなっているのである。すなわち，企業の最適選択点における生産量と生産要素量は，次式の条件を満たしていることが必要となる。

$$MP_1 = w_1/p \quad \cdots\cdots\cdots\cdots\cdots\cdots\cdots\cdots\cdots\cdots\cdots\cdots\cdots (9.4)$$

この条件は，生産物価格＝限界生産物の逆数×生産要素価格，として表すことができる。すなわち，利潤最大点では次式が成立している。

$$p = \frac{1}{MP_1} w_1 \quad \cdots\cdots\cdots\cdots\cdots\cdots\cdots\cdots\cdots\cdots\cdots (9.5)$$

この左辺の生産物価格pは，企業が生産物1単位を追加生産することによって得られる追加的収入であり，これを**限界収入**（marginal revenue）MRという。完全競争企業は市場価格を所与として行動することから，生産物の市場価格が限界収入となる。また，右辺の$1/MP_1$は，限界生産物$\Delta q/\Delta x_1$の逆数であるから，生産物1単位を追加生産するために必要な第1生産要素量である。この生産要素量に生産要素価格を乗じた金額は，第1生産要素の費用である。したがって，右辺は生産物1単位を追加生産するために企業が負担する追加的費用であり，これを**限界費用**（marginal cost）MCという。したがって，生産関数と等利潤線の接点の利潤最大点では，次式の関係が成立していなければならない。

$$限界収入 MR = 限界費用 MC \quad \cdots\cdots\cdots\cdots\cdots\cdots\cdots (9.6)$$

この条件が利潤最大化の必要条件である。もし，限界収入＞限界費用，という関係が成立しているならば，企業は追加生産することによって得られる限界収入が，追加生産によって発生する限界費用よりも大きいので，生産量を増加することによって利潤増加を実現できる。また，限界収入＜限界費用，という関係が成立しているならば，生産量の増加は利潤を減少させ，生産量の減少は

利潤を増加させる。このように，限界収入＝限界費用という関係が成立しているとき，利潤最大が達成される。したがって，利潤を最大化する企業は，生産物の価格とそれを1単位追加生産するために必要な限界費用が等しくなる生産量を生産しているのである。すなわち，企業は，次式が成立するところの生産量を選択している。

　　　生産物価格＝生産物1単位の追加的費用　………………（9.7）

また，(9.4)式の利潤最大化条件は，次式のように表すことができる。

$$p \times MP_1 = w_1 \quad \cdots\cdots\cdots\cdots\cdots\cdots\cdots\cdots\cdots\cdots\cdots\cdots\cdots\cdots (9.8)$$

この左辺は，生産物価格pに，第1生産要素の限界生産物MP_1を乗じたものであるから，生産要素1単位追加したときの限界収入である。そして，右辺は第1生産要素の価格w_1であるので，生産要素1単位追加したときの限界費用である。この(9.8)式も(9.5)式と同じ限界収入と限界費用が等しいという，利潤最大化の条件である。その相違は，前者が生産要素を追加したときの限界収入と限界費用とが等しい条件式であり，後者は生産物を追加したときの限界収入と限界費用とが等しい条件式である。

　(9.8)式の左辺は生産要素の**限界生産物の価値**，または，**限界価値生産物**といい，その限界生産物の価値が生産要素価格とが一致しているとき，利潤が最大となっているのである。すなわち，合理的企業は，いかなる生産要素も次式の条件を満たすように生産要素量を決定することになる。

　　　生産要素の限界価値生産物＝生産要素価格　………………（9.9）

この式は生産要素量を決定する条件式であるが，それは同時に，生産量を決定する条件式(9.7)式を満たしているのである。このことは，企業が利潤最大となる生産量q^*と生産要素量x_1^*を同時に決定していることを意味している。

第2節　供給曲線と生産要素の需要曲線

生産物の供給曲線

　企業の環境が変化したとき，最適選択点がどのように変化するかについて，図9－1を利用して分析できる。生産物価格や生産要素価格が変化したとき，企業の生産量や生産要素量がどのように変化するかを，最適選択点の比較という比較静学の方法によって明らかにする。この分析から生産物価格と生産量（供給量）との関係が，また，生産要素価格と生産要素量との関係が明らかになる。前者が生産物の供給曲線，後者が生産要素の需要曲線となる。

　まず，生産物価格と生産量との関係について説明する。他の価格はすべて一定という状況の下で，この企業が生産している生産物の価格が変化したものとする。このような価格変化に対する企業の最適選択点である利潤最大点が図9－2に示されている。

　価格変化前の価格がp_1であり，そのときの等利潤線と生産関数の接点である利潤最大点はE_1である。このときの企業は生産量q_1を選択している。この価格p_1と生産量q_1の組合せを，縦軸が生産物価格で，横軸が生産量である図

図9－2　最適選択と生産物の供給曲線

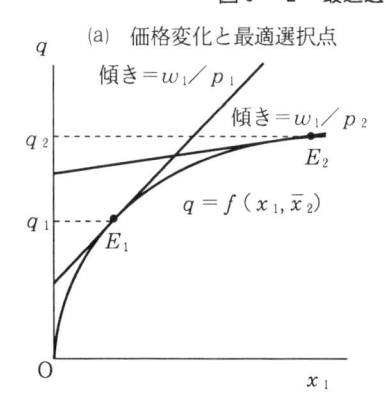

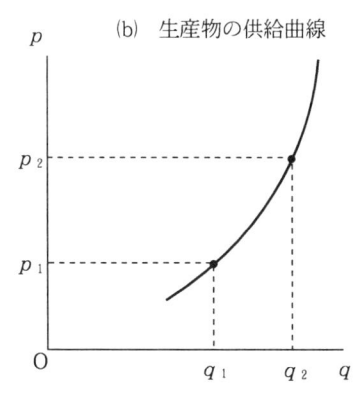

9 - 2(b)に示されている。

そして，価格がp_1からp_2に上昇した場合，等利潤線の傾きは小さくなる。等利潤線の傾きが小さくなるとき，利潤最大点は右上にならなければならない。なぜならば，利潤最大化の接線条件から限界生産物を小さくするためには，生産量を増加させねばならないからである。したがって，生産物の価格がp_2に上昇したときの利潤最大点は，旧利潤最大点E_1よりも右上のE_2になり，生産量はq_1からq_2に増加する。この価格p_2と生産q_2の組合せが図(b)に示されている。図(b)には，異なる2つの価格において，利潤最大を実現する2つの生産量が示されている。(q_1, p_1)と(q_2, p_2)の組合せは，価格と生産量の最適選択の組合せであり，このような組合せの軌跡が**供給曲線**である。図(b)には供給曲線が右上がりに描かれている。生産物価格と企業の供給量は正の関係にあり，価格の上昇は企業の生産を拡大させ，供給量を増加させる。逆に，価格が下落するならば，生産の縮小と供給量の減少となる。

供給曲線は，(9.5)式および(9.7)式の生産物価格＝生産物1単位の追加的費用という，利潤最大化の条件を満たしている生産物価格と生産量との関係を図示したものである。したがって，供給曲線は生産物1単位の追加的費用である**限界費用曲線**と一致していることが理解できる。

また，生産物価格の上昇によって，利潤最大点がE_1からE_2へと右に移動していることから，生産量の増加とともに生産要素量も増加していることを確認することができる。すなわち，生産物価格と生産要素量とは正の関係にあるのである。

なお，価格が低下し，等利潤線が原点を通るとき，利潤は負となり，固定費用$w_2 \bar{x}_2$の赤字が発生する。すなわち，このときの等利潤線の切片は次式となる。

$$\pi / p + w_2 \bar{x}_2 / p = 0 \quad \cdots\cdots\cdots\cdots\cdots\cdots\cdots\cdots\cdots\cdots\cdots (9.10)$$

このような生産水準を**操業停止点**（shutdown point）という。この状態におけるよりもさらに価格が低下すると，赤字が固定費用以上となるために，生産

を中止し，損失を固定費用の範囲に抑えることが企業の合理的選択となる。

また，利潤がゼロである生産水準を**損益分岐点**（breake-even point）という。利潤ゼロの等利潤線は，縦軸（$q = w_2 \bar{x}_2 / p$）を横切っている。企業は，利潤ゼロと赤字が固定費用以下となる価格の下では，生産を継続し，財を供給し続ける。このように，短期的には赤字であっても，企業は操業を継続するのである。

生産要素価格と生産要素量

賃金や地代などの生産要素価格が変化したとき，利潤最大点の変化を確認し，生産要素価格と生産要素量との関係を明らかにしよう。

第1生産要素価格w_1が下落したとき，企業の最適選択がどのように変化し，生産要素量がいかなる水準になるか示すことにしよう。生産要素価格がw_1^0からw_1^1に下落するならば，等利潤線の傾きは小さくなる。図9-3には，この生産要素価格が下落したときの最適選択点がE_0からE_1へと変化していることが示されている。接線条件から生産要素価格の低下は，企業の最適選択点を右に移動させなければならない。したがって，第1生産要素の投入量を増加させることになる。すなわち，生産要素価格の下落は，生産要素投入量を増加させることとなり，**生産要素の需要曲線は右下がりになる**ことを意味している。

図9-3(b)は，図9-3(a)の2つの最適選択点E_0とE_1における生産要素価格w_1^0とw_1^1に対応する生産要素投入量x_1^0とx_1^1の組合せを，縦軸が生産要素価格，横軸が要素投入量の平面に示したものである。（x_1^0, w_1^0）と（x_1^1, w_1^1）の組合せは，生産要素価格と生産要素量との最適選択の組合せであり，このような組合せの軌跡が生産要素の需要曲線である。図(b)には需要曲線が右下がりに描かれている。すなわち，生産要素価格と企業の生産要素投入量・需要量は負の関係にあり，生産要素価格の下落は生産要素需要量を増加させ，生産量を増加させる。逆に，生産要素価格が上昇するならば，要素需要は減少し，生産の縮小と供給量の減少となる。

生産要素の需要曲線は，(9.8)式と(9.9)式の生産要素の限界価値生産物

図9-3 最適選択と生産要素の需要曲線
(a) 要素価格の変化と最適選択　　(b) 生産要素の需要曲線

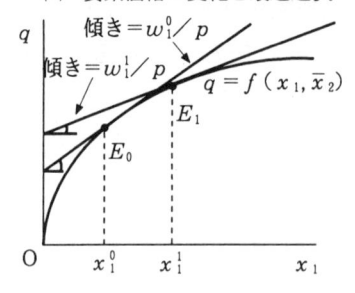

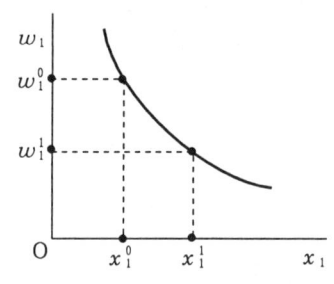

＝生産要素価格という，利潤最大化の条件を満たしている生産要素価格と生産要素量の組合せの軌跡である。したがって，生産要素の需要曲線は，生産要素の限界価値生産物曲線と考えることができる。

　もし，生産物価格が上昇するならば，等利潤線の傾きは小さくなる。この結果，生産要素需要量は増加する。すなわち，生産物価格と生産要素需要量とは正の関係にあって，生産物価格の上昇は生産要素の需要を増加させ，その下落はその需要量を減少させるのである。このような関係は，生産要素需要が生産物価格に依存していることを意味しており，生産物価格の下落（上昇）するとき，生産要素の需要曲線が左（右）に移動することを意味している。

　また，生産要素価格の下落によって，利潤最大点が E_0 から E_1 へと右に移動していることから，生産要素量の増加とともに，生産量も増加していることを確認することができる。すなわち，生産要素価格と生産量とは負の関係にあるのである。このことは，生産要素の価格が下落（上昇）するならば，生産物の供給曲線が右（左）に移動することを意味している。

第3節　所得分配と生産関数

長期の利潤最大化と生産要素需要

　長期的な企業の意思決定は，すべての生産要素の投入量を自由に選択する。

すなわち，企業の長期の利潤最大化の問題は，次式の利潤を最大にする生産要素投入量 x_1^* と x_2^* を決定することである。

$$\pi = pf(x_1, x_2) - w_1 x_1 - w_1 x_1 \quad \cdots\cdots\cdots\cdots\cdots\cdots\cdots\cdots\cdots \quad (9.11)$$

これは短期の利潤最大化と基本的には同じである。その相違は固定的生産要素が存在せず，すべての生産要素が可変的であり，企業が自由に生産要素を選択することが可能となっていることである。経済学における短期と長期の相違は，物理的な時間の長短ではなく，固定的生産要素の存在の有無である。固定的生産要素が存在するときを**短期**（short-run），それが存在しないときを**長期**（long-run）という。

また，長期の利潤最大化の条件も，短期と同様に，限界収入と限界費用の均等条件である。ただし，長期の場合には，すべての生産要素について，その限界価値生産物とその生産要素価格とが等しくならなければならない。すなわち，2つの生産要素を利用している場合には，次の2式が成立しなければならない。

$$p \times MP_1(x_1^*, x_2^*) = w_1 \quad \cdots\cdots\cdots\cdots\cdots\cdots\cdots\cdots\cdots \quad (9.12)$$

$$p \times MP_2(x_1^*, x_2^*) = w_2 \quad \cdots\cdots\cdots\cdots\cdots\cdots\cdots\cdots\cdots \quad (9.13)$$

企業が最適選択するならば，各生産要素の限界価値生産物は，その価格に一致しているのである。

生産要素の需要量 x_1^*, x_2^* は，上の2式の利潤最大化の条件式を解くことによって導出される。そして，その2つの需要量は各生産要素価格の関数となっている。これが生産要素需要関数である。各生産要素量と生産要素価格とは負の関係にあり，生産要素価格の上昇は生産要素需要量を低下させるという関係にある。なぜならば，上の利潤最大化の条件の限界価値生産物は，生産関数の限界生産物逓減の仮定から逓減するからである。

しかし，生産要素が1つのみの場合には，限界価値生産物曲線と生産要素の需要曲線は一致するが，生産要素が複数存在する場合には，その両者は一致し

ない。限界生産物曲線は他の生産要素を一定として導出される生産要素量と限界生産物との関係を表したものである。一方，生産要素の需要曲線は，他の価格を一定として導出される生産要素量と生産要素価格との関係を表したものである。

　生産要素が複数存在しているとき，ある生産要素価格の変化はその生産要素量を変化させるだけでなく，他の生産要素量も変化する。たとえば，原油価格が上昇すると，企業は原油の使用量を減少させるとともに，労働投入量を減少させたり，機械設備の稼働率を引き下げるという選択を行うことが予想される。したがって，生産要素の需要曲線と生産要素の限界生産物曲線とは一致しないのである。

　企業の生産関数は限界生産物が正であるとともに，その限界生産物は他の生産要素の増加とともに増加するものと仮定される。すなわち，f_{12}, f_{21}は正である。この仮定は，企業が等産出量曲線の原点に対して凸の領域で生産活動するという，企業の合理的行動とも関連している。このような技術的条件の下での生産要素の需要曲線は，限界生産物曲線よりも緩やかとなる。なぜならば，ある生産要素の価格が下落したとき，その生産要素の需要量の増加が他の生産要素の限界生産物を増加させ，この限界生産物の増加が他の生産要素の需要量を増加させるために，当初の生産要素の限界生産物が増加するからである。図9

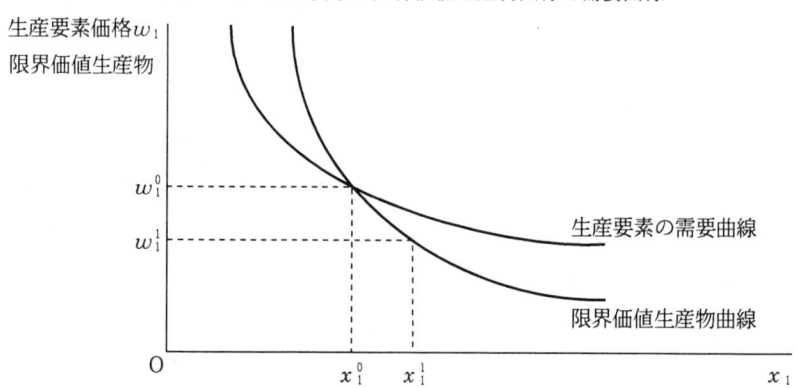

図9－4　生産要素の限界価値生産物曲線と需要曲線

−4は，生産要素の需要曲線が限界生産物曲線よりも緩やかな勾配をもつことを示したものである。

図9−4において，賃金がw_1^0からw_1^1に下落したとき，賃金w_1^1と等しい労働の限界価値生産物は労働投入量がx_1^1であることが示されている。この限界価値生産物曲線は他の生産要素を一定として導かれたものである。もし，賃金が下落し，生産要素がx_1^0からx_1^1に増加したとき，他の生産要素が増加したならば，生産要素がx_1^1であるときの限界価値生産物は，w_1^1よりも大きくなる。それゆえに，図9−4のように，生産要素の需要曲線は限界生産物曲線より緩やかとなるのである。もし，他の要素量が減少した場合，需要曲線は急となる。

限界生産物と所得分配

本章において，企業は生産要素価格と生産要素の限界価値生産物が等しいという，利潤最大化の条件を満たすように生産要素を需要することが明らかにされた。いま，生産要素が労働であるならば，企業は賃金率と労働の限界価値生産物が一致しているところで労働者を雇用し，労働投入を行っているのである。このとき労働者の賃金は労働の限界価値生産物が支払われているのである。このような賃金の決定を限界生産力に基づく**所得分配**がなされているという。

関数$q = f(L,K)$がk次の同次関数であるとき，次式が成立することを**オイラーの定理**（Euler's theorem）という。

$$f_L L + f_K K = k\,q \quad\quad\quad\quad\quad\quad\quad\quad\quad (9.14)$$

上の関数が労働Lと資本Kの生産関数とするならば，f_L, f_Kは労働と資本の限界生産物である。そして，生産要素の価格が限界価値生産物に従って決められているものとする。すなわち，利潤最大化の条件から労働の限界生産物は実質賃金w_1/pに等しく，資本の限界生産物は実質資本価格w_2/pに等しい。したがって，生産関数が1次の同次関数であり，企業が生産要素への支払いを限界生産物に応じて行うならば，分配総額は次式を満たしている。

$$w_1 L + w_2 K = p\,q \quad\cdots\cdots\cdots\cdots\cdots\cdots\cdots\cdots\cdots\cdots\cdots\cdots\cdots\cdots\cdots\cdots (9.15)$$

左辺は生産要素への支払い総額であり,右辺は企業の収入総額である。すなわち,各生産要素に対する報酬の総額は,その生産要素によって生産された生産物の総価値額に一致する,という命題が成立する。換言すると,生産物はすべて生産のために投入された生産要素にすべて分配しつくされるのである。

企業の収入と生産要素への分配額が一致しているということは,完全競争企業が市場価格を所与として行動し,かつ,一次同次の技術的な生産関数の下で利潤最大化原理に従い,生産要素価格と限界価値生産物とが等しくなるように生産要素を利用しているとき,企業には超過利潤は発生しないことを意味している。

もし,企業の技術的条件が,規模に関して収穫逓減の法則に従う生産関数の場合,生産要素の支払いを限界生産物に応じて行っているならば,支払い総額と収入額との間には,オイラーの定理から次式の関係が成立する。

$$w_1 L + w_2 K < p\,q \quad\cdots\cdots\cdots\cdots\cdots\cdots\cdots\cdots\cdots\cdots\cdots\cdots\cdots\cdots\cdots\cdots (9.16)$$

すなわち,生産要素への支払い総額は生産物の価値総額以下であり,生産要素への報酬支払い後において,企業には一定額の貨幣が残る。この貨幣額は利潤と考えることができる。規模に関して収穫逓減のとき,限界生産物に基づく生産要素報酬の支払は,企業に利潤を生み出す余地を与えている。

また,もし,企業の技術的条件が,規模に関して収穫逓増の法則に従う生産関数の場合,生産要素の支払いを限界生産物に応じて行っているならば,オイラーの定理から,生産要素への支払い総額は生産物の価値総額以上であり,生産要素への報酬支払い額が不足する。したがって,収穫逓増と競争的市場経済は両立しないことになる。

補　論　生産関数と代替の弾力性

代替の弾力性

　この**代替の弾力性**は，要素価格比の変化率に対する要素量比の変化率の比である。この弾力性の意味するところは，ある生産組織において，労働賃金率と機械設備価格の比が変化したとき，労働と機械設備との比が，どのように変化するかを，または，エネルギー産業において，原油と石炭の価格の比が変化したとき，原油と石炭の使用量の比が，どのように変わるかを測るものである。このような変数間の関係を測る尺度は，生産組織における生産要素と生産量との技術的関係に大きく依存している。したがって，この弾力性は生産関数 $y = f(x_1, x_2)$ の特徴を議論する場合においてよく利用されている。

　第1と第2の生産要素量を x_1, x_2，その価格を w_1, w_2 とするならば，代替の弾力性 $\sigma_{x_1 x_2}$ は次式となる。

$$\sigma_{x_1 x_2} = -\frac{d(x_1/x_2)/(x_1/x_2)}{d(w_1/w_2)/(w_1/w_2)} = -\frac{d\log(x_1/x_2)}{d\log(w_1/w_2)}$$

$$= \frac{d\log(x_2/x_1)}{d\log(w_1/w_2)} \quad \cdots\cdots\cdots\cdots\cdots\cdots\cdots\cdots\cdots (9.17)$$

なお，$-d\log(x_1/x_2) = -d(\log x_1 - \log x_2) = d(-\log x_1 + \log x_2) = d\log(x_2/x_1)$ である。このように，代替の弾力性は，生産要素需要量比 (x_1/x_2) の要素価格比 (w_1/w_2) 1％当たりの変化を測る尺度であり，それは要素需要の価格弾力性にマイナス1を掛けたものと考えることができる。そして，この値は正となる。

　この弾力性は，企業が費用を最小化するように生産要素を利用しているならば，生産要素の価格比と生産要素の限界生産物が等しいという，$w_1/w_2 = f_1/f_2$ の費用最小条件から次のように表すことができる（次章第1節参照）。

$$\sigma_{x_1 x_2} = -\frac{d(x_1/x_2)/(x_1/x_2)}{d(f_1/f_2)/(f_1/f_2)} = \frac{d\log(x_1/x_2)}{d\log(f_1/f_2)}$$

$$= \frac{d\log(x_2/x_1)}{d\log(f_1/f_2)} \quad \cdots\cdots\cdots\cdots\cdots\cdots\cdots\cdots\cdots\cdots (9.18)$$

なお，f_1 と f_2 は，生産要素 x_1 と x_2 の限界生産物である。この弾力性は，生産量一定の等産出量曲線上において，限界生産物の比（f_1/f_2）の1%の変化に伴う，生産要素利用比（x_1/x_2）の変化率を測るものである。したがって，生産関数が原点に凸の等産出量曲線であるとき，等量線に沿って生産要素が代替されるとき，生産要素比率がどのような割合で代替されるかを示す測度が代替の弾力性である。

生産関数が $y = f(x_1, x_2)$ であるとき，代替の弾力性は次式となる。

$$\sigma_{x_1 x_2} = \frac{f_1 f_2 (f_1 x_1 + f_2 x_2)}{x_1 x_2 (2 f_{12} f_1 f_2 - f_1^2 f_{22} - f_2^2 f_{11})} \quad \cdots\cdots\cdots (9.19)$$

また，一次同次の生産関数の代替の弾力性は次式になる。

$$\sigma_{x_1 x_2} = \frac{f_1 f_2}{y f_{12}} \quad \cdots\cdots\cdots\cdots\cdots\cdots\cdots\cdots\cdots\cdots\cdots\cdots\cdots\cdots (9.20)$$

なお，この代替の弾力性の導出については，注1を参照のこと。

コッブ・ダグラス型生産関数と代替の弾力性

生産関数が $y = L^\alpha K^\beta$，$\alpha + \beta = 1$，という，コッブ・ダグラス（Cobb・Douglas）型生産関数の代替の弾力性を求めてみよう。

コッブ・ダグラス型生産関数の労働 L と資本 K の限界生産物は，労働と資本の投入比率のみに依存しており，生産の規模とは独立である。また，2つの限界生産物は平均生産性と比例するという特徴をもっている。すなわち，労働と資本の限界生産物 f_L と f_K は，次式となる。

$$f_L = \frac{\partial y}{\partial L} = \alpha L^{\alpha-1} K^{1-\alpha} = \alpha \left(\frac{K}{L}\right)^{1-\alpha} = \frac{\alpha y}{L} \quad \cdots\cdots\cdots\cdots (9.21)$$

$$f_K = \frac{\partial y}{\partial K} = (1-\alpha) L^\alpha K^{1-\alpha-1} = \beta \left(\frac{L}{K}\right)^\alpha = \frac{\beta y}{K} \cdots\cdots\cdots (9.22)$$

さらに，(9.21)式から，f_{LK} は次式となる。

$$f_{LK} = \frac{\partial^2 y}{\partial L \partial K} = \frac{\alpha \beta y}{LK} \quad\cdots\cdots\cdots\cdots\cdots\cdots (9.23)$$

以上の3つの式を(9.20)式に代入すると，代替の弾力性1を得る。

$$\sigma_{LK} = \frac{f_K f_L}{y f_{KL}} = \left(\frac{\alpha y}{L} \frac{\beta y}{K}\right) \div \left(y \frac{\alpha \beta y}{LK}\right) = 1 \cdots\cdots\cdots (9.24)$$

このように，コッブ・ダグラス型生産関数の代替の弾力性は1である。また，上の一次同次関数の代替の弾力性から，ある生産要素の増加が他の生産要素の限界生産物を増加させる程度が大きいほど，代替の弾力性は小さくなる。すなわち，f_{KL} が大きいならば，生産要素の代替の弾力性は小さくなる。また，限界生産物が大きい場合には，代替の弾力性は大きい。

また，限界価値生産物に応じて分配されるならば，次式の利潤最大化の条件に，労働と資本の限界生産物を代入することによって，α，β は**労働分配率**，**資本分配率**であることが確認できる。

$$賃金 = p\,f_L = p \frac{\partial y}{\partial L} = p \frac{\alpha y}{L} \quad\cdots\cdots\cdots\cdots\cdots\cdots (9.25)$$

$$資本価格 = p\,f_K = p \frac{\partial y}{\partial K} = p \frac{\beta y}{K} \quad\cdots\cdots\cdots\cdots\cdots\cdots (9.26)$$

上の2式から，$\alpha = (賃金 \cdot L)/(py)$，$\beta = (資本価格 \cdot K)/(py)$ が得られる。

ＣＥＳ生産関数と代替の弾力性の計測と所得分配

次式の生産関数を考察し，代替の弾力性を計測する方法について説明する。

$$y = A\{a L^{-\rho} + (1-a) K^{-\rho}\}^{-1/\rho} \quad\cdots\cdots\cdots\cdots\cdots\cdots (9.27)$$

A は，**効率係数**または規模の指標である。生産要素1単位を投入したときの

産出量を示す．ρ は**代替係数**，a は**分配係数**である．

いま，上の関数が $A=1$ となるように，生産量 y の単位が決められるものとする．この仮定よって生産関数は，次のようになる．

$$y = \{aL^{-\rho} + (1-a)K^{-\rho}\}^{-1/\rho} \quad\cdots\cdots\cdots\cdots (9.28)$$

この生産関数から，$y^{-\rho} = aL^{-\rho} + (1-a)K^{-\rho}$ を得る．

したがって，$y = \{y^{-\rho}\}^{-1/\rho}$ である．

労働 L の限界生産力 f_L，資本 K の限界生産力 f_K を求め，この生産関数の代替の弾力性を求めてみることにしよう．

(1) $f_L = \dfrac{\partial y}{\partial L} = -\dfrac{1}{\rho}(y^{-\rho})^{-\frac{1}{\rho}-1}(-\rho aL^{-\rho-1})$

$\quad = y^{1+\rho} aL^{-\rho-1} = a\left(\dfrac{y}{L}\right)^{1+\rho}$

(2) $f_K = \dfrac{\partial y}{\partial K} = -\dfrac{1}{\rho}(y^{-\rho})^{-\frac{1}{\rho}-1}(-\rho(1-a)K^{-\rho-1})$

$\quad = y^{1+\rho}(1-a)K^{-\rho-1} = (1-a)\left(\dfrac{y}{K}\right)^{1+\rho}$

よって，

(3) $f_L / f_K = \left(\dfrac{a}{1-a}\right)\left(\dfrac{K}{L}\right)^{1+\rho}$

したがって，

(4) $\dfrac{K}{L} = \left(\dfrac{1-a}{a}\dfrac{f_L}{f_K}\right)^{\frac{1}{1+\rho}}$

以上から，(3)式を代替の弾力性の定義式に代入し，整理すると次式の代替の弾力性の値が得られる．

(5) $\sigma_{LK} = -\dfrac{d(L/K)/(L/K)}{d(f_L/f_K)/(f_L/f_K)} = \dfrac{d\log(K/L)}{d\log(f_L/f_K)} = \dfrac{1}{1+\rho}$

このように，ρ が代替の弾力性の値を決定する．それゆえに，ρ が代替係数と呼ばれる．また，この生産関数は代替の弾力性が一定の生産関数である．このような代替の弾力性が一定の生産関数を**CES生産関数**（constant elasticity of substitution) という。

　労働や資本の価格が労働や資本の限界価値生産物に等しいという，利潤最大化の条件を満たしているという仮定のもとでは，ρの値は，(1)から(4)式の1つから実証的に計測できる。すなわち，代替の弾力性σ_{LK}が生産要素投入量，生産要素価格および生産量や生産物のデータから簡単に計測することが可能である。

　代替係数がゼロ，すなわち，$\rho=0$のとき，代替の弾力性$\sigma_{LK}=1$，となる。これはコッブ・ダグラス型生産関数である。また，$\rho=-1$のとき，$\sigma_{LK}=$無限大となる。これは生産要素間の代替が完全代替可能であり，1単位の労働と1単位の資本とが，完全無差別に生産要素として利用可能であることを意味している。このような生産関数の等産出量曲線は直線となる。さらに，$\rho=-\infty$ならば，$\sigma_{LK}=0$となる。このような生産関数は生産要素間の代替が不可能であり，生産要素を常に一定比率で利用する技術的関係にある。したがって，$\sigma_{LK}=0$の等産出量曲線はL字型となる。

　また，(3)式から生産要素の所得分配比率が得られる。

$$(6) \quad \frac{f_L L}{f_K K} = \left(\frac{a}{1-a}\right)\left(\frac{K}{L}\right)^\rho$$

　この式の左辺は労働所得と資本所得の所得分配比率である。したがって，生産要素の分配比率は，代替係数ρ，資本-労働比率K/Lおよび係数aに依存している。このことから，係数aを分配係数と呼んでいる。

　もし，$\rho=0$のコッブ・ダグラス型生産関数であるならば，分配係数が所得分配率と一致することを確かめることができる。なお，分配係数については注3を参照のこと。

　(6)式は，資本と労働との投入比率L/Kが上昇したとき，所得分配率を一定に保つためには，労働と資本の限界生産物の比f_L/f_Kを低下させる必要があることを示している。もし，労働-資本の投入比率L/Kの上昇率と，労働と資本の限界生産物の比f_L/f_Kの低下率が等しいならば，所得分配比率は変化しない。したがって，もし，労働-資本の投入比率L/Kの上昇率が，労働と

資本の限界生産物の比f_L/f_Kの低下率より大きいならば，労働の所得分配率が上昇することになる。すなわち，

(7) $\quad d\log(L/K) > -d\log(f_L/f_K)$

が成立していることである。このことは，代替の弾力性が1より大きいことを意味している。(7)式を代替の弾力性の定義式に直すと次式となる。

(8) $\quad \dfrac{d\log(K/L)}{d\log(f_L/f_K)} = \sigma_{LK} > 1$

したがって，代替の弾力性が1より大きいとき，労働－資本の投入比率L/Kの上昇は，労働の所得分配率を上昇させることになる。逆に，代替の弾力性が1より小さいとき，労働－資本の投入比率L/Kの上昇は，労働の所得分配率を低下させるのである。

注1　生産関数 $y = f(x_1, x_2)$ の代替の弾力性

1. $d(x_2/x_1) = (x_1 dx_2 - x_2 dx_1)/x_1^2$

2. $d(f_1/f_2) = \dfrac{\partial(f_1/f_2)}{\partial x_1} dx_1 + \dfrac{\partial(f_1/f_2)}{\partial x_2} dx_2$

3. $\dfrac{\partial(f_1/f_2)}{\partial x_1} = (f_{11} f_2 - f_1 f_{12})/f_2^2$

4. $\dfrac{\partial(f_1/f_2)}{\partial x_2} = (f_{12} f_2 - f_1 f_{22})/f_2^2$

5. $dy = f_1 dx_1 + f_2 dx_2 = 0$

6. $dx_2 = -(f_1/f_2) dx_1$

以上を次式の代替の弾力性の定義式に代入し整理すると，本文の(9.19)式が得られる。

$$\sigma_{x_1 x_2} = -\dfrac{d(x_1/x_2)/(x_1/x_2)}{d(f_1/f_2)/(f_1/f_2)}$$

$$= \frac{f_1 f_2 (f_1 x_1 + f_2 x_2)}{x_1 x_2 (2 f_{12} f_1 f_2 - f_1^2 f_{22} - f_2^2 f_{11})} \quad \cdots\cdots\cdots\cdots (9.19)$$

注2　一次同次の生産関数と代替の弾力性

$$\sigma_{x_1 x_2} = \frac{f_1 f_2 (f_1 x_1 + f_2 x_2)}{x_1 x_2 (2 f_{12} f_1 f_2 - f_1^2 f_{22} - f_2^2 f_{11})} = \frac{f_1 f_2}{y f_{12}} \text{の証明}$$

1. $y = f_1 x_1 + f_2 x_2$ （一次同次関数のオイラーの定理）
2. $y = f_1 x_1 + f_2 x_2$ を全微分すると，
3. $(f_{11} x_1 + f_1 + f_{21} x_2) d x_1 + (f_{12} x_1 + f_{22} x_2 + f_2) d x_2 = d y$，である。
   $d x_2 = 0$ とおき，$d x_1$ で割る。同様に $d x_1 = 0$ とおき，$d x_2$ で割る。
4. $f_{11} x_1 + f_1 + f_{21} x_2 = \dfrac{\partial y}{\partial x_1} = f_1$, $\ f_{12} x_1 + f_{22} x_2 + f_2 = \dfrac{\partial y}{\partial x_2} = f_2$
5. $f_{11} = -\dfrac{x_2}{x_1} f_{21}, \ f_{22} = -\dfrac{x_1}{x_2} f_{12}$

以上から，1．と5．式を $\sigma_{x_1 x_2} = \dfrac{f_1 f_2 (f_1 x_1 + f_2 x_2)}{x_1 x_2 (2 f_{12} f_1 f_2 - f_1^2 f_{22} - f_2^2 f_{11})}$ に代入すると，本文の（9.20）式が得られる。

$$\sigma_{x_1 x_2} = \frac{f_1 f_2}{y f_{12}} \quad \cdots\cdots\cdots\cdots\cdots\cdots\cdots\cdots\cdots (9.20)$$

注3　CES生産関数と分配係数

労働の限界生産力に基づき賃金が支払われるならば，労働所得Wは，$p f_L \cdot L$ となる。したがって，労働の限界生産力，$f_L = \dfrac{\partial y}{\partial L} = a \left(\dfrac{y}{L}\right)^{1-\rho}$ から，労働所得Wは次式となる。

$$W = p a \left(\frac{y}{L}\right)^{1+\rho} L = p a \left(\frac{y}{L}\right)\left(\frac{y}{L}\right)^{\rho} L = p a y \left(\frac{y}{L}\right)^{\rho}$$

以上から，a は次のように表される。

$$a = \frac{W}{p y}\left(\frac{y}{L}\right)^{-\rho}$$

このように a は，労働分配率（$W/(p y)$）と労働生産性（y/L）に依存している

ことがわかる。このことから a は分配係数と呼ばれる。なお、代替係数と分配係数および代替の弾力性とは以下の関係にある。

1. $\rho = 0 \,(\sigma = 1)$ ならば、a は労働分配率 $a = W/(py)$ となる。
2. $\rho = -1 \,(\sigma = \infty)$ ならば、$a = \dfrac{W}{py}\left(\dfrac{y}{L}\right)$ =労働分配率・労働生産性となる。
3. $\rho = -\infty \,(\sigma = 0)$ ならば、$a = \dfrac{W}{py}\left(\dfrac{y}{L}\right)^{\infty}$ =労働分配率・(労働生産性)$^{\infty}$ となる。

練習問題

問題1 生産関数が $y = AL^a K^{1-a}$ のコッブ・ダグラス型であり、生産物価格と労働 L および資本 K の価格がそれぞれ p, w_1, w_2 であるとき、労働 L および資本 K の需要関数を導出せよ。

問題2 $y = (0.8L^{-0.25} + 0.2K^{-0.25})^{-1/0.25}$
(1) 代替の弾力性を求めよ。
(2) $K = 16$, $L = 1$ のとき、労働―資本所得の分配比率を求めよ。
(3) 労働が $L = 2$ となったときの、労働―資本所得の分配比率の変化について説明せよ。

問題3 代替の弾力性が1以下の場合、生産要素の価格比 w_1/w_2 が上昇したとき、生産要素の所得分配比率 $(w_1 x_1 / w_2 x_2)$ は上昇するか、低下するかを明らかにせよ。

問題4 生産関数、$y = \{aL^{-\rho} + (1-a)K^{-\rho}\}^{-1/\rho}$ の ρ が代替係数であるとき、以下の表の空白に、代替の弾力性 σ と等量線の形を入れよ。

代替係数	代替の弾力性	等量線の形
$\rho = -1$		
$\rho = 0$		
$\rho = \infty$		

第10章　企業の費用と費用曲線

　前章において，企業の利潤最大化問題を定式化し，企業の利潤最大化の行動原理から，企業の生産量や生産要素量の選択について説明した。このような企業行動分析ではなく，まず，ある与えられた生産量を生産する費用を最小にする生産要素量の組合せを明らかにし，次に，最も利潤が大きい生産量を選択するという手順で，企業の選択や行動を解明することができる。

　本章では，所与の生産水準における企業の費用最小化問題と費用曲線について説明する。費用最小化問題は，制約条件が技術的条件であり，最小費用となる生産要素量を選択する制約条件付き最小問題である。すなわち，企業は最小費用を実現する最も効率的な生産要素の組合せを選択するのである。これが企業の技術選択に関する意思決定となる。企業の選択した生産要素を利用するために負担する費用は，生産要素価格と生産量の関数となる。この関数を費用関数といい，費用曲線を形成する。

第1節　費用の最小化原理

費用と機会費用

　経済学おいて使用する費用は，現金費用ではなく，**機会費用**（opportunity cost）を意味している。日常の生活において，「いくらお金が必要ですか？」，「今月の支払いはいくらになりますか？」，という会話における費用は，現金費用を意味している。しかし，経済学における費用は，この日常の生活において何らかの目的で，実際に支払った現金や家計簿や企業会計の支出項目に計上されている金額とは必ずしも一致していない。現金費用は，機会費用を近似するものではあるが，また，機会費用を理解する一助ともなるが，経済学の機会

費用とは全く同じでものではない。

　機会費用は，経済主体が無数にある選択機会の中から，ある１つの機会を選択することによって失う最高の所得ないしは収益のことをいう。ある１つの機会を選択することは，すべての他の機会を犠牲にすることを意味している。その犠牲すなわち喪失する最大の所得や収益，または，生産することができたが，生産をしなかった生産物などが機会費用である。この費用の概念は，経済主体がある１つのことを選択するという事実について，経済学が次のような前提をおいているところからきている。それは，経済主体が選択しなかったことによる犠牲，または，選択しなかったために失った経済的利益が，選択することによって得られた収益や所得または便益などと対応関係にあり，かつ，前者が後者を超えることはあり得ないはずである，というものである。このように経済主体が合理的選択をしているならば，選択しないことによる経済的喪失額は，選択したことによる経済的獲得額より小さいか等しい，という関係が成立しているものと考えるのである。したがって，ある選択によって失った利益は，その選択によって負担しなければならない当然の犠牲であり，選択したならば本来獲得できたのにそれを喪失してしまったのであるから，その選択による費用負担と考えるのである。

　この機会費用の概念は，経済的選択以外の様々な選択について考察するのに有益である。機会費用を的確に理解することによって，個人や組織や社会選択，さらには，国の選択における意味やその妥当性について，的確な説明や明確な評価を与えることができる。会社や政府や自治体の選択，個人の選択，政治的選択など，我々には様々な選択が課せられているのである。その選択の意味や正しい選択をするためには，機会費用の概念を理解することがまず必要である。すなわち，その選択によって何が犠牲にされるかである。

　このように，生産活動の費用は，機会費用から計算されるために，労働や原材料の生産要素価格は企業間で異なることはないが，役員報酬は異なることが予想される。その理由は，経営者の経営能力には格差が存在しており，彼らの機会費用が異なるからである。

費用の最小化と最適選択

2つの生産要素を投入し，それぞれの市場価格がw_1とw_2であるとき，企業が所与の生産水準qを，最小の費用で生産する最適選択の問題を考えよう。

2つの生産要素の投入量x_1とx_2を利用し，企業の生産関数が$q=f(x_1, x_2)$であるときの，企業の費用最小問題は，$q=f(x_1, x_2)$の生産関数の制約条件の下で，生産要素を利用する次式の総費用を最小化する，x_1^*，x_2^*を選択することである。

$$C = w_1 x_1 + w_2 x_2 \quad \cdots\cdots\cdots (10.1)$$

この式をx_2について解くと，次式となる。

$$x_2 = -\frac{w_1}{w_2} x_1 + \frac{C}{w_2} \quad \cdots\cdots\cdots (10.2)$$

この式は傾きが$-w_1/w_2$で，縦軸の切片がC/w_2の直線である。この式から総費用Cの異なる値に対して，異なる切片をもつ等費用線を得る。この等費用線上のいかなる生産要素の組合せも同一費用である。また，上方に位置する等費用線ほど費用が大きくなる。したがって，費用最小化問題は，ある生産量を実現する生産要素の組合せの軌跡である等量曲線と最も下方に位置する等費用線の接点を見い出すことにある。

図10-1には3つの等費用線が描かれている。そして，生産量$\bar{q}$の等量曲線が描かれている。この等量曲線が制約条件であるので，$\bar{q}$の等量曲線上で最も費用が小さい生産要素の組合せは，等量曲線と等費用線の接点Eとなる。この点が企業の最適選択であり，企業は生産要素投入量x_1^*，x_2^*を選択し，生産量$\bar{q}$を生産する。

最小費用点である等量曲線と等費用線の接点では，要素価格比と技術的限界代替率$-\Delta x_2/\Delta x_1$とが一致していることを意味している。したがって，技術的限界代替率は限界生産物の比と等しいことから，費用最小化のためには次式が成立していることが必要となる。

図10-1 費用の最小化

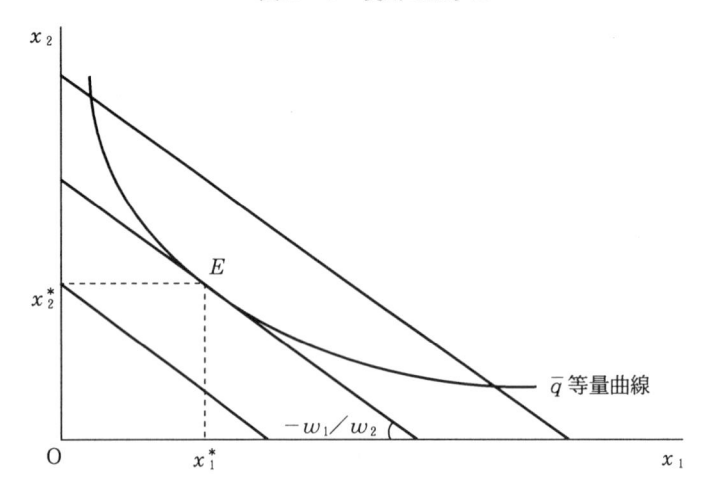

$$-\frac{w_1}{w_2} = \frac{\Delta x_2}{\Delta x_1} = -\frac{MP_1}{MP_2} \quad \cdots\cdots\cdots\cdots\cdots\cdots\cdots\cdots\cdots\cdots\cdots\cdots\cdots (10.3)$$

この条件を書き直すと,次式を得る。

$$\frac{MP_1}{w_1} = \frac{MP_2}{w_2} \quad \cdots\cdots\cdots\cdots\cdots\cdots\cdots\cdots\cdots\cdots\cdots\cdots\cdots (10.4)$$

すなわち,この式は,2つの生産要素の1円当たりの限界生産物が等しいということを表している。このような費用最小化の条件を,各生産要素の1円当たりの限界生産物均等の法則という。この条件は,消費者理論における効用最大化の条件である,1円当たりの限界効用均等の法則に類似している。しかし,限界効用の均等の法則は,効用の可測性を満たしていなければならないが,限界生産物均等の法則は,生産物の可測性を問題にする必要はない。この意味において,限界生産物均等の法則という費用最小化の条件は,限界効用均等の法則という効用最大化の条件よりも経験的妥当性をもっているといえる。

このように,費用最小化の最適選択の解明は,予算線と無差別曲線の接点が最適選択であった消費者の理論と類似している。しかし,両者は共通な問題設定ではない。前者は等量曲線が制約条件であり,最も下方の等費用線を見い出

すことにある。一方，後者は予算線が制約条件で，最も上方の無差別曲線を見い出すことが目的となっているのである。

等費用線を平行に移動させたとき，すなわち，生産要素の価格比率が一定で，総費用を変化させたとき，最小費用点の軌跡を**拡張経路**（expansion path）という。いわゆる，各生産量の水準における費用最小となる生産要素の組合せの軌跡である。合理的企業は，拡張経路上の生産要素の組合せを選択するであろう。この軌跡は予算線を平行移動させたときの所得・消費曲線に類似している。

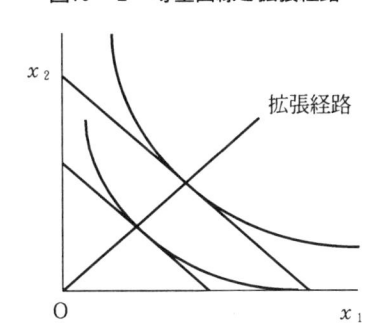

図10-2 等量曲線と拡張経路

生産要素価格の変化：代替効果と拡張効果

以上の最小費用点における生産要素量 x_1^*, x_2^* は，2つの生産要素価格と生産水準に依存している。すなわち，ある生産量のもとで費用を最小化する問題の解は，w_1 と w_2 および q によって決定される。費用を最小化する生産要素量とその生産要素の価格および生産量との関係を明らかにするために，要素価格が変化した場合の最適選択の変化を比較静学の方法を用いて調べてみよう。

ただし，ここでの比較静学分析は，生産量を所与として導かれる生産要素価格と生産要素量との関係であり，前章において導出した，生産物価格を所与として導かれた生産要素価格と生産要素量との関係とは異なっている。後者が生産要素の需要関数であり，前者は生産量を所与とする条件付きの生産要素の需要関数である。この条件付きの需要関数が費用関数を形成するのである。

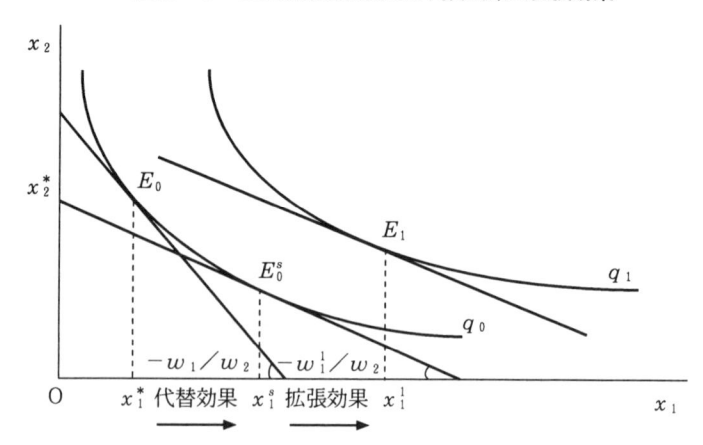

図10－3　生産要素価格変化の代替効果と拡張効果

図10－3には，第2生産要素価格が一定のとき，第1生産要素価格が下落し，等費用線が緩やかになったことが示されている。また，この価格変化によって，最適選択点が価格変化前のE_0から，価格下落後のE_1へと変化していることが示されている。

消費者理論における価格変化と同様に，この価格変化によるE_0からE_1への変化を2つの効果に分割することができる。価格変化後も同じ生産量を生産できるように等費用線を調整する。すなわち，価格変化前の等量曲線に接するように価格変化後の等費用線を平行移動させる。この等費用線と等量曲線の接点が，生産量一定の状態における価格変化後の最適選択となる。したがって，同じ等量曲線の移動であるE_0からE_0^sへの変化を**代替効果**（substitution effect）という。この代替効果は消費理論の価格変化の代替効果と同じく負となる。

価格変化は等費用線を移動させ，異なる生産量を実現することから，価格を固定した状態において，異なる等量曲線への移動効果を**拡張効果**（expansion effect）という。図において，拡張効果は価格変化後の価格を一定として，生産量がq_0からq_1に変化したときの最小費用点の移動であり，最適選択点E_0^sからE_1への移動効果である。したがって，生産要素の価格変化の効果は，代替効果と拡張効果の和として表すことができる。

生産要素の価格効果＝代替効果＋拡張効果……………………（10.5）

　代替効果は負である。それは消費理論と同様な手順で証明することができる。いま，等量曲線が原点に対して凸であるとき，第1生産要素価格が下落（上昇）したならば，等費用線の勾配が緩やか（急）となる。このような価格変化に対して，同じ等量曲線にとどまるためには，第1生産要素を増加（減少）させ，第2生産要素を減少（増加）させなければならない。それは，技術的限界代替率が逓減しているからである。したがって，代替効果は負となる。

　また，拡張効果も負となる。生産要素価格の下落（上昇）が利潤を増加（減少）させるために，企業は生産量を増加（減少）させるという行動をとるであろう。この生産量の増加（減少）は生産要素量の増加（減少）となる。したがって，生産要素価格の低下によって引き起こされる拡張効果は，通常，負である。すなわち，企業の利潤獲得機会から，生産要素価格の変化と生産量とは負の関係にあって，生産量の増加は生産要素需要を増加させるのである。

　このように，生産要素の価格変化の代替効果と拡張効果はともに負であり，それ自身の価格と生産要素需要量は負の関係となる。すなわち，条件付き生産要素の需要曲線は右下がりである。

　また，第1財が第2財の代替財であるか補完財であるかによって，生産要素価格変化の交差代替効果は，負の場合と正の場合とがある。それが正のときが**代替財**であり，負の場合は**補完財**となる。拡張効果はいかなるときも負であるので，他の生産要素価格の変化が需要量に与える効果は，2つの財が補完関係にあるならば，他の財の価格変化と需要量とは負の関係となる。しかし，2つの財が代替関係にあるならば，第2財の価格変化が第1財の需要量に与える効果は，代替効果と拡張効果の大小関係に依存している。もし，代替効果が拡張効果よりも大きいならば，変化の効果は正である。逆の関係であるならば，負となる。

　以上から，生産量が一定であるときの，いわゆる条件付き生産要素需要量 x_1, x_2 は，生産要素価格と生産量に依存し，次のように表すことができる。

$$x_1 = x_1(w_1, w_2, q) \quad \cdots\cdots\cdots\cdots\cdots\cdots\cdots\cdots\cdots\cdots (10.6)$$
$$\quad\quad -\ ?\ +$$
$$x_2 = x_2(w_1, w_2, q) \quad \cdots\cdots\cdots\cdots\cdots\cdots\cdots\cdots\cdots\cdots (10.7)$$
$$\quad\quad ?\ -\ +$$

なお，式の下の符号は，生産要素価格 w_1, w_2 と生産量 q と，生産要素需要量 x_1, x_2 との関係を表している。また，? は，正のときも，負のときもあることを示している。

第2節　費用の種類

費用と生産量との関係：費用関数

　(10.1) 式で，企業の総費用を生産要素価格とその生産要素投入量との積の総和として表した。この総費用を生産要素価格が一定の下で，生産量の関数として表したものが**費用関数**（cost function）である。

　経済学は，収入や費用を生産量の関数として表し，この収入関数や費用関数を用いて企業分析を行う。ここでは費用関数の導出について説明し，様々な費用の概念を学ぶことにする。

　企業は所与の生産量を生産するために最小費用の生産要素量の組合せを選択している。この生産要素量の下で生産できる生産量と，この生産要素量を利用するために企業が負担する費用とが対応しているのである。この生産量と費用との関係が費用関数となる。すなわち，拡張経路上の生産要素投入量を利用して生産できる生産量と，その生産のために利用した生産要素投入量と生産要素価格との積である総費用との関係を費用関数という。換言すると，先の (10.6) 式と (10.7) 式の条件つき生産要素需要量を，(10.1) 式の総費用の方程式に代入すると，生産量の関数である次式の費用関数が得られる。

$$C = w_1 x_1(w_1, w_2, q) + w_2 x_2(w_1, w_2, q) = C(q) \quad \cdots\cdots (10.8)$$

　この式は生産要素価格 w_1, w_2 が一定の下では，生産量 q のみに依存してい

ることを示している。すなわち，費用関数は生産要素価格を一定として，生産量と費用との関係を表したものである。また，(10.6) 式および (10.7) 式から，生産要素量が生産量の増加関数であることから，費用関数が生産量の増加関数であることが理解できる。次に，この生産量と費用との正の関係について，詳細な考察を与える。

短期の費用

前章において説明したように，生産要素価格が w_1, w_2 であり，生産要素投入量 x_1, x_2 を利用するときの総費用は，$C = w_1 x_1 + w_2 x_2$ である。短期において，第2生産要素を $x_2 = \bar{x}_2$ に固定すると，総費用は $C = w_1 x_1 + w_2 \bar{x}_2$ となる。この総費用の $w_1 x_1$ を可変費用，$w_2 \bar{x}_2$ を固定費用という。

固定要素が存在している場合を短期という。したがって，短期においては生産量とは独立な費用が存在する。すなわち，生産量がゼロであっても負担を免れることのできない費用が存在する。賃貸料，減価償却費，固定資産税や資金調達コストの利子費用などは，生産量が変化しても変化しないという費用である。このような費用は，生産量とは独立で一定であるので**固定費用** (fixed cost : FC) という。また，生産量とは直接的な関係がないことから，間接費用ともいう。

図10 − 4(1)に描かれているように，この FC は生産量とは独立であるので，生産量と費用の平面に描くと水平な直線となる。

可変費用

生産要素を自由に選択できる可変的生産要素 x_1 は，生産量がゼロであるならば，投入量はゼロとなり，費用は発生しない。そして，生産量の増加とともに，その生産要素費用 $w_1 x_1$ は増加する。原材料費，賃金，間接税などが代表例であり，このような費用を**可変費用** (variable cost : VC) という。この費用は生産活動において必要不可欠であることから，直接費用とも呼ばれている。

第9章において説明したS字型の生産関数の場合，可変費用曲線は，生産量

図10−4　短期の費用曲線

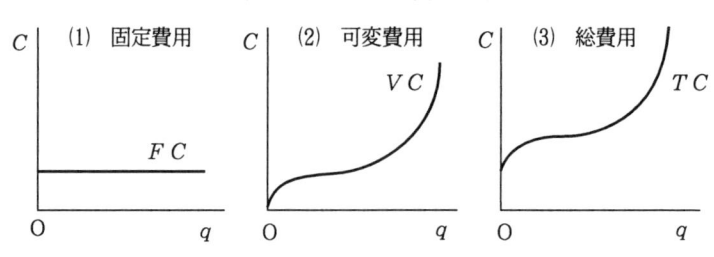

(1) 固定費用　　(2) 可変費用　　(3) 総費用

が少ない段階では急勾配であり，生産量の増加とともに緩やかとなり，そして，さらに生産量が増加すると，再び急勾配となる曲線を形成する。このことは可変費用を，次式のように表すことによって確認することができる。

$$VC = w_1 x_1 = \frac{w_1}{q/x_1} q \quad \cdots\cdots\cdots\cdots\cdots\cdots (10.9)$$

この式の q/x_1 は，第1生産要素の平均生産物である。S字型の生産関数の場合，生産量が少ない段階では平均生産物が小さく，生産量が増加するとともに平均生産物が大きくなる。しかし，さらに生産量が増加すると収穫逓減の法則から平均生産物が小さくなるという，技術的関係にあった。したがって，生産要素価格が変化しないという前提の下では，生産量が少ない段階では費用は逓増し，生産量の増加とともに費用は逓減するが，さらに生産量が増加すると，再び費用は逓増するという関係が成立する。このことを**費用逓増の法則**（law of increasing of cost）という。このような生産量と可変費用の関係を図示したのが図10−4(2)である。

総　費　用

　固定費用 FC と可変費用 VC の合計が**総費用**（total cost：C）である。長期においては，固定費用が存在しないので，可変費用の合計が総費用となる。

　固定費用と可変費用の和が総費用であるので，総費用曲線は，可変費用曲線を固定費用だけ上方に平行移動させたものとなる。したがって，総費用も費用逓増の法則に従っているのである。次式の総費用は図10−4(3)に示されている。

$$C = w_1 x_1 + w_2 \bar{x}_2 = \frac{w_1}{q/x_1} q + FC \quad \cdots\cdots\cdots\cdots\cdots (10.10)$$

平均費用

　生産物1単位当たりの費用を**平均費用**（average cost : AC）という。それは総費用を生産量で割った値である。すなわち，C/q が平均費用である。この平均費用は，総費用曲線上の点と原点とを結ぶ線分の傾きである。この傾きは生産量の少ない段階では大きく，そして，生産量が増加するにつれて低下し，さらに生産量が増加すると大きくなる。したがって，平均費用曲線は，図10－5(3)のようにU字型の曲線となる。平均費用曲線がU字型になることは，単位当たりの費用を最小にする効率的な生産水準が存在し，その生産水準を超えると単位当たりの生産費用が上昇することを意味している。

　総費用は固定費用と可変費用の和であるので，次式が成立する。

$$\frac{C}{q} = \frac{FC}{q} + \frac{VC}{q} \quad \cdots\cdots\cdots\cdots\cdots\cdots\cdots\cdots\cdots (10.11)$$

　同様に，固定費用 FC を生産量 q で割った**平均固定費用**（average fixed cost : AFC），可変費用 VC を生産量 q で割った**平均可変費用**（average variable cost : AVC）が定義できる。定義から平均固定費用 AFC と平均可変費用 AVC の和は，平均費用 AC である。すなわち，次式が成立している。

$$AC = AFC + AVC \quad \cdots\cdots\cdots\cdots\cdots\cdots\cdots (10.12)$$

　AFC 曲線は，FC/q の分子が一定であるので，図10－5(1)のように直角双曲線となる。また，AVC 曲線は，AVC が可変費用曲線上の点と原点とを結ぶ傾きであるので，平均費用曲線と同様に，図10－5(2)のようにU字型の曲線となる。AVC 曲線は，AC 曲線を平均固定費用だけ，下方に移動した曲線である。

　いま，第1生産要素が可変的生産要素であるとき，平均可変費用は平均生産物 q/x_1 を用いて，定義することができる。すなわち，平均可変費用は次式のようになる。

図10-5　平均費用曲線

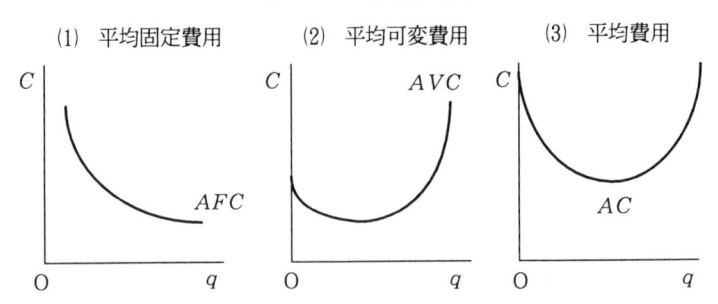

(1) 平均固定費用　(2) 平均可変費用　(3) 平均費用

$$AVC = \frac{w_1 x_1}{q} = \frac{w_1}{q/x_1} \quad (= 生産要素価格 \div 平均生産物) \quad \cdots\cdots (10.13)$$

このように，平均可変費用は，生産要素価格に生産要素の平均生産物の逆数を乗じた値として表すことができる。したがって，平均可変費用は平均生産物と負の関係にあり，平均生産物が逓減するときは，平均可変費用は逓増し，平均生産物が逓増すると平均可変費用は逓減し，平均生産物が一定ならば平均可変費用も一定となる。

平均費用は，平均可変費用と平均固定費用の和であるので，平均費用と平均生産物も負の関係となっている。すなわち，平均費用は次式のように表される。

$$AC = \frac{w_1 x_1 + w_2 \bar{x}_1}{q} = \frac{w_1}{q/x_1} + AFC \quad \cdots\cdots\cdots\cdots\cdots (10.14)$$

このように平均費用は生産関数の技術的関係と密接な関係にある。しかもその関係は，平均生産物が低下するという技術的関係が平均費用を増加させる，という費用条件を企業に課していることになるのである。

また，AC曲線はAVC曲線に直角双曲線のAFC曲線との和であるので，生産量が増加するとともに，AC曲線とAVC曲線の縦軸との距離は小さくなる。

限界費用

限界費用は前章において簡単に説明している。ここでは，さらに詳細な説明を与える。**限界費用**（marginal cost：MC）は，生産物1単位の増加Δqに対

する費用の増加分ΔCの比であり，次のように定義される。

$$MC=\frac{\Delta C}{\Delta q}\ (=費用の増加分÷生産量の増加分)\ \cdots\cdots\cdots (10.15)$$

このように，限界費用は，追加生産物に対して企業が負担しなければならない追加的費用である。平均費用が総費用曲線上の点と原点とを結ぶ直線の傾きであるのに対して，この限界費用は総費用曲線，または，可変費用曲線の接線の傾きとなる。したがって，総費用曲線が上に凸型であるときは，限界費用は逓減し，下に凸型の範囲では逓増する。この限界費用が逓増することを**限界費用逓増の法則**（law of increasing of marginal cost）という。

いま，可変的生産要素が第1生産要素のみであるときには，可変費用$w_1 x_1$から限界費用を定義することができる。生産要素価格w_1が一定の下で，生産物が増加したとき，生産要素投入量のみが変化するので，生産物1単位の増加に対する費用の増加分である限界費用は，生産要素価格w_1に生産要素の限界生産物MP_1の逆数を掛けたものである。すなわち，限界費用は次式ように表される。

$$MC=\frac{\Delta C}{\Delta q}=\frac{w_1 \Delta x_1}{\Delta q}=\frac{w_1}{\Delta q / \Delta x_1}=\frac{w_1}{MP_1}\ \cdots\cdots\cdots\cdots (10.16)$$

したがって，限界生産物が逓減すると限界費用は逓増し，限界生産物が逓増すると限界費用は逓減し，限界生産物が一定ならば限界費用も一定となる。このように，限界生産物と限界費用とは負の関係にあり，生産関数の技術的関係と費用関数との間には，都合のよい明確な関係が存在しているのである。すなわち，限界生産物逓減の法則は限界費用逓増の法則と表裏一体の関係にあるのである。この限界費用は総費用曲線の勾配であるので，限界生産物逓減の法則は費用を逓増させる。このように，収穫法則と費用法則とは，異なる経済現象を説明しているが，両者は密接な関係にあるのである。

以上の技術と費用との関係から，生産関数がS字型であるならば，**限界費用曲線**は，図10－6のようにU字型の曲線となる。

図10-6　限界費用曲線

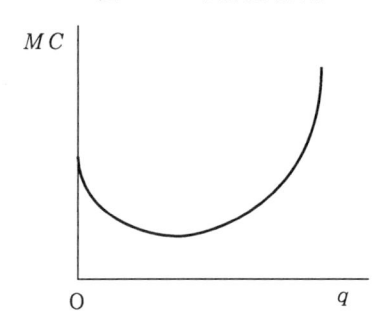

　限界生産物が逓減するという技術的な制約条件下にある企業は，限界費用が逓増するという費用制約条件下にあることを意味している。したがって，企業の費用は生産量の増加関数であり，かつ，費用が逓増するという，費用制約条件下において，企業は意思決定をしなければならないのである。

平均費用と限界費用

　平均費用は，平均費用と限界費用を利用して求めることができる。生産量 q の平均費用は，現在の生産量より1単位少ない生産量の総費用 ($AC_{-1}q_{-1}$) に，限界費用 MC を加えた生産量 q の総費用を，生産量 q で割った値であるから，次式のように表すことができる。

$$AC(q) = (AC_{-1}q_{-1} + MC) \div q \quad \cdots\cdots\cdots\cdots (10.17)$$

また，この式は次式となる。

$$AC(q) = AC_{-1} + (MC - AC_{-1}) \div q \quad \cdots\cdots\cdots\cdots (10.18)$$

　すなわち，平均費用は，現在の生産量より1単位少ない生産量 q_{-1} の平均費用 AC_{-1} に，現在の生産量の限界費用 MC と1単位少ない生産量の平均費用 AC_{-1} との差を生産量 q で除した値を加えた費用となる。

　(10.18) 式の括弧内の値が正（負），すなわち，限界費用が平均費用より大

きい（小さい）とき，生産量の増加は，平均費用を押し上げる（引き下げる）ことがわかる。以上から，平均費用と限界費用の関係は，ある生産量の水準において，$AC>MC$という関係にあるならば，生産量の増加とともに平均費用は必ず低下する。逆に，$AC<MC$という関係にあるならば，生産量の増加とともに平均費用は増加する。したがって，平均費用と限界費用が一致しているならば，その平均費用は変化しない。そして，もし，U字型の平均費用曲線である場合には，限界費用と平均費用が一致するのは，最小の平均費用における生産量の水準である。このことは，平均費用を微分することによって厳密に確かめられる。

平均可変費用と限界費用

可変費用と限界費用との関係は，平均可変費用と限界費用においても成立する。すなわち，平均可変費用はその最小点で限界費用と一致する。

平均可変費用と限界費用との関係におけるもう1つの特徴は，生産量がゼロから微小に変化したとき，両者が等しくなるということである。生産量ゼロのときは，可変費用はゼロである。したがって，ゼロの生産量から1単位生産量を増加させた限界費用は，生産量1単位の増加による可変費用の増加分である。この1単位の生産量における可変費用は，生産量1単位当たりの費用である平均可変費用と等しい。それゆえに，生産量の最初の微小単位の限界費用は，生産量1単位当たりの平均可変費用に等しいのである。すなわち，限界費用と平均費用の定義から，生産量の最初の微小変化のとき，次式が成立している。

$$MC(1)=\frac{VC(1)+FC-VC(0)-FC}{1}=\frac{VC(1)}{1}=AVC(1) \quad \cdots\cdots\cdots (10.19)$$

この式の成立は，平均可変費用曲線と限界費用曲線の縦軸の切片が共通であることを意味している。

短期の平均費用曲線と限界費用曲線

以上で説明した3つの平均費用曲線，AC曲線，AVC曲線，AFC曲線およ

びMC曲線の特徴を要約すると以下のようになる。
1. AFC曲線は固定費用から直角双曲線となる。
2. AC曲線とAVC曲線は平均生産物の逓減から逓増し，U字型の曲線となる。
3. 生産量の増加とともに，AC曲線とAVC曲線の縦軸との距離は小さくなる。
4. MC曲線は限界生産物逓減の法則からU字型の曲線となる。
5. MC曲線は，AC曲線とAVC曲線の最小点を左下から右上に横切る。
6. AVC曲線とMC曲線の縦軸の切片は一致する。

以上の6つの特徴および平均費用と限界費用との関係を踏まえて図示したものが図10－7である。

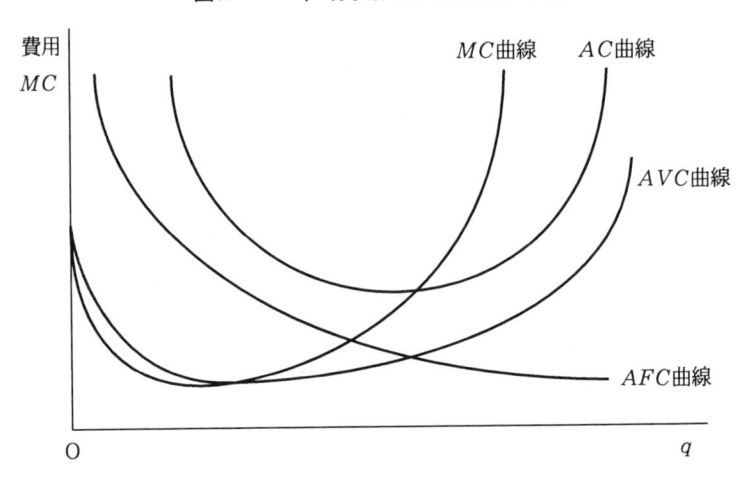

図10－7　平均費用曲線と限界費用曲線

第3節　長期費用曲線

長期費用と短期費用

費用関数は，所与の生産量を生産する最小費用と定義される。短期費用関数

は，部分的な生産要素を調整して実現される最小費用であり，長期費用関数は，すべての生産要素を調整して実現される最小費用と定義される。長期では，企業は機械設備や工場や店舗数などの短期的固定生産要素を自由に選択することができるので，生産要素はすべて可変生産要素となる。したがって，長期費用は可変費用のみである。

企業が費用を最小化するように生産要素を選択するならば，短期の費用は長期費用を下回ることはできない。言い換えれば，長期費用は短期費用に等しいか小さいのである。なぜならば，長期においては，短期の固定生産要素を調整することによって，短期費用より小さい費用を実現する固定生産要素の選択が可能となっていなければならないからである。すなわち，すべての生産要素を調整できる生産体制は，部分的な生産要素の調整のみに制約されている生産体制よりも，より多くの生産が可能となっていなければならない。このことは，企業の短期の総費用曲線は長期の総費用曲線よりも上にあることを意味している。したがって，短期の平均費用曲線も長期の平均費用曲線より上にあることを意味しており，短期の単位当たりのコストが，長期の単位当たりのコストを下回ることはあり得ないのである。以下では，この短期と長期の費用との関係について説明し，長期の費用曲線を導出する。

生産設備と長期総費用曲線

図10－8には，STC_1，STC_2，STC_3の3つの短期総費用曲線が描かれている。3つの短期総費用曲線は，異なる生産設備1，2，3に対応しており，それぞれに固定費用が存在し，縦軸に切片をもつ総費用曲線となる。このような生産設備は工場や店舗などのように分割不可能な財であり，そのような分割できない生産規模を企業が選択することを考察し，長期の総費用がいかなる水準となるかを明らかにしよう。なお，この3つの短期総費用曲線は，生産量q_1のとき，STC_1とSTC_2が交差しており，生産量q_2のとき，STC_2とSTC_3が交差している。

企業の生産量と短期の総費用がこの3つの短期総費用曲線で表されるとき，

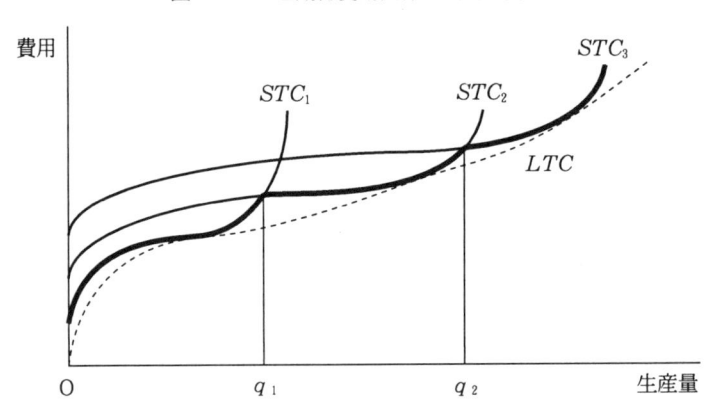

図10−8　短期総費用曲線と長期総費用曲線

生産量 q_1 は，固定的生産要素である 3 つの生産設備のいずれを利用しても生産することができる。もし，生産設備 1 を利用するならば，q_1 の総費用は生産設備 2 を利用したときの総費用に等しい。そして，生産設備 3 を利用して生産する q_1 の総費用は，生産設備 1 または 2 を利用したときの費用よりも高くなっている。このような費用条件の下では，費用最小化行動から企業は，生産量が q_1 までは，生産設備 1 を選択し生産するであろう。そして，生産量が q_1 から q_2 までの範囲では，生産設備 2 を，そして，生産量が q_2 以上では，生産設備 3 を選択し生産する。したがって，生産規模を自由に選択できる長期の総費用曲線は，生産量が q_1 までは，STC_1 であり，生産量が q_1 から q_2 までは，STC_2 であり，そして生産量が q_2 以上では，STC_3 となる。

すなわち，長期では生産設備を調整することが可能であることから，企業の**長期総費用曲線**（long-run total cost curve : LTC）は，各生産量において費用が最小となる短期の総費用曲線を結合したものとなる。言い換えれば，企業が固定生産要素を最適選択した生産規模における短期総費用が長期総費用と一致しているのである。したがって，長期総費用曲線は，図10−8 に示されているように，3 つの短期総費用曲線下側の**包絡線**（envelope）となる。この長期総費用曲線は，短期総費用曲線よりも下に位置しているのである。

長期総費用曲線

　長期では生産設備も含め，すべての生産要素が調整可能であり，可変的生産要素となる。それゆえに，生産量がゼロであるならば，総費用もゼロとなる。長期総費用曲線は，縦軸の切片をもたず，原点が端点となる費用曲線となる。そこで，生産設備を連続的に調整可能な長期の選択を考察し，総費用曲線を導出しよう。

　図10－8の分割不可能な固定設備の長期選択において説明したように，企業が各生産水準について，最適生産規模を選択しているならば，その長期総費用は短期総費用に等しくなっている。このことは短期総費用曲線の包絡線が長期総費用曲線となっていることを意味している。

　いま，企業が最適生産規模よりも大きい生産設備を選択しているならば，生産能力は過剰となり，$STC<LTC$となる。また，最適生産規模よりも小さい生産設備を選択しているならば，追加的生産のための費用が逓増し，$STC>LTC$となる。そして，最適生産規模を選択するならば，$STC=LTC$が成立している。このことは，各生産量の水準について，短期総費用曲線が長期総費用曲線に接するような生産規模が存在していることを意味するものである。すなわち，長期総費用曲線は，短期総費用曲線を超えることはなく，常に，$STC \geq LTC$となっているのである。したがって，図10－8に点線で示されているように，長期総費用曲線は，短期総費用曲線の包絡線となっており，その両曲線の接点が最適生産規模を実現していることを意味しているのである。

長期平均費用曲線と短期平均費用曲線

　費用最小化から長期総費用曲線は，短期総費用曲線を超えることはなく，常に，$STC \geq LTC$が成立している。それゆえに，総費用を生産量で割った，**長期平均費用**LACと**短期平均費用**SACとの間には，次の関係が成立している。

$$SAC \geq LAC \quad \cdots\cdots\cdots\cdots\cdots\cdots\cdots\cdots\cdots\cdots\cdots\cdots\cdots (10.20)$$

　すなわち，長期平均費用は短期平均費用を超えることはなく，長期平均費用

曲線は短期平均費用曲線の包絡線となっている。また，平均費用は総費用曲線上の点と原点とを結ぶ直線の傾きであるので，長期総費用曲線と短期総費用曲線の接点においては，$SAC=LAC$であり，それ以外の生産量の水準では，$SAC>LAC$である。したがって，図10−9に示されているように，長期平均費用曲線は，各短期平均費用曲線の1点で接する包絡線となっている。

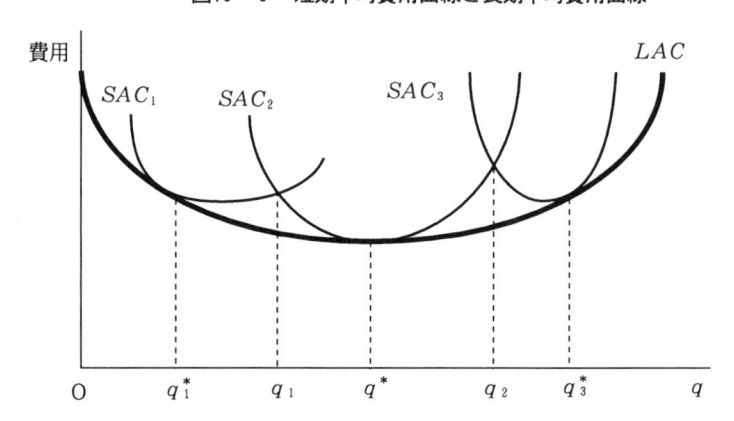

図10−9　短期平均費用曲線と長期平均費用曲線

長期限界費用曲線と短期限界費用曲線

限界費用曲線が平均費用の最小点を通ることについては，短期も長期も同様である。限界費用は総費用曲線の接線の勾配であるので，長期総費用曲線と短期総費用曲線の接点においては，両曲線の接線の勾配が等しいことから，**短期限界費用SMCと長期限界費用LMCとが一致する**。したがって，短期総費用曲線と長期総費用曲線の接点の$SAC=LAC$となる生産量の水準おいて，長期限界費用曲線は短期限界費用曲線と交差し，長期平均費用曲線の最小点を通る曲線となる。

なお，長期限界費用曲線の縦軸の切片は，長期平均費用曲線の切片と一致している。このことは平均費用と限界費用の定義から導かれる。

長期平均費用曲線と長期限界費用曲線

長期費用曲線の特徴は，以下の5点に要約することができる。

1. 最適生産規模を選択しているとき，長期総費用は短期総費用と一致する。
2. 長期平均費用は短期平均費用を上回ることなく，長期平均費用曲線は短期平均費用曲線の包絡線となる。
3. 長期（短期）平均費用の最小点を長期（短期）限界費用曲線が通る。
4. 短期平均費用と長期平均費用が等しいとき，短期限界費用と長期限界費用も等しい。
5. 長期平均費用と長期限界費用曲線の縦軸の切片は一致する。

以上の5点を踏まえて，長期平均費用曲線と長期限界費用曲線を図示したのが図10-10である。

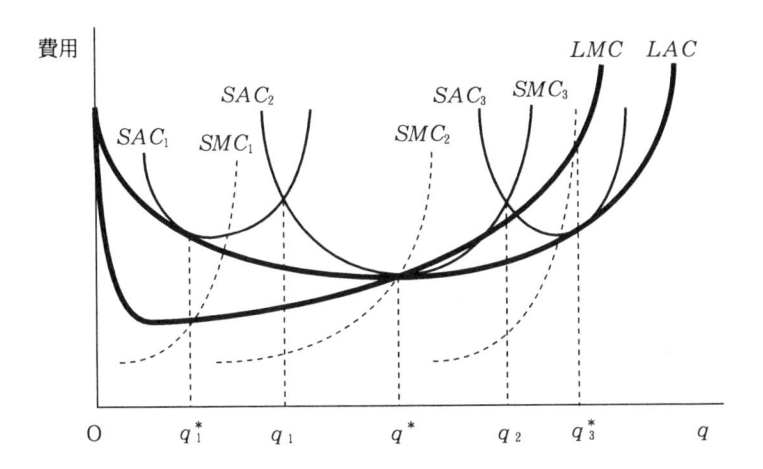

図10-10 短期費用曲線と長期費用曲線

規模に関する収穫法則と長期平均費用曲線

上で説明した長期費用曲線は，生産量 q^* 以下までが規模に関して収穫逓増であり，生産量 q^* 以上が規模に関して収穫逓減である生産関数の場合である。生産規模に関する収穫は，規模に関して収穫一定および収穫逓増，収穫逓減と

がある。それゆえに，長期の費用関数は3つの特徴ある関数となる。

規模に関して収穫一定の生産関数の場合，生産規模の拡大は，比例的に生産要素投入量が増加し，総費用も比例的に増加する。したがって，長期の総費用曲線は原点を通る直線となり，長期平均費用は一定となる。

規模に関して収穫逓増の生産関数の場合，生産量が増加したとき，生産要素投入量の増加は生産量の増加以下となる。したがって，総費用は逓減する。すなわち，長期総費用曲線は上に凸型の曲線となり，長期平均費用も逓減する。規模に関して収穫逓増の場合，規模の利益が作用し，単位当たりの費用は生産規模の拡大とともに低下するという費用構造となる。

練 習 問 題

問題1 費用関数が，$c(q) = q^2 + 1$ であるとき，平均費用，限界費用および平均費用の最小点の生産量を求めよ。

問題2 平均費用と限界費用に関する以下の記述について，正しいものを1つ選択せよ。
(1) 生産物の増加とともに限界費用が低下しているとき，限界費用は平均費用よりも大きい。
(2) 生産物の増加とともに平均費用が低下しているとき，限界費用は平均費用よりも大きい。
(3) 生産物の増加とともに平均費用が増加しているとき，限界費用は平均費用よりも小さい。
(4) 限界費用と平均費用とが等しいとき，平均費用の最小値となっている。
(5) 限界費用と平均費用とが等しいとき，限界費用の最小値となっている。

問題3 生産関数が $q = x_1^a x_2^b$，$a > 0$，$b > 0$，$a + b > 1$，であるとき，長期平均費用曲線 LAC と長期限界費用曲線 LMC を描きなさい。

第11章 供給曲線

前章において企業の費用構造について説明した。この費用は，総費用とともに，単位当たりの費用の平均費用や追加生産物に対する追加的費用である限界費用についても説明した。本章では，利潤最大化仮説に基づき，企業の供給活動について詳細な説明を加える。企業の供給活動については，第9章において説明を与えているが，1投入物1生産物の生産関数を利用しての説明であった。ここでは，生産関数の技術的条件に基づき導出された，前章の一般的な費用関数を用いて，利潤が最大となる供給関数を導き出すことにする。

第1節 利潤の最大化と供給曲線

企業の収入構造

所与の価格の下で意思決定を行う企業を**完全競争企業**という。この企業は市場価格に影響力を与えることができない。このような企業を**価格受容者**（price taker）といい，現在の市場価格の下では，いくらでも販売することができるという需要曲線に直面している。一方，価格に影響力を行使できる企業は**価格設定者**（price maker）という。後者の企業は**不完全競争企業**であり，現在の価格の下で販売している数量以上に販売するためには，価格の引き下げや販売努力を行う必要がある。このような企業は，右下がりの需要曲線に直面しているのである。

完全競争企業の市場環境は，水平の需要曲線に直面しているということにある。すなわち，市場価格の下では，いくらでも販売することができるのである。

このことは，企業の販売する数量が市場規模に比較して，きわめて小さいために，その企業の販売数量の増減が市場価格に影響を与えることはないからに他ならない。このような市場環境で行動する企業の収入構造はきわめて単純である。企業の収入は，価格pと生産量qの積であり，**総収入**（total revenue）は，$R=pq$と定義される。この総収入曲線は，横軸が生産量で，縦軸が総収入の平面に描くと，原点を通り，傾きが価格pの直線となる。また，生産物1単位当たりの収入である**平均収入**は価格pであり，平均収入曲線は水平の直線となる。いわゆる，図11-1の水平な直線は，価格p_0のときの平均収入曲線であり，かつ，需要曲線である。

また，**限界収入**（marginal revenue）は，生産物を1単位追加することによって得られる追加的収入である。この限界収入をMRと表す。完全競争企業は価格を引き下げることなく，いくらでも販売できるので，追加的生産物から得られる限界収入は価格となる。すなわち，

$$MR=p \quad \cdots\cdots\cdots\cdots\cdots\cdots\cdots\cdots\cdots\cdots\cdots\cdots\cdots (11.1)$$

が成立している。したがって，限界収入曲線も直線であり，それは平均収入曲線および需要曲線と一致している。

このように完全競争企業の収入構造は単純であり，価格と平均収入および限界収入が一致しているのである。

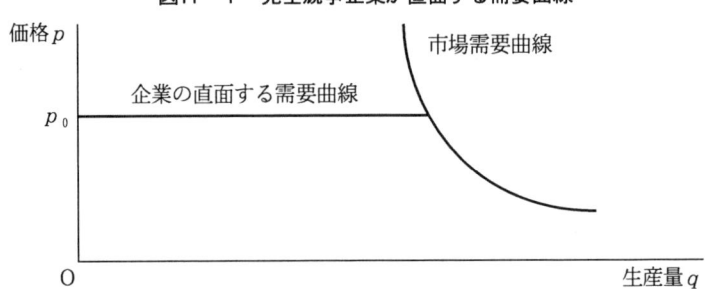

図11-1 完全競争企業が直面する需要曲線

利潤最大化と供給量の決定

前章の説明から費用 C は，生産量 q の関数であり，費用関数は，$C(q)$ と表される。したがって，利潤 π は次式となる。

$$\pi = pq - C(q) \quad \cdots\cdots\cdots\cdots\cdots\cdots\cdots\cdots\cdots\cdots\cdots\cdots (11.2)$$

第9章で説明したように，この利潤が最大となるのは，限界収入＝限界費用が成立する生産量・供給量である。価格が一定の場合，生産量1単位当たりの追加的収入である限界収入は，価格である。したがって，完全競争企業の利潤最大化の条件は，価格と限界費用が等しいという次式となる。

$$p = MC \quad \cdots\cdots\cdots\cdots\cdots\cdots\cdots\cdots\cdots\cdots\cdots\cdots\cdots\cdots\cdots (11.3)$$

市場価格と企業の限界費用が一致しているとき，利潤は最大となり，企業はこの条件を満たしているところの生産量を生産し，それを供給する。

もし，価格が限界費用よりも大きいとき，生産量を増加させるならば，収入の増加が費用の増加よりも大きくなるので利潤は増加する。したがって，$p > MC$ のとき，利潤は最大ではなく，企業には生産を拡大する誘因が存在する。逆に，もし，価格が限界費用よりも小さいとき，生産量を増加させるならば，収入の増加が費用の増加よりも小さくなるので利潤は減少する。したがって，$p > MC$ のときも，利潤は最大ではなく，企業は生産を縮小することによって，利潤を増加させることができる。このように，企業は $p \neq MC$ のときには，生産の拡大や縮小という，生産量を調整しようとする誘因が存在しているのである。すなわち，企業は，$p \neq MC$ という状態には満足していないという，不均衡状態であり，$p = MC$ となる均衡状態まで生産調整するのである。

利潤最大化条件と供給量

$p = MC$ という，利潤最大化の条件が成立しない場合が存在する。限界費用は逓減するときと，逓増しているときとがあるので，限界費用曲線はU字型の曲線となる。したがって，価格と限界費用とが等しくなる生産量が，2つ存在

する場合がある。図11-2はこのことを示している。価格がp_1のとき，価格と限界費用が一致しているA点とB点のうちの一方は利潤最大点ではない。A点では，限界費用曲線が右下がりである。このとき生産量を増加させるならば，価格は限界費用よりも大きいので，確実に利潤は増加する。したがって，企業は，価格と限界費用が等しいという，利潤最大化の条件を満たしている場合でも，限界費用曲線が右下がりであるならば，企業は，その生産量を生産しないのである。すなわち，限界費用が逓減しているとき，価格と限界費用が等しい生産量は利潤最小点となっているのである。

また，限界費用曲線の右上がりの領域においても，企業は，利潤最大化の条件が成立しても生産しない場合がある。図11-2のB点は，限界費用が逓増しているが，この点に対応する生産量を企業は生産しない。なぜならば，この点での生産は損失が大きいからである。

B点における限界費用は平均可変費用以下である。すなわち，B点に対応する生産量の平均可変費用c_2は，価格p_1よりも大きい。言い換えれば，企業の収入が可変費用よりも少なく，その赤字額は固定費用を超過していることを意味している。このような状態のとき，企業は生産を行わず，操業や営業を中止し，損失のリスクを回避する。生産中止により，企業には固定費用に等しい赤字額（損失）が発生する。しかし，その赤字額は生産したときの赤字額より小さいのである。すなわち，価格が平均可変費用以下のとき，生産を継続するならば，固定費用と損失額（負の利潤）との間には次式が成立する。

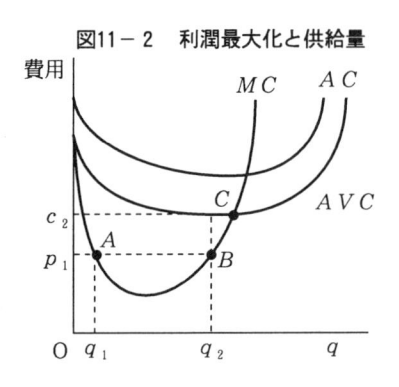

$$-固定費用 > 収入 - 総費用 \cdots\cdots\cdots\cdots\cdots\cdots\cdots (11.4)$$

したがって，価格が平均可変費用以下に低下したならば，生産を中止することが合理的となる。このように，企業は価格が平均可変費用以下のときには，

図11-2 利潤最大化と供給量

利潤最大化条件を満たしていても生産を行わず，その損失額を固定費用に抑えるという選択をするのである。この企業の意思決定から，平均可変費用の最小点Cを**操業停止点**（shutdown point）という。

企業の供給曲線と利潤

企業の利潤最大化行動から，企業は，価格＝限界費用となる生産量を生産し，それを供給する。このことから企業の限界費用曲線が供給曲線となることがわかる。ただし，価格が平均可変費用以下ならば，生産しないことが企業の最適選択となる。したがって，企業は，平均可変費用の最小点より右上の限界費用曲線に沿って生産物を供給するのである。この平均可変費用の最小点より右上の限界費用曲線が短期の**供給曲線**となる。

図11－3において，企業の生産量と利潤を確認しておこう。価格がp_1のとき，価格と限界費用が等しい均衡点に対応する企業の生産量はq_1となる。この生産量から得られる総収入が$p_1 q_1$であり，それは四角形$p_1 E q_1 O$の面積に等しい。また，この生産量を生産するための平均費用はp_2であり，総費用$p_2 q_1$は，四角形$p_2 E_1 q_1 O$の面積に等しい。したがって，生産量がq_1である

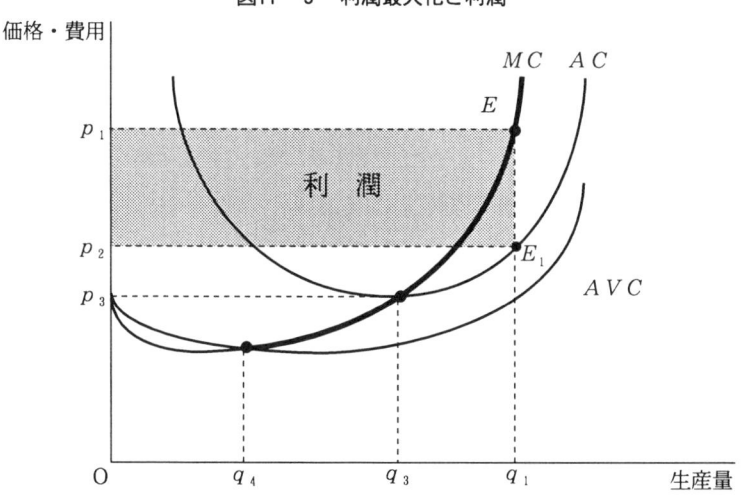

図11－3 利潤最大化と利潤

ときの，総収入から総費用を引いた利潤 $\pi = p_1 q_1 - p_2 q_1$ は，四角形 $p_1 E E_1 p_2$ の面積である。

もし，価格が平均費用の最小値と等しいときには，収入と費用は一致し，利潤はゼロとなる。この利潤ゼロとなる平均費用の最小点を**損益分岐点** (break-even point) という。価格がこの平均費用の最小点と平均可変費用の最小点との中間であるとき，費用が収入を超過し，企業は赤字となるが，生産を継続することになる。それはその赤字額が固定費用より小さいからである。

逆供給曲線と生産者余剰

供給曲線は供給量を価格の関数と考えるものである。これは需要曲線が需要量を価格の関数と考えることと共通である。そして，需要曲線について，価格を需要量の関数と考える逆需要曲線が定義できたように，供給曲線の**逆供給曲線**が定義される。すなわち，企業が所与の数量に対して提供してもよいと考える供給価格 p_s を供給量の関数とする関係が逆供給曲線である。いわゆる，代表的企業 i の供給曲線が，市場価格 p の関数として，$q_i = q_i(p)$ と表されるが，逆供給関数は，$p_s = MC(q_i)$ となる。逆供給曲線は，企業が所与の数量に対して提供してもよいと考える最高の価格の軌跡である。一方，供給曲線は，所与の価格に対して供給してもよいと考える供給量の軌跡である。

逆供給曲線は企業行動を説明するのに好都合である。とりわけ**生産者余剰** (producer's surplus) の説明には有用である。消費者余剰が需要曲線と価格線に囲まれた領域で示されたように，生産者余剰は，供給曲線と価格線に囲まれた領域となる。この生産者余剰は，企業が所与の数量に対して販売してもよいと考える価格と実際に販売した価格との差である。

利潤と生産者余剰とは密接な関係にあり，前者が総収入から総費用を引いたものであるが，後者は総収入から可変費用を差し引いたものである。すなわち，生産者余剰は利潤に固定費用を加えた値に等しい。

$$\text{生産者余剰} = pq - \text{可変費用} \quad\quad\quad\quad (11.5)$$

この生産者余剰の定義から，生産者余剰は総収入から限界費用曲線の下方の領域を差し引いた面積となる。それは，最初の1単位を生産する費用に，次の1単位を生産する限界費用を加え，さらに，次の1単位を生産する限界費用等々を加えるということから，限界費用曲線の下方の領域が可変費用の合計であるからである。図11－4の価格p_1のとき，生産者余剰は，$p_1 q_1$の収入からMC曲線の下の領域を引いた面積であり，また，それは$p_1 E A p_3$の領域に等しい。さらに，総収入$p_1 q_1$から，生産量q_1のときの可変費用の総額を引いた領域に等しい。したがって，$(p_1 q_1 - p_2 q_1)$の領域も生産者余剰と一致する。

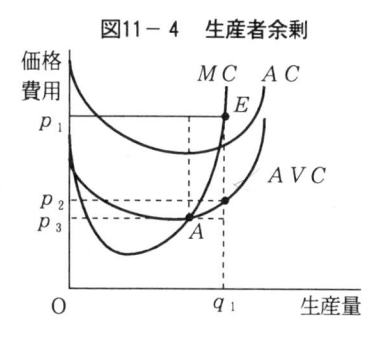

図11－4　生産者余剰

第2節　長期の供給曲線と産業均衡

企業の長期供給曲線

企業の短期の意思決定は，固定的生産要素が存在しているという条件下においてなされている。一方，長期の意思決定は，すべての生産要素が可変であるという状況下で行われている。すなわち，長期の利潤最大点は，価格と長期限界費用が一致している生産量の水準となる。企業の長期の生産量は，長期限界費用曲線に沿って変化しており，この長期限界費用曲線が**長期供給曲線**となる。

前章の長期費用の説明で確認したように，生産規模が連続的に変化し，あらゆる規模が選択可能であるとき，企業が最適選択するならば，すべての生産量について，短期の総費用曲線が長期の総費用曲線に接している。言い換えれば，企業が最適生産規模を選択しているときの生産量q^*において，短期の限界費用と長期の限界費用は一致しているのである。

しかし，生産量に対して生産規模が大きすぎると，過剰設備を抱えることになり，$SMC < LMC$となる。また，生産量に対して生産規模が過小であるな

らば，短期費用は逓増するので，$SMC>LMC$となる。すなわち，企業が設備を最適選択した生産量q^*以下では，$SMC<LMC$が成立し，生産量q^*以上では，$SMC>LMC$が成立している。したがって，長期の供給曲線は，図11－5のように生産規模の最適選択点において，短期の供給曲線と交差し，短期の供給曲線よりも緩やかとなる。長期では生産設備の調整が可能であることから，価格変化に対して供給量は弾力的となるのである。

　長期の企業の意思決定には，生産規模の選択とともに，その産業で事業を継続するか，その産業から脱退（exit）するか，ということも含まれている。このことは，長期限界費用曲線のすべてが企業の長期供給曲線ではないことを意味している。もし，価格が長期平均費用以下であるならば，企業は長期的に，正の利潤を確保することはできない。すなわち，長期的に赤字となり，事業の継続は不可能となる。企業がこの産業にとどまるためには，価格は長期平均費用に等しいか，それ以上でなければならない。企業の損益分岐点は長期平均費用の最小点であるから，価格が長期平均費用以下の場合には，企業はこの産業から脱退し，生産は行わない。したがって，長期供給曲線は，長期平均費用の最小点より右上の長期限界費用曲線となる。

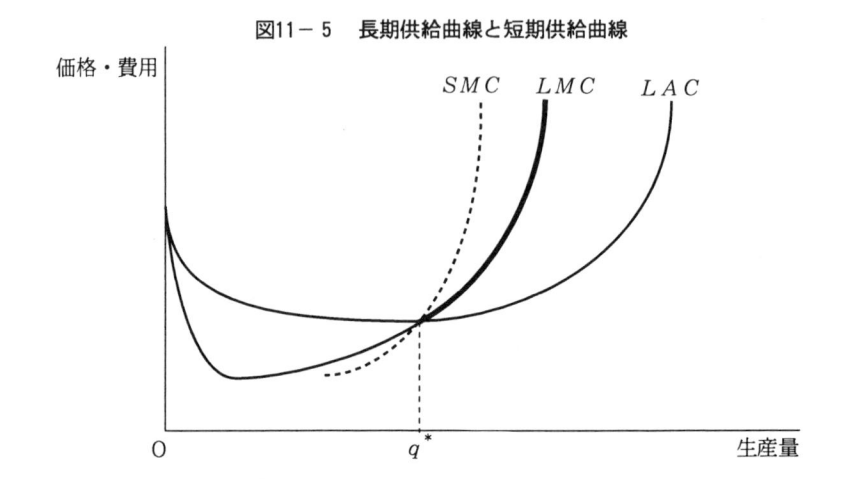

図11－5　長期供給曲線と短期供給曲線

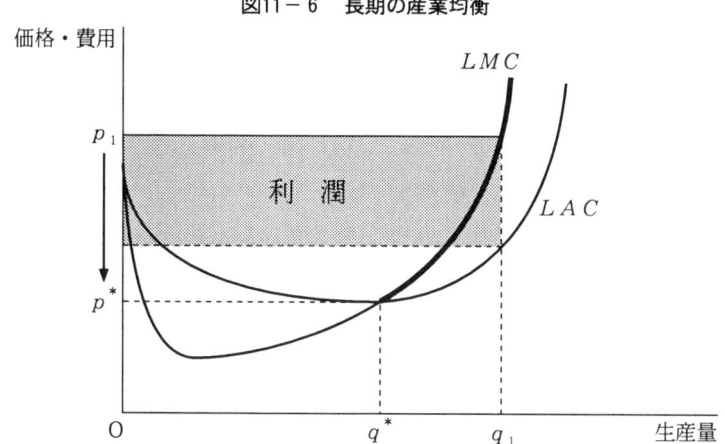

長期の産業均衡

図11－6のように，価格が長期平均費用 p^* 以上の p_1 であるならば，超過利潤が発生する。この超過利潤が発生しているときには，他の企業がこの超過利潤の獲得を意図して，この産業に参入 (entry) することが予想される。参入・脱退が自由である競争市場であるとき，超過利潤の存在は，企業に参入を誘導する信号となるのである。このように，長期利潤が正であるときは，企業の産業への参入が起こる。産業への企業の参入が生じると，供給量は増加するので，市場価格は低下する。この市場価格の低下が超過利潤を引き下げるのである。しかし，超過利潤が正であるかぎり，企業の参入は継続するので，価格は長期平均費用の最小点まで低下することになる。

また，価格が長期平均費用以下に低下したときは，利潤は負となり，企業の脱退が起こる。この企業の脱退は供給量を減少させ，価格を上昇させるように作用する。企業は価格が長期平均費用以下であるかぎり，脱退する誘因が存在するので，価格が長期平均費用の最小の水準に上昇するまで脱退は継続する。

このように，長期では超過利潤が正であるならば，参入が起こり，負であるならば，脱退が起こる。したがって，価格が長期平均費用最小点と一致しているとき，参入脱退が生じない長期均衡となる。これを**産業均衡**（industry equilibrium) という。長期均衡では超過利潤は存在せず，しかも，長期平均費用の最小値に等しい価格が設定されているのである。このことは，企業がその財を最小の費用で生産し，それを消費者に提供する価格も最小の価格であることを意味している。競争は資源を効率的に利用するように誘導してくれる。しかも，効率的な生産方法に誘導するのは利潤である。利潤は経済システムを有効に機能させるための重要な指針なのである。

第3節 市場供給曲線と供給の価格弾力性

企業の供給曲線と市場供給曲線

各企業の供給曲線は企業の最適化行動の帰結として導出されたものである。そして，本節では，個々の企業の供給曲線を集計した市場供給曲線について説明する。

ある財の産業全体の**産業供給** (industry supply)，または**市場供給** (market supply) は，個々の企業の供給量のすべてを集計したものである。いま，同じ財を生産している m 社の企業が存在しているとき，企業 j の個別供給量 q^j を価格 p の関数として，$q^j(p)$ とするならば，それを集計した市場供給は次式である。

$$q = \sum_{j=1}^{m} q^j(p) \quad\quad\quad\quad (11.6)$$

市場需要曲線が個々の消費者の需要曲線を横に加えることによって導かれたように，市場供給曲線も個々の企業の供給曲線を横に加えることによって得られる。したがって，企業の供給曲線が右上がりであるならば，市場供給曲線も右上がりとなる。図11-7は，2社の企業AとBの供給曲線を集計し，市場供給曲線を導出したものである。

価格が p_1 のとき，企業AとBの供給量は，それぞれ q_1^1 と q_1^2 であり，そして，その和の市場供給量 $q_1^1 + q_1^2 = q_1$ が，図11-7(3)に示されている。同様に，価格 p_2 のときの企業AとBの供給量は，それぞれ q_2^1 と q_2^2 であり，そして，その

図11－7　企業の供給曲線と市場供給曲線

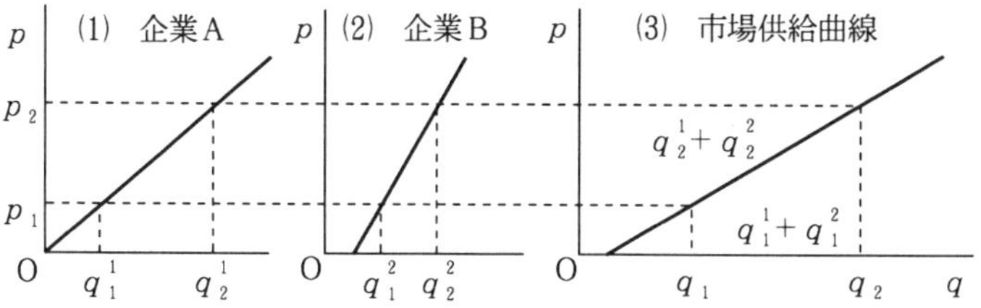

和の市場供給量 $q_2^1 + q_2^2 = q_2$ が示されている。そして，価格が p_1 と p_2 のときの市場供給の組合せ，(q_1, p_1) と (q_2, p_2) の2点を結んで得られる曲線が市場供給曲線となる。

供給の価格反応と供給曲線

　企業が価格変化に対して供給量をどのように変化させるかは，供給曲線の形によって予想できる。価格変化 Δp と供給量の変化 Δq の比である $\Delta q / \Delta p$ は，1つの価格反応の尺度である。この比は供給曲線の勾配の逆数である。したがって，供給曲線が緩やかな勾配をもつならば，価格変化に対する供給量の反応は大きく，供給は弾力的であるという。逆に，企業の価格反応が小さいとき，供給曲線は急勾配となり，供給は非弾力的であるという。このように，供給曲線の形状から企業の価格反応を把握することができる。

　供給曲線は限界費用曲線であるから，価格変化に対する反応の大小は，限界費用の逓増の程度に依存しているのである。限界費用の逓増が大きいならば，供給曲線は急勾配となる。したがって，生産物1単位を追加生産するための限界費用は，生産要素の限界生産物とは負の関係にあるので，生産要素の限界生産物の逓増の程度に依存しているといってよい。すなわち，限界生産物の逓減が大きいならば，供給曲線は急勾配となり，価格変化に対する反応は小さくなる。逆に，限界生産物の逓減が小さい生産技術をもつならば，供給曲線は緩やかとなり，価格変化に対する反応は大きくなるのである。このように，供給曲線の勾配を決定する重要な要因は企業の保有する技術的知識である。

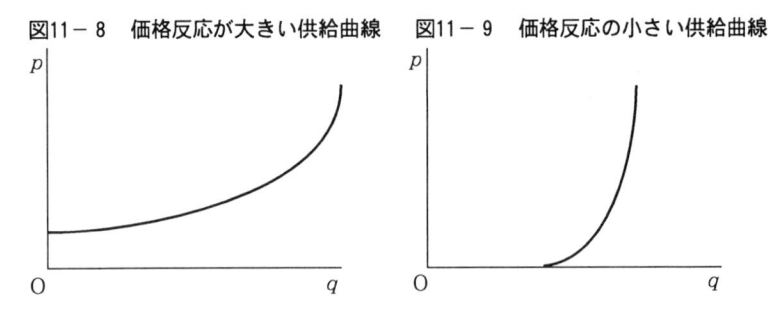

図11−8　価格反応が大きい供給曲線　　図11−9　価格反応の小さい供給曲線

　図11−8のように緩やかな供給曲線は，資源制約が緩く，生産要素の限界生産物が大きい。また，代替的生産方法による生産が可能であったり，在庫保有が可能な財の価格反応は大きくなる。一方，図11−9のような供給曲線は，生産要素の存在量の制約がきびしく，代替的生産方法が存在せず，在庫が不可能な財の供給曲線である。生産要素の限界生産物が小さい財の供給曲線となる。

供給の価格弾力性

　価格1％の変化に対する供給量の変化率を**供給の価格弾力性**E_p^s（price elasticity of supply）という。この供給の価格弾力性は価格変化に対する売手の反応を測る尺度であり，需要の価格弾力性と同様に，貨幣単位や財の数量の単位とは独立であり，次式のように定義される。

　　　$E_p^s =$ 供給量の変化率 ÷ 価格変化率

$$= \frac{\Delta q / q}{\Delta p / p} = \frac{\Delta q}{\Delta p} \frac{p}{q} \quad \cdots\cdots\cdots\cdots\cdots\cdots\cdots\cdots\cdots\cdots\cdots (11.7)$$

　供給曲線は右上がりであるので，供給量の変化率と価格変化率との比は正であり，供給の価格弾力性は正となる。弾力性E_p^sが1，あるいは弾力性が1より大きいとき，弾力的，弾力性が小さいとき，非弾力的という。したがって，この供給の価格弾力性は，ゼロと正の無限大との間の値をとる。

　弾力性がゼロというのは，価格変化に対して供給が全く変化しないので，図11−10のように供給曲線は垂直となる。このような供給曲線の例としては，1

図11-10　弾力性ゼロの供給曲線　　図11-11　弾力性無限大の供給曲線

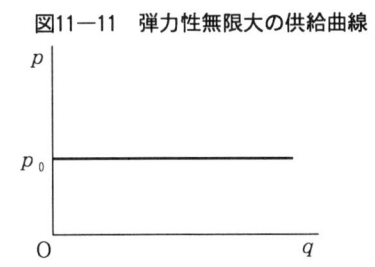

日の魚の漁獲量があげられる。その日の魚の漁獲量が確定するならば，その魚の供給量は一定となり，価格変化には反応しない供給曲線となる。

　また，供給が無限大というのは，図11-11のように供給曲線が水平となる。すなわち，その価格ではいくらでも供給するという，供給に限りがない供給曲線である。資源制約から，無限に供給が可能であるという財は存在しない。しかし，市場規模が大きく，買手の需要量が小さいとき，この買手にとっては，市場の右上がりの供給曲線が水平に見えるのである。すなわち，市場の供給曲線は右上がりであるが，買手の需要量が市場価格に影響を与えることがない場合には，買手は，その市場価格の下で，必要なだけ購入できるという，供給曲線に直面しているのである。したがって，このような場合には，個々の買手が直面している供給曲線は水平であると考えられる。

　供給の価格弾力性がゼロと無限大は，きわめて特殊なケースである。弾力性が1以上の場合，供給は弾力的であるという。すなわち，価格変化に対する供給の変化が大きく，供給曲線は緩やかな勾配をもつ。供給が弾力的となるのは，代替可能な生産方法や即座に生産量の増減が可能な生産方法をもっている産業や在庫が可能な財である場合である。

　また，弾力性が1以下の場合，供給は非弾力的であるという。すなわち，価格変化に対する供給量の変化が小さく，供給曲線は急な勾配をもつ。技術的に代替が困難な生産方法に依存する財や年1回の収穫に制約される農産物は非弾力的供給となる。

直線の供給曲線と価格弾力性

弾力性は価格変化率と数量の変化率の比であるが，価格の変化に対する数量の変化の比 $\Delta q / \Delta p$ を，価格と数量の比 q/p で除したものでもある。この表現を利用すると，弾力性は，限界関数と平均関数の比として，理解することができる。すなわち，需要の価格弾力性と同様に，供給の価格弾力性 E_p^s を次式で表すことができる。

$$\text{供給の価格弾力性} = \frac{\Delta q / \Delta p}{q / p} = \frac{\text{限界関数}}{\text{平均関数}} \quad\cdots\cdots (11.8)$$

この弾力性の定義を利用して，図11-12のような直線の供給曲線を考えよう。この供給曲線の勾配は常に一定であるので，価格の変化に対する数量の変化の比である $\Delta q / \Delta p$ の値（直線の傾きの逆数）は，価格とは独立で一定である。したがって，このような直線の供給曲線の価格弾力性は，価格の水準と数量の水準に依存しているのである。すなわち，価格弾力性は数量と価格の比 q/p だけに依存しているのである。

図11-12 供給曲線と価格弾力性

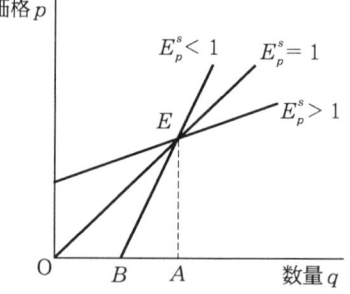

もし，図11-2のように供給曲線が縦軸に切片をもつとき，$\Delta q / \Delta p$ は，q/p より大きい。したがって，供給の価格弾力性は1以上となる。逆に，供給曲線が横軸を横切るとき，$\Delta q / \Delta p$ は q/p より小さく，供給の価格弾力性は1以下となる。それゆえに，原点を通る供給曲線は，$\Delta q / \Delta p$ と q/p が等しく，いかなる点でも供給の価格弾力性は1となる。

もし，供給曲線が直線ではなく，曲線の場合でも以上の議論が有効となる。供給曲線上の E 点の接線が縦軸を横切るとき，その点の限界関数と平均関数との間には，$\Delta q / \Delta p > q/p$ という関係が成立している。したがって，この E 点の供給の価格弾力性は1以上となる。また，接線が横軸を横切るならば，両者の間には，$\Delta q / \Delta p < q/p$ という関係が成立しており，供給の価格弾

力性は1以下となる。そして，接線が原点を通るならば，$\Delta q / \Delta p = q / p$ が成立しており，供給の価格弾力性は1となる。以上の結果を要約したのが表11−1である。

表11−1 供給曲線上の供給の価格弾力性

供給曲線の接線の切片	$\Delta q / \Delta p$ と q / p の大小関係	弾力性
縦軸を横切る	$\Delta q / \Delta p > q / p$	$E_p^s > 1$
原点を通る	$\Delta q / \Delta p = q / p$	$E_p^s = 1$
横軸を横切る	$\Delta q / \Delta p < q / p$	$E_p^s < 1$

練 習 問 題

問題1 横軸に生産量，縦軸に金額を測り，総収入曲線と総費用曲線を描き，利潤が最大となる限界収入と限界費用が等しくなる生産量と利潤額を示せ。

問題2 図において価格が p_1，p_2，p_3 であるときの，生産量と利潤を求めよ。
 (1) p_1 のとき
 (2) p_2 のとき
 (3) p_3 のとき

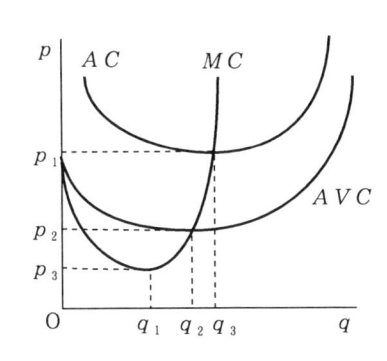

問題3 以下の生産者余剰の定義において，正しくないものを1つ選択せよ。
 (1) 総収入−総可変費用
 (2) 総収入−総可変費用−固定費用
 (3) 総収入−総費用＋固定費用
 (4) （価格−平均可変費用）生産量
 (5) （価格−平均費用）生産量＋固定費用

問題 4　次の 3 つの供給関数の供給の価格弾力性に関する説明として正しいものを 1 つ選択せよ。

$$A : q = 2p, \quad B : q = 2p - 1, \quad C : q = 2p^2$$

(1)　A と B の価格弾力性はともに 1 である。
(2)　B の価格弾力性は，供給量の増加とともに増加する。
(3)　A の価格弾力性は，B の価格弾力性よりも大きい。
(4)　B と C の価格弾力性は常に一定である。
(5)　B と C の価格弾力性はともに 1 以上である。

問題 5　A 財の完全競争市場の市場需要が $q = 1000 - p$ であり，個々の企業の長期の総費用は $C = 24q - 4q^2 + q^3$ である。なお，価格 p と費用 C の単位は千円，数量 q の単位は百万個である。以下の問いに答えよ。

(1)　産業均衡の企業数を求めよ。　(2)　市場価格を求めよ。
(3)　個々の企業の生産量を求めよ。　(4)　市場の需要量＝供給量を求めよ。

第12章　市場均衡と資源配分

　第5章の需要関数において，ある財の個人の需要曲線から，市場全体の市場需要曲線を導出した。市場需要は，個々の消費者ないし，買手の需要のすべてを集計したものである。また，第11章の供給関数において，ある財の企業の供給曲線から，市場全体の市場供給曲線を導出した。その市場供給は，その産業に所属する企業の生産物をすべて集計したものである。

　本章では，この集計された需要と供給が遭遇する市場に焦点を当て，市場のメカニズムを解明する。消費者や企業は市場参加者であり，その市場で財・サービスを購入したり，販売するという経済活動を行っているのである。市場機構は経済問題を解くシステムとして，完璧なものではないが，魅力的な特徴がある。その1つが価格の調整機能であり，本章では，価格調整や数量調整，さらには，市場に規制や介入を行う政府の政策効果について説明する。

　経済学は，経済のメカニズムや経済現象を解明するという，事実の解明とともに，望ましい経済社会を実現するための政策を提示するという使命を担っている。そこで，現実経済が社会的に望ましいと考える理想経済と一致しているかどうかを確認することが必要となる。実際の経済状態を判断する重要な概念が，**パレート最適**（Pareto optimum）である。希少性をもつ資源が効率的に利用されていることを定義する最適資源配分の状態は，パレート最適であるという。本章では，他の市場との相互依存関係を前提としない部分均衡分析の枠組みにおいて，市場均衡がパレート最適と一致していることを明らかにする。このことを厚生経済学の基本定理という。この定理は，「見えざる手が経済を望ましい状態に導く」という，2世紀前の**スミス**（A.Smith, 1723-90）の命題に他ならない。

第1節　市場均衡と価格決定

市場需要と市場供給

　市場需要（market demand）は，買手の需要のすべてを集計したものである。いま，n人の消費者がいるとき，第1財の消費者iの個別需要d^iを価格pの関数として，$d^i(p)$とするならば，それを集計した市場需要Dは，次式となる。

$$D(p) = \sum_{i=1}^{n} d^i(p) \quad\cdots\cdots\cdots\cdots (12.1)$$

　また，市場需要曲線は個々の消費者の需要曲線を横に加えることによって得られる。

　ある財の市場全体の**市場供給**（market supply）は，個々の企業ないし売手の供給のすべてを集計したものである。いま，ある産業にm社の企業が存在するものとし，第j企業の供給を価格の関数として，$s^j(p)$とするならば，それを集計した第1財の市場供給（産業供給）Sは，次式となる。

$$S(p) = \sum_{j=1}^{m} s^j(p) \quad\cdots\cdots\cdots\cdots (12.2)$$

　また，市場需要曲線と同様に，市場供給曲線は個々の企業の供給曲線を横に加えることによって得られる。

完全競争市場

　市場価格は個々の経済主体の行動とは独立である。すなわち，企業や消費者は市場価格に影響力を与えることができず，市場価格を所与として行動する経済主体である。このような経済主体を**価格受容者**（price taker）という。このような経済主体が生産量や消費量を変化させた場合，その数量が市場に占めるシェアが微小であるために，市場価格への影響はほとんどなく，無視することができるからである。

特に，財には質的差がなく，市場に関する情報は，市場参加者が共有しており，かつ，市場への参加・脱退が自由であり，価格を所与として行動する市場参加者が多数存在している市場を，**完全競争市場**（perfect competition market）という。このような市場は，農産物市場以外では観察されることは少ない。このことから，完全競争市場の現実的妥当性については，疑問が提示される。しかし，この完全競争市場の理解が市場経済の解明の重要な一歩となるのである。なぜならば，この完全競争市場は市場メカニズムの本質的な特徴を明らかに示してくれるからである。以下では，この完全競争市場について説明する。

市場価格の決定

需要者は**市場価格**pを所与として行動することから，その市場需要関数は価格の関数として，$D(p)$で表される。同様に，供給者も価格受容者であることから，その市場供給関数は価格の関数として，$S(p)$で表される。この需要関数と供給関数が**均衡価格**（equilibrium price）を決定する。需要量$D(p)$と供給量$S(p)$とが等しい状態を**市場均衡**（market equilibrium）といい，その市場均衡を成立させる価格が均衡価格である。すなわち，均衡価格は，次式が成立する価格p_eである。

$$D(p_e) = S(p_e) \quad \cdots\cdots\cdots\cdots\cdots\cdots\cdots\cdots\cdots\cdots\cdots\cdots\cdots\cdots\cdots\cdots (12.3)$$

この式の解は市場需要量と市場供給量とが等しいときの価格であり，図12－1の需要曲線Dと供給曲線Sの交点Eの価格である。この均衡価格が実際の市場価格であり，この価格で取引が行われているのである。そして，市場均衡が成立している数量q_eを**均衡数量**（equilibrium quantity）という。

この均衡状態においては，市場参加者が新たに行動を起こそうとする誘因が存在していないのである。というのは，均衡価格以外の価格では，経済主体は行動を変更させねばならないからである。

たとえば，図12－1のように，価格が均衡価格以下のp_1であるとき，買手

図12-1 市場均衡と価格決定

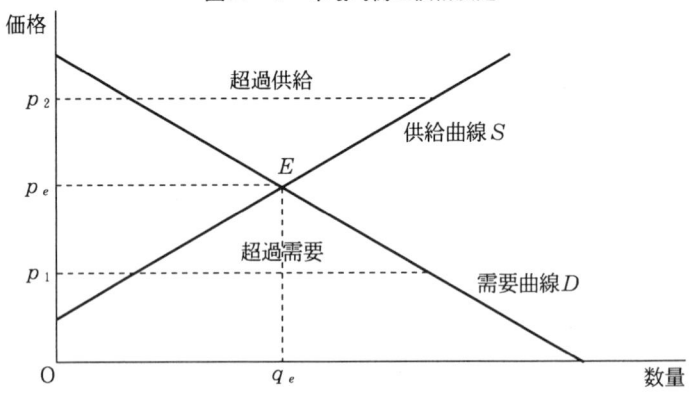

[図：縦軸に価格、横軸に数量をとり、右上がりの供給曲線 S と右下がりの需要曲線 D が均衡点 E で交わる。均衡価格 p_e、均衡数量 q_e。p_2 の水準では超過供給、p_1 の水準では超過需要が生じる。]

は希望する数量を手に入れることができないために，現在の価格以上でも購入したいという誘因が存在し，売手は現在価格以上でも販売できると考え，より高い価格で販売しようとする誘因が存在する。このように，価格が均衡価格以下のとき，需要量が供給量を上回る状態となる。この市場の状態を**超過需要**（excess demand）が存在するという。または，売手が買手よりも有利な立場であることから，売手市場とも呼ばれている。

逆に，価格が均衡価格以上の p_2 であるとき，売手は希望する量を販売することができないために，現在の価格以下でも販売したいという誘因が存在し，買手は現在価格以下でも購入できると考え，より低い価格で購入しようとする誘因が存在する。このように，価格が均衡価格以上のとき，この市場の状態を**超過供給**（excess supply）が存在するという。または，買手が有利な立場であることから，買手市場とも呼ばれている。

しかし，均衡点では，その価格で市場参加者が販売しようとする数量と購入しようとする数量とが一致しており，経済主体にとって最適な数量となっているのである。したがって，この均衡状態では，経済主体が新たに行動を起こそうとする動機が欠如しているのである。この均衡状態において，市場取引が成立し，市場が一掃（clear）されることになる。

逆需要曲線と逆供給曲線

　需要曲線や供給曲線は，経済主体にとって最適な数量を価格の関数として表したものである。この2つの曲線を逆需要曲線や逆供給曲線で表すことができる。

　逆需要曲線は，ある所与の数量を獲得するために支払ってもよいと考える価格の軌跡として表される。所与の価格に対して購入しようとする数量の軌跡である需要曲線の逆関数が逆需要曲線となっている。この因果関係は，横軸の数量に，縦軸の価格を対応させるものであり，縦軸の価格に，横軸の数量を対応させるのが通常の需要曲線である。

　同様に，**逆供給曲線**も定義できる。ある所与の数量を手放してもよいと考える価格の軌跡が逆供給曲線である。いわゆる，その数量を市場に供給するための価格の軌跡である。やはり，所与の価格に対して販売しようとする数量と対応させる供給関数の逆関数が逆供給曲線である。この逆供給曲線も，横軸の数量に，縦軸の価格を対応させるものであり，縦軸の価格に，横軸の数量に対応させるのが通常の供給曲線である。

　消費者が所与の数量を購入するために支払ってもよいと考えている価格を**需要価格** p^d，また，供給者が所与の数量を販売してもよいと考えている価格を**供給価格** p^s という。そして，この2つの価格はともに数量の関数として表される。均衡価格は，需要価格 p^d と供給価格 p^s が等しくなっているときの需給量を見い出すことによって決定される。

　逆需要曲線が $p^d(q)$，逆供給曲線が $p^s(q)$ であるとき，均衡条件は次式である。

$$p^d(q_e) = p^s(q_e) \quad\quad\quad\quad\quad\quad\quad\quad\quad (12.4)$$

　この式の解は需要価格 p^d と供給価格 p^s とが等しいときの数量であり，逆需要曲線と逆供給曲線の交点の数量である。この数量が均衡数量である。

第2節　市場機構の効率性

最適資源配分とパレート最適

　競争市場が資源を効率的に利用し，社会の構成員の厚生が最大になるように，財・サービスを配分しているかどうかについて考察してみよう。前章および前節までの内容は，消費者や企業の行動および市場メカニズムがいかなるものであるかについての経済現象の解明であった。いわゆる，現実経済のメカニズムを説明してきたのである。本節では，競争市場によって実現した経済状態や市場メカニズムが社会的観点において，望ましい経済状態や経済的成果を実現しているかどうかを明らかにするという，**規範的分析**を試みる。

　経済状態や市場メカニズムを判断するためには，何らかの価値判断，いわゆる評価する価値規準が必要となる。その価値規準の1つが資源配分の効率性（efficiency）である。資源配分が効率的であることを**最適資源配分**（optimum resource allocation）という。この最適資源配分の定義に欠かせない重要な概念が**パレート最適**である（Pareto optimum）である。

　パレート最適とは，ある人の厚生状態（効用）を改善するためには，他の人の厚生状態（効用）を悪化させることなくしては，実現不可能な状態のことをいう。言い換えれば，ある経済状態から他の経済状態に変化した場合，ある人の改善が他の人の犠牲を伴うことが不可欠であるならば，最初の状態は効率的配分であり，それをパレート最適という。もし，この経済状態の変化がある人の厚生に変化がなく，ある人の厚生を改善（welfare improvement）させるならば，最初の状態はパレート最適ではないということになる。また，資源配分をどのように変更しても，いかなる個人の厚生をも改善することができないことは，その資源配分から得られる社会的厚生が最大であることを意味している。

　このパレート最適の定義に基づき，市場均衡が効率性を実現しているかについて考察をする。この分析において有効な概念が需要価格と供給価格である。

　図12-2において，市場均衡は需要曲線Dと供給曲線Sの交点のEである。

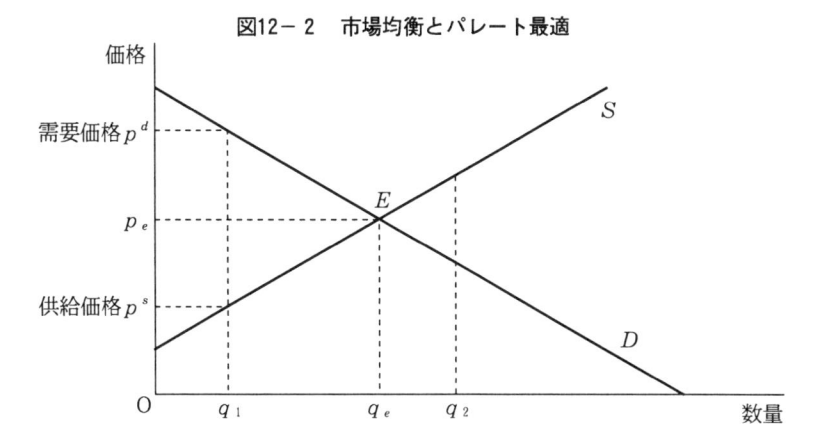

図12-2 市場均衡とパレート最適

この交点の価格 p_e と数量 q_e が競争市場によって実現される市場均衡がパレート最適となっていることを明らかにしよう。

いま，数量が均衡数量 q_e よりも少ない q_1 であるとする。このとき，追加1単位に対して販売してもよいと考える供給価格以上で購入しても良いと考えている買手がいる。言い換えれば，追加1単位に対して支払ってもよいと考える需要価格よりも，低い価格で提供してもよいと考えている売手がいる。このような状態のとき，供給価格と需要価格の間の任意の価格で，2人が交換を行うならば両者はともに最初の状態より改善しているのである。したがって，パレート効率ではなく，資源配分に改善の余地があることになる。

また，数量が均衡数量 q_e よりも多い q_2 であるとする。このとき，追加1単位に対して販売してもよいと考える供給価格以下で購入しようとする買手がいる。言い換えれば，追加1単位に対して支払ってもよいと考える需要価格よりも，高い価格で提供しようとする売手がいる。このような状態における取引は，買手か売手の一方，または，両者が犠牲を負うことになる。たとえば，その数量の需要価格に等しい価格で交換がなされるならば，その価格は供給価格以下となる。このときの需要価格と供給価格との差が売手の犠牲となる。もし，数量を減少させるならば，需要価格と供給価格との価格差が縮小し，売手の犠牲が小さくなり，売手の状態が改善されるのである。したがって，このような状

態もパレート最適ではない。

そして，市場均衡の均衡数量q_eが実現しているとき，需要価格と供給価格は一致している。もし，この状態から数量が変化したならば，売手または買手のいずれかの厚生が改善可能であるが，両者の一方が犠牲となっている。たとえば，均衡数量q_eの状態から，それよりも小さい数量が実現したときには，需要価格＞供給価格となる。もし，需要価格で取引を行うならば，明らかに売手は以前より改善される。なぜなら，供給価格よりも高い価格で販売することができるからである。しかし，買手は以前よりも厚生状態が悪化している。なぜなら，以前より少ない数量に対して，高い価格を支払わねばならないからである。また，均衡数量から数量が増加した状態に変化したときは，需要価格＜供給価格となり，需要価格で取引が行われると，買手の改善，売手の犠牲となる。それゆえに，均衡数量q_eからの乖離は，ある人の犠牲を伴うことなく，ある人を改善することはできないという，パレート最適な状態となっているのである。

したがって，市場均衡とパレート最適とは一致し，市場経済は効率的な資源配分を実現していることになる。このことを**厚生経済学の基本定理**（first theorem of welfare economics）という。この定理は，アダム・スミスによる「見えざる手が望ましい経済状態を実現する」という命題の証明である。この命題は，命令や管理による経済システムの資源配分によらなくても，個々の経済主体の経済動機に基づく行動と自由競争とが，望ましい経済成果を実現することを明らかにしているのである。

個人の消費者余剰と消費者全体の消費者余剰

消費者余剰と生産者余剰やその和である社会的余剰の概念を利用して，経済状態や政策効果に関して，評価を与えることができる。そこで，以下ではこの余剰の概念に基づき，市場メカニズムについての規範的分析を行う。

まず，**消費者余剰**の説明からはじめることにする。

個人の消費者余剰については，第6章において説明した。消費者全体の消費

図12－3　個人の消費者余剰と消費者全体の消費者余剰

(1) 個人A　　(2) 個人B　　(3) 市場需要曲線

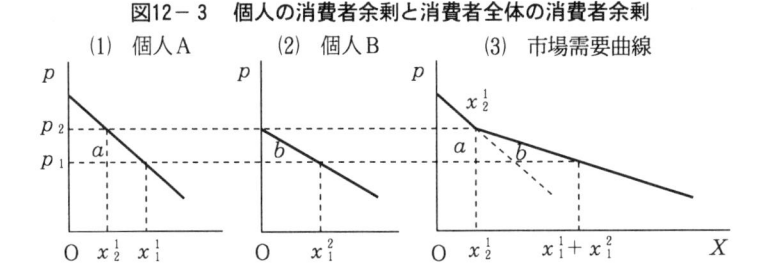

者余剰は，すなわち，市場全体の消費者余剰は，個人の消費者余剰をすべて合計しなければならない。その作業は各個人の需要曲線から得られる消費者余剰を合計することと，市場の需要曲線から市場全体の消費者余剰を得ることと等しい。図12－3はこのことを示したものである。

いま，AとBの2人だけが市場参加者であるとしよう。AとBのそれぞれの需要曲線と，それを集計した市場需要曲線の3つが図に描かれている。価格がp_1であるとき，Aの消費者余剰はaの領域であり，Bの消費者余剰はbの領域である。この2人の消費者余剰の合計が消費者全体の消費者余剰である。

定義から市場全体の消費者余剰は，市場取引によって得られる便益の合計，言い換えれば，所与の数量に対して支払ってもよいと考える総額と実際の支払い額との差である。したがって，図12－3に示されているように，それは市場需要曲線と価格線とに囲まれた領域である。図12－3(3)の市場全体の消費者余剰が，Aの消費者余剰aとBの消費者余剰bの2つの領域から形成されていることがわかる。すなわち，市場需要曲線と価格線とに囲まれた領域は，各個人の消費者余剰の和と等しくなっているのである。

消費者が所与の数量を手に入れるために支払う用意のある価格と，実際に支払った価格とが一致しているとき，この消費者はこの財を購入することと購入しないことが無差別であるといえる。市場需要曲線は，消費者がその数量に対して支払ってもよいと考える最高額の組合せの軌跡であり，需要曲線上での消費者が購入することと，購入しないこととがちょうど無差別であるという限界消費者が存在している。この限界消費者以外は，消費者は財を購入することに

よって便益(benefit)を享受しているのであり，消費者余剰が得られているのである。

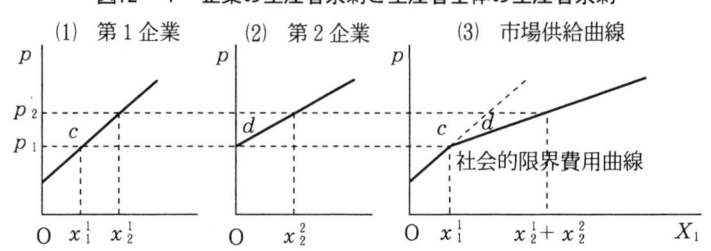

各企業の生産者余剰と生産者全体の生産者余剰

生産者が所与の数量を販売してもよいと考える最低限の価格である供給価格と，実際の販売価格とが一致しているとき，この生産者はこの財を販売することと，販売しないことが無差別であるといえる。供給曲線は供給価格の軌跡であり，供給曲線上での数量が販売することと，販売しないことがちょうど無差別であるという企業が存在する。もし，供給価格が実際の価格を超えているならば，企業は実際に財を販売し，利益を確保するという行動をとるであろう。この供給価格と実際の販売額との差額が**生産者余剰**である。

各企業の生産者余剰については，第11章において説明した。生産者全体の生産者余剰は，各企業の生産者余剰をすべて合計しなければならない。その作業は各企業の供給曲線から得られる生産者余剰を合計することと，市場の供給曲線から市場全体の生産者余剰を得ることに等しい。図12－4は，このことを示したものである。

図12－4の価格 p_2 のとき，市場全体の生産者余剰が，第1企業の生産者余剰 c と第2企業の生産者余剰 d の2つの領域から形成されていることがわかる。すなわち，市場供給曲線と価格線とに囲まれた領域は，各個人の生産者余剰の和と等しくなっているのである。

消費者余剰が需要曲線と価格線とに囲まれた領域で表されたように，生産者

図12－4　企業の生産者余剰と生産者全体の生産者余剰

余剰も供給曲線と価格線とに囲まれた領域で表される。供給曲線は限界費用曲線であるので，供給曲線の下の領域の面積は可変費用の総額となる。したがって，個々の企業の限界費用曲線を横に合計した限界費用曲線は，社会的な限界費用曲線となっているのである。その**社会的限界費用曲線**の下の領域が社会が負担した総費用と解釈できるのである。

固定費用が存在する短期の場合，生産者余剰は総収入から総可変費用を引いた金額と一致しており，この生産者余剰から固定費用を引いた金額が利潤である。

市場均衡と社会的余剰

消費者余剰と生産者余剰の和は，**社会的余剰**（social surplus）と呼ばれている。この社会的余剰が最大となっている資源配分は，パレート最適な資源配分と一致している。というのは，資源配分をどのように変更したとしても，いかなる個人の厚生も改善されない，というパレート最適の定義は，社会の構成員の厚生が最大となっていることを意味しているからである。そこで，市場均衡における社会的余剰が最大であることを示し，市場均衡が最適資源配分を実現していることを明らかにしよう。

図12－5(1)の需要曲線Dと供給曲線Sの交点Eが市場均衡点である。したがって，市場経済は均衡価格p_eと均衡数量（生産量・消費量）q_eが実現する。この市場均衡における消費者余剰は，AEp_eであり，生産者余剰はBEp_eである。

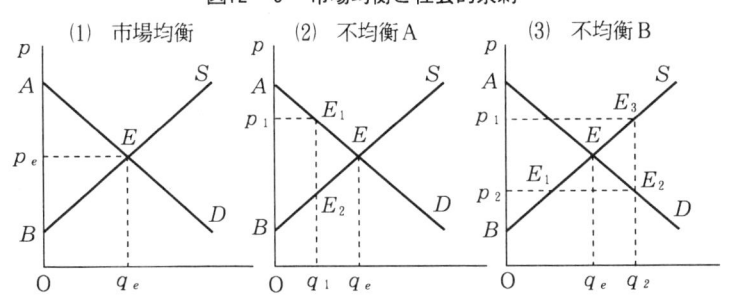

図12－5 市場均衡と社会的余剰

そして，消費者余剰と生産者余剰の合計の社会的余剰は AEB となる。

図12-5(2)には，数量 q_1 が均衡数量 q_e より少ないとき，価格 p_1 となることが示されている。このような価格と数量の組合せにおける消費者余剰は AE_1p_1 となり，生産者余剰は $BE_2E_1p_1$ である。したがって，社会的余剰は AE_1E_2B となり，市場均衡の社会的余剰よりも，E_1EE_2 だけ少なくなっている。

また，図12-5(3)には，数量 q_2 が均衡数量 p_e より多いとき，価格 p_2 となることが示されている。このような価格と数量の組合せにおける消費者余剰は AE_2p_2 となり，消費者余剰は増加する。しかし，生産者余剰は $BE_1p_2-E_1E_2E_3$ となり，大幅に減少している。したがって，社会的余剰は AEB から EE_2E_3 を除いた面積となり，市場均衡の社会的余剰よりも，EE_2E_3 だけ少なくなっている。

このように，競争均衡の状態における社会的余剰が最も大きく，市場均衡が資源配分の効率性を達成していることが理解できる。

政府の市場介入政策：食糧管理会計制度

政府の市場への介入は，消費税に代表されるように税を課したり，逆に，生産や消費に補助金を交付したり，さらには，政府が財・サービスの価格設定を行う価格支持政策や，取引数量や生産量の上限を設定する数量制限などがある。これらの政策は資源配分や所得分配の観点から是認され，実施されてきた。

課税については第4節において説明し，ここでは，価格支持政策について説明する。日本における価格支持政策の代表例は，米価や最低賃金を定める労働賃金や金融自由化以前における金融機関の預金金利や貸し出し金利などである。ここでは，所得分配の観点からも資源配分の観点からも，長く日本において支持されていた，政府の米市場への介入について説明する。

戦後の食糧不足対策のためのお米の生産拡大と農家の所得補償，さらには，低所得者の生活保障のために，政府は食糧管理会計制度を利用したお米の需給管理を行ってきた。それは，自由な市場の需給均衡によって実現する価格よりも高い価格を設定することにより，農家のお米の生産奨励と所得補償を実現す

ることにあった。これがいわゆる政府が農家から買い上げる**生産者米価**である。また、戦後の日本の国民所得水準は低く、市場均衡によって実現するお米の価格では、お米を十分購入できない国民が存在していた。そこで、国民の生活水準の維持向上のために、市場価格以下に米価を設定する政策が行われた。これが**消費者米価**の設定である。

このような政府の市場介入・食糧管理制度は、農村だけでなく、都市の住民からも支持された。しかし、この制度は経済的観点からは必ずしもベストな政策ではないのである。図12-6は食管会計制度を図示したものである。

いま、政府の支持する生産者米価がp^sであるとき、農家はこの価格に対応して、お米の生産量をq^sとするであろう。この生産量をすべて市場で販売するためには、政府は需給均衡条件から、p^dの消費者米価を設定する必要がある。すなわち、古米を生み出さないためには、生産者米価より価格を低く設定する必要が

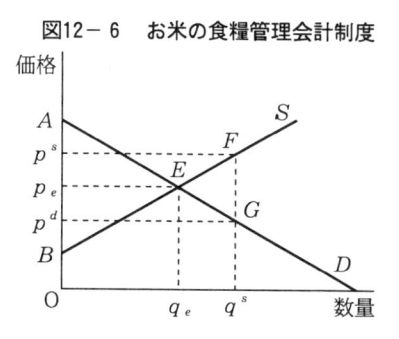

図12-6 お米の食糧管理会計制度

がある。このような市場介入によって、お米の生産量は増加し、農家は自由競争のときよりも多い所得$p^s q^s$を獲得することができるのである。そして、消費者は自由市場のときよりも低い価格で、かつ、多くのお米q^sを消費することができるのである。

この市場介入で農家の生産者余剰は$\triangle p^s FB$、消費者余剰は$\triangle p^d GA$であり、ともに市場均衡の$\triangle p_e EB$、$\triangle p_e EA$よりも多くなっている。このことが、この政策を国民が支持する根拠ともなっているのである。しかし、この価格支持政策は、生産者米価p^sと消費者米価p^dの差が、お米1単位当たりの赤字となる。それゆえに、この制度を維持するためには、政府は、この赤字を食管会計で負担しなければならない。すなわち、$(p^s - p^d)q^s$は、食管会計の赤字であり、それは国民の税負担で補うことになる。したがって、社会的観点からは、この赤字額はこの制度の費用であるから、先の消費者余剰と生産者余剰

の合計から差し引く必要がある。結局，この制度の社会的余剰は，($\triangle p^sFB + \triangle p^dGA) - \square p^sFGp^d$となる。この社会的余剰は，政府が市場介入しない場合の社会的余剰，$\triangle AEB$よりも，$\triangle EFG$だけ小さくなっている。このことは，食管会計制度は市場参加者にとっては便益をもたらすが，社会的観点からは自由な市場制度を超えることはできないことを意味している。

第3節　比較静学と間接税

均衡価格の変化と外生変数

　経済学は，需要曲線と供給曲線の交点の均衡点において，実際の経済活動が行われているものとして，市場経済を描き出している。さらに，経済学は，その均衡点が刻々と変化しているのが現実経済であるとも想定しているのである。この市場均衡点の変化は，価格の変化と数量の変化を引き起こすのである。すなわち，価格変化や数量の変化は，市場均衡点の変化によって起こる経済現象である。その変化を生み出す原因は，需要曲線と供給曲線のシフトの2つに大別される。

　価格変化は，需要曲線と供給曲線を移動させる諸要因によって引き起こされている。また，財の価格差や国際間の価格差は，需要曲線と供給曲線の位置を決定する諸要因に依存しているのである。この需要曲線と供給曲線の移動要因，または，その位置を決める要因は，その財の価格以外の経済諸要因である外生変数に依存しているのである。

　第1節の価格決定の説明において，内生変数は価格と数量である。需要関数$D(p)$と供給関数$S(p)$の2つの方程式を利用して，2つの未知数である価格pと数量qを決定したのである。すなわち，市場価格決定のモデルでは，内生変数はその市場において，取引の対象となっている財・サービスの価格pと数量qである。このように，他の財・サービスの価格を所与として，ある特定の市場のみを解明するアプローチを**部分均衡分析**（partial equilibrium analysis）といい，その経済モデルを部分均衡モデルという。

第5章において説明した需要量は，それ自身の価格に依存しているだけでなく，所得や他の財の価格からも影響を受けている。また，第11章で説明した供給量も，それ自身の価格のみに依存しているのではなく，限界費用を変化させる生産要素価格や技術的要因にも依存しているのである。これらの諸要因は，考察の対象となっている市場に影響を与える外生的要因である。この諸要因の変化が需要・供給曲線の位置を変化させることになり，価格と数量の両者を変化させるのである。すなわち，部分均衡モデルにおける内生変数は，価格と数量の2変数であり，他の経済諸要因がこの市場均衡に影響を与える外生変数である。

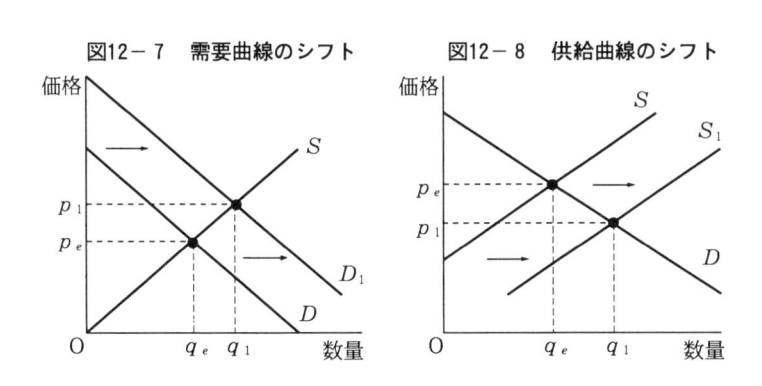

図12−7 需要曲線のシフト　　図12−8 供給曲線のシフト

この外生的要因の変化が均衡点をどのように変化させるかの分析が，比較静学分析であり，均衡点と均衡点の比較分析となる。図12−7のように，需要曲線を右にシフトさせる所得の上昇，代替財の価格の上昇，さらには，補完財の価格の低下は，市場価格を上昇させる。また，図12−8のように，供給曲線を右にシフトさせる技術革新や原材料価格の低下，さらには，賃金の低下は，市場価格を引き下げる。そして，政府が意図的に需要または供給曲線を移動させることがある。すなわち，経済政策は外生変数である。そこで，次に，経済政策による需要または供給曲線の移動について説明する。

間 接 税

間接税(indirect taxes)は，課税対象の税負担者と納税者とが異なる税であり，両者の一致する所得税や住民税は**直接税**(direct taxes)と呼ばれる。市場均衡の間接税課税前と，課税後の経済状態を比較するという比較静学による分析は，政府の租税政策を考える基本的枠組みを提供している。このテーマは，課税による企業や消費者の負担だけでなく，価格変化（税の転嫁），数量変化，税収，さらに資源配分などへの影響が，どのような経済要因に依存しているのかを明らかにする，という観点においても興味がある。

間接税は，取引数量1単位当たりに課税する**従量税**(quantity taxes)と価格に対してパーセント課税する**従価税**(value taxes)とがある。いずれの間接税の課税も，所与の数量に対して消費者が支払ってもよいと考える需要価格 p^d と企業が販売してもよいと考える供給価格 p^s とが，課税分だけ乖離するのである。

まず，数量1単位当たり t 円の税額を課税する従量税を考察しよう。この従量税の納税者が財の供給者である企業の場合，消費者が課税後，需要価格 p^d を支払うならば，売手の企業は p^d の価格で財を販売することができ，同時に税額分を除いた供給価格 $p^s = p^d - t$ の収入を得ていることになる。すなわち，需要価格 p^d は，企業の供給価格 p^s に税額 t を加えた水準となる。このように，従量税を課税した場合，需要価格 p^d と供給価格 p^s と税額 t との間には，次の関係が成立している。

$$p^d = p^s + t, \quad \text{または}, \quad p^s = p^d - t \quad \cdots\cdots\cdots (12.5)$$

したがって，従量税を課税すると供給曲線が税額の t 円だけ上方に平行移動することを意味している。

また，従価税のときには，消費税のように5％の税率が課せられているならば，販売価格の5％，すなわち，価格が100円のとき，100×1.05＝105円を消費者が支払い，企業は販売価格100円を得ることになる。一般的に従価税の税率が v ％であるとき，需要価格と供給価格との間には，次の関係が成立してい

る。

$$p^d = (1+v)p^s \quad \cdots\cdots\cdots\cdots\cdots\cdots\cdots\cdots\cdots\cdots\cdots\cdots\cdots\cdots\cdots (12.6)$$

このように，従価税の課税は，供給曲線の傾きが税率 v だけ大きくなることになり，供給曲線を左方向に移動させることになる。以下では，従量税の課税の効果について考察しよう。先の需要価格 p^d と供給価格 p^s と数量1単位の税額 t との関係から，課税がなされたときの均衡条件は，以下のようになる。

いま，従量税が課せられている市場の需要量が，支払ってもよいと考える需要価格 p^d に依存し，供給量が税の支払い後に得る供給価格 p^s に依存しているとき，需要曲線を $D(p^d)$，供給曲線を $S(p^s)$ として表すことができる。この市場で取引が成立するための均衡条件式は，$D(p^d) = S(p^s)$ である。この均衡条件に，$p^d = p^s + t$ という，需要価格と供給価格と税額との関係を代入することにより，次式の均衡条件が得られる。

$$D(p^s + t) = S(p^s) \quad \cdots\cdots\cdots\cdots\cdots\cdots\cdots\cdots\cdots\cdots\cdots (12.7)$$

この条件を満たす数量が均衡数量 q_e となる。この条件式は企業の供給曲線が間接税の課税によって，t 円だけ上方にシフトすることを意味している。このことは**逆需要曲線**と**逆供給曲線**を利用すると容易に理解できる。

均衡数量 q_e は，数量 q_e のときの供給価格 p^s に税額 t を加えた値が需要価格 p^d に等しくなる数量である。企業がこの数量 q_e をすすんで供給するためには，p^s の収入が必要であり，そのためには，供給価格 p^s に税額 t を加えた価格 p^d で販売する必要がある。したがって，取引が成立する価格，すなわち，均衡条件は次のようになる。

$$p^d(q_e) = p^s(q_e) + t \quad \cdots\cdots\cdots\cdots\cdots\cdots\cdots\cdots\cdots\cdots (12.8)$$

したがって，間接税の課税は価格を引き上げ，数量を減少させるのである。この価格上昇が課税の転嫁の問題であり，消費者と企業の税負担に関する問題となる。

図12－9　市場均衡と間接税の課税

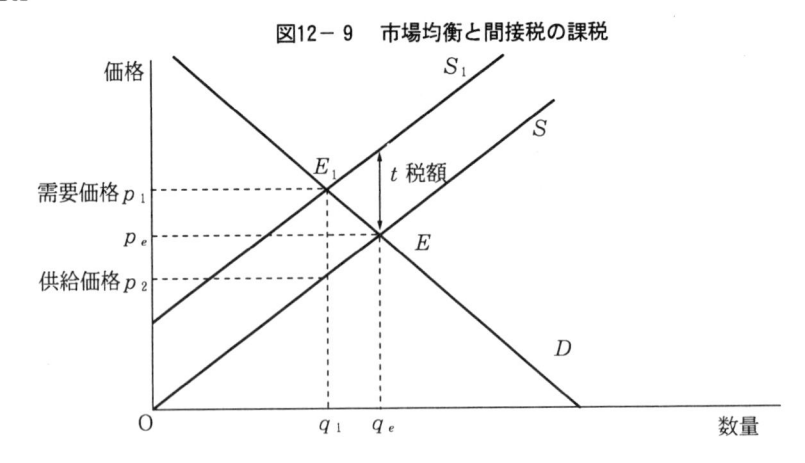

図12－9は，初期の均衡状態が需要曲線Dと供給曲線Sの交点である（p_e, q_e）が実現しているとき，数量1単位当たりt円の間接税が課せられ，供給曲線が税額tだけ上方にシフトして，S_1になった状態を示している。その課税後の均衡状態が（p_1, q_1）となっている。この結果，価格は（$p_1 - p_e$）上昇し，数量は（$q_e - q_1$）減少している。この変化が消費者と企業の負担と資源配分の問題を引き起こしているのである。

課税の転嫁

図12－9の間接税t円の課税により需要価格は，p_eからp_1に上昇している。この上昇額（$p_1 - p_e$）が課税による消費者への転嫁を意味するものであり，消費者の負担となる。一方，企業の供給価格はp_eからp_2に下落している。この下落額（$p_e - p_2$）が課税による企業への転嫁となり，企業の負担分ということになる。すなわち，需要価格p_1と供給価格p_2の差である税額（$p_1 - p_2$）が，消費者負担額（$p_1 - p_e$）と企業負担額（$p_e - p_2$）とに分割されているのである。言い換えれば，税額は需要価格の上昇額と供給価格の下落額との和となっているのである。したがって，**間接税の転嫁**や負担の程度は，需要価格の上昇と供給価格の低下に依存しているのである。

また，消費者負担額（p_1-p_e）と企業負担額（p_e-p_2）を，課税額 $t =$（p_1-p_2）で除した値は，それぞれ消費者と企業の間接税負担率となる。したがって，課税による消費者と企業の負担比率も，需要価格の上昇と供給価格の低下に依存していることがわかる。すなわち，間接税の負担率と需要価格と供給価格の変化との間には以下の関係が成立している。

需要価格の上昇額 $\gtreqless$ 供給価格の低下額 $\Leftrightarrow$ 消費者の負担率 $\gtreqless$ 企業の負担率

そして，この2つの価格変化は需要曲線と供給曲線の勾配に依存しているのである。もし，需要曲線が急勾配であるとき，需要価格は大幅に上昇し，供給曲線が急勾配であるとき，供給価格は大幅に低下することが即座に理解することができる。

課税の転嫁と需要曲線および供給曲線の勾配

従量税による需要価格の上昇額である消費者の負担額（p_1-p_e）と供給価格の下落額である企業の負担額（p_e-p_2）を，課税による均衡数量の変化（q_e-q_1）で割った値は，それぞれ需要曲線の傾きと供給曲線の傾きである。この関係から消費者と企業との税額負担比を，需要曲線の傾きと供給曲線の傾きとの比として表すことができる。すなわち，両者の間には次式が成立している。

$$\frac{消費者の負担額}{企業の負担額} = -\frac{需要曲線の傾き}{供給曲線の傾き} \quad \cdots\cdots\cdots\cdots (12.9)$$

このように消費者と企業の負担額は，需要曲線と供給曲線の勾配の絶対値に依存しているのである。すなわち，その負担関係は次のような関係にある．

需要曲線の傾きの絶対値 $\gtreqless$ 供給曲線の傾きの絶対値
$\Leftrightarrow$ 消費者負担額 $\gtreqless$ 企業負担額

上の関係から，需要曲線と供給曲線の勾配の絶対値が等しい場合，課税による需要価格の上昇幅と供給価格の低下幅は一致している。このような市場では

間接税の消費者と企業の負担比率はともに50％である。また，需要曲線が供給曲線よりも急勾配であるならば，需要価格の上昇は大きく，供給価格の下落は小さい。このようなケースでは，消費者の負担率は企業の負担率より大きくなる。特に，図12－10のように，需要が価格に反応せず，需要曲線が垂直であるならば，需要価格変化は税額と一致し，税額のすべてが消費者負担となっているのである。このような財への課税は，均衡数量が変化しないために，多くの税収が確保されることから，政府にとってはきわめて好都合な税ということになる。逆に，供給曲線が需要曲線よりも急勾配であるならば，需要価格の上昇は小さく，供給価格の下落は大きくなり，消費者の負担率は企業の負担率より小さくなる。また，図12－11の供給が価格に反応せず，供給曲線が垂直であるならば，供給価格の変化は税額と一致し，税額すべてが企業負担となっているのである。このような財への課税も均衡数量が変化しないために，多くの税収が確保される。

　このように，需要曲線と供給曲線の一方が非弾力的であるならば，間接税課税による資源配分は，全く影響を受けることがなく，その課税は資源配分に中立であるという。逆に，需要曲線と供給曲線が弾力的であるならば，価格変化が小さく，数量の変化が大きくなるので，税収が少ないだけでなく，資源配分への影響は大きくなる。したがって，需要および供給が弾力的な財へ間接税課税は，労働や資本設備の利用に大きな影響を与えることから，効率的資源配分の観点において望ましくはないのである。消費者にとって好ましく，税収および資源配分の観点において最適である間接税は，図12－11のように，供給が全く非弾力財への課税である。また，企業にとって好ましく，税収および資源配分の観点において最適である間接税は，図12－10のように，需要が全く非弾力的な財への課税である。このことは，すべての国民を満足させる最適間接税は存在せず，最適間接税は消費者か企業のいずれか一方のみに負担を強いるものである。

図12-10 需要曲線が垂直　全額消費者負担

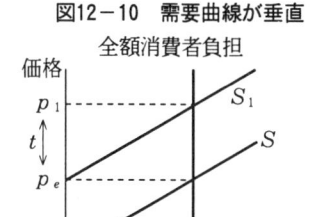

図12-11 供給曲線が垂直　全額企業負担

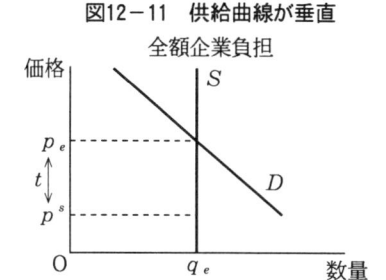

間接税の負担と弾力性

需要曲線の傾きと供給曲線の傾きを，均衡点における価格と数量の比（p_e/q_e）で割った値は，それぞれ需要の価格弾力性E_p^dと供給の価格弾力性E_p^sの逆数となる。したがって，均衡点においては，2つの弾力性の逆数の比と消費者と企業の負担比率が等しいのである。すなわち，負担比率と弾力性との間には，次式の関係が成立している。

$$\frac{消費者の負担額}{企業の負担額} = \frac{需要の価格弾力性の逆数}{供給の価格弾力性の逆数} = \frac{供給の価格弾力性}{需要の価格弾力性}$$

……………………………………………(12.10)

以上の関係から，消費者と企業の負担額は，需要と供給の価格弾力性の大きさに依存して，次式のような関係にある。

$$|E_p^d| \lesseqgtr |E_p^s| \iff 消費者負担額 \gtreqless 企業負担額 \cdots\cdots\cdots (12.11)$$

すなわち，需要の価格弾力性が供給の価格弾力性と等しいとき，消費者負担額＝企業負担額であり，需要の価格弾力性が供給の価格弾力性より小さいとき，消費者負担額は企業負担額より大きくなり，需要の価格弾力性が供給の価格弾力性より大きいとき，消費者負担額は企業負担額より小さくなるのである。

また，図12-10のように，需要の価格弾力性がゼロであるときには，従量税はすべて消費者負担となり，逆に，図12-11のように，供給の価格弾力性がゼロであるときには，従量税はすべて企業負担となる。さらに，図12-12のよう

図12-12 需要曲線が水平
全額企業負担

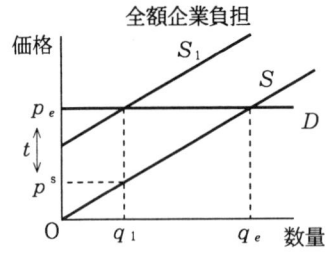

図12-13 供給曲線が水平
全額消費者負担

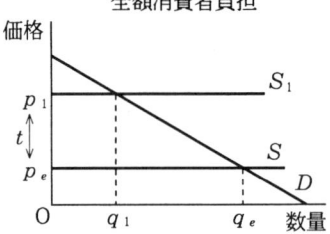

に，需要の価格弾力性が無限大であるときには，税額はすべて企業負担となる。逆に，図12-13のように，供給の価格弾力性が無限大であるとき，税額はすべて消費者負担となる。

間接税のデットウェイト・ロス

　課税によって需要価格が上昇し，供給価格が下落するため，間接税は消費者と企業の双方に負担を強いることが理解できる。この負担が課税による費用負担といえるが，経済学の観点における課税による費用負担は，資源配分の犠牲によって測られる。すなわち，課税は均衡数量を変化させるのであり，この生産量の減少に伴う社会的損失が課税による本来の費用ということができる。

　この社会的損失は消費者余剰と生産者余剰によって測ることができる。図12-14の課税前の市場均衡が(p_e, q_e)であるときの消費者余剰は，$\triangle FEp_e$，生産者余剰は$\triangle OEp_e$であり，その両者の和である社会的余剰は，$\triangle FEO$である。そして，税額tの課税が行われたとき，需要価格がp^d，供給価格がp^s，均衡数量がq^*に変化していることが示されている。

図12-14 間接税の社会的損失

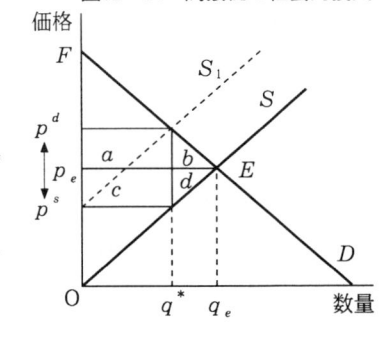

　この課税による需要価格の上昇と均衡数量の減少により，消費者余剰の減少は，a

$+b$ の面積で示すことができる。これが消費者の犠牲であるが，実際の消費者の税額負担は a の領域だけである。そして，供給価格の上昇と均衡数量の減少により，生産者余剰の減少は $c+d$ の面積で示すことができる。これが企業の犠牲であるが，実際の企業の税額負担は c の領域だけである。すなわち，消費者と企業は，税金 $a+c$ を負担しているが，社会的にはそれよりも多い，$b+d$ の社会的余剰が減少しているのである。結局，課税による税金 $a+c$ が政府の収入となり，それは消費者や企業に対して，政府が提供する公共サービスの対価と考えることができるが，$b+d$ は課税によって税金としても回収されなく，社会の誰にも帰属せず，失われてしまう損失であることから**デットウェイト・ロス**（deadweight loss）という。

課税によって消費者は，本来，$a+b$ の消費者余剰を犠牲にする用意があり，また，企業は，$c+d$ の生産者余剰を犠牲にする用意があったのである。しかし，課税額はそれより少ない $a+c$ である。すなわち，この間接税は消費者と企業に，$b+d$ の**超過負担**（excess burden）を強いていたことになるのである。この意味から，$b+d$ を税の超過負担ともいう。

したがって，経済学の観点からは，このデットウェイト・ロス，または，超過負担が少ない課税方式が好ましいことになる。それは先に説明したように均衡数量が全く変化しない課税方式がベストな間接税である。

第4節　市場調整と均衡の安定性

不均衡の調整と均衡の安定性

市場経済は，あらゆる財の需要量と供給量が常に等しいという状態を実現しているわけではない。財・サービスの品不足から長い行列ができたり，長期間，順番を待つことや仕事を探すということもある。また，トラクターで野菜を踏みつぶすことや海に捨てることさえある。このような市場の状態を不均衡という。いわゆる，需要量と供給量が一致せず，市場に超過需要や超過供給が存在する状態となる。

市場均衡は、買手も売手も均衡価格と均衡数量の組合せに満足しており、彼らにとって、価格や数量を変更しようとする誘因が存在していない市場状態となっている。むしろ現実的には、需要量と供給量が一致しない状況があり、また、何らかのショックで市場均衡から乖離することも起こる。市場は、しばしば不均衡状態となる。このように、市場が均衡状態から乖離したとき、均衡状態に復帰可能かどうかの問題が、**均衡の安定性**（stability）の問題である。

需要量と供給量が一致していないとき、需要量と供給量との差が次第に縮小し、両者が一致するようなメカニズムが働くとき、その市場均衡は安定的であるという。一方、需要量と供給量が一致していないとき、その需要量と供給量との乖離が、ますます拡大していくようなメカニズムが働くとき、その均衡は不安定であるという。

先の均衡価格の決定において、市場が不均衡であるとき、価格が変化し、需給均衡が成立することを説明した。このような市場調整を**価格調整**、または、**ワルラス的調整**という。しかし、この価格調整が機能しても、需給均衡が実現しない場合がある。このようなとき、均衡は不安定となるのである。

また、市場経済においては、経済環境が変化しても、価格が変化しないということがよく観察される。賃金や工業製品価格はこの代表例である。このような市場では、労働時間やパートやアルバイト人数を調整したり、または、在庫量を調整し対応している。すなわち、価格を調整するのではなく、数量を調整し、需給均衡を図っているのである。このような市場調整を**数量調整**という。

そこで、以下では、市場に不均衡が存在しているときの代表的調整メカニズムについて説明し、その安定性について説明する。

ワルラス的調整過程：価格調整

ワルラス的調整過程（Walrasian adjustment process）は、需要量と供給量が一致していないとき、価格が変化することによって、市場調整機能を果たすメカニズムであり、価格調整メカニズムともいう。

需要量Dと供給量Sを価格の関数として、それぞれ次のように表す。いわゆ

る需要関数と供給関数は，$D(p)$，$S(p)$ とする。そして，需要量と供給量との差である，超過需要 E も価格の関数として表すことができる。

$$E(p) = D(p) - S(p) \quad \cdots\cdots\cdots\cdots\cdots\cdots\cdots\cdots\cdots\cdots\cdots\cdots (12.12)$$

均衡において，この超過需要はゼロである。均衡ではない不均衡状態のとき，超過需要が正であったり，負であったりする。もし，価格が均衡価格よりも高く，需要量が供給量よりも少ないならば，供給過剰となり，超過需要は負となる。このような場合，価格が下落するならば，需要量と供給量の乖離幅は縮小し，やがて，需要量と供給量が一致する均衡が成立する。一方，価格が均衡価格よりも低く，需要量が供給量よりも大きいならば，供給不足または品不足となり，超過需要は正となる。このような場合，価格が上昇するならば，需要量と供給量の乖離幅は縮小し，やがて，需要量と供給量が一致する均衡が成立する。

ワルラス的調整メカニズムの安定条件は，市場が超過需要の状態であるとき，買手は品不足から，彼らの指し値を引き上げるという行動をとり，一方，超過供給のとき，売手は売れ残りによるリスク回避するために，彼らの指し値を引き下げるという選択を行う傾向にある，という仮定に基づいている。

このように，価格が上昇（下落）したとき，超過需要が減少（増加）するならば，このワルラス的調整メカニズムは安定的となる。すなわち，価格と超過需要とが負の関係にあるならば，均衡は安定的となる。この安定条件は次のように表すことができる。

$$\frac{\Delta E(p)}{\Delta p} = \frac{\Delta D(p)}{\Delta p} - \frac{\Delta S(p)}{\Delta p} < 0 \quad \cdots\cdots\cdots\cdots\cdots\cdots\cdots (12.13)$$

また，この条件は次のように表すことができる。

$$\frac{\Delta D(p)}{\Delta p} < \frac{\Delta S(p)}{\Delta p} \quad \cdots\cdots\cdots\cdots\cdots\cdots\cdots\cdots\cdots\cdots\cdots\cdots (12.14)$$

すなわち，価格変化に対して，需要量の変化の反応が供給量の変化の反応よりも小さいことが，ワルラス的安定の条件となる。言い換えれば，需要関数の

価格の微係数が供給関数の価格の微係数よりも小さいことを意味している。したがって,需要関数が価格と負の関数,供給関数が価格と正の関数であるという。通常の右下がりの需要曲線と右上がりの供給曲線の場合には,ワルラス的安定の条件を満たしている。

また,需要関数と供給関数がともに価格とは正の関数である場合には,需要曲線の勾配が供給曲線の勾配よりも大きいならば,ワルラス的安定の条件を満たしている。一方,需要関数と供給関数がともに価格とは負の関数である場合には,需要曲線の勾配が供給曲線の勾配よりも絶対値において小さい(供給曲線の勾配が急)ならば,ワルラス的安定条件を満たしている。

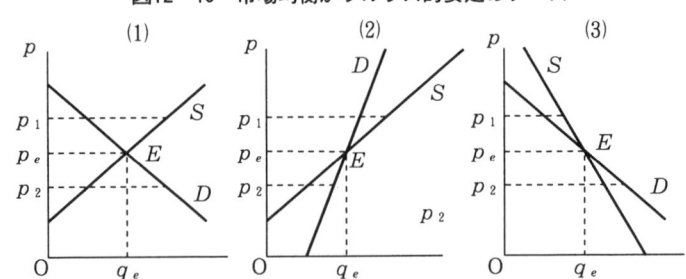

図12-15 市場均衡がワルラス的安定のケース

結局,ワルラス的安定条件は,図12-15に示されているように,価格が均衡価格よりも高い(低い)とき,市場が超過供給(超過需要)の状態となることである。また,需要曲線の傾きの逆数が,供給曲線の傾きの逆数より小さいことである,と言い換えることができる。この条件は,先の(12.14)式の両辺を,$(\Delta D(p)/\Delta p)(\Delta S(p)/\Delta p)$ で割ることによって導かれる。

マーシャル的調整過程:数量調整過程

ワルラス的調整過程は,価格を媒介とする市場調整であり,それは価格変化に対して,数量も即座に調整されるような市場調整である。しかし,供給量(生産量)は,価格変化に対して即座に調整できない財・サービスがしばしば

観察される。たとえば、ある年のお米の価格が高騰した場合、その高い価格は、農家が販売してもよいと考えるお米の希望価格よりも高くなっているということが考えられる。そこで、農家はその高い価格に刺激されてお米の生産拡大を図りたいと考えるであろう。しかし、土地の確保や作付け時期などの理由から、生産増加が困難であることが予想される。一方、お米の買手は、お米を手に入れるためには、その高い価格を受け入れなければならなく、高い価格で購入するということになる。したがって、このような市場状態では、売手と買手の希望価格は異なっているのである。市場参加者の希望価格の不一致がみられるときには、数量が変化してその希望価格を調整する、という市場調整メカニズムが考えられる。この調整メカニズムを**マーシャル的調整**過程（Marshallian adjustment process）という。

　買手がある数量に対して支払う用意のある希望価格、または、その数量を過不足なく販売することができる価格が需要価格p^dである。また、売手がある数量に対して販売する用意のある希望価格が供給価格p^sである。この需要価格と供給価格が一致していないとき、市場は不均衡である。この不均衡状態のとき、数量が変化して均衡が成立するための条件が、マーシャルの安定条件である。

　いま、図12-16(1)の数量q_1が均衡数量q_eより少ない場合、その数量に対する需要価格p_1^dは供給価格p_1^sを上回っているとする。その数量q_1が過不足なく販売可能な価格は需要価格p_1^dであるので、このような場合、市場では需要価格p_1^dが市場価格となるであろう。それは、供給量が即座に変化し、買手がその数量を手に入れるためには、需要価格で購入せざるを得ないからである。しかし、この需要価格と供給価格の不一致が解消され、両者が一致するような調整メカニズムを考えることができる。そして、マーシャルの安定条件は、需要価格が供給価格を超えているとき、売手は供給量を増加させ、需要価格が供給価格以下であるとき、売手は供給量を減少させる、という仮定に基づいている。

　需要価格と供給価格を財・サービスの数量qの関数として、それぞれ$p^d(q)$、$p^s(q)$と表す。そして、需要価格と供給価格との差を超過需要価格F

(q) として，次のように定義する。

$$F(q) = p^d(q) - p^s(q) \quad \cdots\cdots\cdots\cdots\cdots\cdots\cdots\cdots\cdots (12.15)$$

マーシャル的調整の安定条件は，この超過需要価格が数量とは負の関係にあることである。すなわち，数量の増加とともに超過需要価格が低下することであり，その安定条件は，次式のように表わすことができる。

$$\frac{\Delta F}{\Delta q} = \frac{\Delta p^d}{\Delta q} - \frac{\Delta p^s}{\Delta q} < 0 \quad \cdots\cdots\cdots\cdots\cdots\cdots\cdots\cdots (12.16)$$

また，この条件は，次式のように表すことができる。

$$\frac{\Delta p^d}{\Delta q} < \frac{\Delta p^s}{\Delta q} \quad \cdots\cdots\cdots\cdots\cdots\cdots\cdots\cdots\cdots\cdots (12.17)$$

この条件は，需要価格の数量の変化に対する反応が，供給価格の数量の変化に対する反応よりも小さいことを意味している。換言すれば，需要曲線の勾配が供給曲線の勾配よりも小さいことを意味している。したがって，図12−16(1)のように，需要曲線が右下がり，供給曲線が右上がりであるならば，マーシャルの安定条件を満たしている。また，需要曲線と供給曲線がともに右上がりである場合には，需要曲線が供給曲線よりも緩やかであるとき，マーシャルの安定条件を満たしている（図12−6(2)）。逆に，需要曲線と供給曲線がともに右下がりである場合には，需要曲線が供給曲線よりも急であるとき，マーシャルの安定条件を満たしている（図12−6(3)）。

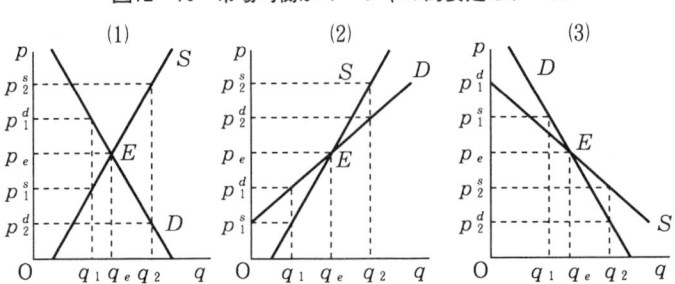

図12−16 市場均衡がマーシャル的安定のケース

結局，図12-16のように数量が均衡数量よりも小さいときには，需要価格が供給価格よりも高いならば，マーシャルの安定条件を満たしている。また，数量が均衡数量よりも大きいときには，需要価格が供給価格よりも低いならば，マーシャルの安定条件を満たしている。

蜘蛛の巣調整過程

買手は価格の変化に対して即座に反応し，購入量を決定することが可能である。しかし，売手は価格の変化に対して即座に反応できない場合がある。たとえば，ある年，大根が不作で価格が高騰した場合，消費者はその高騰した高い大根を購入しなければならないが，生産農家はその高い価格のもとでは，もっと多く生産し，販売しようという誘因が起こる。しかし，作付け面積や収穫時期の制約から供給量を即座に増加させることは困難である。生産を増加させるためには，大根を作付けする土地の確保がまず必要となる。そして，種を植え付けして栽培し，収穫するまでには時間が必要となる。そこで，農家は，通常，作付け面積などの供給量に関する意思決定を今期ではなく，前期に行っているのである。

そこで，需要は価格に対して即座に反応し調整されるが，供給は価格に対して即座に反応せず，一期遅れて調整されているような市場を仮定する。このような需要と供給の反応は，野菜などの農産物の市場において，しばしば観察されるところである。

このような需要量と供給量の価格に対する反応の違いが，生産や価格を循環変動させることが予想される。たとえば，今期，ある農産物が豊作で価格が低い場合，次期には逆に生産量が少なく，価格が騰貴する。そして，次々期には，また生産量が増加し，価格が低下するという循環である。このような循環メカニズムが生じるのは，需要が現在の価格に依存して決定されるのに対して，供給は前期の価格に依存して決定されているからである。

そこで，このような需要と供給の価格反応にタイムラグの差がみられる場合の市場の調整メカニズムと市場均衡の安定性について調べてみよう。

需要は現在の価格に依存しているので，t期の需要q_t^dは，t期の価格p_tの関数として，次のように表すことにする。

$$q_t^d = a_0 - a_1 p_t \quad \cdots\cdots\cdots\cdots\cdots\cdots\cdots\cdots\cdots\cdots\cdots (12.18)$$

なお，$a_0 > 0$，$a_1 > 0$である。一方，t期の供給q_t^sは，前期の価格p_{t-1}に依存している。今期の供給量の決定は，前期においてなされているからであり，q_t^sは次のように表すことにする。

$$q_t^s = b_0 + b_1 p_{t-1} \quad \cdots\cdots\cdots\cdots\cdots\cdots\cdots\cdots\cdots (12.19)$$

なお，$b_1 > 0$である。均衡においては，$q_t^d = q_t^s$であり，均衡価格と均衡数量は，(p_e, q_e)である。いま，q_0の供給量があるとき，需要関数から価格p_0が決定され，この価格p_0が生産量q_1を決定する。そして，この生産量q_1が価格p_1を決定し，価格p_1が生産量q_2を決定する，等々となる。この循環は，図12-17と図12-18のように，蜘蛛の巣のようになることから，**蜘蛛の巣循環**（cobweb cycle）という。

需要と供給が以上のような価格反応をしている市場における均衡価格p_eを求め，この均衡価格とは異なる価格p_0から出発した場合に，価格がp_eに収束するか調べてみることにしよう。

図12-17は，初期の価格と数量の組合せ(p_0, q_0)から，時間の経過ととも

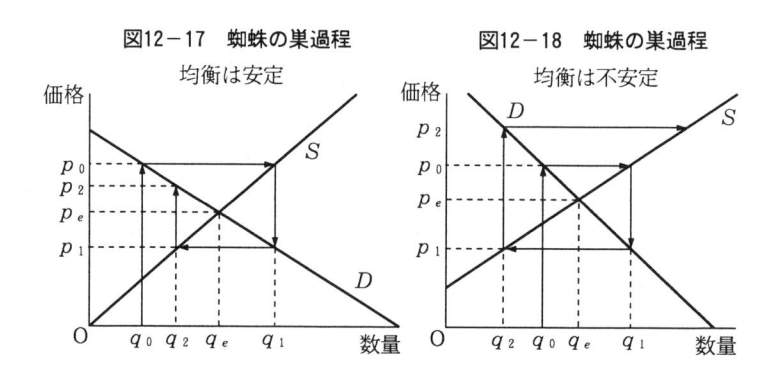

図12-17　蜘蛛の巣過程　　　　図12-18　蜘蛛の巣過程
　　　　　均衡は安定　　　　　　　　　　均衡は不安定

に，価格と数量が均衡点である価格と数量の組合せ（p_e, q_e）に次第に収束していくことが示されている。したがって，この市場の蜘蛛の巣調整過程は安定的となる。また，図12-18は，初期の価格と数量の組合せ（p_0, q_0）から，時間の経過とともに，価格と数量が乖離していくとともに，均衡点である価格と数量の組合せ（p_e, q_e）からも次第に乖離していくことが示されている。したがって，この市場の蜘蛛の巣調整過程は不安定的となる。

このように，需要曲線の勾配の絶対値が供給曲線の傾きの絶対値より小さいとき，蜘蛛の巣調整過程は安定的となる。換言すれば，$b_1 < a_1$であるならば，価格p_tは均衡価格p_eに収束する。すなわち，均衡の安定条件は，価格変化に対する需要の反応の絶対値が，供給の反応の絶対値よりも大きいことである。逆に，需要曲線の勾配の絶対値が供給曲線の勾配の絶対値より大きい場合には，生産量も価格の変動も発散し，均衡は不安定となる。また，需要曲線の勾配の絶対値と供給曲線の勾配の絶対値とが等しい場合には，生産量も価格も一定の振幅の循環変動を示すことになる。

なお，表12-1は市場調整の安定条件を要約したものである。

表12-1 市場調整の安定条件

調整過程	安定条件
ワルラス的	価格が均衡価格より高い（低い）とき，超過供給（超過需要）
マーシャル的	数量が均衡数量より多い（少ない）とき，$p^s > p^d$（$p^s < p^d$）
蜘蛛の巣過程	需要の価格反応の絶対値＞供給の価格反応の絶対値

練習問題

問題1 価格が上昇する要因を需要曲線と供給曲線の2つに分類して説明せよ。

問題2 間接税の納税者が消費者であるときの，市場均衡条件とその均衡解を図示せよ。また，この均衡解の価格と数量は，納税者が企業のときと異なるかどうかを明らかにせよ。

問題3 右下がりの需要曲線と右上がりの供給曲線の市場均衡において，1000円の市場価格が成立している。以下の説明において，正しいものを1つ選択せよ。
(1) 100円の従量税を課税すると，価格は100円上昇する。
(2) 10％の従価税を課税したとき，価格は100円上昇する。
(3) 従量税と従価税とでは，価格の上昇幅は従価税が大きく，数量の減少幅は従量税の方が大きい。
(4) 従量税と従価税とでは，価格の上昇幅は従量税が大きく，数量の減少幅は従価税の方が大きい。
(5) 従量税と従価税とでは，価格の上昇幅も，数量の減少幅も従量税の方が大きい。

問題4 需要曲線が，$q = 160 - p$，供給曲線が，$q = -20 + 2p$である。この市場に数量1単位当たり，7.5円の従量税を課した場合，消費者と企業の税額の負担比率はいくらか。また，均衡価格，均衡数量，税収を求めよ。なお，数量の単位は，100万個とする。

問題5 従量税を課税したときの効果に関する以下の記述における空白に適切な用語を入れよ。
(1) 需要が非弾力的，また供給が弾力的であるほど，[　　]が大幅に上昇する。
(2) 需要が弾力的，また供給が弾力的であるほど，[　　]が大幅に減少する。
(3) 需要が非弾力的，また供給が非弾力的であるほど，[　　]が多くなる。
(4) 需要が非弾力的，また供給が弾力的であるほど，[　　]の負担が大きい。
(5) 需要が弾力的，また供給が非弾力的であるほど，[　　]の負担が大きい。

第12章 市場均衡と資源配分　257

問題 6　需要関数が $d_t = a_0 + a_1 p_t$，供給関数が $s_t = b_0 + b_1 p_{t-1}$，市場均衡が $d_t = s_t$ である。なお，a_0, a_1, b_0, b_1 は，パラメーターであり，$a_1 \neq 0$ である。この蜘蛛の巣モデルの安定条件として誤っているものを以下のなかから1つ選択せよ。

(1) $|b_1| - |a_1| < 0$
(2) $|a_1| > |b_1|$
(3) $|a_1| - |b_1| > 1$
(4) $1 / |a_1| < 1 / |b_1|$
(5) $|a_1| / |b_1| > 1$

問題 7　パレート最適に関する以下の記述において，誤っているものを1つ選択せよ。
(1) パレート最適な資源配分は無数に存在する。
(2) パレート最適は，最適資源配分と所得分配の公平性を実現するための条件である。
(3) パレート最適においては，ある経済主体の効用（厚生）を増加させると，他の経済主体の効用（厚生）を減少させる。
(4) パレート最適においては，社会的厚生が最大となっている。
(5) 市場均衡は，パレート最適な資源配分を実現している。

問題 8　図は貿易財に輸入関税を課した場合を図示したものである。D 曲線が国内の需要曲線，S 曲線が国内産業の供給曲線である。国際価格が p_i であるとき，輸入数量1単位当たり t 円の関税が課せられている。この関税による超過負担である，a，b，c，d について説明せよ。また，関税ではなく，数量割当てによる輸入規制とを比較せよ。なお，この国は小国である。

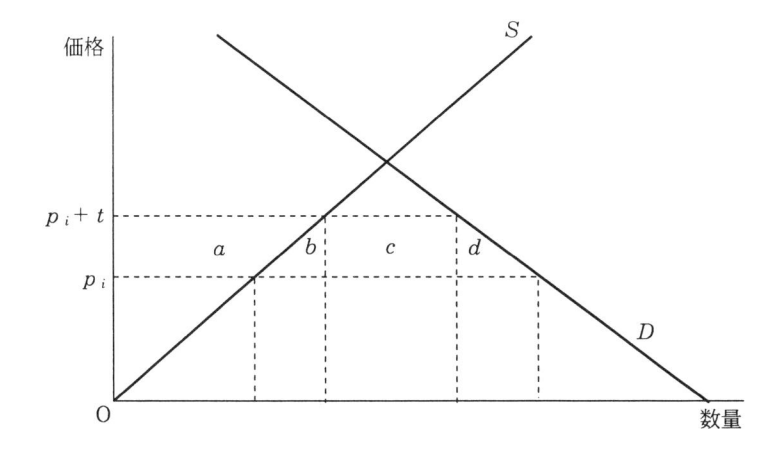

第13章　独占と独占的競争

　市場機構は，経済主体の市場への参加の自由を認めて，市場における競争を通して，資源配分と所得分配を解くシステムである。そして，市場経済には様々な財・サービスの市場が存在し，各市場への参加の自由の程度や各市場の競争形態も様々である。

　前章において，市場への参入が自由で，市場参加者の価格への影響力が皆無である完全競争市場の資源配分メカニズムを説明した。いわゆる，価格を情報として行動し，その価格以上では購入できない市場参加者，または，その価格以下では供給できない市場参加者を，市場から排除するという競争メカニズムが，資源を最も効率的に配分するシステムであることを理解したのである。

　しかし，完全競争市場が現実経済における唯一の市場形態ではない。どちらかといえば，産業への参入が困難であったり，価格に影響力を行使している企業や産業が多く存在している。いわゆる，市場経済には完全競争市場とともに，不完全競争市場が存在しているのである。本章では，この不完全競争企業の企業戦略を学び，完全競争企業の行動仮説とは異なる行動仮説から，企業の価格決定や生産量の決定を説明し，市場経済メカニズムのさらなる解明を加える。

　特に，本章では，産業に1企業だけという**独占企業**と，供給者は多数であるが，各企業が独自の買手を確保するように行動し，あたかも市場に1企業のみ，という市場形態を生みだしている**独占的競争企業**の行動について説明する。そして，多様な企業戦略を行う寡占企業の行動は，次章において説明する。

第1節 不完全競争市場と市場構造

不完全競争企業と需要曲線

　前章において，市場参加者が市場価格を所与として行動している完全競争市場について説明した。この**完全競争市場**が成立するためには，(1)需要者と供給者がともに多数である，(2)需要者と供給者の価格支配力がない，(3)財・サービスの質的差は存在しない，(4)市場参加者は市場に関する情報をともに共有している，等の条件が必要となっている。このことは，これらの条件が成立していなければ，市場は**不完全競争市場**であることを意味している。むしろ，農産物や水産物市場以外において，この4つの条件を満たしている産業を確認することは困難である。たとえば，カラーフィルムや自動車や鉄鋼業など，供給者が数社という産業がしばしば観察されている。また，家電製品，ビール，パソコン産業などは，メーカーによる自社製品と他社製品との質的な差を強調するために広告・宣伝を行っている。さらには，労働者の能力，保険や金融商品の内容，医薬品についての知識などは，買手と売手がともに財・サービスについての情報を共有することは困難であると考えられる。

　このように，われわれは完全競争市場を成立させるための供給者の数や財・サービスの質的条件，そして，情報に関する条件を満たしていない産業を数多く観察することができる。さらに，市場参加者が少ないことから，ある企業の生産量の変動が価格に影響を与えたり，独占企業や産業のリーダー的立場にある企業は，価格決定力を有している。したがって，価格は市場で決定され，企業は市場価格を所与として行動する，という行動仮説に基づく完全競争企業理論は，あらゆる企業行動を解明することはできないのである。言い換えれば，完全競争企業以外の企業は，水平の需要曲線に直面しているのではなく，現在の価格の下で販売している数量以上の財・サービスを販売するためには，価格を引き下げねばならない，という右下がりの需要曲線に直面しているのである。

　このように，経済学における競争形態の分類は，競争の激しさという競争の

程度ではなく，各企業の直面する需要曲線が水平であるか，右下がりであるかであり，後者の需要曲線に直面している企業を**不完全競争企業**という。また，生産要素市場において，企業の直面する供給曲線が水平ではなく，右上がりである企業も不完全競争企業である。したがって，不完全競争企業の行動仮説は，右下がりの需要曲線や右上がりの供給曲線に直面している，という基本的かつ共通な制約条件がある。

参入障壁と市場構造

不完全競争企業は水平の需要曲線，または，水平の供給曲線に直面していない，という共通な特徴を有しているが，その水平ではない度合いは様々であり，不完全競争市場には異なる**市場構造**が形成される。たとえば，産業に占める売手企業のシェアないし**市場集中度**は，産業間においてかなりの格差が存在する。また，ある産業の企業は，自社の製品の品質や性能を顧客に強調し，**製品差別化**のマーケティング競争を行っている。そこで，市場状態に差異を生じさせる要因を説明し，代表的な市場構造を簡単に説明する。

市場の不完全性の程度は，市場参加者や企業の市場集中度を指標とすることが多い。そして，不完全性は**参入障壁**の高さ（低さ）に依存している。その産業への新規企業の参入が容易であるか否かによって，市場参加者の数が決定される。参入障壁が高いならば，その市場の集中度は高くなり，逆に，参入障壁が低く，参入が容易であるならば，集中度は低くなる。

その産業への参入が不可能であるならば，1社**独占**（monopoly）という市場構造となる。その参入不可能という障壁は，政府や地方自治体からの免許や特許による法的制約要因である。公益事業や交通サービスは免許制度による独占企業であり，特許技術による保護期間の企業も独占企業となる。また，代替財が存在しない財を生産している企業も独占企業となる。

資本設備または資本金も参入障壁となる。大規模な資本設備を必要とする産業は，参入が困難であるとともに数社で十分な供給能力を備えており，1企業の市場シェアを高くする要因となっている。鉄鋼，石油精製，セメント産業は，

大規模な資本設備が不可欠である代表的産業である。したがって，これらの産業の1社の市場集中度は高くなり，数社で産業を形成する**寡占**（oligopoly）産業となる。

また，技術水準の高さは，大きな参入障壁となる。現存企業の技術水準が高く，新規企業が参入することが困難な場合が存在する。コンピュータや航空機製造は，この技術水準が参入障壁となる好例である。

このような技術水準の差が製品差別を生みだし，自社製品の品質や性能を誇示する広告・宣伝によるマーケティング競争を行う産業が存在している。自動車や家電製品やビールメーカーは，製品差別化による競争を行い，数社の寡占企業という産業構造を生みだしている。これらの産業は比較的技術水準も高く，かつ，資本設備も比較的大規模であるという特徴を合わせもっている。

さらに，特別な才能や高い技術水準，さらには，大規模な資本設備を必要とすることなく，参入可能な産業が存在する。このような産業は，参入障壁が低いことから，企業の数は完全競争市場と同様に多数となる。しかし，競争企業は多数であるが，各企業は自己の製品の独自性やサービスの特殊性を強調する製品の差別化を行ったり，さらには地域的・地理的制約による製品の差別化により，各企業が市場需要曲線に直面しているという，1社独占状態を創出する。すなわち，競争と独占という2つの側面をもつ**独占的競争**（monopolistic competition）という市場構造が生じるのである。

表13-1は，完全競争，独占，寡占，独占的競争市場の市場構造を供給者の数，参入の難易度，製品差別化の程度，価格支配力およびその代表的産業などを示したものである。

一般的に寡占産業は，2社から数社で産業を構成している市場構造のことをいう。表の寡占産業はさらに2つの寡占産業に分類している。それは，財の製品差別化がほとんど見られない寡占産業と，逆に，製品差別化による競争を中心としている寡占産業との区別である。前者は，大規模な資本設備が必要不可欠であることによって生じる産業構造であり，製品格差が生じる余地の少ない産業である。後者は，技術水準の違いが性能・品質の格差を生み出し，製品差

表13-1 市場構造の分類

競争形態	供給者の数	参入難易度	製品差別化	価格支配力	代表的産業
完全競争	多数	容易	無し	無し	農業, 水産業
独占的競争	多数	容易	有り	ある程度	レストラン, ガソリンスタンド, 小売業
寡占A	数社	困難	無し	ある程度	鉄鋼, 石油精製, セメント, パルプ
寡占B	数社	困難	有り	ある程度	自動車, 家電, カラーフィルム
独占	1社	不可能	代替財無し	相当程度	公益事業, 特許保護企業

別化を生み出すことが，この産業の重要な企業戦略であり，技術水準と資本規模の両者とによって誕生する産業構造である。

第2節 独　　占

買手独占

1社の企業しか存在しない市場は独占（monopoly）という。もし，それが売手である場合には，**売手（供給）独占**であり，買手である場合には，**買手（需要）独占**（monopsony）となる。前者の独占が一般的であり，市場が独占である場合の弊害としてよく引き合いに出される。後者の独占はなじみやすくないが，地域に雇用機会が限られており，企業が1社しか存在しない場合には，この企業は買手独占となる。このような労働市場における買手独占の場合には，不完全競争による**搾取**（exploitation）が起こり，競争的な労働市場との比較において賃金は低くなり，分配の不平等が生じる。このような不完全競争による分配の問題は，第15章において詳しく説明する。

売手独占

完全競争市場は，過去においても，現在もそして未来においても，実際には存在しえない経済理論の世界における虚構である，という指摘がよくなされたりしている。同様に，産業と企業との区別はなく，独占企業の1社が産業を構

成しており，しかも，他の企業の参入は不可能であって，密接な代替財を提供している企業の競争からも免れることができる，という独占企業の存在は現実的には，まれにしか観察されないといってよい。しかし，現実には存在していない独占企業の行動や独占市場を分析する意義は低いということではない。

第1に，国際市場や国内市場には複数の企業が存在しているときでも，地域には1社のみというケースも多く確認されている。また，YKKのファスナーや特許の保護期間にある調味料の味の素，さらには規制産業である電力や公益事業は独占であるといってよい。また，現実には，産業に複数の企業が存在しているときでも，複数の企業が結託して企業グループを形成し，独占企業として行動する場合がある。このように，経済理論モデルにおける独占企業は存在しないといえるが，独占企業の行動や独占市場に近似できる企業や市場形態は，少なくないといってよい。したがって，独占企業やその市場成果についての分析は必要でもあり，重要でもある。

第2に，参入・脱退が自由で，多数の企業間・消費者間の競争が行われている，完全競争市場は市場形態の一方の極である。他方，参入がなく，競争が排除された独占も市場形態のもう一方の極であるといえる。完全競争市場が最も効率的な資源配分の状態を実現するのに対して，独占は最も不効率な資源配分の状態をもたらしている。このような市場成果を比較検討し，資源配分効率を是正ないし改善する政策を導出する必要がある。この意味においても独占企業の分析は価値があるのである。

独占企業の需要曲線と限界収入

市場に1社しか存在しない独占企業が直面する需要曲線は，市場参加者であるすべての消費者の需要曲線の合計である市場需要曲線そのものである。したがって，独占企業は右下がりの市場需要曲線に直面しており，この市場需要曲線を与えられたものとして，すなわち，市場需要を制約条件として行動しなければならない。

この右下がりの需要曲線に直面している独占企業は，現在の価格で販売して

いる生産量よりも多くの数量を売るためには，価格を引き下げる必要がある。または，広告や宣伝をするという販売努力して，需要曲線を右にシフトさせるという工夫が必要となる。したがって，生産量または販売量を1単位多く販売することによって得られる独占企業の限界収入は，価格とは一致せず，必ず価格以下となるのである。

いま，独占企業が直面している需要曲線を逆需要関数$p = D(q)$で表することにしよう。すなわち，価格pを生産量qの関数とする需要関数から，限界収入を求めてみよう。収入$R = pq$をqで微分すると，限界収入MRは以下のように表すことができる。

$$MR = \frac{\Delta R}{\Delta q} = \frac{\Delta p}{\Delta q} q + p \quad \cdots\cdots\cdots\cdots\cdots\cdots\cdots\cdots\cdots\cdots (13.1)$$

需要曲線が右下がりであるから，$\Delta p / \Delta q < 0$である。それゆえに，限界収入MRが，常に価格p以下となることを確認することができる。また，企業の限界収入が価格と一致するのは，価格を所与として行動する完全競争企業であった。水平の需要曲線は，$\Delta p / \Delta q = 0$であるから，完全競争企業の限界収入は価格となるのである。このように，完全競争企業は，価格を引き下げることなく販売量を増やすことができるが，右下がりの需要曲線に直面している独占企業は，1単位多く販売するためには価格を引き下げねばならなく，そのために限界収入は価格以下となるのである。

また，(13.1)式は，需要の価格弾力性E_p^dを利用して表すことができる。

$$MR = p\left(1 + \frac{\Delta p}{\Delta q}\frac{q}{p}\right) = p\left(1 - \frac{1}{E_p^d}\right) \quad \cdots\cdots\cdots\cdots\cdots\cdots (13.2)$$

上の式は，限界収入が価格pの水準と需要の価格弾力性E_p^dに依存していることを示している。もし，需要の価格弾力性が無限大であるならば，(13.2)式の（ ）内は1となり，限界収入は価格と一致する。すなわち，完全競争企業の直面する需要曲線の価格弾力性は無限大であり，それゆえに，その限界収入は，需要の価格弾力性とは独立となり，価格水準のみによって決定される。このように，(13.2)式は限界収入の一般的表現である。もし，独占企業の直

面する需要の価格弾力性が大きいほど，限界収入と価格との乖離は小さいが，逆に，需要の価格弾力性が小さくなるにつれて，その限界収入と価格との乖離は拡大していることになる。このような価格と限界収入との乖離幅と需要の価格弾力性の関係から，需要の価格弾力性E_p^dの逆数，$1/E_p^d$を**独占度**（degree of monopoly）という。この尺度は，弾力性が小さくなるほど，限界収入と価格との乖離幅が大きくなることから，企業が価格をコントロールできる影響力を測っているものと考えることができる。

また，弾力性が1であるならば，限界収入はゼロとなり，弾力性が1以上（弾力的）であるならば，限界収入は正となる。そして，弾力性が1以下（非弾力的）であるならば，限界収入は負となる。したがって，弾力性が1以下の需要曲線の領域においては，独占企業の均衡点は存在しない。それは，独占企業の均衡点が，限界収入と限界費用とが一致する利潤最大の生産水準であることから，企業の負担する限界費用が負であるという均衡点は，非現実的な状態となっているからである。

また，需要曲線が次のような直線である場合の限界収入を求めてみよう。

$$p = a - bq \quad \cdots\cdots\cdots\cdots\cdots\cdots\cdots\cdots\cdots\cdots\cdots\cdots\cdots\cdots\cdots\cdots (13.3)$$

独占企業の収入Rは，次式となる。

$$R = (a - bq)q \quad \cdots\cdots (13.4)$$

以上から，収入を生産量qで微分した限界収入MRは，次式となる。

$$MR = a - 2bq \quad \cdots\cdots (13.5)$$

すなわち，独占企業の直面する需要曲線が直線であるならば，その限界収入曲線は，需要曲線の勾配を2倍にした直線となる。

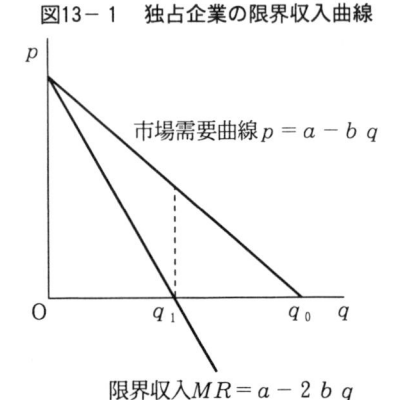

図13-1　独占企業の限界収入曲線

図13-1には，独占企業が直面している直線の市場需要曲線Dが描かれている。この需要曲線から直線の限界収入曲線MRが導かれている。そして，需要曲線の中点の生産量，$q_1 = q_0/2$のとき，需要の価格弾力性は1である。すなわち，限界収入はゼロとなる。したがって，生産量q_1以上の生産量は独占企業の生産領域ではない。

独占企業の均衡点

前述の限界収入曲線の説明に基づき，市場支配力を有する独占企業の価格および生産量の決定について説明する。独占企業の費用Cを生産量qの関数として，$C(q)$と表すことにする。独占企業の利潤πは，次式となる。

$$\pi = pq - c(q) \quad\quad\quad\quad\quad\quad\quad\quad\quad\quad\quad (13.6)$$

独占企業は，この利潤が最大となる生産量を選択するならば，利潤最大化の条件である，限界収入と限界費用が等しくなる生産量を選択することになる。もし，独占企業の生産量がこのように選択されるならば，独占企業の設定する価格は，その生産量が販売可能な価格の水準に事後的に設定される。また，独占企業が，利潤が最大となる価格を選択するならば，その価格において販売可能な生産量を事後的に選択することになる。このように，独占企業の価格と生産量の選択は二者択一であり，両者を自由に選択することはできない。その理由は，独占企業は市場需要曲線という制約条件下において，生産量あるいは価格設定の意思決定を行わなければならないからである。

図13-2は独占均衡を示したものである。D曲線が独占企業が直面する市場需要曲線である。この需要曲線に対応する独占企業の限界収入曲線がMRであり，それは市場需要曲線の勾配を2倍にした直線となっている。そして，独占企業の限界費用曲線MCが費用逓増という前提において，U字型の右上がり曲線として描かれている。

独占企業の利潤最大の条件，限界収入=限界費用から，独占企業の均衡点は，限界収入曲線MRと限界費用曲線MCの交点であるE点となる。このE点に対

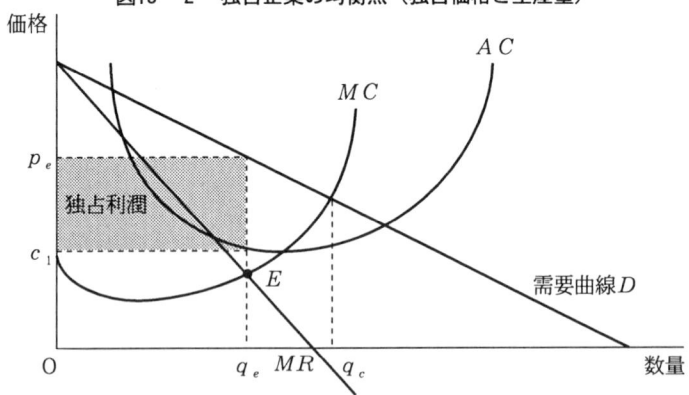

図13-2 独占企業の均衡点（独占価格と生産量）

応する生産量 q_e が，独占企業の利潤が最大となる生産量である。そして，独占企業がこの生産量 q_e を選択することによって，価格は事後的に p_e に決定される。なぜなら，この生産量 q_e を過不足なく販売可能な価格は，市場需要曲線から，p_e となるからである。この価格 p_e が独占価格となる。

以上の独占企業の価格と生産量の組合せおよび生産量 q_e の平均費用が c_1 であることから，独占利潤は斜線の面積となる。この独占利潤が所得分配の不平等の原因となっている。

独占の弊害

独占企業は，図13-2のように，常に独占利潤を獲得できるというわけではない。需要の減少やコスト上昇から平均費用曲線が需要曲線よりも上方に位置しているならば，正の利潤を確保できない。すなわち，独占企業も赤字となる可能性が存在しているのである。

しかし，参入する競争企業が存在していないので，独占企業は短期的にも，長期的にも正の利潤を確保することができる。この独占利潤による分配上の不平等が独占の弊害の1つにあげられる。しかし，独占による弊害は，独占利潤以上に重要な問題が存在する。それは，価格と限界収入が乖離することによって起こる資源配分の不効率である。

独占企業の価格は，限界費用（＝限界収入）よりも高く設定されているので，価格＝限界費用という，競争市場における価格よりも当然高くなる。この独占企業の価格設定が生産量および消費量を減少させることになるのである。この生産量の減少は資源配分を損なうことになる。その不効率の程度は，需要の価格弾力性に依存しているが，競争均衡における生産量と独占企業の生産量との乖離の大きさによって測られる。

図13－3は，独占による資源配分の不効率を図示したものである。独占企業の生産量は，限界費用＝限界収入から，q_eである。

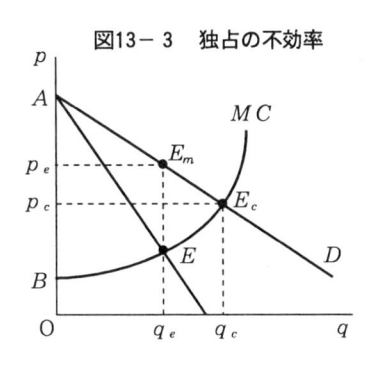

図13－3　独占の不効率

もし，この財を競争企業が供給するならば限界費用曲線MCが供給曲線と一致しているので，競争均衡はE_c点となり，生産量はq_cとなる。この競争均衡の生産量q_cと独占企業の生産量q_eとの差$q_c - q_e$が独占による不効率の大きさとなる。すなわち，この生産量の差$q_c - q_e$は，この財が競争市場であるならば，生じなかったものであり，独占によって生産量を減少させているからに他ならないのである。独占は希少な資源の配分を不効率とする最悪な競争形態である。

また，長期の市場均衡は長期平均費用曲線の最小点で生産が行われるが，参入が起こらない独占の場合には，長期最小費用点まで生産量が拡大する誘因が存在していないために，生産量は競争市場よりも少なくなる。

この生産量の減少によって，市場経済が失った厚生損失を余剰の概念を利用して測ることができる。図13－3のE_c点が競争均衡点であるとき，消費者余剰と生産者余剰の和である社会的余剰はAE_cBである。そして，独占均衡がEであるときの社会的余剰はAE_mEBである。したがって，独占の社会的余剰は競争均衡の余剰よりもE_mE_cEだけ少ない。この余剰の差額E_mE_cEは，独占による厚生損失であり，資源配分の不効率を示している。

第3節　価格差別

価格差別の種類と成立条件

　企業は，同じ財・サービスを買手によって異なる価格を設定し，販売していることがある。いわゆる，顧客によって**価格差別**（price discrimination）を行っているのである。学割，老人パス，レディス料金などの価格差別が，しばしば観察されている。これらの価格差別には，所得補償や補助金の性格を含む政策的かつ制度的なものも存在している。ここでの価格差別は，このような価格差別ではなく，企業の利潤最大化行動の帰結として設定されるものである。

　価格差別を行う方法は様々である。生産物の各単位に異なる価格を設定し，かつ，異なる顧客に対して異なる価格をつける，という完全差別価格も存在する。また，単位当たりの価格のみに価格差を設定することが多い。これは，大量購入による価格差を設定するように，購入単位による価格差を設定する方法である。また，異なる買手に対して異なる価格を設定するが，同じグループに属している買手に対しては，同じ価格を設定するという価格差別が存在する。この最後の価格差別が最も一般的であり，学生割引，ウィークデー割引，高齢者割引などの様々な価格差別が存在する。ここで説明する価格差別は，この第3の価格差別である。

　このような価格差別が可能であるためには，いくつかの条件が成立していなければならない。1つは，同じ財・サービスに対して，異なる市場が存在していることである。いわゆる，価格に対する反応が異なる買手のグループが存在していることである。第2に，企業は，その顧客がいずれのグループに所属しているかを簡単に区別することが可能であること。第3に，買手はその財を転売することが不可能であるか，または，転売が可能であっても，転売の利益が生じないことである。これらの条件が満たされるならば，価格差別は企業にとって合理的行動となるのである。

価格差別と需要構造

　第3の価格差別は，独占企業が異なった買手に異なる価格で販売しているが，同じ市場に所属している買手には，同じ価格で販売しているというものである。このような独占企業の価格設定は，独占企業が買手を市場（グループ）分けして，各市場ごとに異なった価格で販売することが可能な市場が存在していることを意味している。したがって，買手は各市場で，この財を再販売することが不可能となっていなければならない。国内市場と国際市場とに分割された市場，地域分割された電力市場，一定距離以上のＪＲを利用する学生割引などは，買手の転売による利益が発生しない，または，転売が不可能な財である。このような財を提供している独占企業の各市場における最適価格は，各市場において異なるのである。そこで，独占企業が市場を識別し，各市場の価格がどのように決定されるかを考察してみよう。

　第1市場と第2市場の価格をp_1，p_2とし，その生産量をq_1，p_2として，第1市場と第2市場の逆需要曲線をそれぞれ，$p_1(q_1)$，$p_2(p_2)$と表す。そして，この財の費用関数を$C(q_1+q_2)$とする。以上から，この独占企業の利潤πは，次式となる。

$$\pi = p_1(q_1)q_1 + p_2(q_2)q_2 - c(q_1+q_2) \quad\cdots\cdots\cdots\cdots (13.7)$$

　独占企業の問題は，この利潤が最大となるように，各市場の価格p_1，p_2を決定することである。したがって，この問題の解は，(13.7)式の利潤が最大となるための次式の条件を満たす，価格p_1，p_2である。

$$MR_1(q_1) = MC(q_1+q_2) \quad\cdots\cdots\cdots\cdots\cdots\cdots\cdots\cdots (13.8)$$

$$MR_2(q_2) = MC(q_1+q_2) \quad\cdots\cdots\cdots\cdots\cdots\cdots\cdots\cdots (13.9)$$

　この2つの条件は，独占企業の生産する追加生産物の限界費用が，各市場の限界収入に一致していなければならないこと示している。独占企業の限界費用は各市場において等しく，その限界費用と各市場の限界収入が等しくならなけ

ればならないのである。したがって，追加的生産物1単位は，第1市場と第2市場のいずれで販売しても，同額の限界収入が得られるのである。すなわち，この独占企業の利潤最大化の条件は，次式を満たすことである。

$$MR_1(q_1) = MR_2(q_2) = MC \quad \cdots\cdots\cdots\cdots (13.10)$$

上の利潤最大化の条件は，(13.2)式の独占企業の利潤最大化の条件のように，需要の価格弾力性を利用して次式のように表すことができる。

$$MR_1 = p_1\left(1 - \frac{1}{E_1^d}\right) = MC \quad \cdots\cdots\cdots\cdots (13.11)$$

$$MR_2 = p_2\left(1 - \frac{1}{E_2^d}\right) = MC \quad \cdots\cdots\cdots\cdots (13.12)$$

なお，E_1^d，E_2^dは，第1市場と第2市場の需要の価格弾力性である。したがって，独占企業の価格設定は，次の条件を満たすことを意味している。

$$p_1\left(1 - \frac{1}{E_1^d}\right) = p_2\left(1 - \frac{1}{E_2^d}\right) \quad \cdots\cdots\cdots\cdots (13.13)$$

以上から，もし，第1市場と第2市場の価格の関係が，$p_1 > p_2$であるならば，第1市場と第2市場の需要の価格弾力性は，次式の関係を満たしていなければならない。

$$\left(1 - \frac{1}{E_1^d}\right) < \left(1 - \frac{1}{E_2^d}\right) \iff E_1^d < E_2^d \quad \cdots\cdots (13.14)$$

すなわち，第1市場の需要の価格弾力性E_1^dが，第2市場の需要の価格弾力性E_2^dよりも小さいならば，第1市場の価格p_1は，第2市場の価格p_2よりも高く設定されねばならない。言い換えれば，第2市場の価格反応が第1市場の価格反応よりも大きいならば，独占企業は第2市場の価格を第1市場の価格より低く設定することが合理的となる。

　学生の旅行や映画鑑賞に対する需要は，社会人の需要よりも弾力的である。学生は社会人よりも時間選択は自由であり，価格変化に対する反応が大きいのである。また，高齢者と社会人の時間選択に関しても，同様に説明することが

できる。したがって，企業は需要の弾力的，非弾力的という需要構造の相違を利用して，学割や高齢者パスを買手に提示することを求めることによって，買手の峻別を行い，同じ財を学生や高齢者には価格を低くし，一方，社会人には高い価格で販売する，という価格差別を行うのである。

第4節　独占的競争

製品差別化と需要曲線

　産業に1企業のみが存在しているときの企業を独占企業という。そして，産業は特定の生産物を生産するすべての企業から構成されている。したがって，ブランド名において商権を獲得し，特定の生産物を生産販売している1つの企業は，独占企業であると考えられるかもしれない。ドライビールやコカコーラなどを販売しているのは，1企業のみである。

　しかし，これらの企業は独占企業ではない。なぜならば，彼らは他のビールメーカーや清涼飲料メーカーと競争しなければならないからである。すなわち，独占企業とは，代替財が存在しない財を生産している企業であり，代替財が存在している財を生産・販売する企業は，競争企業である。したがって，**産業**とは，消費者が1企業の生産する生産物の代替品や類似品と考えている財を生産しているすべての企業の集まりなのである。

　市場経済は，産業への参入自由が認められているが，法的に保護されている各企業の商品名やトレード・マークを利用することや全く同じ製品を作ることはできない。しかし，味や性能や品質やデザイン等が異なる類似品を作ることも可能であるし，サービスの異なる類似のビジネスを行うこともできる。すなわち，市場経済には，類似しているが差異のある製品を生産したり，差異のあるサービスを提供することによって，利潤を獲得しようとする経済主体のインセンティブが存在している。このような経済主体のインセンティブが，他の企業の製品とは実質的差がある，または，想像上の差にすぎない代替品を作ることによって，**製品差別化**（product differentiation）という現象を生みだすので

ある。

　密接な代替財や類似品を製造している産業内の各企業が，自社製品を他社製品と差別しようとする行動は，自社の財に対する固有の需要を創出させることを意味する。各企業が製品の差別化に成功すればするほど，その製品の需要の価格弾力性は小さくなり，独占力を確保することになる。もし，企業が完全な製品の差別化に成功するならば，独占企業となる。したがって，このような企業の製品差別化は，各企業が固有の市場需要曲線に直面するように行動し，製品差別化の程度いかんが，各企業の市場支配力を決定することになるのである。すなわち，製品差別化という方法により，各企業は独占企業のように市場支配力を確保し，かつ，密接な代替財を生産している企業との間で競争を行っているのである。この独占と競争という両方の要素を持ち合わせていることから，このような産業構造を**独占的競争**（monopolistic competition）という。

　各独占的競争企業が直面する需要曲線は，市場需要曲線であるから，右下がりである。その需要曲線の右下がりの程度は，すなわち，需要の価格弾力性は，他の企業の製品との差別化の程度や価格に依存している。自社製品が他企業と類似していればいるほど，その需要曲線は水平線に近づくことになる。また，自社製品の価格が高いならば，他社の代替財に需要がシフトしたり，新規参入する余地を拡大させることから，その需要曲線も水平に近くなる。したがって，独占的競争企業が直面する市場需要曲線は，独占企業の直面する需要曲線よりも緩やかであり，完全競争企業が直面する水平の需要曲線よりも急勾配である。

独占的競争企業の均衡

　独占的競争は，最も一般的な競争形態であり，日常生活においてよく観察することができる。レストラン，ガソリンスタンド，理髪・美容，ホテル，スナックバー等は，味，サービス，技術，のれん，雰囲気？，などで競争しており，かつ，新規参入や脱退が頻繁に起こっている。この産業の特徴は，資本設備（資本金）も小規模で，かつ，技術水準も高くはなく，容易に参入可能ということである。いわゆる，参入障壁は低いために，供給者は完全競争市場と同

様に多数となる。

しかし，完全競争市場とは異なる価格決定および生産量の決定となる。そこで，独占的競争企業の価格決定・生産量の決定を説明する。

経済学は，独占的競争企業は，独占的競争企業の直面する市場需要曲線の制約のもとで，自己の利潤を最大化するように，価格および生産量を決定するという行動仮説を設定する。この独占的競争企業の行動モデルは，独占企業の行動モデルとほとんど同じである。異なるのは市場需要曲線が急であるか，緩やかであるかの相違である。したがって，独占的競争企業の均衡点，独占的価格，独占的生産量は，図13－2における説明と本質的に同じである。その相違は，市場需要曲線および限界収入曲線の傾きが小さいことである。

ただし，独占利潤は，短期的にも長期的にも存在するが，独占的競争における超過利潤は，常に存在してはいない。特に，長期的において，独占的競争企業は，正の利潤を獲得することはできない。なぜならば，独占的競争産業には，正の超過利潤を求めて新規企業が参入するからである。この新規参入は需要曲線を下方に移動させ，その移動は利潤ゼロとなるまで継続する。すなわち，需要曲線が平均費用曲線に接するまで参入が起こる。図13－4は，独占的競争企

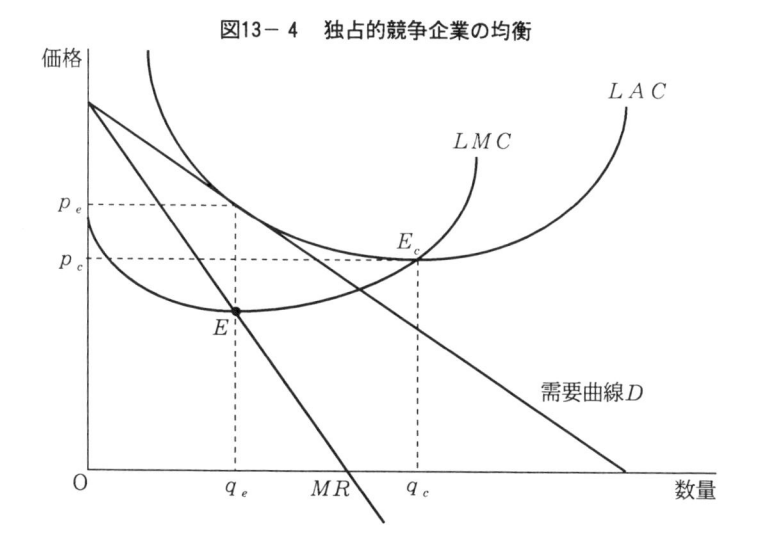

図13－4　独占的競争企業の均衡

業の長期均衡点を示したものである。図のE点が独占的競争企業の均衡点であり，その点の価格と生産量は，p_eとq_eである。この価格p_eは平均費用と一致している。すなわち，生産量q_eは収支分岐点となる生産量であり，利潤がゼロとなる価格と生産量の組合せが，独占的競争企業の長期均衡点となる。

この長期利潤がゼロであるということは，完全競争市場と同じ市場成果を実現していると考えられるかもしれない。しかし，利潤ゼロの生産量は，平均費用の最小点ではない。平均費用最小点はE_cであり，そのときの価格と生産量は，p_cとq_cである。完全競争企業市場であるならば，この価格は平均費用の最小値と一致するので，価格p_cと生産量q_cが実現する。したがって，独占的競争企業の価格は，完全競争市場よりも高くなる。この高い価格が独占的競争企業の生産量を完全競争市場よりも少なくするのである。この完全競争企業と独占的競争の生産量との差$q_c - q_e$が，独占的競争による不効率の大きさと考えることができる。

この資源配分の不効率は，製品差別化という不完全競争によって，価格と限界収入が乖離するために，価格が高くなるからである。その高い価格が需要量を，そして生産量を少なくするために，企業は，平均費用が最小となる生産量の左側で生産することになる。したがって，独占的競争では過剰能力が存在する。この過剰能力を解消するためには，独占的競争産業への新規企業の参入を制限する必要がある。しかし，参入規制は財の品質競争を緩和し，品質やサービスの低下となる可能性も存在しているのである。

練習問題

問題1 独占企業が直面する逆需要関数が，$p = 60 - q$ であり，独占企業の限界費用曲線が $p = q$ であるとき，以下の問いに答えよ。
(1) 独占価格を求めよ。
(2) 独占企業の生産量を求めよ。
(3) この市場が完全競争市場のときの価格と生産量および独占によるデットウェイト・ロスを求めよ。

問題2 独占企業が2つの異なる市場で財を販売している。第1市場の逆需要関数が，$p_1 = 100 - 4q_1$，第2市場のそれが，$p_2 = 220 - 20q_2$，であり，費用関数が，$c = 50 + 20(q_1 + q_2)$ であるとする。
(1) 第1市場の価格，生産量，需要の価格弾力性を求めよ。
(2) 第2市場の価格，生産量，需要の価格弾力性を求めよ。
(3) この独占企業の利潤を求めよ。

第14章　寡　占　市　場

　完全競争企業は市場価格（水平の需要曲線）を，独占企業は市場需要曲線を，そして，独占的競争企業は，企業自身が創出する市場需要曲線を所与として行動し，利潤最大化問題を解いている。このように，前章までの企業行動モデルの相違は，企業活動の制約条件となっている市場需要曲線をどのように仮定するかに依存している。

　本章では，数社で産業を構成している寡占企業の行動について説明する。寡占企業の行動仮説は，市場需要曲線とともに，競争企業の行動が制約条件となっていることが本質的特徴である。この相手企業の行動を制約条件として，寡占企業の行動を説明することが本章の目的である。この相手企業の行動を制約条件とする企業行動モデルには，様々なモデルが考えられている。本章では，様々な寡占企業モデルを学び，寡占産業の特徴について説明する。

第1節　寡占企業の行動仮説

寡占市場の特徴と企業行動の相互依存

　独占的競争は，独占と競争という両側面をもつ，不完全競争市場の一形態であり，その市場の特徴は製品差別化と参入の容易さにある。一方，**寡占**（oligopoly）市場の特徴は，資本や技術水準などの参入障壁が存在するとともに，少数の企業が産業を構成していることから，各企業の市場シェアが大きいということである。この各寡占企業の生産量が大きいために，各企業の生産量の決定や価格の決定だけでなく利潤についても，他の企業の意思決定に左右されるということが起こる。すなわち，寡占市場においては，ある企業の行動が他のライバル企業行動に多大の影響を与えることになり，さらにライバル企業

の行動が他の企業の意思決定に影響を与えるという，産業を構成する少数の企業間における**戦略的相互依存関係**が存在しているのである。この企業行動の相互依存関係が寡占市場の本質的特徴であり，企業数にあるのではない。したがって，他の企業の行動を一定として，寡占市場を分析することができないのである。この点が寡占市場の分析を困難なものとしている。しかも，寡占企業の行動様式を特徴づける戦略パターンは様々であり，完全競争企業や独占企業の分析におけるような，一般的な行動仮説というものが設定できない。それゆえに，寡占市場を分析する一般的モデルというものがなく，様々な寡占モデルが構築されている。

　完全競争企業の分析は，市場価格を所与とする利潤最大化行動，また，独占企業の分析は，市場需要を所与とする利潤最大化行動，という行動仮説に基づいていた。しかし，寡占企業の行動は，戦略的相互依存関係にあるために，相手企業の行動ないしは**企業戦略**（strategy）を考慮したものとなる。この企業戦略は様々であるが，以下では，寡占企業のいくつかの代表的な行動パターンを示し，それらの行動パターンをモデル化することによって，モデルの解である寡占企業の生産量や価格決定の特徴について説明する。

　以下では，簡単化のために，寡占市場に2つの企業が存在しているケースを取り扱う。この2企業から構成される寡占市場を**複占**（duopoly）と呼んでいる。そして，企業の生産する生産物は1種類であり，かつ，同質であるものとし，製品差別化の問題を排除しておくことにする。このような単純化により，以下で考察する寡占市場には，品質に差のない同じ種類の生産物を生産する2つの企業の各数量と，各企業がそれぞれ設定する2つの価格の，合計4つの重要な変数が存在する。各寡占企業は，この4つの変数に影響力を行使して，自己の利益を確保しようとする様々な戦略が生まれるのである。

寡占企業の戦略

　寡占市場においては，多くの異なった解が存在する。それは寡占企業の行動様式が異なることに基づいている。そこでまず，様々な寡占企業の戦略パター

ンの帰結として実現する生産量や価格，さらに，寡占市場の効率性について考察するために，寡占企業の代表的行動パターンについて概観しておくことにする。経済学は，寡占企業の戦略的相互依存関係を様々なゲームに例えて，寡占企業の行動パターンを分類している。まず，産業にリーダー的企業が存在する場合の**逐次ゲーム**（sequential game），同様な立場で相手企業の行動を予想する**同時ゲーム**（simultaneous game），そして，企業が結託する**協調ゲーム**（simultaneous game）の3つに分類することができる。さらに，逐次ゲームには，価格先導企業と数量先導企業の存在するゲームとがあり，同時ゲームには，価格同時決定と数量同時決定の2つがあり，協調ゲームには，価格カルテルと数量カルテルとがある。このような寡占企業の戦略分類は，ある企業が他の企業行動ないしは意思決定をどのように予想しているかに基づくものである。

1. 逐次ゲーム

これは，一方の企業が他方の企業の選択よりも，先に行う企業と後に行う企業とが存在する場合における企業戦略である。

2つの企業が寡占産業を形成し，その寡占産業が直面する需要曲線が右下がりであるとき，一方の企業が生産している生産物の価格と数量を決定する場合には，相手方企業がどのような選択をするのか，ということを知っていることを意味しているであろう。もし，価格決定において，一方の企業が相手方の選択よりも先にその選択をする場合には，この企業を**価格先導者**（price leader）と呼び，他方を**価格追随者**（price follower）と呼ぶ。同様に，数量の決定において，もし，一方の企業が相手方の選択よりも先にその選択をするときには，この企業を**数量先導者**（quantity leader）と呼び，他方を**数量追随者**（quantity follower）と呼ぶ。このような戦略的相互依存関係は，逐次ゲーム（sequential game）という。実際，産業にリーダー的企業が存在する場合において，しばしば確認されている企業戦略である。また，国際関係において，経済大国であるとともに世界をリードするリーダー国が存在する場合には，リーダー国の意思決定に各国が追随するということが考えられる。

2. 同時ゲーム

これは，相手の企業の選択を知らないために，相手企業の選択を予想して意思決定する場合における企業戦略である。

一方の企業が価格と数量を決定するとき，相手方企業の選択を知らないこともありうる。このような場合においては，企業が合理的な選択を行うためには，相手方企業の選択を予想することが必要となる。お互いに相手の企業の選択を知らないことから，お互いに相手方企業の戦略を予想して意思決定することになる。したがって，2企業は同時に数量を決定したり，または，同時に価格を決定することになるのである。これを同時ゲーム（simultaneous game）という。

3. 協調ゲーム

これは，企業が競争するのではなく，相互に協力して，産業全体の利潤を共同して最大化するという戦略である。

企業は競争を避け，企業同士が協調して価格や数量の決定を行う場合がある。そうすることによって，産業利潤の最大化を実現するのである。すなわち，企業間で価格や数量について，**価格カルテル**（cartel）や**数量カルテル**を締結することである。このように競争せず，**結託**（collude）することは，寡占産業によく見られることであるが，政府が支持するカルテルや世界規模でのカルテルであるOPEC（石油輸出国機構）などの様々なカルテルがある。このような戦略を協調ゲーム（cooperative game）という。

以上から，寡占企業の戦略のパターンは，逐次ゲーム，同時ゲーム，協調ゲームの3つに大別され，さらに，それぞれの戦略を数量と価格を戦略とする

表14-1 寡占企業の戦略

戦略パターン	戦略変数数量	戦略変数価格
逐次ゲーム	数量先導（数量追随者）	価格先導（価格追随者）
同時ゲーム	同時数量決定	同時価格決定
協調ゲーム	数量カルテル	価格カルテル

第2節 逐次戦略

数量先導と追随者

まず,一方の企業の生産量の選択が他方の企業の選択よりも,先に行うリーダー企業と後に行う追随企業とが存在するという,寡占企業の生産量の決定について説明する。

2企業のうち第1企業が先導者であり,第2企業が追随者であるとする。第1企業がq_1の生産量を選択したとき,第2企業は,q_2の生産量を生産するように反応したとする。各企業は,市場の需要曲線から均衡価格が,産業の生産量の合計$q_1+q_2=q$の関数であることを知っている。そこで,その均衡価格を,生産量qの関数として,次式のように表す。

$$p = p(q) \quad \cdots\cdots\cdots\cdots\cdots\cdots\cdots\cdots\cdots\cdots\cdots\cdots (14.1)$$

この式は,逆需要関数である。先導者が利潤を最大化するためには,追随者が先導者の選択に対して,どのような反応を示すかということを予想しなければならない。すなわち,先導者の生産量の決定は,先導者の選択に対して,追随者がどのように反応するかにかかっているのである。おそらく,先導者は,追随者が産業のリーダーである先導者の選択を所与として,みずからの利潤を最大化するように,生産量の決定を行うものと予想するであろう。産業の数量決定に関して,リーダー企業と追随企業が存在しているならば,このような先導者の予想は的を得たものであろう。したがって,先導者が合理的選択を行うためには,追随者の利潤最大化問題を考慮しておく必要がある。

数量追随者の問題

追随者の産出量および利潤は,先導者の選択に依存している。そして,追随

者は先導者の選択に追随することから，追随者の生産量q_2の選択は，先導者の生産量q_1が決定された後に決定されるであろう。したがって，追随者は先導者の生産量q_1を与えられたものとして，自己の利潤を最大化するように行動するのである。このような企業行動が企業間の戦略的相互依存関係を意味するものであり，結局，追随者は以下の問題を解くことになる。

$$\max_{q_2} p(q_1+q_2)q_2 - c_2(q_2) \quad \cdots\cdots (14.2)$$

利潤最大化の条件，限界収入＝限界費用から，追随者の利潤が最大となる生産量q_2は，先導者の選択する生産量q_1の関数として導かれる。

この関数は，追随者が先導者の生産量の選択に対して，追随者がどのように反応するかを示しており，これを追随者の**反応関数**（reaction function）という。

線形の需要関数の場合における追随者の反応関数を導出しよう。需要関数を逆需要関数として次のように仮定する。

$$p(q_1+q_2) = a - b(q_1+q_2) \quad \cdots\cdots (14.3)$$

また，費用関数を$c_2 = c_2(q_2) = kq_2$とするならば，追随者の利潤は，次式となる。

$$\pi_2 = (a - b(q_1+q_2))q_2 - kq_2$$
$$= (a-k)q_2 - bq_1q_2 - bq_2^2 \quad \cdots\cdots (14.4)$$

限界収入＝限界費用の利潤最大の条件から，第2企業の生産量q_2は，次式となる。

$$q_2 = (a-k)/2b - q_1/2 = f_2(q_1) \quad \cdots\cdots (14.5)$$

この結果は，われわれの直感を支持している。すなわち，数量の追随企業である第2企業の反応関数$f_2(q_1)$は，数量先導企業である第1企業の生産量q_1の減少関数となり，第2企業の生産量q_2は，第1企業の生産量q_1が増加す

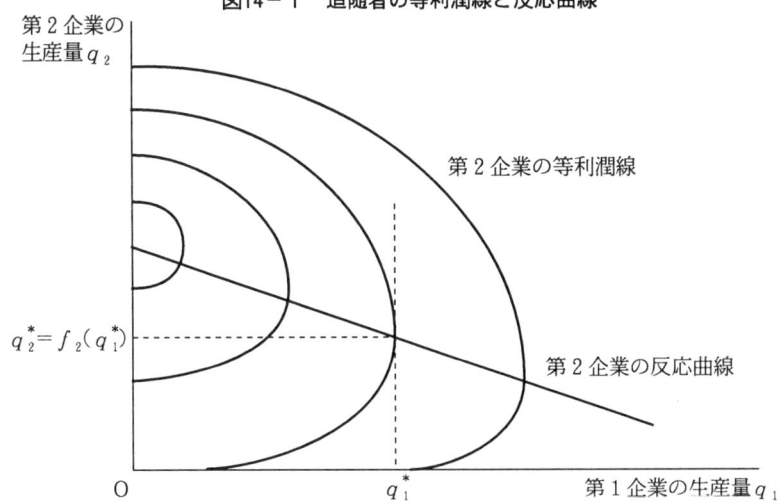

図14-1 追随者の等利潤線と反応曲線

るに伴って減少するという関係にあるのである。

以上の説明を図を利用して説明することにする。(14.4)式から，第2企業の利潤 π_2 が等しくなる生産量 q_1 と q_2 の組み合せを示す，等利潤曲線（iso-profit curve）を描くことができる。

(14.4)式は放物線の形となる。この曲線は，q_1 について解いたとき，変数 q_2 の2次関数となり，2次の係数が負となることから，左側に開く曲線となることがわかる。そして，左に位置する等利潤曲線が利潤の高い等利潤曲線である。それは，追随者の生産量が同じ水準にあり，先導者の生産量が少ないほど，追随者の利潤を増加させるからである。したがって，先導者の生産量が与えられたとき，追随者は最も左にある等利潤曲線を選択し，利潤最大化を図る。利潤が最大となる第2企業の生産量 q_2 は，等利潤曲線の接線が縦軸と平行になる接点（等利潤曲線の頂点）において実現されることから，反応曲線は，図のように等利潤曲線の頂点を通る右下がりの直線となる。もし，第1企業の生産量が q_1^* であるならば，第2企業は，この生産量を与えられたものとして，利潤を最大化する。すなわち，第2企業の反応関数 $f_2(q_1)$ に基づき，第2

企業は生産量q_2^*を生産するのである。

なお、等利潤線については注を参照のこと。

数量先導者の問題

先導者は、先導者の選択が追随者の選択に影響を与えることを予想して行動するであろう。その追随者の反応は、(14.5)式の反応関数で示された。このように、先導者は追随者の反応を認識していることから、彼の問題は以下のように定式化できる。

$$\max_{q_1} p(q_1+q_2)q_1 - c_1(q_1) \quad \cdots\cdots\cdots\cdots (14.6)$$

ただし、$c_1(q_1)$は、第1企業の費用関数であり、それを簡単に$c_1(q_1)=hq_1$とする。逆需要関数を代入し、第1企業の利潤を求めると、次式となる。

$$\pi_1 = (a-b(q_1+q_2))q_1 - hq_1$$
$$= aq_1 - bq_1q_2 - bq_1^2 - hq_1 \quad \cdots\cdots\cdots\cdots (14.7)$$

もし、先導企業が追随企業の生産量を所与として行動するならば、利潤最大化の条件、限界収入=限界費用から、先導者の反応曲線は次式となる。

$$q_1 = (a-h)/2b - q_2/2 \quad \cdots\cdots\cdots\cdots (14.8)$$

このように、第1企業の反応関数も、第2企業の生産量q_2の減少関数となる。すなわち、先導企業の生産量は、追随企業の生産量の増加とともに減少する。また、(14.7)式の利潤関数から、第1企業の等利潤曲線を描きだすことができる。この等利潤曲線も先の追随者の等利潤曲線と同様に、放物線となる。この曲線は、q_2について解いたとき、変数q_1の2次関数とな

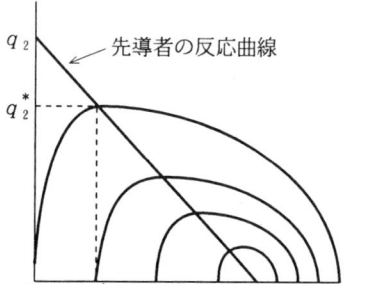

図14-2 先導者の反応曲線

り，かつ，その2次の係数が負であることから，下側に開く曲線となることがわかる。そして，下方に位置する等利潤曲線が利潤の高い等利潤曲線である。それは，先導者の生産量が一定のもとでは，追随者の生産量が少ないほど，先導者の利潤を増加させるからである。下方に位置する等利潤曲線が高い等利潤曲線である。したがって，追随者の生産量が与えられた下では，先導者は，最も下方に位置する等利潤曲線上の生産量を選択することになる。すなわち，q_2が与えられた下で，先導者の利潤が最大となるのは，最も下方に位置する等利潤曲線上の頂点であり，その点の接線は横軸と平行となり，通常の利潤最大の条件を満たしている。したがって，先導者の反応曲線は，等利潤曲線の頂点を通る直線となる。

図14-2には，第1企業の等利潤曲線から，第1企業の反応曲線が導き出されている。第2企業の生産量q_2^*を所与とする第2企業の利潤が最大となる生産量は，反応曲線上の1点であるq_1^*となる。

しかし，第1企業が数量先導企業である場合には，$q_2=f_2(q_1)=(a-k)/2b-q_1/b$を，(14.7)式に代入すると，先導者の利潤は次式となる。

$$\pi_1 = 0.5(a-h)q_1 + (1-b)q_1^2 \quad \cdots\cdots\cdots\cdots (14.9)$$

このように，先導者の利潤最大問題は，自己の生産量の関数である利潤関数を最大化することである。

以上から，先導者の利潤が最大となる生産量q_1は，次式となる。

$$q_1 = \frac{h-a}{4(1-b)} \quad \cdots\cdots\cdots\cdots (14.10)$$

数量逐次ゲームの産業均衡

先導者の生産量は，$q_1^e=(h-a)/4(1-b)$であり，追随者の生産量は，追随者の反応関数，$q_2^e=(a-k)/2b-q_1/2$に先導者の生産量を代入することによって得られる。

すなわち，追随者の生産量は，次式となる。

$$q_2^e = (a-k)/2b - (h-a)/8(1-b) \quad \cdots\cdots\cdots\cdots (14.11)$$

　このことは，先導者の生産量 q_1^e と追随者の生産量 q_2^e は，追随者の反応曲線上の点であることを意味している。同時に，先導者は自己の利潤の最大化戦略から，その反応曲線上で最も下方に位置する等利潤曲線を選択していることになるのである。したがって，追随者の反応曲線と先導者の等利潤線の接点が先導者の利潤最大点であるとともに，追随者の利潤最大点にともなっており，その点が各寡占企業の生産量となっているのである。それゆえに，この点が産業均衡点となる。

　図14-3には，追随企業の反応曲線と先導企業の等利潤曲線との接点 E が，産業均衡となっていることが示されている。

　このような解となるのは，寡占産業に先導者が存在すると，追随者が自己の反応曲線に沿って行動し，そして，さらに先導者がその反応曲線上において，自己の利潤が最大となる生産量を選択するからである。このような均衡点をシュタッケルベルグ（H. Stackelberg, 1905-46）の貢献から，**シュタッケルベルグ均衡点**という。

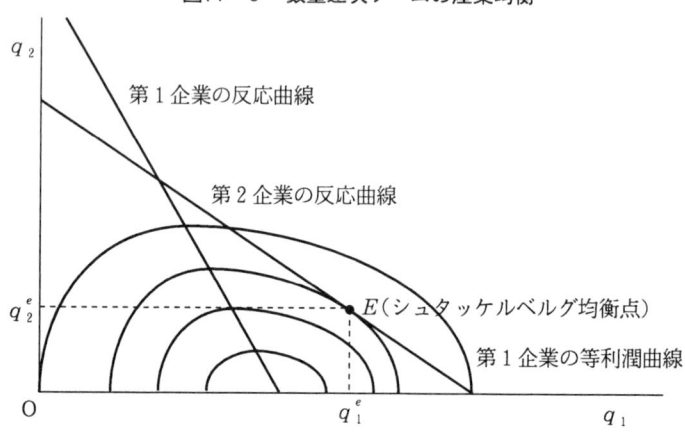

図14-3　数量逐次ゲームの産業均衡

価格戦略と価格追随者の問題

　寡占産業におけるリーダー的企業は，数量を設定するだけでなく，価格を設定することもできる立場にあると考えられる。このような価格先導者の戦略も，銀行の預金金利，ビールの価格決定などのように，いろいろな産業において観察されている。もし，先導者が相手企業に先がけて，価格を決定するならば，その決定が合理的でなければならない。すなわち，追随企業が先導者の価格決定に対してどのように反応するかを，事前に予測しておく必要がある。そこで，まず，追随者の利潤最大化問題について考察しよう。

　まず，同品質の生産物を2つの企業が生産しているという寡占産業においては，1つの価格が設定される。特に，先導者も追随者も均衡においては，価格は1つであることを知っているものと考えてよいであろう。というのは，このような市場で価格差が生じた場合には，低い価格を設定した企業の生産物だけが購入され，他方の企業の生産物は購入されず，2つの企業による市場均衡はあり得ないからである。

　以上から，価格先導者と価格追随者が存在する寡占市場において，先導者が価格 p を設定した場合，追随者はこの価格 p を所与として，利潤の最大となる生産量を選択するという行動をとるであろう。このような行動は，市場価格を所与として，利潤が最大となる生産量を決定する，という完全競争企業のモデルと本質的に同じとなる。いわゆる，競争企業の市場シェアが微小であるために，競争企業が価格をコントロールできないように，寡占市場の価格追随者は，価格追随者ゆえに，価格に影響力を及ぼすことができず，先導者の設定する価格を所与として行動しなければならないのである。したがって，価格追随者は，以下の問題を解くことになる。

$$\max_{q_2} p\,q_2 - c_2(q_2) \quad\quad\quad (14.12)$$

　この問題の解は，価格＝限界費用となる生産量の水準である。そして，この解から，この追随企業の供給曲線が価格の関数として導出される。すなわち，追随企業の供給関数は，$s(p)$ と表される。

価格先導者の問題と産業均衡

先導者が価格 p を設定した場合，追随者がその価格 p のもとで，$s(p)$ を供給したならば，先導者の販売可能な生産量 $R(p)$ は，市場の需要 $D(p)$ から，追随者の供給量 $s(p)$ を差し引いた残差である。すなわち，$R(p) = D(p) - s(p)$ が先導者にとって供給可能な供給量となり，これが先導者の直面する需要曲線となる。このように，先導者の需要が追随者の需要の残差として導出されることから，先導者の直面する需要曲線は**残差需要曲線**（residual demand curve）と呼ばれている。

この残差需要曲線に直面している寡占企業は，独占企業と同じ問題を解くことになる。なぜなら，価格先導企業が直面する需要曲線は 1 社のみである。すなわち，残差の市場は独占市場となっているのである。したがって，この需要制約下において，先導企業は，利潤が最大となる価格と生産量を選択する，という独占企業の行動原理に基づいて行動する。その利潤最大化の条件は，限界収入＝限界費用である。

以上の価格先導者と価格追随者の均衡解および産業均衡が，図14-4に示されている。まず，寡占産業が直面する市場需要曲線 D の下で，価格を所与とし

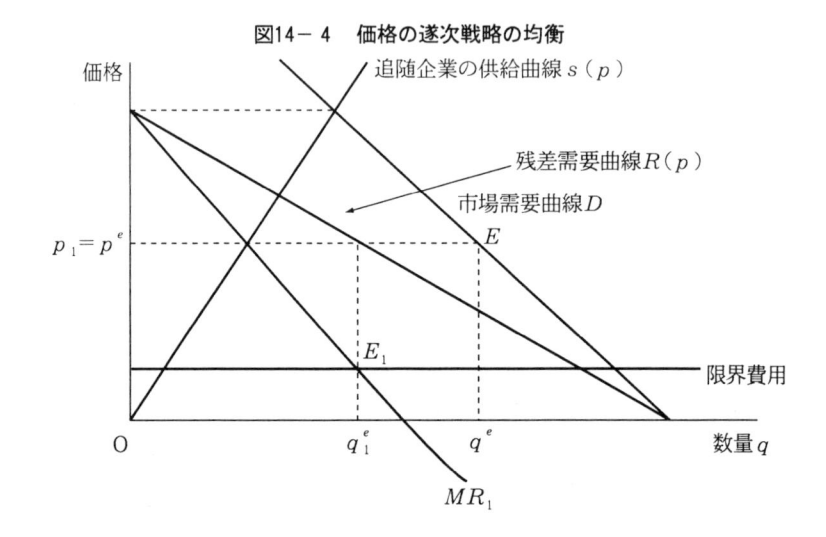

図14-4　価格の遂次戦略の均衡

て行動する追随企業の供給曲線 $s(p)$ が導出される。次に，市場需要曲線から，この追随企業の供給曲線を除いた先導企業の残差需要曲線 $R(p)$ が導かれる。この残差需要曲線から限界収入曲線 MR_1 が導出され，その限界収入曲線と限界費用（一定）曲線との交点が先導企業の均衡点 E_1 となる。

この均衡点 E_1 における価格 p_1^e が，先導企業の設定する価格であり，市場価格となる。したがって，先導企業の生産量は q_1^e となる。また，この価格設定による産業均衡点は E であり，市場需要は q^e となる。この市場需要 q^e から先導企業の産量 q_1^e を除いた，$q_2^e = q^e - q_1^e$ が追随企業の生産量となる。

数量先導は，企業が生産能力を選択しようとしているときに，また，価格先導は，企業が生産能力には関心がなく，価格を表示した宣伝やカタログを提示するような場合に，適切なモデルとなるであろう。どちらが現実的寡占モデルであるのかは，企業がどのような戦略をとっているかにかかっている。

第3節 同時戦略

同時数量決定

数量先導や価格先導の寡占モデルは，一方の企業が常に他の企業の意思決定よりも先んずるということが特徴である。産業内にリーダー的企業ないしは，ある企業の市場シェアが特別高いときや，または，技術力に関して他の企業との間に格段の差が存在するなどの，その産業に大きな影響力をもっている企業が存在している場合おいては，数量先導や価格先導の寡占モデルは現実的モデルである。しかし，数量や価格が同時決定されている場合も少なくない。このような場合に，両企業が合理的な意思決定を行うためには，お互いが相手企業の戦略を予想しなければならない。

ここでは，両企業が相手企業の生産量を予想して，自己の生産量を決定するという寡占モデルを説明する。このような企業相互に相手企業の生産量を予想しながら行動するというモデルにおいて重要なことは，その予想が均衡を成立させる予想でなければならないということである。すなわち，予想に基づいて

決定される各企業の生産量は，各企業にとって納得のいくものでなくてはならず，企業の最適な選択となっていることが必要である。したがって，お互いの予想による均衡が成立するためには，お互いの予想が的中するという予想でなくてはならないのである。このような予想に基づき，寡占市場を最初に検討した研究者が，クールノー（A. Cournot, 1801-77）であることから，この同時数量決定の寡占モデルを**クールノーモデル**という。

　第1企業と第2企業が予想する相手企業の生産量をそれぞれ，$\hat{q}_2$，$\hat{q}_1$とする（ˆは，予想を示す）。このような予想の下で，第1企業がq_1を生産するならば，第1企業が予想する産業の総生産量は，$q_1+\hat{q}_2$となり，市場価格は$p(q)=p(q_1+\hat{q}_2)$となるであろう。

　したがって，第2企業が$\hat{q}_2$を生産するという，またはその生産量は変化しないという前提において，第1企業は利潤の最大化を図ることになるため，第1企業の問題を以下のように定式化することができる。

$$\max_{q_1} p(q_1+\hat{q}_2)q_1 - c_1(q_1) \quad\quad\quad (14.13)$$

すなわち，第1企業は，予想需要$q_1+\hat{q}_2$に基づいて，予想利潤を最大化するように生産量q_1を選択することになる。言い換えれば，第1企業の目的は，第2企業の予想生産量$\hat{q}_2$に対して，自己にとって最適な生産量q_1を見い出すことにある。この第1企業の生産量q_1と第2企業の生産量$\hat{q}_2$との間の関係を反応関数と呼ぶ。先に検討した反応関数は，先導者の生産量に対する追随者の生産量の選択を表したものであった。ここでの反応関数は，第1企業が予想する第2企業の生産量に対応させて，自己の最適生産量を変化させる関係を示している。したがって，第1企業の反応関数は，企業の最適選択の条件である利潤最大化の一階の条件から導かれ，それは次式となる。

$$q_1 = f(\hat{q}_2) \quad\quad\quad (14.14)$$

　同様に，第2企業の問題は，次のように定式化される。

$$\max_{q_2} p(\hat{q}_1 + q_2)q_2 - c_2(q_2) \quad \cdots\cdots\cdots\cdots\cdots\cdots\cdots\cdots\cdots\cdots \quad (14.15)$$

同様に，この第2企業が予想する第1企業の生産量との関係を示す，次式の反応関数が，利潤最大化の一階の条件から導出される．

$$q_2 = g(\hat{q}_1) \quad \cdots\cdots\cdots\cdots\cdots\cdots\cdots\cdots\cdots\cdots\cdots\cdots \quad (14.16)$$

以上から，各企業がお互いの企業の生産量を予想し，その予想生産量に対応させて，自己の最適生産量を選択するという行動をとっているのである．この行動パターンが2つの反応関数となる．そして，この2つの反応関数に解があるかどうかが問題となる．そこで，次に，均衡が成立するかどうか考察しよう．

第1企業が第2企業の生産量 $\hat{q}_2$ を予想したとき，第1企業の生産量が $\hat{q}_1$ であり，かつ，第2企業が第1企業の生産量 $\hat{q}_1$ を予想したとき，第2企業の生産量が $\hat{q}_2$ である，という生産量 $(\hat{q}_1, \hat{q}_2)$ の選択が実現するかどうかである．すなわち，2つの反応関数が次の関係を満たしているかどうかである．

$$\hat{q}_1 = f(\hat{q}_2) \quad \cdots\cdots\cdots\cdots\cdots\cdots\cdots\cdots\cdots\cdots\cdots\cdots \quad (14.17)$$

$$\hat{q}_2 = g(\hat{q}_1) \quad \cdots\cdots\cdots\cdots\cdots\cdots\cdots\cdots\cdots\cdots\cdots\cdots \quad (14.18)$$

このような関係を満たす均衡を**クールノー均衡**（Cournot equilibrium）という．この均衡の特徴は，各企業が相手企業の予想生産量を所与として行動し，各企業が利潤の最大化を実現しているとともに，各企業の予想生産量が均衡において的中し，実現していることである．すなわち，相手企業が予想する生産量は，自己の最適生産量として企業が選択する生産量と一致しているのである．したがって，クールノー均衡においては，相手が選択するであろうと予想する生産量を実際に選択していることから，お互いに自己の選択を変更する必要がないのである．

なお，この均衡における2つ企業の生産量の合計が市場供給量となり，市場では，この市場供給量と市場需要量が等しくなる水準に，市場価格が設定され

図14−5 クールノー均衡と期待調整

[図：第1企業の反応曲線と第2企業の反応曲線の交点が均衡点 (q_1^e, q_2^e)。調整過程の点 $(\hat{q}_1^0, q_2^0)$, $(q_1^1, \hat{q}_2^0)$, $(\hat{q}_1^1, q_2^1)$, $(q_1^2, \hat{q}_2^1)$ が示されている。]

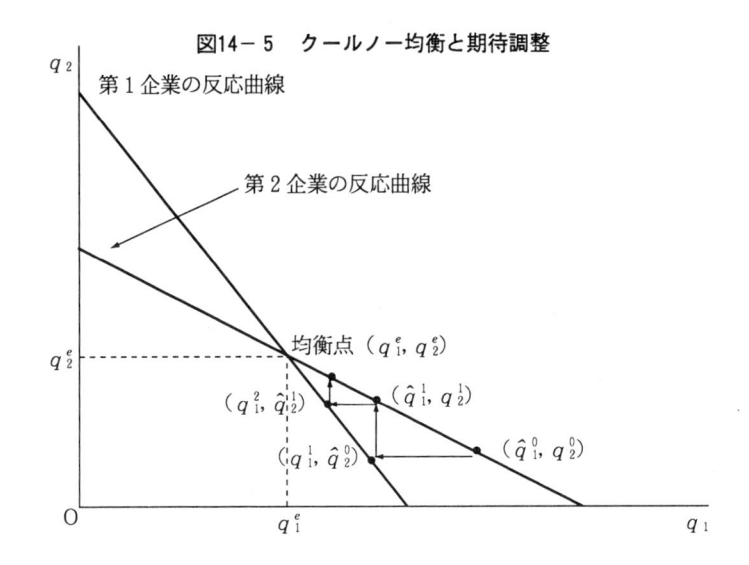

ることになる。

　クールノー均衡は，図14−5のように，2企業の反応曲線の交点 (q_1^e, q_2^e) で与えられる。この交点は，相手企業の生産量を所与として，各企業が自己の利潤が最大となる生産量を選択していることを明らかにしている。そして，また均衡点から，自己の予想が正しかったことが，相手企業の選択した生産量によって確認することができる。

　このようにクルーノー均衡点は，数量逐次ゲームにおける追随企業の反応関数，(14.5)式と先導企業の反応関数，(14.8)式の交点である。

予想修正と均衡の安定

　企業の予想が的中せず，ある企業が交点以外の生産量を予想して自己の生産量を選択した場合には，クールノー均衡は成立しない。このような場合にどのような調整がなされるかを検討することは，価値のあることである。

　いま，第2企業が第1企業の予想生産量 $\hat{q}_1^0$ を実際の生産量 q_1^1 よりも強気に予想した場合を考察しよう。このとき第2企業は，予想生産量 $\hat{q}_1^0>$ 現実の生産量 q_1^1，であったことから，予想生産量を修正するであろう。その修正方法

は，現実の生産量がq_1^1であるから，そのq_1^1の生産量を今後も生産するであろうと予想し，予想生産量を下方修正することである。したがって，今度の予想は，現在の生産量q_1^1を予想生産量$\hat{q}_1^1$として，第2企業の生産量q_2^1を決定する。そして，第2企業の第1企業の予想生産量$\hat{q}_1^1$と第1企業の現実の生産量q_1^2とが一致しないときは，再度予想修正する。いま，その関係が，$\hat{q}_1^1 = q_1^1 > q_1^2$, であるならば，再度下方修正する必要がある。このような再修正の手続きにおいて，予想生産量と現実の生産量が一致するかどうかである。もし，予想生産量と現実の生産量との乖離が，予想の修正ごとにその乖離幅が縮小し，均衡に収束するならば，この場合のクールノー均衡は安定均衡であるという。このような均衡の安定条件は，第1企業と第2企業の反応曲線の勾配に依存している。図14－4のように，第1企業の反応曲線の勾配が，第2企業の反応曲線の勾配よりも急であるならば安定する。

図14－4の$(\hat{q}_1^0, q_2^0)$の点から出発する。この点は，第2企業が第1企業の生産量を$\hat{q}_1^0$と予想し，第2企業の生産量をq_2^0としたものである。しかし，このときの第1企業の生産量はq_1^1である。すなわち，第2企業がq_2^0を生産するとき，第1企業の生産量はq_1^1となる。したがって，両者の予想生産量は，一致していない。このとき，第2企業が，第1企業の生産量$q_1^1 = \hat{q}_1^1$を所与として期待形成するならば，第2企業の生産量は，第2企業の反応曲線上のq_2^1となる。すなわち，第2企業は，点(q_1^1, q_2^1)で生産を行う。この第2企業の第1企業の予想生産量$\hat{q}_1^1$は，第1企業の生産量q_1^2とは乖離している。したがって，第2企業は，再び第1企業の生産量を所与として，自己の生産量を決定するという修正を行う必要がある。しかし，予想生産量と実際の生産量との乖離幅は，前回のそれよりも縮小している。この予想と実際の生産量の乖離幅が次第に縮小するとき，クールノーモデルは安定する。

同時価格決定

同時数量決定モデルは，企業が生産量を決定し，市場が価格を決定する，という寡占市場モデルである。一方，企業が価格を決定し，市場がその価格に対

応する生産量を決定するという寡占モデルが考えられる。このモデルをベルトラン（J. Bertrand, 1822-1900）の貢献から**ベルトランモデル**という。

　各企業が価格を設定する場合，相手企業の設定する価格を予想し，その価格を所与として，自己の利潤が最大となる価格を選択するという行動をとるであろう。そして，市場が均衡するためには，クールノー均衡と同様に，お互いの予想価格と実際に企業が設定する価格とが一致しなければならない。

　各企業が予想する相手企業の設定価格は，限界費用以下であることはあり得ないであろう。その理由は，そのような条件の下では，生産量を減少させることによって，利潤が増加するからである。そこで，このような状況は排除しておくことが適当である。

　いま，双方の企業がともに，限界費用より高い，価格 $\bar{p}$ で販売しているものとする。そこのような状況において，第1企業は，その価格 $\bar{p}$ を所与として，自己の利潤が最大となる最適価格を選ぶことができる。企業が選択する最適価格は，$\bar{p}$ の価格より低い，$\bar{p}-\varepsilon$ の水準であるものと考えられる。なぜならば，同品質の市場において，相手企業よりも低い価格を設定することにより，相手企業の需要のすべてを自己の企業の需要に変更することが可能であるからである。もちろん，この論理は相手企業にも成り立っている。したがって，各企業の最適選択は，限界費用を超える価格の選択はあり得ないこととなる。すなわち，企業の予想する価格と実際に設定する価格は，価格＝限界費用という，競争市場において成立する価格と一致する。そして，この価格が均衡価格となる。

　2つの企業からなる寡占市場において，競争価格が成立することの意味は重要である。企業数に関係なく，競争メカニズムは十分機能するのである。2者による入札競争制度は，談合による制度よりも必ず低い価格が決定されるのである。この同時価格決定モデルは，入札のメカニズムがベルトラン競争であり，入札均衡が**ベルトラン均衡**となっていることを明らかにしている。したがって，少数企業による入札競争は，競争制度を意味し，他のいかなる制度よりもよい市場成果を実現するということを強調しておくことができる。

第4章　協調戦略と寡占市場の問題

カルテル形成

　平成1999年2月，公正取引委員会は，水道管などに使用するタグタイル鋳鉄管メーカーのクボタ鉄工所，栗本鉄鋼所および日本鋳鉄管の3社を独占禁止法違反で刑事告発した。3社は市場シェアをそれぞれ，63％，27％，10％というカルテル協定を締結していた。この**カルテル**（cartel）は，技術力に優れているクボタ鉄工所が指導力を発揮しているケースである。

　寡占市場にはカルテル形成が頻繁になされている。それは競争メカニズムを利用して，生産量や価格選択を行う場合よりも，結託ないしは協調して産業利潤を獲得することが，多くの利益を各企業に与えるからに他ならない。カルテルは企業グループを形成し，あたかも産業に1企業しか存在しないかのように行動することにその特徴がある。それゆえに，カルテル形成は，企業が結束し1企業の独占企業として行動し，そうすることによって得られる独占利潤をグループ企業間で分配するという企業戦略に他ならない。したがって，企業戦略としては最も合理的であるが，競争は排除されることから，カルテルが形成された寡占市場の均衡は，競争均衡における場合よりも市場価格は高く，生産量は少なくなり，市場の効率性がきわめて損なわれることになる。この市場の不効率は独占の場合と全く同じになる。それは，カルテルが形成された寡占市場は事実上独占となり，その寡占均衡は独占均衡と一致するからである。

カルテル企業の問題

　企業の結託により形成された企業グループが独占企業として行動する，ということがカルテル形成を意味していた。それゆえに，カルテルを形成している企業の問題は，企業グループ（産業全体）の利潤を最大化するように各企業の生産量を選択するという問題となる。したがって，その問題は以下のように定式化される。

$$\max_{q_1, q_2} p(q_1+q_2)(q_1+q_2) - c_1(q_1) - c_2(q_2) \quad \cdots\cdots\cdots\cdots (14.19)$$

限界収入＝限界費用の一階の最適条件は，それぞれ次式となる。

$$\frac{\Delta p}{\Delta q_1}(q_1+q_2) + p = \frac{\Delta c_1}{\Delta q_1} \quad \cdots\cdots\cdots\cdots\cdots\cdots\cdots\cdots\cdots (14.20)$$

$$\frac{\Delta p}{\Delta q_2}(q_1+q_2) + p = \frac{\Delta c_2}{\Delta q_2} \quad \cdots\cdots\cdots\cdots\cdots\cdots\cdots\cdots\cdots (14.21)$$

この最適条件の特徴は，企業の限界収入が企業間で等しいということである。それは，同じ生産物を同じ価格で各企業が販売しているからである。したがって，均衡においては，各企業の限界費用が一致している。このことは，限界費用曲線が下方にある（限界費用が低い）場合には，その企業の生産量は多く，市場シェアは高くなるということを意味している。

また，カルテルの均衡生産量（$q_1^e + q_2^e$）において，企業には，現在の生産量以上に自己の生産量を増加させたいという誘因が常に存在している。その理由は，第1企業が生産を増加させたとき，他の企業がカルテル協定を遵守し，現在の生産量を変更しないならば，第1企業は利潤を増加させることができるからである。なぜならば，生産量の増加は価格を下落させるが，限界費用が価格よりも小さい場合には，生産の増加は利潤を増加させるのである。一方の企業の生産増加と価格の下落は，他方の企業の限界収入を確実に低下させることから，第2企業の利潤減少，第1企業の利潤増加，という利潤再配分が起こるのである。このことは，寡占企業の利潤最大条件から確認することができる。第1企業が生産増加した場合，先の利潤最大化の条件から次式が成立する。

$$\frac{\Delta p}{\Delta q_1}q_1 + p - \frac{\Delta c_1}{\Delta q_1} = -\frac{\Delta p}{\Delta q_1}q_2 > 0 \quad \cdots\cdots\cdots\cdots\cdots\cdots (14.22)$$

このように，需要曲線は右下がりであるから，必ず右辺は正であり，第1企業の限界利潤は正となるのである。したがって，カルテル構成メンバーは，常に協定違反をするという可能性をもっているのである。このような協定違反者の発見や，その違反者に対する罰則規定などもカルテルを維持する条件となる。

しかし，企業数が多い場合には違反者を見つけることは容易ではない。また企業数が多いと交渉費用が莫大になるとともに交渉の成立が困難となるために，カルテル形成や維持は困難となるであろう。

このように企業は，競争を避け企業グループを形成することが企業利益に結びつくために，寡占市場はカルテル形成の場になりやすい環境にあるが，同時にカルテル造反者が常に誕生する環境にもあるのである。これらのことに関して，ＯＰＥＣはわれわれに多くの情報を提供している。

寡占市場の価格の硬直性

寡占市場の特徴は，企業の戦略的相互依存関係とともに，価格が硬直的であるということである。寡占企業は，費用条件が変化した場合でも，現在の価格と数量の組合せを変更しないということがしばしば観察される。それゆえに，寡占企業の生産する財・サービスの価格は，他の財・サービスとの比較において伸縮的に変化せず硬直化する。**屈折需要曲線**による分析は，この**価格の硬直性**とともに寡占企業の行動を矛盾なく説明することができる。

寡占企業は，相手の企業がどのような行動をとるかについては，きわめて不確実な情報に基づいて推測している。特に，ある企業の価格の変更に対して，競争相手の企業がどのような反応を示すかを推測することは困難な作業である。しかし，寡占企業が**市場シェア**の拡大という戦略をとっているならば，ある企業の価格の値上げに対する反応と値下げに対する反応は，非対称的となることが十分予想されることである。

この屈折需要曲線の理論は，寡占企業のシェア確保という行動仮説を次のように設定する。ある企業が価格を引き下げた場合には，競争相手の企業も追随し，価格を引き下げるという反応を示すが，価格引き上げに対しては，他の企業は追随せず，価格を据え置くという行動をとる，というものである。

まず，相手企業が価格を引き下げた場合について考察しよう。このとき，ライバル企業は価格を据え置くという選択をするならば，顧客は価格の低い財・サービスに需要シフトすることから，価格を据え置いた企業の市場シェアは，

競争相手の企業に奪われることになる。このように，相手企業が価格を引き下げた場合には，そのライバル企業はその価格引き下げに追随することが，市場シェアの確保から合理的選択となる。したがって，寡占企業が現在の価格と数量の組合せから価格を引き下げた場合，相手企業も価格を引き下げる可能性が大きく，価格を引き下げた企業の需要増加は大きくないと考えられる。すなわち，寡占企業の直面している需要曲線は，現在の価格以下に対する需要は非弾力的となっているのである。

一方，ある企業が価格を引き上げた場合，他の企業がこれに追随せず，価格を据え置くならば，価格を引き上げた企業は市場シェアを失い，価格を据え置いた企業は市場シェアを拡大できる。このように，相手企業が価格を引き上げた場合には，そのライバル企業はその価格引を据え置くことが，市場シェアの確保から合理的選択となる。企業が相手企業の価格引き上げに追随せず，市場シェアを確保するという企業戦略は説得的である。このような企業戦略を選択するならば，寡占企業の直面する需要曲線は，現在の価格よりも上方の需要については弾力的であるということができる。もし，寡占市場の財に製品差別化が存在しないならば，屈折需要曲線は現在の価格水準において水平となる。

このように，ある企業の価格の引き上げと引き下げに対する相手企業の反応が非対称的であることから，寡占企業の直面している需要曲線は，現在の価格水準から下方に対しては非弾力的，上方に対しては弾力的という，屈折した需要曲線となる。

図14-6の需要曲線AEBは，点Eで屈折している。価格p_0以上については弾力的，価格p_0以下では非弾力的となっている。このように，寡占企業の需要曲線が屈折しているならば，その限界収入曲線は，屈折点の生産水準において不連続となる。このような不連続な限界収入曲線の場合には，不連続区間を限界費用曲線が通っていることもありうる。もし，限界費用曲線がこの限界収入曲線の不連続区間を通過しているならば，限界費用が変化した場合でも，価格や生産量を変更せず一定に保つことが，利潤最大の条件から最適選択となる。したがって，このように費用条件が変化した場合でも，寡占企業には価格を変

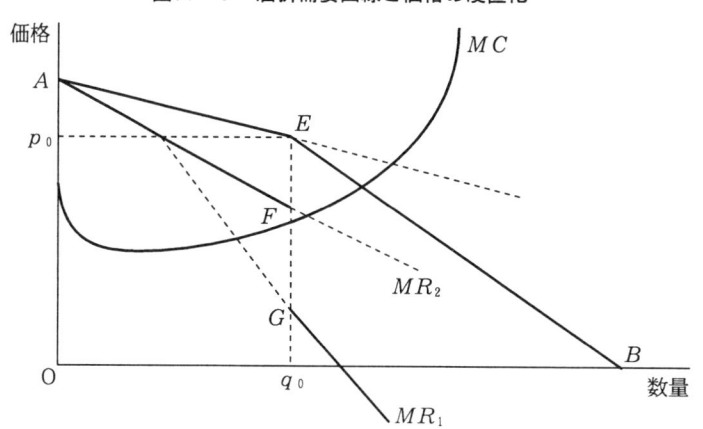

図14-6 屈折需要曲線と価格の硬直化

更する誘因はなく，価格が固定化・硬直化することになる。

平均費用価格形成原理

実際の企業経営において，価格は限界費用ではなく，平均費用に基づいて決定されているといわれている。また，価格交渉などの基本的資料は，限界費用ではなく，平均費用に関するデータである。このような実体は，経済学が導き出した企業の合理的選択である限界費用に基づく価格形成ではなく，企業は最適選択をしていないことになる。また，資源配分の観点においても，不効率である可能性が高くなる。

一般的に企業の価格設定は，平均費用に一定のマージンを加えて行われていると考えられている。すなわち，価格は次式に基づき決定される。

$$\text{価格} = \text{平均費用} + \text{マークアップ率} \quad \cdots\cdots\cdots\cdots\cdots\cdots (14.23)$$

このような価格決定は，企業の費用条件のみが考慮され，需要条件は無視されていることや，企業の合理的な選択となる限界費用に基づく価格決定とは逸脱しており，経済学が説明する，需要条件の限界収入や企業が生産増加によって犠牲にされる限界費用は，意味のないことになるのであろうか。そのような

指摘は正しいものではない。まず，**マークアップ率**を決定するためには，需要曲線を予想しなければならないので，企業は需要条件とは独立に，価格を決定することはできないのである。

また，企業経営者は，限界費用を常に把握することが困難であるとともに，把握が可能であっても，限界原理に従って価格設定を行わない傾向にある。それは，頻繁に価格変更を行うデメリットが存在するからである。そこで，合理的企業経営者は，平均費用を指標として，限界費用と限界費用が等しいという，利潤最大化条件を満たすように，長期的な視点で価格調整をしていると考えられる。したがって，高収益，高成長企業は，利潤最大化条件を実現しているか，ほぼ達成しているものと予想される。もし，企業の経営効率が低下していたり，企業業績が悪化しているならば，その企業の価格は，限界原理の価格水準から大きく逸脱しているということができる。このように，限界収入や限界費用の均等という，利潤最大化原理に基づく，経済学の企業分析は，現実の企業行動を説明しているといえるのである。

注　等利潤曲線の勾配について

第2企業の利潤は，(14-4) 式で表された。

$$\pi_2 = (a - b(q_1 + q_2))q_2 - kq_2$$
$$= (a - k)q_2 - bq_1q_2 - bq_2^2 \quad \cdots\cdots\cdots\cdots\cdots\cdots\cdots (14-4)$$

この式を q_1 について解くと，次式となる。

$$q_1 = (-\pi_2 + (a-k)q_2 - bq_2^2) / bq_2$$

この式は，$q_2 = 0$ のとき，$bq_2 = 0$ である。したがって，横軸が1つの漸近線であり，この曲線は横軸を横切らない。また，q_2^2 の係数が負であることから，左に開く放物線となる。

さらに，第2企業の利潤関数，$\pi_2 = p(q_1 + q_2)q_2 - c_2(q_2)$ について，費用を無視して全微分すると，次式を得る。

$$d\pi_2 = \left(\frac{\partial p}{\partial q_1}q_2 + p\frac{\partial q_2}{\partial q_1}\right)dq_1 + \left(\frac{\partial p}{\partial q_2}q_2 + p\frac{\partial q_2}{\partial q_2}\right)dq_2$$

したがって，一定の利潤を示す等利潤線の傾きは，次式となる。

$$-\frac{dq_2}{dq_1} = \left(\frac{\partial p}{\partial q_1} q_2 + p\frac{\partial q_2}{\partial q_1}\right) \div \left(\frac{\partial p q_2}{\partial q_2} + p\frac{\partial q_2}{\partial q_2}\right)$$

$$-\frac{dq_2}{dq_1} = \left(\frac{\partial p}{\partial q_1}\frac{q_2}{p}\right) \div \left(1 - \frac{1}{E_2^p}\right)$$

なお，E_2^p は需要の価格弾力性である．

$$E_2^p = -\frac{\partial p}{\partial q_2}\frac{q_2}{p}$$

右辺の分子は，需要曲線が右下がりであることから負である．したがって，利潤が一定である等利潤曲線上の q_1 との q_2 代替率の符号は，需要の価格弾力性 E_2^p の大きさによって変化する．$E_2^p > 1$（弾力的）のとき，分母は正であり，右辺は負となる．よって，$dq_2/dq_1 > 0$ となり，等利潤曲線の勾配は正となる．$E_2^p < 1$（非弾力的）のとき，分母は負であり，右辺は正となる．よって，$dq_2/dq_1 > 0$ となり，等利潤曲線の勾配は負となる．

以上から，弾力性が大きいとき（q_2 の生産量が少ない），等利潤線の傾きは正であり，弾力性が小さいとき（q_2 の生産量が多い），等利潤線の傾きは負となる．そして，弾力性が1であるとき，無限大，すなわち，等利潤線の傾きは垂直である．

なお，第1企業の等利潤線についても，同様に説明することができる．

練習問題

問題1 売手が2社である寡占市場における市場需要曲線が，$p = 100 - 0.4(q_1 + q_2)$ である．p は生産物価格，q_1，q_2 は第1企業と第2企業の生産量である．また，第1と第2企業の費用関数は，それぞれ，$c_1 = 4q_1$，$c_2 = 12q_2$ である．なお，第1企業が先導者，第2企業が追随者である．以下の問いに答えよ．

(1) この財の価格，
(2) 第1企業の生産量，
(3) 第2企業の生産量を求めよ．

問題2　2つの企業のみが存在する寡占市場の需要曲線と，a企業とb企業の費用関数が以下のように与えられている。

市場の需要曲線　　$p = 500 - 3(q_a + q_b)$

a企業の費用関数　$c_a = 20 q_a$

b企業の費用関数　$c_b = q_b^2$

a企業とb企業が，共に相手企業の生産量を予想して生産量と価格設定を行っているときの各企業の生産量，利潤と市場価格を求めよ。

問題3　問題2の2つの企業がカルテルを形成し，利潤を最大化するものとする。以下の問いに答えよ。

(1) この財の価格を求めよ。
(2) a企業の生産量を求めよ。
(3) b企業の生産量を求めよ。
(4) 産業利潤を求めよ。

第15章　生産要素市場

　市場機構は，市場を形成し，資源配分や所得分配を解く経済システムである。その市場は，本やパソコンや教育サービスなどを取引する生産物，または財市場と労働，土地や資本などの生産要素を取引する**生産要素市場**とに大別される。前章までの説明は，生産物市場に焦点が当てられていた。

　本章では，生産要素市場に焦点を当て，市場経済の所得分配のメカニズムについて説明する。生産要素市場を解明する基本的アプローチは，前章までの行動仮説と同じである。すなわち，予算制約の下で，効用を最大化するように労働供給量を決定する，という家計の行動仮説である。また，企業については，技術的制約条件下で，利潤を最大化するように労働需要量を決定する，という行動仮説である。

第1節　労働の供給曲線

労働供給と余暇の選択

　家計の消費需要は，所得制約の下で効用が最大になるように，消費選択を行ったものである。この消費選択の制約条件である所得の獲得については，いままで所与とされてきた。本節では，家計は効用を最大化するように，労働供給を決定するという，行動仮説に基づき，家計の労働所得獲得の経済活動について説明する。

　家計は，労働を供給するか，または，余暇（レジャー）を楽しむかの選択ができるものとする。もし，労働供給を行わないならば，余暇の需要を選択することになる。また，労働供給を増加させるならば，余暇需要を減少させなければならない。すなわち，労働供給の選択は，余暇の犠牲を意味しているのであ

る。また，余暇の選択は，労働供給の犠牲となっているのである。したがって，余暇を選択する費用は，労働所得であり，時間当たりの費用は賃金となる。このことは，**余暇の価格**は賃金であることを意味している。なぜならば，労働供給を行わなかったことは，労働を提供して，時間当たりの賃金を得る機会を断念し，余暇を選択したからに他ならないからである。このように余暇の**機会費用**は，賃金となっているのである。

しかし，労働供給Lや余暇Rには，上限があるものとする。1日は24時間，1か月は30日，1年間は365日などである。そこで，労働時間の上限を$\bar{L}$，余暇の上限を$\bar{R}$とする。もちろん，$\bar{L}=\bar{R}$である。

家計の予算制約式

いま，家計が賃金wのとき，労働供給Lを提供するならば，労働所得mは，wLである。したがって，家計はこの労働所得の制約条件の下で，労働供給を決定し，この所得の範囲内で消費財を購入する，という選択を行わなければならない。その予算（所得）制約式は次式となる。

$$wL=m \quad\quad\quad\quad\quad\quad\quad\quad\quad\quad\quad\quad (15.1)$$

この (15.1) 式は，家計の消費行動を説明した予算制約式とは異なっている。そこで，この予算制約式を通常の予算制約式に変更することにしよう。労働供給Lは，労働供給の上限$\bar{L}$から，余暇時間Rを差し引いたものであるから，予算制約式は，次式のように表すことができる。

$$w\bar{L}-wR=m \quad\quad\quad\quad\quad\quad\quad\quad\quad (15.2)$$

この式の左辺は，労働供給の上限まで労働を提供することによって獲得可能な最高の所得$w\bar{L}$から，労働時間を余暇に利用した結果，犠牲となった労働所得wR，言い換えれば，働くのではなく，余暇を選択したために獲得を断念した労働所得を差し引いた金額が，労働所得であることを示している。

また，右辺は，その労働所得が消費財に支出可能な所得であることを示して

いる。この労働所得のすべてを一般消費財に支出するならば、労働所得mは、一般消費財の価格pと一般消費財の消費量Cの積として表すことができる。この一般消費支出を、(15.2) 式に代入し、整理すると次式を得る。

$$wR + pC = w\bar{L} \quad\cdots\cdots\cdots\cdots\cdots\cdots\cdots\cdots\cdots\cdots\cdots\cdots (15.3)$$

この式は、第3章の予算制約式と全く同じである。この式の右辺$w\bar{L}$は、家計が獲得可能な最高額の所得を示している。その所得は、左辺の労働を提供せず、余暇に支出した金額wRと一般消費財への支出額pCとの和に等しいことを示している。かくして、(15.1) 式は、消費理論の予算制約式と同じであることが確認された。

労働の最適選択

図15-1には、(15.3) 式の家計の予算制約式と無差別曲線が描かれている。縦軸は、一般消費財(消費財の価格を$p=1$、とするならば、労働所得と一致する)、横軸には、余暇時間が測られている。余暇時間には上限があり、それが$\bar{R}$である。この$\bar{R}$が労働時間の下限であり、この労働時間の下限から左方向に、労働時間が測られている。すなわち、原点は、余暇時間の下限$R=0$であるとともに、労働時間の上限$\bar{L}$であり、そして、労働所得ゼロの水準となっている。

もし、労働者が賃金wで、労働時間の上限である$\bar{L}$時間の労働供給を行うならば、労働供給は原点であり、その実質労働所得は$(w/p)\bar{L}$であり、その所得をすべて消費財に支出した消費量は、縦軸上の切片、$\bar{C}=(w/p)\bar{L}$となる。この切片と、労働供給の下限の点である$\bar{R}$点を結んだ直線が、(15.3) 式の予算線である。したがって、この予算線の傾きは、賃金と一般消費財の価格との比率、w/pにマイナスの符号を付けた値となる。すなわち、賃金wのときの、労働者の予算線は、直線$\bar{C}\bar{R}$である。この予算制約の下で、家計は、効用が最大となる労働供給量を決定する、という家計の行動モデルが構築できる。

家計の効用は、消費量(または、所得)と余暇時間の増加関数である。この効用関数は、第3章において説明した選好順序に関する基本的仮定である、比

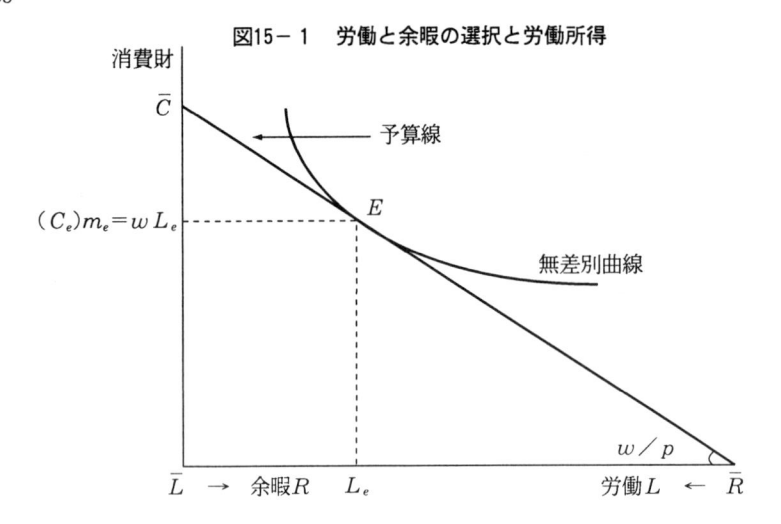

図15-1 労働と余暇の選択と労働所得

縦軸：消費財、横軸：余暇 R（左向き $\bar{L} \to$）と労働 L（右向き $\leftarrow \bar{R}$）

予算線の縦軸切片 $\bar{C}$、無差別曲線との接点 E、$(C_e)m_e = wL_e$、L_e、傾き w/p

較可能性，反射性，推移性，凸選好などを満たしているものとする。したがって，図15-1には原点に凸の無差別曲線が描かれている。

以上から，(15.3)式の予算制約の下で，家計は，消費量と余暇から得られる効用を最大化するように労働供給量（余暇時間）と消費量（所得）を決定するという，家計の行動モデルが構築されたのである。

家計の最適選択は，予算線と無差別曲線の接点 E となる。言い換えれば，家計は，実質賃金 w/p と，余暇（労働）の消費量に対する限界代替率 $\Delta C/\Delta R$ とが等しくなる労働 L_e と消費量 C_e との組合せを選択する。すなわち，最適選択点では，労働（余暇）と消費財との市場交換比率と，家計が労働（余暇）と消費財を交換しようとする主観的交換比率が一致しているのである。このように消費選択と同様に，労働の最適選択は，**価格比率**と**限界代替率**とが等しい，という次の条件を満たしていなければならない。

$$-\frac{w}{p} = \frac{\Delta C}{\Delta R} \text{（価格比率＝限界代替率）} \quad \cdots\cdots\cdots\cdots (15.4)$$

したがって，図15-1において，家計は，賃金 w の下で，労働供給 L_e を提供し，その労働供給から，労働所得 $m_e = wL_e$ を獲得することになる。

もし，賃金が上昇するならば，予算線の勾配の絶対値は大きくなり，予算線の縦軸の切片は大きくなる。この賃金変化に対する家計の反応は，予算線と無差別曲線の接点の軌跡から確認することができる。

スルツキー方程式と労働供給曲線

賃金の変化に対して，労働者が労働供給をどのように反応させるかについて説明しよう。このことは，無差別曲線と予算線の接点が，賃金変化とともにどのような軌跡を描くか，という比較静学のテーマである。この比較静学によって，家計の消費財の需要曲線を導出した。また，第7章のスルツキー方程式においては，価格変化の効果を代替効果と所得効果に分割し，需要曲線を導出している。

ここでは，スルツキー方程式を利用して，賃金変化と労働供給量（余暇）との関係を説明し，**労働供給曲線**を導出する。

第7章の(7.3)式は，価格変化の効果が代替効果と所得効果の和として表せることを示している。そして，所得効果は，さらに価格1円当たりの実質所得変化額と所得効果の積として表すことができた。すなわち，価格変化の効果は，次式のように表すことができたのである。

価格変化の効果＝代替効果＋所得効果＝代替効果＋実質所得変化・所得効果

この価格変化を賃金変化と置き換えるならば，賃金変化のスルツキー方程式を簡単に導き出すことができる。賃金の変化と余暇との代替効果は負である。言い換えれば，賃金の変化と労働供給は正の代替効果となる。なぜならば，余暇の価格の上昇は，余暇需要を減少させるからである。これは消費財と同様である。また，賃金1円当たりの実質所得の変化は，余暇の需要量，または労働供給量となる。そして，所得効果は余暇が下級財でないならば，余暇は正，労働供給は負である。以上のことを前提に，賃金と余暇の**スルツキー方程式**，賃金と労働供給のスルツキー方程式を導くことができる。まず，賃金変化と余暇の変化との関係を表しているスルツキー方程式について説明する。

$$\frac{\Delta R}{\Delta w_{(\bar{m})}} = \frac{\Delta R}{\Delta w_{(\bar{u})}} + L\frac{\Delta R}{\Delta m_{(\bar{p})}} \quad \cdots\cdots\cdots\cdots\cdots\cdots\cdots\cdots\cdots\cdots (15.5)$$

右辺の第1項が**代替効果**であり，負である。そして，第2項のLが，賃金1円当たりの実質所得の変化である労働供給量であり，$\Delta R / \Delta m$が，**所得効果**である。労働供給量も所得効果も正であるので，この第2項は正となる。したがって，第1項が負であり，第2項が正であるので，賃金変化の余暇の需要量に与える効果ついて，明確に述べることはできない。

もし，代替効果と所得効果が等しいならば，賃金変化は余暇の需要を変化させない。また，代替効果が所得効果よりも大きいならば，余暇の需要を減少させる。すなわち，労働供給を増加させる。逆に，代替効果が所得効果よりも小さいならば，余暇の需要を増加させる。すなわち，労働供給を減少させることになる。

また，賃金と労働供給の次式のスルツキー方程式を導出することができる。

$$\frac{\Delta L}{\Delta w_{(\bar{m})}} = \frac{\Delta L}{\Delta w_{(\bar{u})}} + L\frac{\Delta L}{\Delta m_{(\bar{p})}} \quad \cdots\cdots\cdots\cdots\cdots\cdots\cdots\cdots\cdots\cdots (15.6)$$

第1項の代替効果は正である。なぜならば，賃金の上昇は，余暇の機会費用を上昇させるために，余暇需要を減少させ，労働供給を増加させるからである。そして，第2項のLは，賃金1円当たりの実質所得の変化である労働の供給量であり，$\Delta L / \Delta m$が，所得効果である。労働の供給量Lは正であり，所得効果は負であるので，第2項は負となる。したがって，第1項が正であり，第2項が負であるので，賃金変化の労働供給量に与える効果は，代替効果と所得効果に依存しているのである。

もし，代替効果と所得効果が等しいならば，賃金変化は労働供給量とは独立である。このようなときには，労働供給曲線は垂直となる。また，代替効果が所得効果よりも大きいならば，賃金の変化と労働供給は正の関係となり，労働供給曲線は右上がりとなる。このようなとき，賃金の上昇や所得税の減税は，労働意欲を刺激し，労働供給が増加することになる。逆に，代替効果が所得効果よりも小さいならば，賃金の下落（上昇）が労働供給を増加（低下）させる

という関係にある。このような関係は，労働供給量Lが大きい低開発国の幼児の労働供給や高額所得層の労働供給を説明できる。

したがって，賃金が低水準のとき，労働供給曲線が右下がりとなり，また，賃金が高水準でも，労働供給曲線が右下がりとなる可能性が高い。その中間領域の賃金水準では，右上がりの供給曲線となっている。

図15−2は，賃金の変化による労働供給の変化を図示したものである。賃金がw_0であるとき，家計の最適選択点はE_0であり，そのときの労働供給量はL_0である。そして，賃金がw_1に上昇したとき，家計の最適選択点がE_1に移動し，労働供給量がL_1となったことが示されている。賃金がw_0からw_1への変化によるE_0からE_1への最適選択の移動，または，L_0からL_1への労働供給量の変化は，代替効果と所得効果の2つの効果の和となっている。

代替効果は，実質所得を一定として，または，価格変化前の効用水準を維持できるように所得が補償された効果である。図における代替効果は，最初の最適点E_0から，賃金が上昇したときの予算線に平行な予算線と，価格変化前の無差別曲線との接点E_1^sへの移動である。この最適点の移動による労働供給量

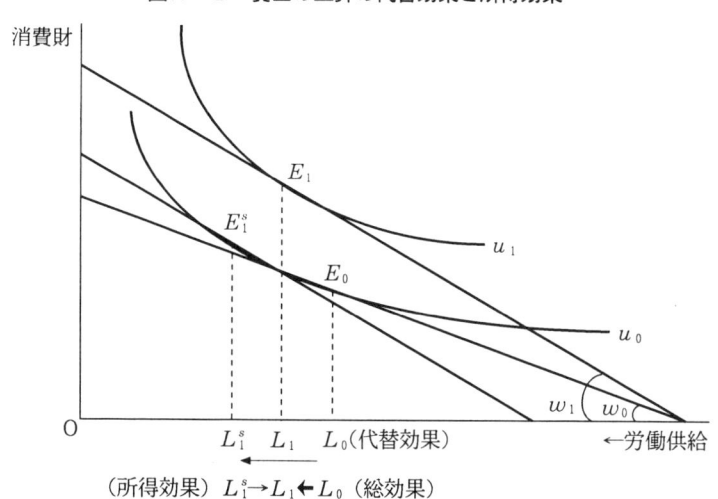

図15−2　賃金の上昇の代替効果と所得効果

（所得効果）$L_1^s \to L_1 \leftarrow L_0$（総効果）

は，L_0 から L_1^s に増加している。すなわち，賃金の上昇による代替効果は，正であり，必ず労働供給を増加させる。

代替効果が正であることは，無差別曲線が原点に対して凸であることを利用して，証明することができる。賃金の上昇は，予算線の勾配を大きくすることになる。この賃金変化に対して，家計が最適選択するならば，余暇（労働）の所得に対する限界代替率も増加させる必要がある。そのためには，余暇（労働）を減少（増加）させ，所得を増加させるという代替を行わなければならない。なぜならば，無差別曲線は原点に対して凸であり，この労働者は，限界代替率逓減の法則に従う選好関係をもっているからに他ならない。このように，凸選好の労働者の代替効果は正であり，賃金変化と労働供給の変化の方向は，いかなる場合でも同方向である。

所得効果は，価格変化を取り除いた効果であるので，新予算線と平行な予算線上の選択点 E_1^s から，新予算線上の選択点 E_1 への移動によって示される。この所得効果は，余暇が下級財でない限り正となる。すなわち，労働供給は減少する。図15－2は，賃金上昇の所得効果により労働供給が，L_1^s から L_1 に減少していることが示されている

以上から，賃金変化による労働供給量の L_0 から L_1 の総変化は，L_0 から L_1^s への変化が代替効果であり，L_1^s から L_1 の変化が所得効果となっている。

また，先に説明したように，賃金が高い（低い）とき，所得効果が代替効果よりも大きくなるために，図15－3のように，労働供給曲線は，右下がりと右上がりの2つの局面をもつことになる。

図15－3　後屈的労働供給曲線

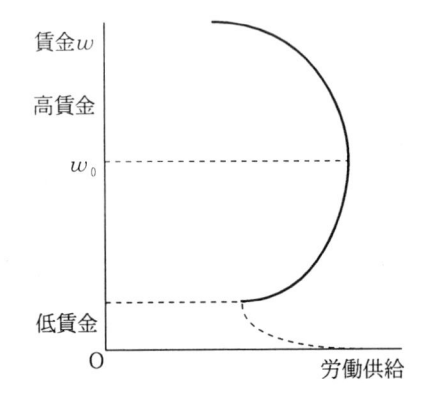

第2節　生産要素の需要曲線

利潤最大化と生産要素需要

　企業行動モデルは，技術的制約条件の下で，利潤を最大化するように生産量や生産要素量を決定するものとして定式化された。第9章第2節において，1生産要素の需要曲線を，そして，第3節において，企業が複数の生産要素を利用している場合の生産要素の需要曲線を導出した。さらに，第10章第1節において，費用を最小化する生産要素量を導出している。その生産要素量 x_1 は，生産要素の価格 w_1，w_2 と生産量 q の関数として，次式のように表した。

$$x_1 = x_1(w_1, w_2, q) \quad \cdots\cdots\cdots\cdots\cdots\cdots\cdots (15.7)$$

　そして，第11章第1節において，供給量 q は，生産物の価格 p の関数であることが明らかにされた。したがって，上の生産要素の需要関数に，生産物の供給関数，$q = q(p)$ を代入すると，**生産要素需要関数** D は次式となる。

$$x_1 = D(w_1, w_2, q(p)) = D(w_1, w_2, p) \quad \cdots\cdots\cdots\cdots (15.8)$$

　すなわち，生産要素の需要関数は，生産要素の価格 w_1，w_2 と生産物価格 p の関数となる。この生産要素の需要関数は，費用最小化を実現する生産要素量であるとともに，限界費用＝限界収入の利潤最大化の条件を満たしている生産要素価格と生産要素量との関係を表している。いま，生産要素の価格 w_2 と生産物価格 p を所与するならば，生産要素価格 w_1 と生産要素量 x_1 は，次の限界費用＝限界収入の利潤最大化の条件を満たしていなければならない。

$$w_1 = p\,MP_1 \quad \cdots\cdots\cdots\cdots\cdots\cdots\cdots\cdots\cdots\cdots (15.9)$$

　この式の左辺は生産要素の価格であり，その生産要素1単位追加の限界費用である。そして，右辺は，生産要素の限界生産物 MP_1 の価値額であり，生産要素1単位に追加による限界収入となっている。企業は，生産要素価格と限界価値

生産物が一致しているとき，生産要素量を需要する。ただし，生産要素の需要曲線は，限界価値生産物曲線とは必ずしも一致していないことは，第9章第3節において詳しく説明した。

以上から，生産要素需要曲線は，生産物や他の生産要素の価格，他の生産要素量や技術進歩によって変化することが確認できる。この要素需要曲線のシフト要因が，生産要素価格を変化させたり，生産要素の価格水準の高低を決定する経済諸要因となっているのである。すなわち，所得分配の不平等，特に，賃金格差の根本的原因の多くは，この需要関数から把握することができる。

不完全競争市場と搾取

労働市場が完全競争市場であるならば，買手は市場賃金の下で，必要なだけ労働者を確保することができる。すなわち，完全競争市場では，買手の労働需要は少なく，彼の需要量の変化が市場賃金に影響を与えることはない，という水平の労働供給曲線に直面している労働の買手が，市場を形成しているのである。したがって，このような企業の労働1単位追加の限界費用は，市場賃金に等しくなる。しかし，より多くの労働者を確保するためには，賃金を引き上げる必要がある，という不完全競争市場が存在する。このような市場における企業は，右上がりの労働供給曲線に直面しているのである。

ここでは，生産要素市場における**買手独占**（monopsony）の要素需要量および賃金決定について説明する。

労働需要Lを増加させるために，賃金を引き上げる必要がある不完全競争企業の労働の限界費用は，賃金とは一致しない。すなわち，右上がりの供給曲線に直面している企業の限界費用は，賃金よりも高くなる。賃金がwで，労働雇用量がLであるときの，労働費用はwLである。いま，生産要素が労働のみであるとき，労働者1単位増加による**限界費用**MCは，次式となる。

$$MC = \frac{\Delta w}{\Delta L} L + w \quad \cdots\cdots\cdots\cdots (15.10)$$

労働の供給曲線は右上がりであるから，上の式の$\Delta w / \Delta L$の符号は正であ

る。したがって，(15.10) 式から，労働の限界費用は，常に賃金よりも高いということが確認できる。

さらに，(15.10) 式を整理し，労働供給の賃金弾力性 $E_w^s = (\Delta L / \Delta w)(w/L)$ を用いると，限界費用は次式となる。

$$MC = w\left(1 + \frac{1}{E_w^s}\right) \quad \cdots\cdots\cdots\cdots\cdots\cdots\cdots\cdots\cdots\cdots\cdots\cdots (15.11)$$

もし，労働供給の価格弾力性 E_w^s が無限大，すなわち，労働の供給曲線が水平であるならば，限界費用は賃金と一致する。また，E_p^s が1以下のとき，限界費用は賃金の2倍以上となり，E_w^s が1以上のとき，限界費用は賃金の2倍以下となる。そして，E_w^s が1のとき，すなわち，供給曲線が原点を通る直線のとき，限界費用は賃金の2倍となる。なお，供給曲線が直線である場合，企業の限界費用曲線は，供給曲線の勾配の2倍の直線となる。以上のように，供給の価格弾力性が小さいほど，限界費用と賃金との乖離幅は大きくなる。この事実が所得分配の不平等を生む原因となる。

図15-4は，生産物市場においては，完全競争企業として行動し，労働市場においては，不完全競争企業として行動している企業の賃金と雇用量の決定を示したものである。

限界費用＝限界収入の利潤最大化の条件から，限界費用曲線と限界価値生産物曲線の交点Eが均衡点となる。この均衡点の雇用量 L_e が労働需要量となる。この企業の需要量 L_e の労働者を確保する

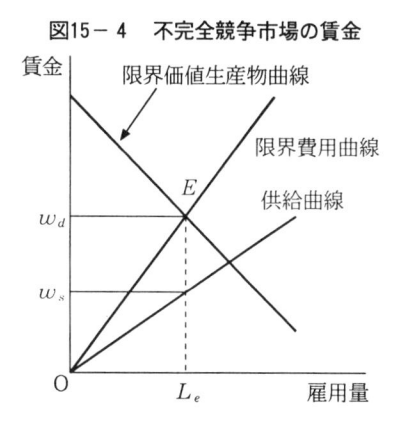

図15-4 不完全競争市場の賃金

ためには，企業は，賃金 w_s を労働者に支払う必要がある。しかし，この雇用量 L_e の労働の限界価値生産物 w_d は，賃金 w_s よりも高い。したがって，企業は，労働者の生産への貢献度である労働の限界生産物よりも低い報酬率で，労働者を雇用できるのである。労働者が受け取る報酬は，限界価値生産物に応じて支

払われるものと考えるならば、この労働の限界価値生産物w_dと実際の賃金支払額w_sとの差は、不完全競争による労働者に対する**搾取**（exploitation）ということができる。

供給独占企業の生産要素需要

生産物市場における売手の独占均衡については、第13章第2節において説明した。ここでは、生産物市場において**供給独占**（monopoly）である独占企業の生産要素需要について説明する。なお、この企業は、生産要素市場では、完全競争企業であると仮定する。

利潤最大化の条件に基づいて行動する企業は、生産要素1単位追加から得られる限界収入と生産要素の追加1単位の限界費用とが一致しているとき、生産要素を需要する。完全競争企業の生産要素1単位追加の限界収入は、限界価値生産物であった。それは、限界生産物MPと価格Pとの積であった。なぜならば、生産物1単位追加による限界収入MRが価格Pであるからに他ならない。

しかし、右下がりの需要曲線に直面している独占企業の限界収入は、価格よりも必ず低くなる。第13章第2節において、独占企業の限界収入は、需要の価格弾力性E_p^dを利用して、次式のように表すことができた。

$$MR = p + \frac{\Delta p}{\Delta q}q = p\left(1 + \frac{\Delta p}{\Delta q}\frac{q}{p}\right) = p\left(1 - \frac{1}{E_p^d}\right) \quad \cdots\cdots (15.12)$$

したがって、独占企業の生産要素1単位追加から得られる限界収入は、(15.12)式と限界生産物MPとの積となる。この独占企業の限界収入は、**限界収入生産物**（marginal revenue product：MRP）ということもできる。

$$MRP = \left(p + \frac{\Delta p}{\Delta q}q\right)MP = p\left(1 - \frac{1}{E_p^d}\right)MP \quad \cdots\cdots (15.13)$$

この式は、独占企業の生産要素1単位追加の限界収入が、完全競争企業の限界収入である限界価値生産物よりも、常に小さいということを示している。もし、需要の価格弾力性E_p^dが無限大であるとき、すなわち、完全競争市場のとき、限界収入生産物MRPは、限界価値生産物$p \cdot MP$と一致する。しかし、需

要の価格弾力性E_p^dが無限大よりも小さいならば，限界収入生産物MRPは，限界価値生産物$p \cdot MP$よりも小さくなる。すなわち，生産物市場の独占度が高くなるに従って，その両者の乖離は大きくなる。このことは，生産物市場の市場支配力が，生産要素需要量に影響を与えていることを意味している。

図15-5は，独占企業の生産要素需要を示したものである。直線$p \cdot MP$は，限界価値生産物曲線である。(15.12)式から，独占企業のMRPは，$p \cdot MP$よりも小さいので，独占企業の限界収入生産物曲線は，限界価値生産物曲線よりも下方に位置している。そして，水平の直線は限界費用曲線を示す。この独占企業は，生産要素市場では，完全競争企業であるので，市場価格w_1で生産要素を利用することができる。以上から，独占企業の要素需要の均衡点は，限界収入と限界費用が等しいE_m点となり，生産要素需要量はx_mである。また，完全競争企業の均衡点はE_c点であり，生産要素需要量はx_cである。したがって，独占企業の生産要素需要量は，完全競争企業の需要量よりも少なくなる。

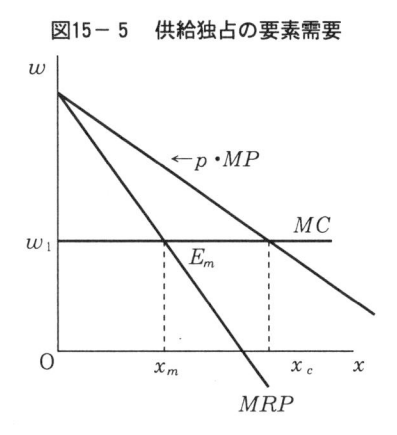

図15-5 供給独占の要素需要

双方独占

財・サービスの市場において，売手も買手も1企業，という市場形態を**双方独占**（bilateral monopoly）という。労働市場において，強力な労働組合と労働需要に独占力をもつ大企業が存在しているとき，双方独占市場を形成しているものと考えられる。この双方独占市場の価格や数量は，両者の交渉力に依存して決定されている。

双方独占市場において，買手独占が成立するためには，買手独占者が市場供給曲線を所与として行動し，かつ，供給者は買手独占者の提示する価格を所与

として行動しなければならない。また，売手独占が成立するためには，売手独占者が市場需要曲線を所与として行動し，需要者は売手独占者の提示する価格を所与として行動しなければならない。

　図15－6は，需要独占と供給独占が成立している状態を示したものである。まず，買手独占企業の力が圧倒しているとき，供給者は買手独占企業の提示する価格を所与として行動するプライステイカーであると仮定する。それゆえに，この供給者は，価格と限界費用が等しい，という利潤最大化の均衡条件に従って，労働供給量を決定する。一方，需要独占者の決定する価格は，需要曲線Dと需要独占者の労働費用の限界費用曲線MCLとの均衡点E_Dに対応する価格w_Dとなる。したがって，供給者はこの価格w_Dの下で，労働L_Dを供給する。

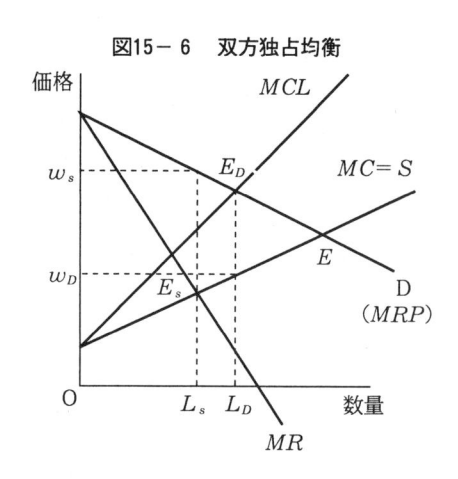

図15－6　双方独占均衡

　また，売手独占の企業の力が圧倒しているとき，需要者は売手独占企業の提示する価格を所与として行動するものと仮定する。それゆえに，需要者は，価格と限界収入が等しいという，利潤最大化の均衡条件に従って，労働需要量を決定する。一方，売手独占者の決定する価格は，供給曲線S（限界費用曲線MC）と売手独占者の限界収入曲線MRの均衡点E_sに対応する価格w_sとなる。したがって，需要者はこの価格の下で，労働L_sを需要する。

　以上から需要独占者の価格はw_D，供給独占者の価格はw_sとなり，両者の価格には乖離がある。実際の価格は，この両者の価格の中間に決定されることが予想される。需要独占者の価格w_Dに近い価格が決定されるか，供給独占者の価格w_sに近い価格が決定されるかは，両独占者の交渉力に依存している。また，競争均衡は，需要曲線と供給曲線の交点Eであるので，双方独占の均衡は，資源配分を損なうことは明らかである。

第3節　地代の理論

土地の供給と地代

　家計の消費財需要の目的は，消費財を消費することから得られる効用のためである。しかし，生産要素に対する需要目的は，その生産要素の利用から得られる効用のためではない。その需要は，企業がその生産要素を利用して，財・サービスを生産し，それを販売することによって得られる利潤目的にある。生産要素の需要は，本源的に存在するのではなく，企業が利潤獲得の目的のために生産要素を必要としているのであり，かつ，その利潤は消費者への財・サービスの販売によって実現される。したがって，消費者の需要が企業の生産活動を，そして，利潤動機を引き起こすのであり，それによって生産要素需要が生まれるのである。この意味において，生産要素需要は，消費者の最終需要によって引き起こされていることから**派生需要**（derived demand）と呼ばれる。

　生産要素価格は生産要素市場の需給関係に依存しているが，生産要素需要が派生需要であることから，その価格は最終生産物の需要に依存して決定されるのである。特に，生産要素が固定されているならば，生産要素価格は，その生産要素を利用して生産している財の需要が，または，その財の価格によって決定されているのである。すなわち，生産要素価格が生産物価格を決定しているのではなく，生産物価格が生産要素価格を決定しているのである。

　図15－7には，土地の供給がx_eに固定されている垂直の供給曲線が示されている。このように，供給が固定されているならば，需要曲線の位置が生産要素価格を決定する。需要曲線の位置は，他の生産要素の価格とともに生産物の価格に依存している。したがって，生産物の価格が高いならば，生産要素価格も高くなる。

　図15－7の均衡点がEであるとき，土地サービスの価格はw_eである。この結果，地代所得（レント）は，$O\,x_e E w_e$となる。また，需要曲線が上方にシフトすると，価格はw_1に上昇し，地代収入は，$O\,x_e E_1 w_1$となる。このように，

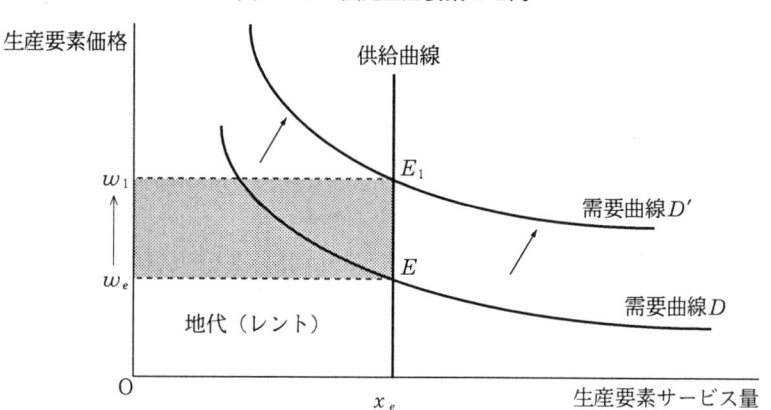

図15-7　固定生産要素と地代

（図：縦軸「生産要素価格」、横軸「生産要素サービス量」。供給曲線は x_e で垂直。需要曲線 D と D'、均衡点 E、E_1、価格 w_e、w_1。陰影部分が「地代（レント）」）

土地サービスの価格や土地サービスからの所得は，需要曲線の位置によって決定されている。

また，第12章第3節において説明したように，供給が一定である財への間接税の課税は，価格も数量も変化せず，超過負担が発生しないのである。

固定的生産要素の報酬

いま，土地を利用して生産されている生産物の価格 p_0 が，平均費用と一致しているとき，利潤はゼロとなる。そして，固定的生産要素である土地の費用を除く，すべての可変費用を $VC(q_0)$ とするならば，総収入 $q_0 p_0$ から可変費用 $VC(q_0)$ を引いた金額は，土地に対する報酬の地代所得として支払われている。この利潤がゼロのとき，土地の価値が正しく評価され，土地に対して正常報酬が支払われていると考えることができる。また，利潤が正の場合には，土地への支払いは，正常報酬を超えているということができる。したがって，地代は総収入から可変費用を引いた金額となる。

$$\text{地代} = q_0 p_0 - VC(q_0) = \text{収入} - \text{可変費用} \quad \cdots\cdots\cdots\cdots (15.14)$$

この地代所得がその土地を利用することに対する正常報酬に基づいて支払わ

れているならば、その地代所得は土地の機会費用となっている。しかし、この地代所得が、土地を代替的に利用することによって獲得できる所得を超えているならば、その土地は正常以上の報酬を得ていることになる。この正常以上の所得は、その土地に対する需要曲線の位置が与えているものであるが、その所得は、土地を利用して生産した生産物の価格 p の水準が、与えているということができる。このように、土地サービスの報酬である地代所得は、財市場における価格決定に依存しているのである。もし、この地代所得が正常報酬を超えるならば、価格は平均費用を超えていることになる。なぜならば、総収入から可変費用を引いた金額が、固定費用を超過していなければならないからである。したがって、土地や固定的生産要素への報酬を正常報酬にするためには、土地や固定生産要素を調整するのではなく、財市場の競争を促進させることである。超過する報酬の調整は、利潤がゼロとなるまでなされる必要がある。

このように、固定的生産要素の所得には、その生産要素が供給されるために、最低必要な報酬を超えて支払われる場合がある。言い換えれば、固定生産要素の提供者は、その固定生産要素の機会費用を超過する金額を獲得することができる。このような生産要素への支払い金額は、土地への報酬とは区別して**準地代**（quasi-rent）とも呼ばれている。

しかし、固定的ではない可変的生産要素にも、その生産要素が供給されるために、最低必要な報酬を超えて支払われる場合がある。たとえば、労働報酬についてもこの準地代が存在する。特殊の才能をもつ俳優や歌手、さらには、一部のスポーツ選手の報酬は、地代の性格をもつ報酬が含まれているのである。いわゆる、彼（彼女）らの才能は優れており、その才能は代替不可能であるために、固定的生産要素となっているからである。したがって、芸能人やスポーツ選手全員が高額所得を得ることはできないのであ

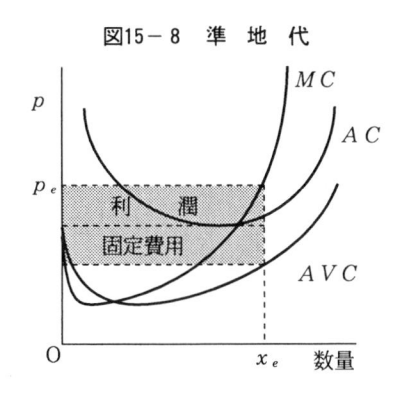

図15-8　準　地　代

る。

　準地代は，収入から可変費用を引いた金額であり，それは，固定費用と利潤の合計でもある。したがって，利潤は正となることも，負となることもあり得るので，準地代は，固定費用よりも大きくなることも，小さくなることもある。しかし，準地代が負になることはあり得ない。それは，赤字額が固定費用を超過する生産水準において，企業が生産を行うことはあり得ないからである。

生産者余剰とレント

　供給曲線は，所与の数量に対して，企業が販売してもよいと考える供給価格の組合せの軌跡であった。この供給価格は供給することと供給しないことが無差別な価格である。したがって，供給価格以下では供給されないので，その供給価格からの報酬が機会費用であり，供給価格と実際の販売価格との差は，準地代ということができる。また，供給曲線は限界費用曲線であり，限界費用曲線の下の領域は，可変費用の総額である。したがって，水平な価格線と供給曲線に囲まれた領域は，総収入から可変費用を引いた準地代である。すなわち，レントは**生産者余剰**である。それは，(15.14) 式で定義した地代である。すなわち，総収入―可変費用が地代あり，生産者余剰であり，準地代である。

　固定生産要素には，機会費用を超過する収入が存在する。この超過する金額は，固定的要素に限定されることなく存在する。したがって，土地の報酬に対して地代，土地以外の固定生産要素の報酬を準地代，また，可変要素の機会費用を超える報酬を準地代，あるいは，以外の利潤という区別ではなく，収入から可変費用を引いた金額をすべてレント，または，**経済的レント**ということができる。

　生産者余剰とレントは，定義から理解できるように同じである。その違いは，前者が，財の供給者が，その財の提供によっていくらの余剰が発生しているかを測っている。一方，後者は，固定生産要素の価値，または，固定生産要素に対する報酬を測っている。後者は，可変生産要素の価値はその機会費用で測られているが，固定生産要素の価値は機会費用とは一致していない，ということ

が起こり得ることを説明している。レントは，固定生産要素の価値（価格）を決定している。その価値は，収入から可変費用を支払った後の剰余額によって測っているのである。生産要素価格，すなわち，レントは，余った貨幣額という性格をもっているのである。

練 習 問 題

問題1 労働の供給に関する以下の記述において正しいものを1つ選択せよ。
(1) 労働の供給曲線が右上がりとなるのは，企業の費用が逓増するからである。
(2) 賃金が上昇したとき，彼は労働供給を減少させた。彼の所得効果は代替効果よりも小さい。
(3) 年収5000万円以上の所得を得ている人は，代替効果より所得効果の方が大きいと考えられる。
(4) 彼の所得効果と代替効果とが同じ場合には，労働の供給曲線が水平となる。
(5) A国で勤労所得税の減税を実施したとき，労働供給が増加した。A国の労働者の代替効果は所得効果より小さいことになる。

問題2 生産要素に関する以下の記述において正しいものを1つ選択せよ。
(1) 地代（レント）の格差は正は，土地利用の規制よりも，その土地を利用して生産している財の競争促進が効果的である。
(2) 銀座の喫茶店のコーヒーが高いのは，銀座の地価が高いからである。
(3) 地代（レント）の格差は，その土地の生産性や土地利用の規制が根本的原因である。
(4) 労働市場における賃金は，土地の価格である地価や機械設備の価格と同じ性格をもっている。
(5) 同じ国において，賃金格差が生じる理由は，労働者が搾取されているからであり，それ以外の理由は存在しない。

問題3 図は賃金が上昇し，予算線がABからACに変化したことを示している。代替効果と所得効果の正しい組合せを選択せよ。

所得

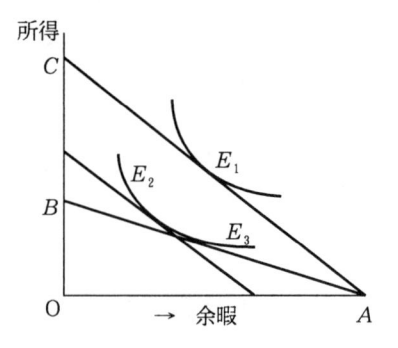

グラフ: 縦軸「所得」、横軸「→余暇」、点 C, B, O, A、均衡点 E_1, E_2, E_3

(1) 代替効果は E_3 から E_2，所得効果は E_1 から E_3 への変化
(2) 代替効果は E_1 から E_3，所得効果は E_2 から E_3 への変化
(3) 代替効果は E_2 から E_3，所得効果は E_3 から E_1 への変化
(4) 代替効果は E_3 から E_2，所得効果は E_2 から E_1 への変化
(5) 代替効果は E_2 から E_3，所得効果は E_3 から E_2 への変化

第16章　市場機構と市場の限界

　前章までにおいて，市場メカニズムや経済現象の解明を行ってきた。また，第12章においては，部分均衡分析の枠組みを用いて，市場経済が効率的資源配分（パレート最適）を実現していることを確認した。

　本章では，まず，複数の市場の相互関係を前提とした市場のメカニズムの解明を行う。そして，一般均衡分析の枠組みを用いて，市場均衡がパレート最適と一致していることを明らかにする。すなわち，「厚生経済学の基本定理」が，あらゆる市場において，同時に成立しているのである。このことは，市場経済システムが，経済に存在している資源を効率的に利用し，かつ，その資源を利用して生産した財・サービスを，国民の厚生が最大となるように配分するメカニズムを有していることを意味するものである。この定理の成立は，制約条件つきであるが，市場経済の本質的特徴を明らかにしている。

　このように市場経済は，社会的に望ましいと考える，1つの重要な条件を満たしており，理想経済と一致しているのである。しかし，その定理の成立のための必要条件が存在しているとともに，望ましいと指摘できる他の重要な条件も考えられている。すなわち，市場経済には，この定理の成立を拒む，様々な諸要因が存在しているとともに，すべての規範的規準をクリアーするメカニズムが内包されているわけではない。また，市場経済は，市場参加者にはメリットを与えるが，参加不可能な人には，不都合なシステムでもある。

　市場経済機構は，完全ではなく，欠陥がある。このことを市場の失敗（market failure）という。本章では，代表的市場の失敗である，費用逓減，外部性の存在，公共財，情報の非対称性について説明する。

第1節　経済の相互依存関係と最適資源配分

経済の相互依存関係と一般均衡分析

　経済に2つ以上の市場が存在する場合，市場は相互依存関係となる。ある財の価格変化はその財の市場均衡だけでなく，他の財の市場均衡にも影響を与えている。たとえば，労働市場における賃金が何らかの事情で変化した場合，労働の需要量と労働の供給量が変化する。この賃金変化は労働所得を変化させることから，消費者の財・サービスの需要量に影響を与えるであろう。また，賃金変化は企業の生産費用に影響を与えることから，企業の財・サービスの生産量や利潤を変化させることが予想される。

　このように，われわれの市場経済は，いろいろな市場の相互依存関係の上に成り立っているのである。経済学では，2つ以上の市場を同時に考察対象とすることを**一般均衡分析**（general equilibrium analysis）という。一般均衡分析は，複数の市場の相互依存関係を前提に，その複数の市場の同時均衡が成立するかどうかを，さらには，その均衡の諸性質がどのようなものであるかを解明することにある。

　これに対して**部分均衡分析**（partial equilibrium analysis）は，他の市場状態を所与として，ある1つの市場のみを分析するものである。したがって，この分析は変数が少なく簡単ではあるが，経済のある一部分のみに注目したものであり，経済全体を視野に入れていないことからも，まさに不完全な（partial）分析なのである。しかし，考察の対象を限定することは，われわれの理解を助けるだけでなく，ある1つのことを詳しく知ることになるのである。われわれが常に全体のことに関して，知識や理解を得ようとしていると同時に，ある部分だけについて詳細に知りたい，あるいは確認したいということが数多くある。このような場合，**他の条件は一定**（ceteris paribus）という前提の下に，経済分析をこころみることは，必要であり，かつ重要なのである。したがって，経済分析には，経済全体や複数の市場を考察対象とした一般均衡分析

と，ある特定の市場を考察対象とする部分均衡分析の2つが必要であり，特に，前者は市場の相互依存関係を考察する場合には必要不可欠な分析である。

交換経済

経済主体が初期保有量を確保している経済において，この初期保有量が経済主体間でどのように配分されるかを検討する。このような経済は，生産を伴わないことから純粋交換経済という。このような経済の配分メカニズムは，**エッジワース・ボックス**（Edgeworth box）という図形を用いて説明されている。

まず，2人の個人A，BのX財とY財の初期保有量を，それぞれ，(x_a^0, y_a^0)，(x_b^0, y_b^0) と表すことにする。2人はこの初期保有量のうちから，幾らかを交換し，最終の配分状態を達成する。また，配分後のA，BのX財とY財の消費量をそれぞれ，(x_a^1, y_a^1)，(x_b^1, y_b^1) とする。そして，各財の初期保有量の総量と配分後の消費量の総量は等しく，次式の関係が成立している。

$$x_a^0 + x_b^0 = x_a^1 + x_b^1 \quad \cdots\cdots\cdots\cdots\cdots\cdots\cdots\cdots\cdots (16.1)$$

$$y_a^0 + y_b^0 = y_a^1 + y_b^1 \quad \cdots\cdots\cdots\cdots\cdots\cdots\cdots\cdots\cdots (16.2)$$

このような関係が成立しているとき，この配分は実現可能であるという。

図16-1がエッジワース・ボックスである。消費者の選好を示す通常の無差別曲線が描かれている。横軸にX財の総量が測られており，縦軸にY財の総量が測られている。そして，消費者Aの消費量が，通常の原点Oから測られている。そして，消費者Bの原点O′は，右上の端点である。したがって，消費者Bの消費量や初期保有量は，X財がO′点から左方向に，Y財が下方向に測られている。

消費者Aの無差別曲線は，通常の無差別曲線であり，原点Oに対して凸で，かつ，より右上の無差別曲線が高い効用水準を示している。しかし，消費者Bの無差別曲線は，原点Oに対して凹あり，原点O′に対しては，凸の無差別曲線である。したがって，消費者Bにとっては，より左下にある無差別曲線が高

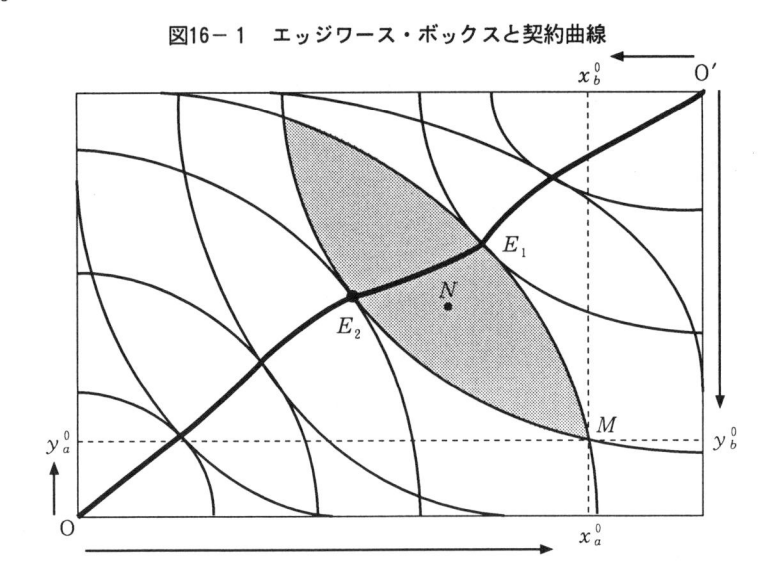

図16−1　エッジワース・ボックスと契約曲線

い効用水準となっている。消費者Bの無差別曲線は，通常の無差別曲線を描き，それを180度回転させたものである。

　図16−1の初期保有点がMであるとき，この点を通る消費者AとBの無差別曲線を考察しよう。消費者Aが初期保有点より改善されるのは，M点を通る無差別曲線の上方の領域の消費量の組合せに移動することである。また，消費者Bが初期保有点より改善されるのは，M点を通る無差別曲線の下方の領域の消費量の組合せに移動することである。

　この両者がともに改善できる領域は，存在しうるのであろうか。その解は，初期保有点Mを通る消費者AとBの2つの無差別曲線に囲まれた領域である。このレンズ形をした領域のN点への移動は，A，Bともに初期状態よりも効用が増加している。したがって，消費者は，初期点Mからレンズ形の領域に移動するように，AとBは2財の交換を行うであろう。この交換によって，最終の配分がどこに落ち着くかは，市場価格に依存している。

パレート最適の配分

いま，消費者2人の配分が2人の無差別曲線の接点E_1に移動したものとしよう。もし，E_1点からさらに右上へ移動した場合は，消費者Aの効用は増加し，彼の厚生状態は改善する。しかし，消費者Bの効用は減少し，厚生状態は悪化する。もし，E_1点からさらに左下へ移動した場合は，消費者Aの効用は低下し，彼の厚生状態は悪化する。しかし，消費者Bの効用は増加し，厚生状態は改善する。また，E_1点とは異なる無差別曲線の接点E_2に移動した場合も，同様な配分状態となっている。

このように2人の無差別曲線の接点は，ある人の厚生を増加させるためには，他の人の厚生を低下させなければ，実現不可能な状態となっている。言い換えれば，ある人の厚生状態を悪化（犠牲に）させることなく，他の人の厚生状態を改善することはできない資源配分状態である。すなわち，この配分状態は，2人を改善する交換は存在しない，という**パレート最適**（Pareto optimum）な効率的資源配分となっている。したがって，無差別曲線の接点の軌跡は，すべてパレート最適である。この軌跡を**契約曲線**（contract curve）という。

契約曲線上以外の配分は，両者の厚生を改善する余地が残されており，交換の最終的契約状態に達していないのである。しかし，ひとたび契約曲線上に到達したならば，両者の改善はあり得ない。また，初期保有状態とは関係なく，交換により両者は，パレート最適な配分に到達することができる。それは，各消費者が初期保有量より効用の高い消費量の組合せを選好し，交換を行うからである。

交換経済と最適資源配分

さて，市場機構は市場が複数存在しているとき，パレート最適を実現することができるかどうかについて考察しよう。

無差別曲線の接点では，各消費者の限界代替率が等しい。すなわち，契約曲線上では，次の関係が成立している。

Aの限界代替率＝Bの限界代替率　……………………（16.3）

　市場において行動している消費者は，予算制約の下で，効用を最大化するように消費選択を行っている。そして，その最適消費選択は，価格比率と限界代替率が等しいという条件を満たしていることであった。各消費者は，同じ市場条件の制約において行動していることから，2人の市場交換比率は同じである。すなわち，2人は同じ市場価格で，財・サービスの交換を行う，という制約に直面しているのである。それは，図16-2のように，初期保有点Mを通る同じ価格線に直面していることを意味している。したがって，2人の消費均衡点Eでは，この価格比率と限界代替率は一致していることから，均衡状態においては，2人の限界代替率も一致していなければならない。よって，図16-2のボックス図の市場均衡点Eおいては，AとBの2人の無差別曲線は，必ず接していることになる。したがって，その均衡点は契約曲線上にあることから，市場均衡はパレート最適と一致しているのである。すなわち，一般均衡の状態に

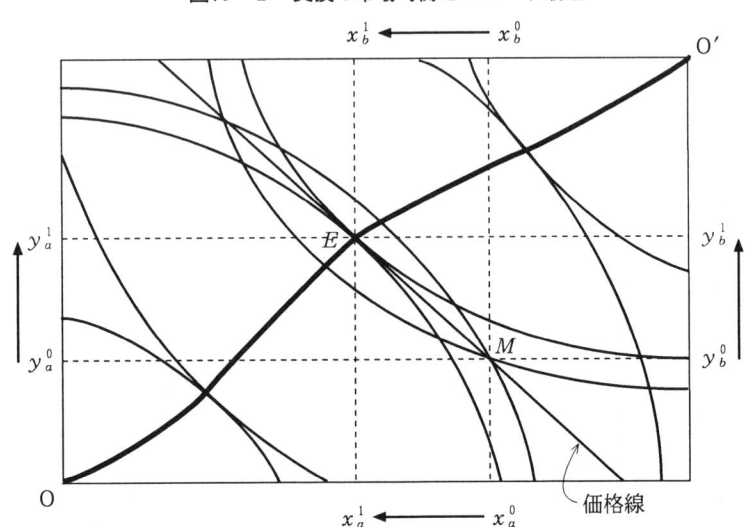

図16-2　交換の市場均衡とパレート最適

おいて，次式が成立している。

　　価格比率＝Aの限界代替率＝Bの限界代替率　……………（16.4）

　しかし，この予算線の下での各消費者の最適選択点が，ボックス図の共通な1点とはならない可能性がある。すなわち，各消費者の交換の需要量と供給量は一致しない可能性がある。いわゆる，各財の市場全体の需要量と供給量が一致せず，市場は不均衡となる。このように市場が不均衡であるとき，市場が均衡を実現し，最適資源配分を実現するかどうかである。もし，ある市場が超過需要であるとき，価格が上昇し，ある市場が超過供給のとき，価格が下落するという調整がなされるならば市場均衡が実現する。各消費者は同じ価格比率の傾きをもつ予算線上の共通な1点において消費し，その点の消費点は，各消費者の限界代替率が等しいパレート最適点である。したがって，その市場均衡はパレート最適を実現するのである。

　このように，市場参加者の自由意思に基づいてなされた交換が，社会的観点において望ましい結果を生み出していることになる。管理者あるいは斡旋者が交換に介入しなくても，市場はパレート最適な資源配分を達成しているのである。

　このように市場経済は，価格を媒介にしてパレート最適という最適資源配分の状態を実現しているのである。このことから，**競争均衡**（competitive equilibrium）は，**パレート最適**，あるいは，パレート効率（Pareto efficiency）であるという定理が成立する。この定理のことを**厚生経済学の第一定理**（the first theorem of welfare economics）という。この定理は，すでに第12章において，部分均衡分析の枠組みを用いて証明されている。また，本章においては，複数の市場が存在する場合においても，市場経済には，この定理が成立するメカニズムを有していることが確認されたのである。

生産の効率性

　生産主体の企業が労働や資本などの資源を利用し，財・サービスを生産する

場合,その資源をどのように企業間で配分することが最も効率的であるかどうかについて検討しよう。この最適な資源配分は,企業間にどのように資源利用の仕方を変更したとしても,生産物を増加させることができないならば,現在の資源配分は最適資源配分であると考えることができる。または,ある企業の生産を減少させることなくしては,他の企業の生産物を増加させることができない資源利用の状態は,最適資源配分の状態であるといえる。このような生産,あるいは生産要素利用は,パレート最適を実現しているという。

2つの生産要素を利用して財・サービスを生産している2つの企業からなる経済モデルに基づいて考察しよう。生産のボックス図16-3を利用すると,A企業とB企業の等量曲線の接点の軌跡がパレート最適となる。生産要素の配分をこの等量曲線の接点から他の点への変更は,A企業とB企業のいずれかの企業の生産を減少することなくしては,他の企業の生産を増加させることは不可能である。しかし,この接点以外の配分から他の点に生産要素の配分を変更するならば,A企業とB企業のいずれかの企業の生産量を減少することなくして,ある企業の生産増加を実現する資源配分が存在する。このように,効率的な生

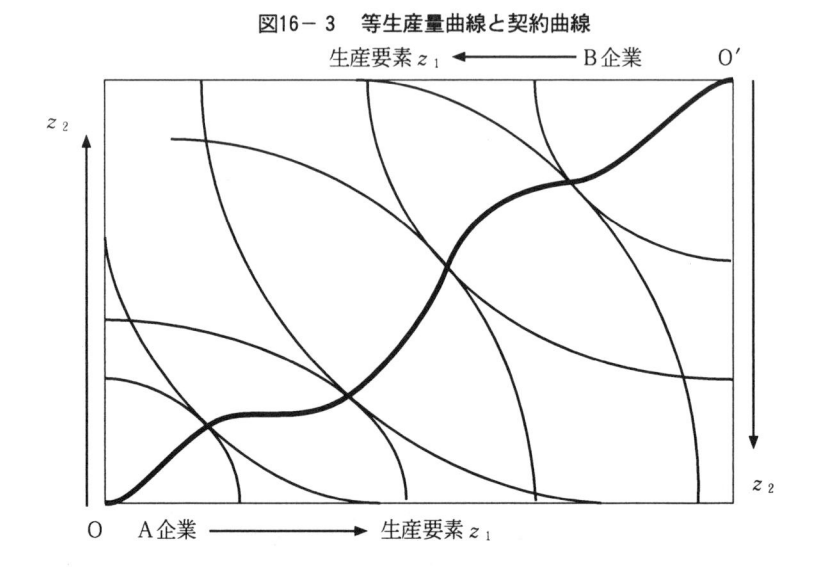

図16-3 等生産量曲線と契約曲線

産は，2つの企業の等量曲線の接点の生産要素の配分が実現しているときに達成されている。この等量曲線の接点の軌跡は，生産の契約曲線とも呼ばれている。

　生産の契約曲線上の点では，A企業とB企業の等量曲線の勾配が一致していることから，AとB企業の技術的限界代替率が等しくなっている。また，このことは，AとBの企業の2生産要素の限界生産物の比が等しくなっていると言い換えることができる。これが生産の効率的条件となる。すなわち，生産要素を効率的に利用する最適資源配分を達成するためには，各企業間において，次式の成立が必要となる。

　　　A企業の技術的限界代替率＝B企業の技術的限界代替率…（16.5）

　　　A企業の限界生産物の比＝B企業の限界生産物の比………（16.6）

　次に，この等量曲線の接点が市場均衡と一致しているかどうかを検討しよう。このA企業とB企業の等量曲線（生産関数）と2つの生産要素の市場価格が与えられているならば，A企業とB企業が選択する生産要素利用は，利潤が最大（費用が最小）となる生産要素の組合せとなる。それは，限界収入＝限界費用の利潤最大化の必要条件から，A，B企業の生産均衡点および企業の市場均衡点では，生産要素利用に関して次の関係が成立している。

　　　生産要素の価格比率＝A企業の限界生産物の比
　　　　　　　　　　　＝B企業の限界生産物の比………………（16.7）

　AとB企業は，2つの生産要素を同じ市場価格で購入していることから，2つの企業の等費用線の傾きである生産要素の価格比率は同じである。企業は，この生産要素価格比率と限界生産物の比とが一致する生産要素の組合せを選択し，生産を行っている。したがって，企業の生産均衡点および生産要素の市場均衡点では，A企業の限界生産物の比とB企業の限界生産物の比は等しくなっている。

このように，同じ市場条件に直面している企業の生産要素利用は，すべての企業間の限界生産物の比が，一致している状態において行われているのである。それゆえに，生産の効率的資源配分，言い換えれば，生産のパレート効率的資源配分は，生産要素市場の市場均衡と一致しているのである。労働や土地の資源利用を公的に管理し，企業間にそれを配分するという方法によらなくても，市場メカニズムはそれを効率的に利用する配分を見い出しているのである。

生産可能性曲線

生産要素を効率的に利用して生産した，2つまたはそれ以上の生産物の組合せの軌跡を**生産可能性曲線**（production possibility curve）または，生産可能性フロンティア（frontier）という。生産がこの曲線上で行われている場合には，経済は効率的な資源利用，すなわち完全雇用の状態にある。それは，経済がこの曲線上において生産を行っているならば，ある生産物を増加させるためには，他の生産物を犠牲にしなければならず，ある生産物を減少させることなく，他の生産物を増加させることはできないという資源配分の状態にあるからである。すなわち，生産可能性曲線上は，パレート最適の資源配分を実現しているのである。

いま，1種類の生産要素zを利用して生産している，第1企業のX財と第2企業のY財の生産関数，$x = f^1(z)$と$y = f^2(z)$が，図16-4の第4象限と第2象限に描かれている。また，第1企業と第2企業が利用する生産要素量，z_1とz_2の合計は，経済に存在している生産要素量$\bar{z}$を超えることはできない。したがって，$\bar{z} = z_1 + z_2$，という制約条件を満たしていなければならない。その制約条件が第3象限に示されている。この生産要素存在量の制約と2つの生産関数を利用して導出したものが，第1象限の生産可能性曲線である。この生産可能性曲線上は，生産要素のすべてを利用して生産した，生産量xと生産量yの組合せとなっている。この曲線の内側の点は，生産要素量$\bar{z}$よりも少ない生産要素利用であり，資源の不完全雇用の状態である。

生産可能性曲線の傾きは，ある生産物を増加させる場合において，他の生産

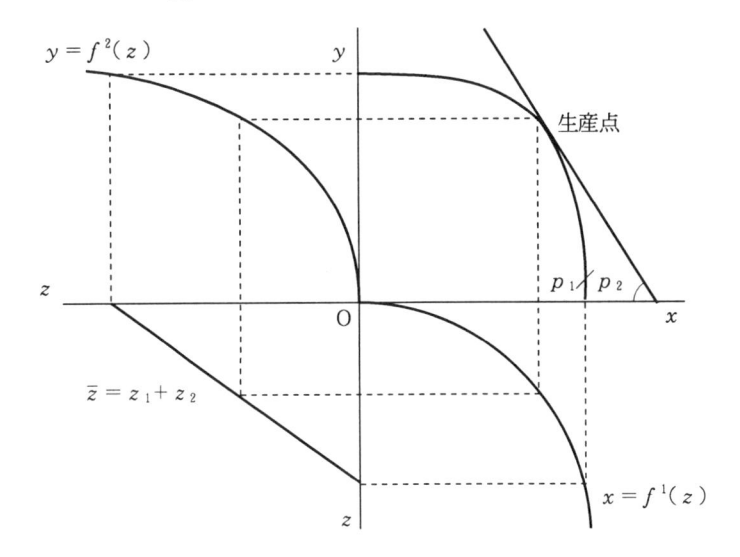

図16－4　生産関数と生産可能性曲線

物を犠牲にしなければならない数量の比となっている。この比は，**限界変形率**（marginal rate of transformation）と呼ばれているが，それは，企業がある生産物を増加するときに，負担しなければならない**限界費用**である。企業が生産物を生産するために負担する費用は，ある1つの生産物を生産するために，犠牲にしなければならない，他の生産物の数量で測ることができる。この限界費用は生産の増加とともに逓増する。すなわち，生産可能性曲線は原点に対して凹の曲線となるのである。なぜならば，生産関数が凸関数であるならば，言い換えると，技術的関係が収穫逓減であるならば，費用は逓増することから，生産可能性曲線は原点に対して凹の曲線となるのである。

X財を生産する限界費用，すなわち，限界変形率 $\Delta y / \Delta x$ は，限界生産物の比となっている。X財と Y財の限界生産物を，$MP_1 = \Delta x / \Delta z$，$MP_2 = \Delta y / \Delta z$ と定義すると，限界生産物の比，MP_2 / MP_1 は，限界変形率 $\Delta y / \Delta x$ となる。すなわち，生産可能性曲線上では，次の関係が成立している。

$$\frac{\Delta y}{\Delta x} = -\frac{MP_2}{MP_1} \quad \cdots\cdots\cdots\cdots\cdots\cdots\cdots\cdots\cdots\cdots\cdots\cdots\cdots\cdots \quad (16.8)$$

この式は，各企業の限界生産物の比，MP_2/MP_1 が均等しているとき，各企業の限界変形率，$\Delta y/\Delta x$ も均等していることを示している。したがって，生産要素が効率的に利用されているならば，生産物は効率的に生産されているのである。すなわち，生産要素が契約曲線上において利用されているならば，生産物は生産可能性曲線上において生産を行っているのである。

以上から，経済が生産可能性曲線上のある1点で生産を行っているならば，市場経済は生産効率を実現していることになる。さて，市場経済の企業は，この生産効率の条件を満たすように，資源を利用しているかどうかについて調べてみることにしよう。

企業の利潤最大化行動から，企業の生産均衡点は，限界収入と限界費用とが等しい生産量の水準であり，市場が完全競争市場であるならば，その均衡点は，価格と限界費用が等しい生産水準となる。

利潤最大化の条件，第X財の価格 $p_1 = w \div MP_1$，および第Y財の価格 $p_2 = w \div MP_2$，から次の関係が成立していることを証明することができる。

$$\frac{p_1}{p_2} = \frac{MP_2}{MP_1} = \frac{MC_1}{MC_2} \quad \cdots\cdots\cdots\cdots\cdots\cdots\cdots\cdots\cdots\cdots\cdots \quad (16.9)$$

この条件式の (MP_2/MP_1) は，生産可能性曲線の傾きにマイナスを付けた値であり，それが2財の限界費用の比 (MC_1/MC_2) に等しいことを示している。したがって，企業の均衡点が生産可能性曲線上にあるということを意味しており，その均衡点は，生産可能性曲線の傾きと2財の価格比率 p_1/p_2 とが，等しい生産可能性曲線上の1点に位置しているということになる。この式は，市場均衡が生産の効率条件を満たしていることを意味しているのである。企業は自己の技術的知識や資源制約の下で，生産可能な最大生産量の組合せである生産可能性曲線上で生産を行い，何をどれだけ生産するかの選択を行っているのである。そして，何をどれだけ生産するかの選択は，市場の制約条件である価格が決定することになる。

このように，価格は企業行動の指針となる役割を果たし，企業を生産可能性曲線上に導いてくれるのである。したがって，市場経済は，企業を管理する費用を負担することなく，効率性が実現されている生産可能性曲線上に企業をとどめておくことができるのである。

以上から利潤を最大化するように行動している企業は，企業のもつ技術的条件である2財の限界変形率と，市場で与えられる2財の価格比率とが一致する生産可能性曲線上の1点で生産がなされ，それを市場に提供しているのである。

生産と消費のパレート最適と市場均衡

経済社会が生産可能性曲線上で生産を行っている場合，その経済社会は生産の効率性を実現している。そして，この生産した生産物が消費者に効率的に配分されるかどうかが問題となる。今まで，交換（消費）の効率性と生産の効率性とを独立に取り上げて説明してきたが，生産と交換が同時に効率的となる資源配分の状態を確認し，その資源配分を市場経済は実現できるかどうかについて調べてみることにしよう。

生産効率の条件と交換効率の条件を同時に満たすことが，一国経済の資源配分にとって必要となる。したがって，生産可能性曲線上で生産された生産物が，各消費者の限界代替率が等しくなるように配分されなければならない。その配分は図16－5のボックス図の各消費者の無差別曲線が接していることであり，これが交換効率の必要条件となる。この交換効率の各消費者の限界代替率の均等と，生産効率の各企業の限界変形率の均等は，独立に成立するのであろうか。限界変形率と限界代替率とが，異なった比率においても，パレート最適は成立するのであろうか。

いま，限界変形率が2であり，限界代替率が1である場合について考察しよう。企業は，X財1単位の生産物を増加するために，Y財2単位の生産物を犠牲にしなければならない。一方，消費者は，X財1単位の消費財を増加するために，Y財1単位の消費財を犠牲にする用意がある。このとき，企業が，X財1単位の生産物を減少させ，Y財2単位の生産物を増加させるならば，消費者

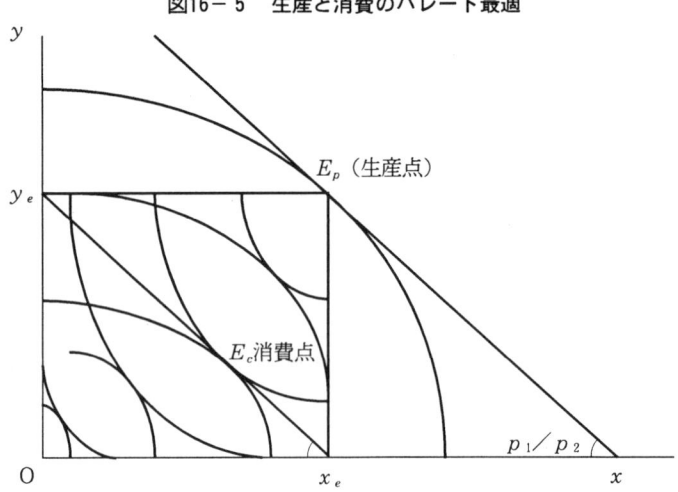

図16-5 生産と消費のパレート最適

（図：生産点 E_p、消費点 E_c、y_e、x_e、p_1/p_2）

の効用は増加する。なぜならば、X財1単位の消費量の減少と、Y財1単位の消費量の増加は、消費者の厚生水準は変化させないが、X財1単位の消費量の減少とY財2単位の増加は、消費者の厚生状態を改善する。すなわち、企業の限界変形率と消費者の限界代替率が一致していないとき、消費者の厚生状態を改善する余地が存在しているのである。したがって、生産と消費のパレート最適が成立するためには、企業が負担しなければならない限界費用である2財の限界変形率と、消費者がすすんで2財の交換に応じようとしている心理的交換比率である限界代替率とが一致するという、次式の関係が成立していなければならない。

$$\text{各消費者の限界代替率} = \text{各企業の限界変形率} \quad \cdots\cdots (16.10)$$

図16-5に示されているように、この条件は、各消費者の無差別曲線の接線の勾配と生産可能性曲線の接線の勾配が等しいことを意味している。

厚生経済学の基本定理

消費と生産のパレート最適条件が、競争均衡において満たされているかどう

かが次の問題である。企業も消費者も市場に参加して経済活動を行う限りにおいては，自己のもつ技術的知識や所得の制約とともに市場の制約条件に服さなければならない。その市場の制約条件は，市場価格で財・サービスを販売し，購入しなければならないということである。このように，市場参加者が共通に服さなければならない制約は市場価格であり，消費者と企業が市場で財・サービスを交換することができるのは，この市場価格で取引がなされているからに他ならない。すなわち，市場均衡においては，企業も消費者も同じ価格で市場取引がなされているのである。市場均衡では，企業の限界変形率も価格比率に等しく，消費者の限界代替率も価格比率に等しくなっており，企業の限界変形率と消費者の限界代替率は必ず等しくなるのである。図16－5に示されているように，市場均衡点では，価格線の勾配と各消費者の無差別曲線の接線の勾配が等しく，かつ，価格線の勾配と生産可能性曲線の接線の勾配が等しい。したがって，企業の限界変形率と消費者の限界代替率とが等しくなっていることから，市場均衡は，パレート最適の条件を満たしていることになる。

以上から複数の市場が存在し，利潤や便益などを獲得するために各自異なった動機に基づいて，市場に参加している多数の市場参加者が存在している場合においても，市場均衡では次の関係が成立しているのである。

価格比率＝企業の限界変形率＝消費者の限界代替率 ……（16.11）

このように市場経済は，価格を媒介にして**パレート最適**（Pareto optimum）という最適資源配分の状態を実現しているのである。このことから，競争均衡は，パレート最適であるという定理が成立する。この定理のことを**厚生経済学の第一定理**（the first theorem of welfare economics）という。この定理は，「利己心が経済を望ましい状態に導く，または自由な経済活動が，管理された経済によらなくとも，経済を望ましい資源配分の状態に導く」，という**アダム・スミス**（Adam Smith）が18世紀に引き出した命題である。以上の説明は，一般均衡分析に基づいたこの命題の証明である。**夜警国家論**または**自由放任**（laissey faire）という，個人の自由な経済活動は，古い慣習や計画または命

令よりも優れた経済成果を生み出す，というこのスミスの命題は，現在のわれわれの経済のメカニズムを理解する一助となっている。すなわち，われわれの経済を理解するための重要な内容は，次のことである。「個々の経済主体が一国の利益や社会的便益を意識することなく，またその必要性もなく，各個人の利害に基づいて行動する合理的行動と市場の自己調整機能，いわゆる価格調整機能（この価格の機能をスミスは，invisible handと呼んだ）が，経済を望ましい状態に導くというメカニズムが，われわれの経済に組み込まれている」ということである。

効率的資源配分と理想経済

経済学は，ある人の効用を減少させることなく，他の人の効用を増加させることはできない状態の資源配分（増加させるように配分することは不可能な状態）は，**最適資源配分**，または，パレート効率的資源配分であると定義する。この状態は，ある1人の効用水準を所与として，ある人の効用を最大にする資源配分ということができる。また，現状の資源配分を変更して，国民の間にどのように再配分したとしても，国民の満足水準が増加しないのであれば，国民の満足水準は最大に達していることを意味しているのであり，現状の資源配分は望ましい状態にあるということができる。

このパレート効率規準を満たす資源配分は，望ましい性質をもつ資源配分状態であるということができる。その理由は，この資源配分状態においては，資源を無駄なく利用しつくされているからである。しかし，パレート効率規準を満たす資源配分であっても，そこには他の望ましくない性質を含んでいるかもしれない。頭脳は明晰であるというすばらしい頭脳を持っている人に，興奮しやすく，乱暴であるという性格が同居することも考えられることであるが，効率性が実現しているならば，その経済状態は同時に他の望ましい経済的性質を併せて実現している，ということはできないのである。効率性が実現されている資源配分は，所得分配も同時に公平であるとは限らないのである。むしろ，効率性の条件が満たされた資源配分は，所得分配については不公平であるとい

う望ましくない性質を有しているかもしれない。しかし，重要なことは，経済状態が1つの評価規準において望ましくない性質を有していたとしても，その資源配分がパレート効率であるならば，資源配分は確実に効率的であり，経済は1つの望ましい性質を有しているということである。このように，**公平性**に関する議論は，パレート効率規準には含まれていないのである。

第2節　市場機構の限界

市場の失敗

市場が完全に機能し，パレート最適が実現するためには，すべての市場が完全競争市場でなければならない。しかし，第13, 14章において説明したように，市場経済には独占や寡占や独占的競争市場が形成されている。市場が不完全競争市場であるならば，市場経済は最適資源配分を達成することはできない。このように市場経済が，最適資源配分を実現できないことを，**市場の失敗**（market failure）という。

市場機構は，社会の構成員が必要とするあらゆる財・サービスを供給し，資源を効率的に利用することは不可能である。このような市場機構の限界を理解し，その原因を解明することによって，市場機構の欠陥を補う最適政策手段を導き出すことが可能となる。それゆえに，市場の失敗を考察することは，経済学の重要なテーマの1つである。

この市場の失敗の原因は，競争形態だけでなく，費用逓減や外部経済，公共財および情報の非対称性によっても引き起こされている。そこで，本節では，この市場の失敗について説明する。

費用逓減

費用逓減は，技術が収穫逓増であることを意味している。資本設備が大規模であり，かつ，市場規模が限られている場合には，費用逓減という費用構造となる。鉄道，通信，電力産業は，このような費用構造となる可能性が高い。い

ずれの産業も，初期の設備投資が大規模であるために，利用者の増加とともに，平均費用が低下するという費用構造となる。すなわち，限界費用が平均費用を下回ることになる。このような費用構造の企業は，限界収入＝限界費用という利潤最大化条件に基づく，価格・生産量の決定は，企業の存続を不可能とする。なぜならば，価格は平均費用よりも低く設定されるので，総収入は，総費用よりも小さく，常に，企業経営は赤字となるからである。

　平均費用曲線が，U字型ではない，右下がりの曲線となる財・サービスは，民間企業によって供給することは不可能となるのである。しかし，このような財に対する消費者の需要は存在する。また，価格が限界費用に等しく設定された場合でも，消費者余剰が正であるならば，財を供給することが必要となる。すなわち，民間企業によって財を供給することが不可能であっても，国民にその財を供給しなければならない。この意味において，費用が逓減する財は，市場メカニズムを利用した資源配分ができないことから，市場の失敗という。

　この費用逓減する財の供給は，ほとんどの国が，国や地方自治体の管理の下で行っている。したがって，事業免許制や料金規制は，この費用逓減産業に必要不可欠な政策となる。

公　共　財

　市場経済システムは，市場参加者が財・サービスの市場価格を支払うことによって，市場から財・サービスを購入し，それを占有し，利用することを認めている。しかし，個人が対価を支払い，占有的に利用することができない，財・サービスが存在する。それが，社会の構成員全員が同時消費・同時利用している**公共財**（public goods）である。

　公共財は，他人の利用を排除できないという特徴をもっている。この**排除原則**（exclusion principle）が成立しない公共財は，市場経済では供給不可能，または，供給不足となる。なぜならば，治安，消防，公園，一般国道のように，国民が同時消費・同時利用するようなサービスは，それを供給するための費用負担，または，その便益に対する対価の支払いを，回避したいという誘因を国

民の誰もが抱くのである。

そこで，公共財の最適資源配分の問題を定式化し，最適資源配分の条件を導出してみることにしよう。

まず，国民は，私的消費財とともに公共財を必要としており，両財に支出する金額と公共財の整備費用の合計が，国民の所得の合計を超えることはできないものとする。このような制約条件の下で，国民の効用が最大となるための条件を導出することができる。

以上から，予算制約と他の国民の効用水準を所与として，ある国民は自己の効用を最大化するように私的財と公共財を選択する，という条件付き最大化問題が定式化される。この問題の最適条件は，国民の公共財の私的財に対する限界代替率の和が，公共財の追加1単位を供給する限界費用に等しいというものである。この条件は，各消費者の限界代替率が限界費用（＝価格比率）に等しくなるように，消費選択するという，私的財の最適条件とは異なっている。

図16-6は，公共財の最適供給を図示したものである。右上がりの曲線は，公共財の限界費用曲線である。公共財の生産も収穫逓減，という技術的制約条件に服していることから，その限界費用曲線は，私的財と同様に右上がりとなる。また，2人の右下がりの限界代替率曲線（無差別曲線）が描かれている。個人の公共財の私的財に対する限界代替率も希少性の法則から，逓減するものと仮定することができる。図16-6は，縦軸に貨幣額（価格）をとり，貨幣との限界代替率が示されている。第6章第4節において説明したように，この限界代替率曲線は，需要曲線と考えることができる。この2人の需要曲線の和が公共財に対する国民全員の需要曲線となる。ただし，私的財の市場需要曲線は，個人の需要曲線を水平に合計したが，公共財の需要曲線は，それを垂直に合計している。それは，同時消費・同時利用する分割不可能な公共財に対する，個人の需要価格（評価価値額）の合計となるからである。一方，他人を排除できる私的財の市場の需要曲線は，分割可能な財に対する限界消費者が評価する需要価格の軌跡となっている。

以上から，公共財の最適供給は，限界費用曲線と需要曲線の交点X^*となる。

図16-6 公共財の最適供給

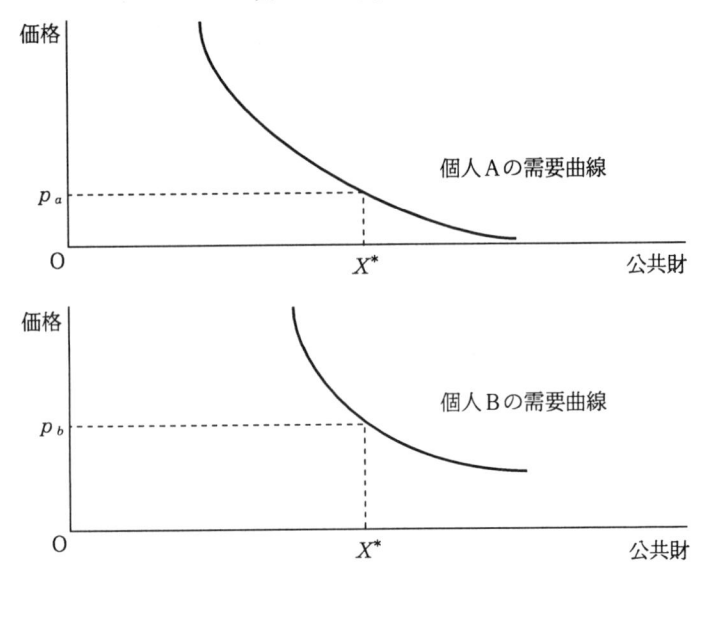

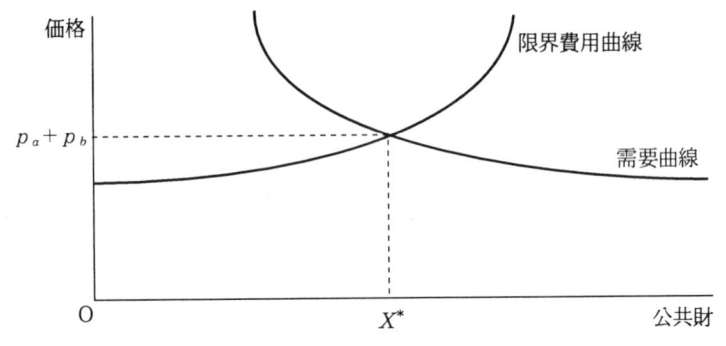

このような結論は，私的財と異なるところはない。しかし，個人の需要曲線を垂直に合計しているので，公共財X^*が供給されれば，国民全員が利用可能となる。このことが，国民から公共財の費用回収を困難なものとしている。すなわち，費用負担を免れて利用したい，という誘因が起こるのである。さらに，国民の無差別曲線を正確に把握することも，最適供給のための必要条件である。

しかし、このことも困難である。それは、費用負担を免れたいということが、自己の公共財に対する選好関係を明示しない、ということも起こるからである。

このように、市場経済は、国民が必要とする公共財を適切に供給することが不可能であり、常に、公共財が供給不足に陥ってしまうのである。したがって、市場経済のこの欠陥を補うために、政府が強制的・計画的に、公共財の資源配分を行うのである。そして、公共財を供給するために必要な費用は、公共財利用の対価からではなく、税金によってまかなうのである。

外部効果

最近、「地球と共生」や「地球環境と共生」というキャッチフレーズを掲げる団体、企業、政治家が多い。この地球環境の改善は、21世紀における人類の最重要課題であるともいわれたりしている。それは、地球環境破壊が、環境破壊だけでなく、人類をも滅亡させる可能性が否定できないからである。さらに、この地球環境問題が市場経済システムを利用して解決することができないからに他ならない。いわゆる、地球環境の悪化も、市場の失敗の1つである。

地球環境だけでなく、道路混雑、騒音、家庭や工場からの排水による河川や海の汚染、大気汚染なども、市場の失敗例である。市場経済は、これらの問題を解決するメカニズムを有していないのである。

これらの問題の共通点は、ある経済主体の行動が他の経済主体の行動に、市場を経由しないで影響を与えているということである。すなわち、消費者の効用が自身の消費量だけでなく、他の経済主体の消費量に依存している。また、企業の費用が企業の生産量とともに、他の企業の生産量の関数となっているということである。

このような関係は、現実の経済活動においても、しばしば観察されている。マイカー利用は、ガソリン代や車検、税金など自己負担が生じる。また、他人の道路利用状況によって、マイカー利用の費用負担は変化する。たとえば、道路混雑が生じた場合には、自己のマイカー利用による費用負担だけではなく、他人の道路利用の増加によって渋滞が発生し、ガソリン代や乗車時間を増加さ

せる。このような関係が経済主体間に生じることを，**外部性**（externality）が存在するといい，他の経済主体に便益を与える場合を，**外部経済**（external economy），逆に，他の経済主体に不利益を与える場合を，**外部不経済**（external diseconomy）という。

経済に外部性が存在する場合，消費者の需要価格と生産者の供給価格は一致しない。なぜならば，経済主体が負担すべき費用を支払っていないからである。いわゆる，資源利用のために社会が負担すべき**社会的限界費用**と，実際，資源利用している私的企業の**私的限界費用**が乖離することになるのである。この乖離が資源の最適配分を損なうのである。

経済に外部性が存在していることを指摘し，資源の最適利用を実現するための政策提言した最初の研究者が，イギリスの経済学者**ピグー**（A. C. Pigou, 1877-1959）である。彼は，外部性の存在する市場に，間接税を課すことによって，最適資源配分が実現できることを示した。この課税をピグー税という。

いま，マイカーのある道路利用 x の需要量が，この道路通過の所要時間 t の関数とする。そして，個人のマイカー利用の費用は，所要時間 t で表されるものとする。その費用は x の関数として，次式の関係にあるものと仮定する。

$$t = a + b x \quad \cdots\cdots\cdots\cdots\cdots\cdots\cdots\cdots\cdots\cdots\cdots\cdots\cdots\cdots\cdots\cdots (16.12)$$

個人は，道路利用の交通量 x の増加とともに，b 時間の費用が増加する，という私的限界費用に基づく費用負担をしている。彼は，交通量 x の道路利用サービスを提供するための供給価格が，t 円であると考えている。

しかし，交通混雑による道路所要時間が延長されるならば，マイカーによる道路の所要時間は，交通量の増加とともに増加することになる。その時間の増加分は，交通量が追加されることによる時間の増加分であるから，$b x$ となる。したがって，道路混雑時の社会的限界費用は次式となる。

$$t = a + 2 b x \quad \cdots\cdots\cdots\cdots\cdots\cdots\cdots\cdots\cdots\cdots\cdots\cdots\cdots\cdots (16.13)$$

この費用関数は，個人の道路利用だけでなく，他の個人の道路利用による費

用も含まれている。しかし，他の個人の道路利用の費用を回収することはできない。すなわち，社会はこの費用を負担していないのである。したがって，個人は私的限界費用曲線に基づき，マイカーを利用するのである。その結果，資源は過剰利用されることになり，市場経済は最適資源配分に失敗する。

図16－7 社会的限界費用と私的限界費用

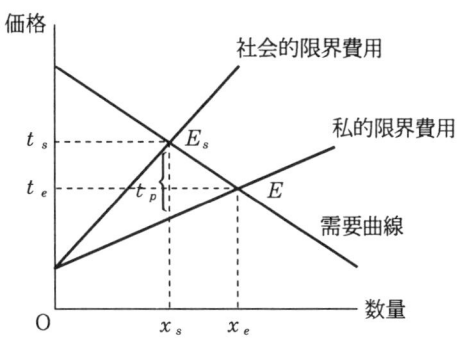

図16－7は，道路混雑の外部性の問題を図示したものである。道路利用の右下がりの需要曲線が示されている。そして，私的限界費用曲線と需要曲線の交点Eが，市場経済における均衡点である。この均衡点における時間t_eが，道路利用の所要時間であり，交通量はx_eとなる。

しかし，この均衡点は最適資源配分ではない。それは，社会的限界費用と需要曲線の交点E_sである。この交点の交通量x_sが道路利用の最適交通量となる。したがって，市場経済システムは，資源を過剰利用していることになる。もし，道路利用の価格がt_sに設定されるならば，経済は最適資源配分を実現できる。このt_sの価格が設定されるためには，道路利用の自動車1台当たりに，t_p時間の課税を行うことである。

このように，外部効果によって生じる市場の失敗を課税や補助金の導入によって最適資源配分を実現することができる。また，この市場の失敗は，その費用を内部化することによって解決することができる。**コース**（R. Coase, 1910－）は，外部性をもつ財の効率的な資源配分は，その財に関する権利関係が明確であるならば，市場メカニズムが外部性をもつ財の効率的な資源配分を実現することができる，という定理を導出した。この定理の重要性は，市場メカニズムが公害や地球環境問題を解決できないのは，汚染物質を排出する権利や快適環境を利用する権利などの所有権を，人々に与える適切な方法が存在し

ていない，ということを明らかにしたことである。

情報の非対称性

　医療サービス，薬，教育サービスなどの財やサービスの品質や内容に関する情報は，売手と買手との間に非対称性が存在する。これらの財に関して，売手と買手が情報を共有することは，困難であると考えられる。このように，**情報の非対称性**が存在しているとき，市場は資源の最適配分を実現することができない。

　中古車市場には，性能や欠陥の程度が異なる様々な車がある。その中古車に関する情報量は，売手と買手の間では大きな格差が存在している。売手は詳しく，その品質について正確に把握している。しかし，買手は情報不足であり，品質を確認することは困難である。このような場合，欠陥車のみが市場に供給され，欠陥車ではない中古車は，市場に供給されないということが起こる。

　いま，中古市場において，欠陥車を5万円で売りたい人と，欠陥車ではない車を10万円で売りたい人がいるものとする。また，欠陥車を6万円で購入する人がおり，良い車を12万円で購入する人がいる。このような売手と買手が市場を形成し，両者が情報をともに共有しているならば，欠陥車も良い車の取引も成立し，市場はクリアーされる。

　しかし，買手が欠陥車であるか，良い車であるかについて，推測しなければならないならば，買手の需要価格は異なってくる。買手が，中古車が欠陥車であるか，良い車であるかの確率が，ともに1／2であると予想するならば，買手の需要価格は，次式のように求められる。

$$需要価格 = 6 \times 0.5 + 12 \times 0.5 = 9 \quad \cdots\cdots\cdots\cdots\cdots\cdots\cdots\cdots (16.14)$$

　欠陥車か良い車かの期待値によって，買手の需要価格は，9万円となる。この価格が買手の希望価格であるならば，良い車は中古車市場において，取引されることはあり得ない。しかし，欠陥車は取引が成立する。したがって，中古車市場には欠陥車のみが供給され，良い車は供給されることはないのである。

なぜならば，良い車の供給価格は，需要価格を超えているからである。

この市場の失敗の理由は，情報格差であり，欠陥車の存在が，買手の需要価格を変更させてしまうからである。品質格差や性能格差に基づく市場が形成されるか，または，明確な品質保証の情報が確保されるならば，この市場の失敗は起こらないのである。このような品質に関する情報は，特に，労働市場において必要である。労働生産性の低い労働者から雇用の場を確保するというのは，きわめて不効率な資源配分システムである。これを回避するために，企業の人事担当者は，面接，試験，さらに，紹介者の推薦内容，出身大学などの情報を利用している。

練 習 問 題

問題1 ある国道の一定区間の自動車の交通需要量 x が，その区間の通過所要時間 t のみに依存しており，1日当たりの逆需要関数が，$t = 25 - 0.0002\,x$ である。また，道路利用者の所要時間と交通量の関係は，$t = 1 + 0.0001\,x$ である。
(1) 最適交通量，(2) 最適料金，(3) ピグー税はいくらか。
なお，所要時間の単位は10分，1分10円の機会費用とする。

問題2 労働の質的情報が非対称である労働市場において，予想される問題点を指摘し，それを改善する方法を考察せよ。

練習問題 解答

第1章
問題1 省略

問題2 預金利子率は低く,貸し出し金利は高く設定される。

問題3 契約金,年俸,コマーシャル出演料および大学入学前と入学後における受験料,入学金,授業料などの諸経費の合計金額。

問題4

	X財を基準財とする相対価格		Y財を基準財とする相対価格	
	日本	アメリカ	日本	アメリカ
X財の相対価格	1	1	0.5	0.4
Y財の相対価格	2	2.5	1	1

日本はY財が比較優位,アメリカはX財が比較優位

問題5 事実命題(1),(3),(4),規範的命題(2),(5)

第2章
問題1 命令経済は,計画による生産と配給を行い,需給均衡を実現するように価格が決定され,利潤動機は否定される。分配は目的を達成するように政治的に決定する。市場経済については,第2節参照。

第3章
問題1 課税前 $p_1 x_1 + p_2 x_2 = m$, 間接税課税後 $(p_1 + t) x_1 + p_2 x_2 = m$
所得税課税後 $p_1 x_1 + p_2 x_2 = m - t x_1$

図省略 間接税課税後の予算線は急勾配となる。縦軸の切片は変化しない。所得税課税後の予算線の傾きは課税前の予算線と同じであるが,内側にシフトする。

問題 2

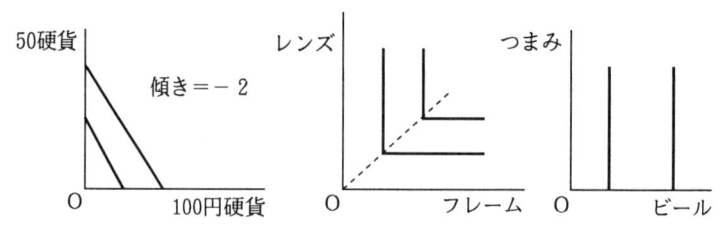

```
50硬貨 |                レンズ |            つまみ |
       |\  傾き=-2           |                  |
       | \                    |__                |
       |  \ \                 |  |               |  |
       |_____        |__|_____        |__|_____
       O       100円硬貨     O    フレーム     O     ビール
```

問題 3 (2)

問題 4 凸選好ではなく，凹選好となる。2財のうち一方のみを消費するならば，凹選好となる。

第 4 章

問題 1 所得税

（解説）第 3 章問題 1 から，t 円の間接税を課税した予算線は，$(p_1+t)x_1+p_2x_2=m$，である。この課税による税収 $t\,x_1$ が所得税額 T と等しくなるように，所得税を課税する。この所得税の予算制約式は，$p_1x_1+p_2x_2=m-T$ となる。この式は，$p_1x_1+p_2x_2=m-t\,x_1$ であり，間接税の予算線と同じである。異なるのは価格比率であり，両者は同じ点を通る。すなわち，所得税の予算線は，間接税を課税したときの最適選択点を通る。したがって，2 つの予算線は図のように描ける。この 2 つの予算線の下で，消費者が最適選択するならば，間接税よりも所得税の課税方式が，より多くの効用（厚生）を消費者に与えている。

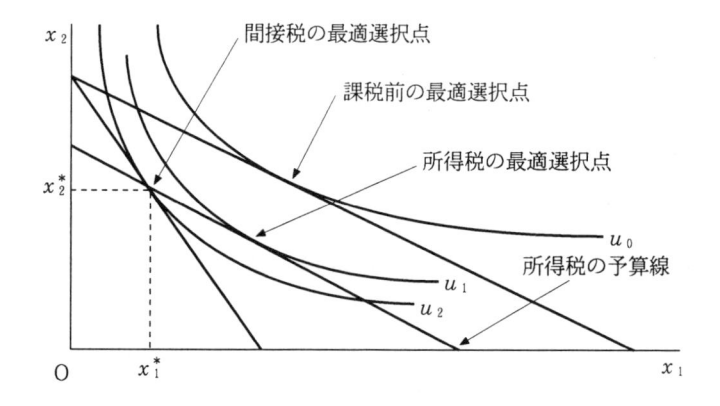

```
x_2 |
    |           間接税の最適選択点
    |                課税前の最適選択点
    |                     所得税の最適選択点
x_2*|- - -•
    |     |\                           u_0
    |     | \                  u_1
    |     |  \            u_2      所得税の予算線
    |_____|_____
    O    x_1*                            x_1
```

問題2　$x_1^e = \dfrac{a}{a+b+c}\dfrac{m}{p_1}$, $x_2^e = \dfrac{b}{a+b+c}\dfrac{m}{p_2}$, $\dfrac{c}{a+b+c}\dfrac{m}{p_3}$

問題3　$x_1=20$, $x_2=40$, 貨幣の限界効用＝4円

第5章

問題1　エンゲル曲線が原点を通る直線の場合，所得と需要量の限界関数と平均関数が等しく，需要の所得弾力性は1である。このような財は，所得が増加すると需要も同じ割合で増加しているので，消費者は価格が変化しない限り，所得水準とは関係なく，各財を同じ比率で消費している。したがって，所得・消費曲線も直線となる。価格・消費曲線が直線であるならば，その直線上の限界代替率は等しくなっている。このような無差別曲線は，相似拡大的となっており，ホモセティック型（homothetic）無差別曲線という。また，そのような効用関数をホモセティック型効用関数という。

問題2　(1) 奢侈品　(2) 必需品　(3) 奢侈品　(4) 下級財
問題3　(1) 弾力性1以上　(2) 弾力性1　(3) 弾力性1以下　(4) 弾力性1以上
問題4　2
問題5　(1) 無限大　(2) 4.0　(3) 1.0　(4) 0.67　(5) 0.0

第6章

問題1　第4章第2節のコップ・ダグラス型効用関数の最適選択から，価格変化前の第1財の需要量 $x=30$ 単位，第2財の需要量 $y=10$ 単位，したがって，効用 $u=300$ 単位。第1財の価格8円，第2財の価格6円のとき，効用 $u=300$ 単位を実現する需要量は，$x=15$ 単位，第2財の需要量 $y=20$ 単位。需要量を満たす所得は240円。したがって，補償変分は120円。

問題2　(1) WARPテストを満たさない。(2) WARPテストを満たしている。

問題3　等価変分が最も大きく，次に消費者余剰，最も小さいのが補償変分である。

第2財の価格を不変として，第1財の価格が p_0 から p_1 に低下したとき，初期の均衡点が E_0 から E_1 に変化したものとする。このときの補償変分と等価変分による均衡点が E_c と E_e である。この4つの均衡点から，需要曲線の平面に価格と需要量の組合せをとり，図示したものが図の需要曲線である。無差別曲線と予算線の接点の均衡点 E_0, E_1, E_c, E_e に対応して，需要曲線上の均衡点 e_0, e_1,

e_c, e_eと需要量x_0, x_1, x_c, x_eとが示されている。

需要曲線d_1が通常の需要曲線であり，d_cが補償変分がなされた状態における需要曲線であり，d_eが等価変分がなされた状態における需要曲線である。この3つの需要曲線から価格下落による消費者の厚生変化を比較する。そこで，数量1単位当たりの価格下落による厚生効果と，その価格下落による数量の増加による厚生効果の2つ分けて比較することにする。

価格がp_0からp_1に下落したとき，1単位当たりの購入価格の下落効果は，初期の需要量の大きさに依存している。消費者余剰と補償変分の初期需要量はともにx_0である。その両者の厚生変化額は，価格下落額（p_0-p_1）と以前の需要量x_0との積となる。また，等価変分の需要量はx_0より多いx_eである。したがって，価格下落額（p_0-p_1）と以前の需要量の積である等価変分の厚生変化額は，消費者余剰と補償変分よりも大きい。

次に，価格下落の需要の増加による厚生変化について比較する。需要曲線d_1において，価格p_1ときの需要量がx_1であるので，消費者余剰の増加分は$\Delta e_0 e_1 e$である。また，補償変分の需要曲線d_cにおいて，価格p_1ときの需要量がx_cであ

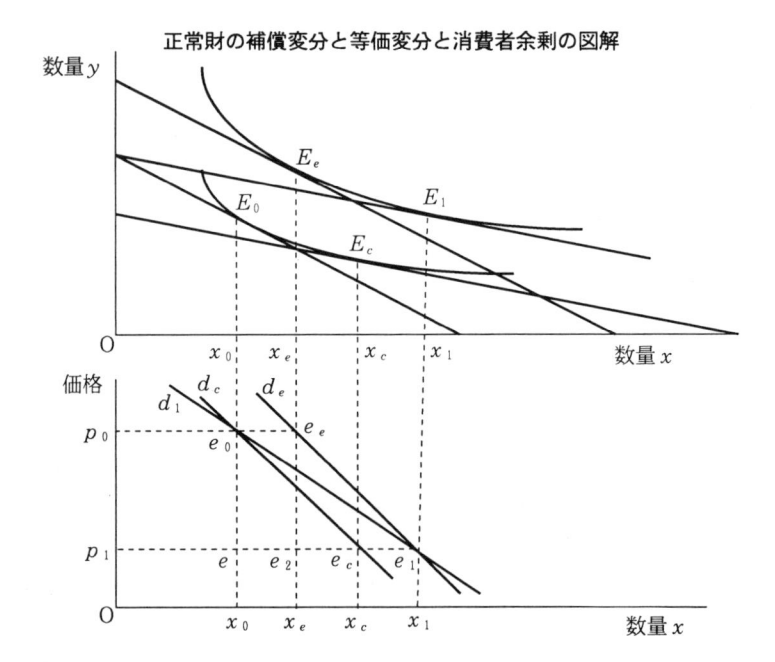

正常財の補償変分と等価変分と消費者余剰の図解

るので，補償変分は $\triangle e_0 e_c e$ である．そして，等価変分の需要曲線 d_e において，価格 p_1 のときの需要量が x_1 であるので，等価変分は $\triangle e_e e_1 e_2$ である．したがって，需要量の増加による厚生増加は消費者余剰が最も大きい．

以上から，価格変化による厚生変化は，価格と需要量の変化額から消費者余剰が □$p_0 e_0 e_1 p_1$ であり，補償変分が □$p_0 e_0 e_c p_1$ であり，等価変分が □$p_e e_e e_1 p_1$ である．したがって，厚生変化の大小関係は，等価変分が最も大きく，次に消費者余剰，最も小さいのが補償変分である．

第7章

問題1 (5)

問題2 (4)

問題3 1.1

問題4 第1財の価格下落効果

第2，第3財の性質	代替効果と所得効果	代替財の需要	補完財の需要
正常財	代替効果＞所得効果	減　少	増　加
正常財	代替効果＜所得効果	増　加	増　加
下級財	代替効果＞所得効果	減　少	増　加
下級財	代替効果＜所得効果	減　少	減　少

したがって，代替財の価格が下落して，代替財の需要が増加する，という代替財が粗補完財となるケースは，正常財でかつ所得効果が代替効果より大きい場合である．また，補完財の価格が下落して，補完財の需要が減少する，という補完財が粗代替財となるケースは，下級財でかつ所得効果が代替効果より大きい場合である．

第8章

問題1 (3)

問題2 (5)

問題3 あり得ない．

（注）限界生産物逓減と技術的限界代替率逓減と関係

生産関数，$q = f(x_1, x_2)$ を全微分し，限界代替率が負であることが確認できる．

$$\frac{dx_2}{dx_1} = -\frac{f_1}{f_2} \quad (限界代替率が負)$$

これをさらに，x_1 で微分する次式を得る。

$$\frac{d^2x_2}{dx_1^2} = -\frac{1}{f_2^3}(f_{11}f_2^2 - 2f_{12}f_1f_2 + f_{22}f_1^2) > 0 \quad (技術的限界代替率逓減)$$

$f_{11}f_2^2 - 2f_{12}f_1f_2 + f_{22}f_1^2 < 0$ であるならば，技術的限界代替率逓減となる。
$f_1 > 0$, $f_{11} < 0$, $f_2 > 0$, $f_{22} < 0$, $f_{12} > 0$ であるならば，上式が成立する。

すなわち，2 生産要素の限界生産物が正でかつ，逓減し，交差限界生産物（$f_{12} > 0$）が正であるとき，技術的限界代替率は負となる。

なお，交差限界生産物は非負であると考えられる。たとえば，労働量が所与であるとき，資本設備の追加は労働の限界生産物を増加させることが予想できる。

第 9 章

問題 1 $L = \dfrac{\alpha p y}{w_1}$, $K = \dfrac{\beta p y}{w_2}$,

問題 2 (1) 0.8 (2) 8：1

(3) 代替の弾力性が 1 以下から，労働の分配率は低下する。

問題 3

（解）$\sigma_{x_1 x_2} = -\dfrac{d(x_1/x_2)/(x_1/x_2)}{d(w_1/w_2)/(w_1/w_2)}$ から，分母の変化が大きいと，所得比率を上昇する。したがって，弾力性 1 以下のとき，分配率は上昇する。

また，$\dfrac{w_1 x_1}{w_2 x_2}$ は，2 つの生産要素の分配比率である。これを全微分すると，

$$d\left(\frac{w_1 x_1}{w_2 x_2}\right) = \frac{x_1}{x_2}d\left(\frac{w_1}{w_2}\right) + \frac{w_1}{w_2}d\left(\frac{x_1}{x_2}\right) = \frac{x_1}{x_2}(1-\sigma)d\left(\frac{w_1}{w_2}\right)$$

したがって，

$$d\left(\frac{w_1 x_1}{w_2 x_2}\right) \bigg/ d\left(\frac{w_1}{w_2}\right) = \frac{x_1}{x_2}(1-\sigma)$$

以上から，弾力性が 1 以下のとき，生産要素価格比の上昇は，分配率（比）を高めることになる。逆に，1 以上のときは，生産要素価格比の上昇は，分配率（比）を低下させることになる。このような関係は，需要の価格弾力性と同じである。

問題4

代替係数	代替の弾力性	等量曲線の形
$\rho = -1$	$\sigma = \infty$	直線（完全代替）
$\rho = 0$	$\sigma = 1$	双曲線（コッブ・ダグラス型生産関数）
$\rho = \infty$	$\sigma = 0$	L字型（代替不可能）

第10章

問題1 平均費用＝$q + 1/q$，限界費用＝$2q$，平均費用の最小点の生産量＝1

問題2 (4)

問題3 図省略　長期平均費用曲線LACと長期限界費用曲線LMCは切片が共通であり，生産量の増加とともに，両費用曲線は右下がりとなり，かつ，$LAC > LMC$となる。

第11章

問題1 省略

問題2 (1) 生産量＝q_3，利潤＝ゼロ　(2) 生産量＝q_2，またはゼロ，利潤＝－固定費用　(3) 生産量＝ゼロ，利潤＝－固定費用

問題3 (2)

問題4 (5)

問題5 (1) 490社　(2) 2万円　(3) 2百万個　(4) 9億8千万個

第12章

問題1 省略　第12章第1節参照

問題2 均衡条件　$D(p^d) = S(p^d - t)$，または，$p^d(q) - t = p^s(q)$

　　　図は，需要曲線が課税後，課税額tだけ下方に平行移動し，供給曲線は課税前と同じである。課税によって価格は低下し，数量も減少する。企業が納税者のときの均衡価格とは異なるが均衡数量は同じ。

問題3 (5)

問題4 消費者と企業の負担比率＝2：1（5円：2.5円），均衡価格＝65円，均衡数量＝95，税収＝7.5円×95＝712.5百万円

問題5 (1) 価格　(2) 数量　(3) 税収　(4) 消費者　(5) 企業

問題 6　(3)

問題 7　(2)

問題 8　a は生産者余剰の増加，b が国内生産増加による生産の不効率，いわゆる，費用の増加分，d が消費量減少による消費者余剰の犠牲である．c は関税収入である．もし，数量規制であれば，この c は輸入業者の利ざやとなる．

第13章

問題 1　(1)　40　　(2)　20　　(3)　価格＝30，生産量＝30，デットウェイト・ロス＝100

問題 2　(1)　価格＝60，生産量＝10，需要の価格弾力性＝1.5　　(2)　価格＝120，生産量＝5，需要の価格弾力性＝1.2　　(3)　利潤＝850

第14章

問題 1　(1)　30　　(2)　130　　(3)　45

問題 2　a 企業の生産量＝60，a 企業の利潤＝10800，b 企業の生産量＝40，b 企業の利潤＝6400，市場価格＝200

問題 3　(1)　260　　(2)　70　　(3)　10　　(4)　19,300

第15章

問題 1　(3)

問題 2　(1)

問題 3　(4)

第16章

問題 1　(1)　最適交通量＝6万台　　(2)　最適料金＝1300円　　(3)　ピグー税＝600円

問題 2　情報が非対称であるために，労働者の逆選抜の問題が起こり，労働生産性を把握するための費用や労働者を監視する必要がある．また，労働者の努力誘因に影響を与える労働者は，他の労働者と区別する情報（シグナル）の提示やそれを得るための投資費用か必要となる．

索　引

【あ行】

安定性 …………………………… 18
一般均衡分析 …………………… 326
インフレーション ……………… 47
売手（供給）独占 ……………… 263
エッジワース・ボックス ……… 327
エンゲル ………………………… 4
エンゲル曲線 …………………… 88
エンゲル係数 …………………… 4
エンゲル法則 …………………… 4, 93
オイラーの定理 ………………… 177
凹選好 …………………………… 80

【か行】

外生変数 ………………………… 23
買手独占 ………………………… 314
買手（需要）独占 ……………… 263
外部経済 ………………………… 47, 346
外部効果 ………………………… 46
外部性 …………………………… 346
外部不経済 ……………………… 47, 346
価格 ……………………………… 5
価格・消費曲線 ………………… 93
価格カルテル …………………… 282
価格機構 ………………………… 40
価格差別 ………………………… 270
価格受容者 ……………………… 209, 226
価格設定者 ……………………… 209
価格先導者 ……………………… 281
価格調整 ………………………… 248
価格追随者 ……………………… 281
価格の硬直性 …………………… 299
価格比率 ………………………… 10, 74, 308

下級財 …………………………… 87
拡張経路 ………………………… 191
拡張効果 ………………………… 192
家計 ……………………………… 38
仮説 ……………………………… 19
寡占 ……………………………… 262, 279
価値 ……………………………… 7
価値判断 ………………………… 14
貨幣の限界効用 ………………… 128
可変費用 ………………………… 195
神の見えざる手 ………………… 41
カルテル ………………………… 297
間接税 …………………………… 240
間接税の転嫁 …………………… 242
完全競争 ………………………… 44
完全競争企業 …………………… 150, 209
完全競争市場 …………………… 227, 260
完全雇用 ………………………… 34
完全性 …………………………… 58
完全代替財 ……………………… 70
完全補完財 ……………………… 70
機会費用 ………………………… 9, 52, 187, 306
企業 ……………………………… 38
企業戦略 ………………………… 280
技術的限界代替率 ……………… 154
技術的制約 ……………………… 150
希少性 …………………………… 9, 30
基数的効用 ……………………… 8, 57
基数的効用理論 ………………… 81
ギッフェン財 …………………… 95, 145
規範経済学 ……………………… 14
規範的分析 ……………………… 230
規模に関して収穫一定 ………… 160
規模に関して収穫逓減 ………… 160

規模に関して収穫逓増	160	限界収入生産物	316
逆供給曲線	214, 229, 241	限界消費支出	4
逆需要曲線	229, 241	限界消費者	6
客観的価値論	7	限界生産物	155
境界最適	78	限界生産物逓減の法則	156
供給価格	229	限界生産物の価値	170
供給曲線	172, 213	限界生産力	155
供給独占	316	限界代替率	65, 74, 308
供給の価格弾力性	220	限界代替率逓減の法則	66
競争均衡	331	限界費用	35, 169, 198, 314, 335
協調ゲーム	281	限界費用曲線	172, 199
金額指数	117	限界費用逓増の法則	199
均衡	20	限界変形率	335
均衡価格	227	顕示選好	109, 138
均衡数量	227	顕示選好の弱公準	111
均衡点	23	検証	19
均衡の安定性	248	公共財	45, 342
均衡分析	20	交差価格弾力性	146
クールノー均衡点	293	交差代替効果	146
クールノーモデル	292	厚生経済学の基本定理	232
屈折需要曲線	299	厚生経済学の第一定理	331, 339
蜘蛛の巣循環	254	合成財	50
経済主体	11, 38	合成の誤謬	13
経済循環	42	公平性	17, 341
経済的自由	17	効用	56
経済的レント	322	効用価値説	7
経済目標	15	効用関数	56
契約曲線	329	効用最大化仮説	25
ケインズ	3, 92	効用最大化原理	7
結託	282	効用不変価格指数	121
限界	3	公理	58
限界価値生産物	170	効率係数	181
限界価値生産物曲線	174	効率性	15
限界関数	90, 101	コース	347
限界企業	6	コッブ・ダグラス型生産関数	180
限界効用	7, 81	固定費用	195
限界効用均等の法則	83	混合経済	38
限界支出	67		
限界収入	169, 210		

索　引　361

【 さ 行 】

最適資源配分 …………………16, 230, 340
最適消費選択 ……………………………73
搾取 ………………………………263, 316
産業 ………………………………………273
産業供給 …………………………………218
産業均衡 …………………………………217
残差需要曲線 ……………………………290
参入障壁 …………………………………261
ＣＥＳ生産関数 …………………………182
資源 ………………………………………30
資源配分 ……………………………12, 31
市場 ………………………………………38
市場価格 ……………………………52, 227
市場機構 …………………………………40
市場供給 ……………………………218, 226
市場均衡 ……………………………20, 227
市場経済 …………………………………37
市場交換比率 ………………………65, 74
市場構造 …………………………………261
市場シェア ………………………………299
市場集中度 ………………………………261
市場需要 ……………………………98, 226
市場の失敗 …………………………45, 341
指数 ………………………………………114
実証経済学 ………………………………14
私的限界費用 ……………………………346
資本 ………………………………………30
資本財 ……………………………………39
資本分配率 ………………………………181
社会的限界費用 …………………………346
社会的限界費用曲線 ……………………235
社会的余剰 ………………………………235
奢侈品 ……………………………………89
収穫逓減の法則 ……………………36, 157
従価税 ……………………………………240
従属変数 …………………………………5
自由放任 …………………………………339

自由放任主義 ……………………………40
従量税 ……………………………………240
主観的価値論 ……………………………7
主観的交換比率 …………………………65
シュタッケルベルグ均衡点 ……………288
需要価格 …………………………………229
需要関数 ……………………………81, 96
需要曲線 …………………………………93
需要相対価格 ………………………67, 75
需要の価格弾力性 ………………………100
需要の所得弾力性 ………………………89
需要法則 …………………………………94
準地代 ……………………………………321
消費可能領域 ……………………………51
消費者 ……………………………………38
消費者均衡 ………………………………77
消費者米価 ………………………………237
消費者余剰 …………………………125, 232
情報の非対称性 …………………………348
剰余価値 …………………………………8
序数的効用 …………………………8, 57
所得・消費曲線 …………………………87
所得効果 ………………………134, 140, 310
所得分配 ………………………12, 31, 177
推移性 ……………………………………58
数量カルテル ……………………………282
数量指数 …………………………………114
数量先導者 ………………………………281
数量調整 …………………………………248
数量追随者 ………………………………281
ストックターム …………………………166
スミス …………………40, 225, 232, 339
スルツキー ………………………………136
スルツキー方程式 ……………………142, 309
生産可能性曲線 ……………………32, 334
生産可能性集合 …………………………152
生産関数 ……………………………36, 152
生産者米価 ………………………………237
生産者余剰 ……………………214, 234, 322

生産物市場 ……………………………39
生産要素 ……………………………30, 152
生産要素市場 ………………………39, 305
生産要素需要関数 ……………………313
生産要素の需要曲線 …………………173
正常財 ……………………………………87
製品差別化 ………………………261, 273
制約条件 …………………………………22
接線条件 ……………………………77, 168
絶対価格 …………………………………10, 52
絶対所得仮説 ……………………………92
選好関係 …………………………………55
選好順序 …………………………………55
戦略的相互依存関係 ……………………280
操業停止点 …………………………172, 213
総効用 ……………………………………7, 81
総収入 ……………………………………210
相対価格 ……………………………………10, 52
総費用 ……………………………………196
双方独占 ……………………………………317
粗代替財 ……………………………………146
粗補完財 ……………………………………146
損益分岐点 …………………………173, 214

【た行】

代替係数 ……………………………………182
代替効果 …………………………133, 136, 192, 310
代替財 …………………………………………97, 193
代替の弾力性 ………………………………179
WARP ………………………………………111
短期 ……………………………………………175
短期限界費用 ………………………………206
短期平均費用 ………………………………205
単調性 ……………………………………………59
逐次ゲーム …………………………………281
地代 ……………………………………………167, 319
抽象化 ……………………………………………21
中立財 ……………………………………………70
超過供給 …………………………………………228

超過需要 …………………………………………228
超過負担 …………………………………………247
超過利潤 …………………………………………166
長期 ………………………………………………175
長期供給曲線 ……………………………………215
長期限界費用 ……………………………………206
長期総費用曲線 …………………………………204
長期平均費用 ……………………………………205
直接税 ……………………………………………240
賃金率 ……………………………………………167
デットウェイト・ロス ………………………247
等価変分 …………………………………………120
同次関数 …………………………………………160
同時ゲーム ………………………………………281
投入物 ……………………………………………152
等利潤線 …………………………………………167
等量曲線 …………………………………………153
独占 ………………………………………………261
独占企業 …………………………………………259
独占的競争 …………………………………262, 274
独占的競争企業 …………………………………259
独占度 ……………………………………………266
独立変数 ……………………………………………5
土地 ………………………………………………30
凸性 ………………………………………………59

【な行】

内生変数 …………………………………………23
ニュメレール ……………………………………52

【は行】

パーシェ数量指数 ……………………………114
パーシェ物価指数 ……………………………116, 124
排除原則 ………………………………………45, 342
派生需要 …………………………………………319
パレート …………………………………………16
パレート最適 ……………………16, 34, 230, 329, 331, 339
反射性 ……………………………………………58
反証可能な命題 ………………………………19

索　引　363

反証主義……………………………20
反応関数……………………………284
比較可能性…………………………58
比較静学…………………………24, 85
比較優位の理論……………………11
ピグー………………………………346
非経済財……………………………69
ヒックス……………………………136
必需品………………………………89
費用関数……………………………194
費用逓増の法則…………………35, 196
不完全競争企業…………150, 209, 261
不完全競争市場……………………260
複占…………………………………280
物価指数……………………………116
部分均衡分析…………………238, 326
不飽和………………………………59
フローターム………………………166
分配係数……………………………182
平均…………………………………3
平均可変費用………………………197
平均関数…………………………90, 101
平均固定費用………………………197
平均収入……………………………210
平均生産物…………………………156
平均費用……………………………197
ベルトラン均衡……………………296
ベルトランモデル…………………296
包絡線………………………………204
飽和点………………………………68
他の条件は一定…………………13, 326
補完財……………………………97, 193
補償需要関数………………………136
補償需要曲線………………………143
補償所得………………119, 136, 140
補償所得効果………………………134
補償変分……………………………119
ポッパー……………………………20

【ま行】

マークアップ率……………………302
マーシャル的調整…………………251
マクロ経済学………………………12
マルクス…………………………8, 30
ミクロ経済学………………………11
無差別……………………………56, 58
無差別曲線…………………………60
命題…………………………………19
目的変数……………………………22
モデル………………………………21

【や行】

夜警国家論…………………………339
有意味な定理………………………19
優越性………………………………59
余暇の価格…………………………306
欲望…………………………………29
予算制約……………………………49

【ら行】

ラスパイレス数量指数……………114
ラスパイレス物価指数…………116, 123
リカード……………………………10
利潤……………………39, 150, 165
利潤最大化仮説……………………151
利子率………………………………167
劣等財………………………………87
連続性………………………………59
レンタルプライス…………………167
労働…………………………………30
労働価値説…………………………8
労働供給曲線………………………309
労働分配率…………………………181

【わ行】

ワルラス的調整……………………248

著者略歴

坂井 吉良（さかい よしなが）

- 1947年　長野県に生まれる
- 1971年　立正大学経済学部卒業
- 1979年　関東学院大学大学院経済学研究科博士課程修了
- 1979年　㈶港湾労働経済研究所研究員
- 1985年　中部女子短期大学助教授（1989年　教授）
- 1995年　釧路公立大学経済学部教授
- 2003年　日本大学法学部教授（現職）

主要著書
- 『現代経済学入門』（共著　税務経理協会　1996年）
- 『景気変動論』（共著　八千代出版　1996年）
- 『SASによる経済学入門』（CAP出版　1998年）
- 『入門 現代経済学』（共著　税務経理協会　2007年）
- 『入門 SASによる経済分析』（CAP出版　2011年）

著者との契約により検印省略

平成13年4月10日　初版第1刷発行	**ミクロ経済学入門**
平成14年8月10日　初版第2刷発行	
平成23年2月10日　初版第3刷発行	
平成27年4月10日　初版第4刷発行	
平成29年4月10日　初版第5刷発行	

著　者　坂　井　吉　良
発行者　大　坪　嘉　春
印刷所　税経印刷株式会社
製本所　株式会社　三森製本所

発行所　〒161-0033 東京都新宿区下落合2丁目5番13号

株式会社　税務経理協会

振替 00190-2-187408　電話 (03)3953-3301（編集部）
FAX (03)3565-3391　　　　 (03)3953-3325（営業部）
URL http://www.zeikei.co.jp/
乱丁・落丁の場合は，お取替えいたします。

© 坂井吉良 2001　　　　　　　　　　　　　　Printed in Japan

本書の無断複写は著作権法上での例外を除き禁じられています。複写される場合は，そのつど事前に，(社)出版者著作権管理機構（電話 03-3513-6969, FAX 03-3513-6979, e-mail : info@jcopy.or.jp）の許諾を得てください。

JCOPY ＜(社)出版者著作権管理機構 委託出版物＞

ISBN978-4-419-03559-4　C1033